JN409568

联合国国际货物销售合同公约

-释义及适用-

沈钟石 · 徐铁钰 编著

1997 우용출판사
www.choolpansa.com

前 言

UN '국제무역법위원회'(國際貿易法委員會, United Nations Commission on International Trade Law : 'UNCITRAL')에서 제정한 '국제물품매매계약에 관한 UN 협약'(United Nations Convention on Contract for the International Sale of Goods : 'CISG')이 전 세계적으로 발효된지, 어느덧 사반세기를 지나고 있다.

联合国国际贸易法委员会制定的《联合国国际货物销售合同公约》至今已生效达半世纪之久。

주지하듯, CISG는 복잡다단한 국제무역의 준거법(準據法, applicable law)으로서 지위뿐만 아니라, 그 역할과 법적 기능을 확보하기 위한 것에 본연의 목적을 둔 입법적 산물로서, 연혁에 비추어 1930년대부터 반세기에 걸친 제정노력을 통해 1980년에 이르러 그 결실을 보게 되었고, 이윽고 협약(協約, convention)으로서 발효요건을 갖춘 1988년 1월 1일부터 그 효력을 발생하고 있다.

众所周知，CISG拥有着国际贸易准据法的地位，作为其以达成其作用和法律职能为目的的立法产物，CISG从1930年代起历经半世纪的草案过程，终于在1980年正式出台，在达到公约生效条件后于1988年1月1日正式生效。

새삼스럽게 말할 나위 없이, CISG는 국제무역에서 '국제물품매매계약'(Contract for the International Sale of Goods)에 관한 가장 성공한 선도적(先導的) 입법례로서 평가되고 있음과 동시에, 이에 합당한 위상을 표방하고 있다.

无须质疑，在与国际货物销售合同相关的法规中，CISG被评价为最具引导性的成功立法案的同时，也拥有着与其相当的地位。

이렇게 평가되기까지에는, 무엇보다도 CISG가 그간 국제무역에서 국제물품매매를 규율하는 '국제적 통일법'(international uniform law)으로서 그 위상에 걸맞은 역할을 여실히 감당하고 있음과 동시에, 이후로도 지금까지와 마찬가지로 통일법으로서 위상을 여실히 감당해 갈 수 있으리라는 법적 확신 때문이다.

在国际贸易中，CISG发挥着规律国际货物销售的国际统一法的作用，相信今后也会一直作为统一法发挥其坚实的作用。

당해 평가의 핵심은, 기존 국제사법체제하에서 다양한 법적용으로부터 비롯된 법적 안정성(法的安定性, legal stability)과 예견가능성(豫見可能性, foreseeability)의 부담보(不擔保) 문제를 CISG의 적용에 따라 상당부분 해소가 가능하다는 그간의 경과와 향후의 기대를 배경에 두고 있다.

在基准的国际私法体制下，通过适用CISG，可从某一程度上减少因适用多种法律而造成的不安定性和不可预见性，因此以过去和今后的期待为背景，对CISG作出了上述评价。

우리나라는 2004년 2월 17일에 이르러서야 UN에 본 협약에의 가입서를 기탁(deposit)하여, 2005년 3월 1일부터 비로소 CISG를 국내법(國內法, municipal law)으로 수용하게 되었다. 이후 CISG는 바야흐로 국내 실정법(實定法, positive law), 예컨대, 민·상법에 우선한 특별법(特別法, special law, particular law)의 지위를 점하게 되었다.

韩国与2004年2月17日向联合国提交了批准书，2005年3月1日起CISG同其他国内法一样在国内生效。从此以后，CISG即为国内的实定法，且拥有优先于民法商法的特别法地位。

CISG는 본서 출판일 기준으로 우리나라의 주요 무역상대국인 미국[1988.01.01], 중국[1988.01.01], 프랑스[1988. 01.01], 독일[1991.01.01], 캐나다[1992.05.01], 일본[2009.08.01 : 이상 발효일 기준] 등 전 세계 78개국이 이에 가입하고 있다. 이 같은 추세는 CISG가 명실공히 국제무역에 있어 국제물품매매에 적용될 준거법으로서 그 지위를 견고히 확립하고 있음을 시사한다.

截止到本书出版之前，包括韩国的主要贸易对象国-美国[1988.01.01],中国[1988.01.01], 法国[1988. 01.01], 德国[1991.01.01], 加拿大[1992.05.01], 日本[2009.08.01]在内的全世界78个国家加入了CISG。由此可知，在国际贸易中，CISG 适用于国际货物销售的准据法地位是名实相符且日渐巩固的。

모름지기 CISG가 그간 국제무역에서 법적 분쟁과 다툼을 예방하고, 그 장애를 제거함과 동시에, 신속·민활한 국제무역의 활성화에 그 순기능적 역할을 어김없이 제고하고 있음은, 이 같은 추세와 배경의 실질적 요체(要諦)라 할 수 있다.

CISG预防国际贸易的法律纷争和争议，消除障碍，促进迅速、灵活的国际贸易的机能的不断提高，正是其不断发展的趋势和背景的重要核心。

당해 실질적 요체는, 결국 CISG에 대한 기본적이고도 올바른 이해(理解)가 국제무역에 참여하고 있거나, 또는 참여가 예상되는 계약 당사자 상호간의 각양의 이해(利害)를 담보할 수 있는 첩경(捷徑)이 될 수 있을 것임과, CISG에 대한 부지(不知)의 결과로서, 그 과정에서 예상치 못한 뜻밖의 불이익을 미연에 방지할 수 있는 근원적 해법이 될 수 있음을 함의한다. 이는 CISG에 대한 법리 내지 제반 규정의 이해가, 모름지기 국제무역에 임한 당사자에게는 필수불가결하고도 긴요한 선결요건이라고 바꾸어 말 할 수 있다.

因此，对CISG进行全面和正确的理解，是确保从事国际贸易，或打算从事国际贸易的当事人间利害关系的捷径，对于因对CISG不了解而造成无法预知的损失也可以防范于未然。甚至可以说，对CISG进行法理方面的了解或对其各规定进行理解，是从事国际贸易的当事人不可忽略的先决条件。

본서는, CISG에 대한 이해(理解)를 명료히 하고, 또한 보전하기 위한 취지에서, CISG 법리와 이에 결부된 규정 및 판례 전반을 대상으로 그 해설을 위해 기획되었다.

因此，为使读者能够了解CISG的规定，本书在各规定后补充了与其相关的判例，以加深对各规定的理解。

신묘년(辛卯年) 입추(立秋)즈음에

저자 씀

目 录

第1篇 CISG的概要

第2篇 适用范围和总则

第3篇 合同的订立

第4篇 货物销售

第5篇 最后条款

第 1 篇

CISG的概要

第 1 篇
CISG的概要

区分及内容	
第 1 篇　国际货物销售合同公约(CISG)的概要	
	第1章　CISG的意义
	第2章　CISG的特征
	第3章　CISG的适用范围和构成体系
	第4章　CISG的补充法规--PICC的概要
	第5章　CISG的缔约国现状

제1편은, CISG의 의의·특징·적용범위와 구성 체계를 포함하여, 본서의 출간일을 기준으로 CISG에 가입한 체약국의 현황을 다루고 있다. 참고로, 본편은 CISG의 규정별 구성 체계에 의한 편제가 아니라, 저자 임의로 CISG 전반에 대한 개략적인 이해를 도모하기 위한 것에 그 취지를 두고 있음을 밝혀 둔다.

第一篇主要包含CISG的意义, 特征, 适用范围, 构成体系, 及截止到本书出刊前的缔约国现状等内容。本篇并非CISG的规定内容, 只是作者为了使读者对CISG有全面的理解而进行的说明。

第 1 章 CISG的意义

현대계약법(現代契約法)의 추이는, 나날이 복잡·다단하게 급변하고 있는 경제·사회적 유동성에 적극적이고도 유연하게 대응하고 있는 경향을 보이고 있다. 이 같은 경향이 나타나게 된 주된 이유는, i) 각종 계약에서의 분쟁해결에 관련된 법과 규범(規範, norm)이, 갈수록 다양화되고 있는 계약 당사자의 이해(利害)를 적절히 고려하고 조정해야 한다는 '법적용(法適用)상의 필요'와, ii) 계약 당사자 간의 계약상 의무의 성실한 이행을 담보하여 신속·민활한 상거래를 촉진해야 한다는 '법기능(法機能)상의 역할'이 지속적으로 강조되고 있기 때문이다. 특히, 국제상거래(international commerce)에서 국제상사계약(contracts for the international commerce)과 관련한 제반 법규범의 체계화 또는 통일화 현상은 이와 같은 추이를 견인하는 중추적 역할을 하여 왔다.

对于日渐复杂多变的经济·社会变化，现代合同法呈现出积极且灵巧对应的发展倾向。这是由于 i) 用解决各种合同争端的法规来适当考虑，调节变化多样的合同当事人之间利害关系的法律适用上的需要和 ii) 促进迅速,灵活的交易，并确保当事人诚实履行合同义务的法律职能被一直强调的结果。特别是，与国际贸易中国际商事合同相关的诸多法律所呈现出的体系化和统一化，也对现代合同法的这种发展趋势发挥了牵引性的中枢作用。

그 결과적 산물로서, UNCITRAL에서 제정한 CISG와, 사법통일국제협회(International Institute for the Unification of Private Law : UNIDROIT)에 의해 공표된 '국제상사계약에 관한 일반원칙'(Principles of International Commercial Contract : PICC) 및 유럽계약법위원회(Commission on European Contract Law : CECL)에 의해 제정된 '유럽계약법원칙'(Principles of European Contract Law : PECL) 등은 그 대표적 입법성과라고 할 수 있다.

其中，UNCITRAL制定的CISG，UNIDROIT制定的国际商事合同通则，以及欧洲合同法委员会制定的欧洲合同法原则最具代表性。

종래, 국제상사계약에 있어서는, 당해 상거래에 참여한 계약 당사자 의 계약자유(liberty of contract)의 원칙에 따라, 상거래계에서 오랜 기간을 통해 형성된 관습

(慣習, usage) 및 관행(慣行, practice)이 존중되어 왔던 까닭에, 그 관습 등의 내용이 계약의 교섭·체결·이행·종료의 각 단계별로 적용 또는 수용되어, 당사자들의 지지에 기반을 둔 법적 구속력(法的拘束力, legal binding force)을 확보할 수 있었다.

过去在国际贸易中, 依照当事人订约自由的原则, 对于交易过程中逐渐形成的商业惯例和习惯做法给予了一定的认可, 于是这些惯例和习惯做法适用于合同交涉, 订立, 履行和终止等各个阶段, 在当事人的支持下拥有了一定的法律约束力。

실무적으로, 국제상사계약을 둘러싼 법적 분쟁의 처리과정은 복잡·다단하게 전개됨이 일반적이다. 곧, 계약 당사자의 이해를 충분히 보전하기 위한 과정에서 필연적으로 다양한 이해관계의 충돌이 발생하게 된다. 이를테면, i) 준거법 선정 및 적용의 곤란, ii) 분쟁해결을 위한 법적 기준의 불안정성, iii) 계약의 내용에 관한 당사자 간의 법리적 해석의 상이, iv) 각국 또는 법계(法系, legal system)간 법인식의 대립에 의한 예견가능성(foreseeability)의 부재, v) 각국 법원 및 중재기관의 판결·판정의 상대적 불공평 등을 예시할 수 있다. 이 같은 사실은 국제상거래의 법적 측면에서 '중대한 장애요인'으로 기능하고 있다.

在实务中, 与国际商事合同有关的法律纷争的处理过程大多较为复杂多样。在使合同当事人充分理解的过程中必然会出现许多利害关系的冲突。例如, 准据法的选定和适应方面的问题, 用法律解决纷争的不安定性, 合同当事人对合同内容的相异解释, 各国或各法系间的对立而引起的不可预见性, 各国法院及仲裁机构的判定或判决的相对不公平性等。这些都是国际贸易法律方面的障碍因素。

이 같은 '중대한 장애요인'에 기하여, 앞서 살핀 국제계약법규범은 당해 장애를 극복할 수 있는 법적 대안으로서 뿐만 아니라, 신속·민활한 상거래를 통하여 계약당사자 저마다의 이해를 보편적·합리적으로 확보할 수 있는 법적 방편으로서의 가치가 인정되어, 제정 이후부터 현재까지 국제상사계약에 적용 또는 원용할 수 있는 실체법적 기반으로서의 역할을 충실하게 감당하고 있다.

国际合同法规不仅可以作为克服这些障碍因素的法律手段, 也是通过迅速, 灵活的交易使每个合同当事人能够普遍并合理理解的捷径。制定至今, 一直被作为可适用及运用于国际商事合同的实际法规基础, 发挥着极大的作用。

그 중에서도, 특히 CISG 및 PICC에 관한 그간의 연구는 상당한 수준까지 진척되어

왔다. 그 배경에는 법리적·상무적 시각에서 계약 당사자의 권리(權利, right)·의무(義務, duty)의 구체적 확정을 목표로 한 심도 있는 학문적 연구와, 당해 법규범과 밀접한 연관성이 있는 국제무역법위원회(UNCITRAL), 사법통일국제협회(UNIDROIT), 국제상업회의소(International Chamber of Commerce : ICC), 유럽계약법위원회(CECL) 등 국제기구의 적극적인 참여, 그리고 이들이 제정·발표한 국제상사계약법원칙 및 상관습(商慣習, the commercial customs)을 수용하기 위한 실무계의 지대한 관심이 기능하였다.

其中，对CISG和PICC的研究程度已经达到了一定的水平。从法理，商务的角度对合同当事人的权利，义务为中心的学术研究，和与该法规有密切联系的 UNCITRAL, UNIDROIT, 国际商会，CECL等国际组织的积极参与，以及它们制定和发布的国际商事合同法原则及商业惯例的使用，使得实务界对这些法规的重视逐渐增加。

국제상사계약은, 당사자의 합의(合意, agreement)에 의하여 성립하게 되는데, 특히 당사자 자치가 넓게 인정되고 있는 국제상거래에서 당사자의 목적은, 일반적으로 당사자들이 자치적으로 형성한 정형약관(定型約款, standard terms)에 의하여 달성되고 있다.

国际商事合同依据当事人的协议而成立。在广泛的认可当事人自治(订约自由)的国际贸易中，当事人的目的一般是依据因当事人的自治而形成的标准条款来达成的。

그러나 상거래에 관한 오랜 경험을 통해, 전문적이고 체계적인 지식을 토대로 만든 약관이라고 하더라도, 상거래의 이행과정에서 발생할 수 있을 문제를 일일이 상정하여, 당사자의 권리·의무관계를 규정하는 것은 사실상 불가능한 일이며, 설령 당초에 예견이 가능했던 문제가 발생한 경우라고 하더라도, 그 해석에 있어 시간적·공간적 제한으로 인해 상호간 의견대립이 있을 수 있다.

但是，凭借长久的贸易经验和专业且体系化的知识，并不能完全预料到贸易过程中会发生的所有问题，同时也无法完全的规范当事人的权利，义务关系，即使发生了当初已预见的问题，也可能由于时间和空间的限制而对其作出不同的解释。

이 경우, 국제사법(國際私法, conflict of law, private international law)의 질서 아래서는, 당해 상거래와 관련이 있는 어느 당사자의 국내법에 의할 수밖에 없게 되는

데, 이는 당면한 문제해결을 상거래에 관한 국제사법이 준거법에 의하게 됨을 의미한다. 따라서 당사자는 상호간 상거래 관행상 합의로써 특정 준거법을 계약에 지정하여 이를 국내법에 일임해 둘 수 있다.

这种情况下，只能按照国际私法的秩序，依据与该交易有关的当事人的国内法来解决，也就是说依照国际私法来确定准据法。当事人也可以通过他们之间的惯例，将国内法选定为合同准据法。

그러나 국제상거래가 다변화되어 가는 현시점에서, 상대방 국가의 국제사법을 그것도 법적 문제가 생길 때마다 일일이 파악하여, 당사자가 의도한 대로 특정계약의 내용에 편입하는 일은, 매우 번거롭고도 어려운 일이 아닐 수 없다. 더욱이, 국제상사계약을 규율하는 각국의 법률은, 서로 상당한 차이를 보이고 있으며, 심지어 국제상사계약에 관한 동일한 내용의 법규정을 두고 있는 국가들도 그 해석에 있어서 큰 차이를 보이고 있는 경우가 허다하다.

然而，在国际贸易日益多变的当今时代，每当问题发生时对对方国家的国际私法进行一一了解，再按照当事人的意图将其补充到特定的合同内容中，是非常复杂和困难的。特别是管辖国际商事合同的各国法律之间存在着差异，甚至于在许多情况下，各个国家对于同一内容作出了相互不同的解释。

이러한 상황에서, 국제상거래의 특성을 충분히 반영한 통일법(統一法, uniform law)이 존재하게 되면, 상거래의 활성화와 분쟁의 공정한 해결을 도모하는데 크게 도움이 될 수 있을 것인데, 그간에 국제사회는 이 같은 기대를 배경으로, 국제물품매매에서 상거래법의 적용에 있어, 또는 이해관계의 대립에 따라 발생될 수 있는 혼란을 최소화하고, 상거래에 임한 당사자 공통의 이해를 촉진하기 위하여, 여러 가지 노력을 하여 왔다.

这时，如果存在国际贸易的统一法，便可以公平的解决纷争和促进贸易的发展。在这种的背景下，为将利害关系的对立最小化，并促进交易当事人之间的共同理解，国际社会对国际货物销售适用的交易法进行着不断的努力。

이들 노력은, 크게 두 가지 흐름으로 진행되었는데, i) 그 하나는, 국제상거래에 임한 당사자의 공통의 이해(利害)와 국제적 관습의 확립을 위하여, 각양의 표준계약서식을 통일하고, 상거래 약관(商去來約款, trade terms)을 통일하는 등 '당사자 상호간의 자율적 규범을 확립하기 위한 노력'이었고, ii) 다른 하나는, '국제매매에 관한 법통일화 작업'이었다. 이 양자는 상호간에 순기능적인 영향을 미치면서 국제상거래의 발전과, 이와 관련한 고유한 법규범 확립의 길을 단절 없이 지속적으로 개척하여 왔다.

这些努力可以大致分成两部分，一是为确立国际贸易中当事人共同的利害关系和国际商业习惯，将各种标准合同的格式和交易条款进行统一而进行的"确定当事人相互间的自律规定"的努力；二是国际销售法的统一化作业。这两者之间互相影响，为国际贸易的发展和确立其相关的法规开辟出了道路。

그 중에, 후자인 법통일화 작업의 일환으로 가장 주목되었던 것은, 각국의 국내법은 그대로 두고, 국제상거래에 적용되는 법규범을 별도로 마련하여, 동 법규범에 가입한 국가 간의 상거래, 또는 이를 채택한 당사자들 사이에 적용될 수 있도록 하자는 것이었다. 이는 각 법계 또는 국가 간의 이해관계를 원만하게 조정할 수 있는 가장 현실적인 대안이었던 까닭에, 이로부터 국제적 통일입법을 위한 노력은 꾸준히 전개될 수 있었다.

其中，不影响到各国的国内法而单独制定国际贸易适用的法规，是国际销售法的统一法作业中最受瞩目的，即加入该法规的国家之间进行的交易，或者当事人选定了该法规时，适用于该法规。基于该方法是调整各法系及各国间利害关系的最佳方案，因此对于国际立法的努力也在不断的进行着。

그 대표적 입법성과로서, UNCITRAL에 의해 성안되고, 1980년 3월 비엔나 UN 외교회의에서 만장일치로 통과된 후, 1988년 1월 1일부터 발효된 CISG는, 현재까지 국제상거래에 있어 물품매매에 관한 한, 가장 성공한 대표적·선도적 입법례로 평가되고 있다. 당해 이유와 근거는 앞서 본 바와 같다.

其中由UNCITRAL制定，1980年3月维也纳联合国外交会议上全票通过后，1988年1月开始生效的CISG，被评价为至今与国际货物销售相关的最据代表性和引导性的立法案。其理由已在前部分说明，不再赘述。

第2章　CISG的特征

CISG는, 기본적으로 국제물품매매계약(contracts for the international sale of goods)에 관하여, 국제적으로 통일된 관습을 성문화함으로써, 국제상거래에서의 법률적인 장벽을 제거하는데 공헌하기 위한, 국제적 협약(協約, convention)으로서의 지위를 점한다.

CISG涉及国际货物销售合同，是为去除国际贸易的法律障碍而将国际统一的商业惯例成文化的国际公约。

곧, 국제적 협약으로서 CISG는 그 제정취지를 전문(前文, preamble)에서 명료히 선언하고 있는데, 그 내용을 참조하면 다음과 같다. 'CISG의 당사국은 새로운 국제경제질서의 확립과 관련하여, 평등과 상호 이익을 기조로 한 국제상거래의 발전이 국가간의 우호관계를 증진시키는데 중요한 요소임을 고려하여, 국제물품매매의 계약을 규율하고, 상이한 사회적·경제적 및 법률적 제도를 고려하는 통일규칙의 채택이, 국제상거래에서의 법률적인 장벽을 제거하는데 공헌하며, 또한 국제상거래의 발전을 증진시킬 것을 목적으로 제정된 것이다.'

CISG的前言中提及了其制定目的，其内容为"铭记联合国大会第六届特别会议通过的关于建立新的国际经济秩序的各项决议的广泛目标，考虑到在平等互利基础上发展国际贸易是促进各国间友好关系的一个重要因素，认为采用照顾到不同的社会。经济和法律制度的国际货物销售合同统一规则，将有助于减少国际贸易的法律障碍，促进国际贸易的发展"。

CISG는, 1964년 UNIDROIT에 의해 성안되어 공표된 두 가지의 헤이그협약(Hague Convention)에 그 기초를 두고 있는데, 그 하나는, '국제물품매매에 관한 통일법'(Uniform Law for the International Sale of Goods : ULIS)이고, 다른 하나는, '국제물품매매계약의 성립에 관한 통일법'(Uniform Law on the Formation of Goods : ULF)이 그것이다.

CISG是以1964年UNIDROIT制定的2个海牙公约为基础的：《国际货物买卖统一法公约(ULIS)》和《国际货物买卖合同成立统一发公约(ULF)》。

이상의 두 가지 헤이그협약은, 그 적용범위가 매우 광범위하고, 또한 당시 이에 참여하지 않은 제3세계 국가와 사회주의 국가의 이익이 제대로 반영되지 않았다는 비판 때문에, 당초 의도와는 달리, 그 실효성을 거둘 수가 없었다. 1978년 이후, UNCITRAL은 이와 같은 문제점을 극복하고자, 이들 협약에 대한 전면적인 수정·보완에 임하여, 1980년에 이르러서야 현재의 CISG로 그 완성을 보게 되었다. 이후 CISG는 총 21개국이 서명을 마친 1988년 1월 1일부터 명실 공히 국제협약으로서 그 효력을 발생하게 되었다.

这两个公约由于适用范围比较广，没能照顾到当时第三世界国家和社会主义国际的利益而受到批判，未能发挥预想的作用。1978年以后，UNCITRAL克服了这些问题，对公约内容进行全面的修改和补充，于1980年制定了CISG。之后，随着21个国家的加入，CISG于1988年1月1日起正式生效。

현재, CISG를 국내법으로 수용하고 있는 체약국(締約國, contracting state)은, 하기 체약국 현황에서 보는 바와 같이, 본서 발간일 기준 총 78개국이다. 앞서 살펴본 바와 같이, 우리나라는 2004년 2월 17일 UN에 CISG의 가입서를 기탁하여, 2005년 3월 1일부터 국내법으로서 그 효력이 발생되었다. 이에 따라 CISG는 국제물품매매에 관한 한, 우리 민·상법에 우선하는 특별법(special law)의 지위를 점한다. CISG의 주요 특징은 다음과 같다.

从后部分缔约国现状也可以了解到，截止到本书出版前，将CISG作为国内法使用的缔约国共有78个国家。韩国于2004年2月1日递交了核准书，2005年3月1日起作为国内法正式生效。CISG是优先于民法。商法和特别法，其特征如下。

첫째, 종전 헤이그협약에서는, 체약국의 법원은 당해 계약이나 당사자가 체약국과 관련이 없는 국제매매(international sales)에도 이를 적용할 수 있도록 함으로써, 그 적용범위가 너무 광범위하다는 비판을 받아왔다. 이에 비하여, CISG는 당사자 영업소(營業所, business place)가 모두 체약국 내에 있거나, 국제사법의 규정에 따라 어느 체약국의 법률이 적용되는 국제매매에만 이를 적용할 수 있도록 하였다.

一，在过去的海牙公约中，不论合同或当事人是否与缔约国毫无联系，法院都可以将公约适用于合同，因此海牙公约受到了范围过广的批判。而CISG中，只有当事人的营业场所全都位于缔约国，或者根据国际私法的原则适用于某一缔约国法律时，CISG才适用于国际销售。

둘째, 헤이그협약이 계약위반(契約違反, breach of contract)의 형태를 물품 인도의 시기(始期, time of commencement)·장소 등에 따라 세분하고, 그 구제수단(救濟手段, remedy)도 상이하게 규정함으로써, 이러한 부류에 속하지 않는 계약위반에 대해서는, 오히려 복잡한 문제를 야기할 수 있는 개연성이 다분하였다. 이 같은 개연성 등을 고려하여, CISG는 계약위반의 유형을 세분하지 않고, 단순히 '매도인에 의한 위반'과 '매수인에 의한 위반'으로만 구분하고, 이와 관련한 상대방의 구제수단만을 규정하고 있다. 그리고 헤이그협약은 계약위반에 관하여, 계약의 자동적인 해제(ipso facto avoidance)를 규정하고 있으나, CISG는 이를 인정하지 않고, 다만 그것이 '중대(重大)한 계약위반'(fundamental breach of contract)에 해당하는 경우에만 계약을 해제(解除, cancellation, rescission)할 수 있도록 하였다[제25조(중대한 계약위반)].

二，海牙公约中将合同违反根据交货的时间和场所进行分类，对救济方法也进行不同的规定，因而由于不属于这些分类的合同违反引起复杂问题的可能性相当之高。正是因为这些可能性，CISG中为对合同违反作出分类，只是将其分为"卖方的违反合同"和"买方的违反合同"，并对与此相关的对方的救济方法作出了规定。海牙公约中规定了合同的自动无效，而CISG中并不承认合同的自动无效，规定只有"根本性违反"时才可以宣告合同无效。

셋째, CISG는 헤이그협약과는 달리, 그 해석에 있어서 CISG의 '국제적 성격'과 '적용상 통일성의 증진을 위한 필요성'과 국제상거래에 있어 '신의칙(信義則, the principle of good faith)의 준수'에 대한 고려를 추가로 명시하고 있다.

三，与海牙公约不同的是，CISG的解释原则中，规定要考虑到"国际性"和"促进其适用的统一的需要"，及"国际贸易上的遵守诚信的需要"。

第3章　CISG的适用范围和构成体系

CISG는, 당사자들의 영업소(營業所, business place)가 모두 체약국내에 있거나, 또는 당사자의 국가가 국제사법의 규칙에 따라 체약국의 법을 수용하고 있는 경우에만 적용된다. 즉, 국제물품매매계약이 CISG의 직접적인 적용을 받기 위해서는 다음의 각 요건이 다름없이 충족되어야 한다.

CISG在当事人的营业地位于在不同缔约国，或因国际私法规则而导致适用某一缔约国的法律时适用。也就是国际货物销售合同要适用CISG时必须满足以下条件:

첫째, 계약 당사자가 서로 다른[相異] 국가에 영업소를 갖고 있어야 한다. 다만, 영업소가 없을 경우에는 상이한 국가에 '일상의 거주지'(habitual residence)가 존재하여야 한다. 즉, CISG는 계약 당사자가 서로 다른 국가에 영업소 내지 거주지를 가짐으로써, 이로부터 국제성(國際性, internationality)을 갖춘 국제매매계약을 그 적용대상으로 하고 있다. 만약, 당사자가 둘 이상의 영업소를 갖고 있는 경우에 영업소는, 계약의 체결 전이나 또는 그 당시에, 당사자에게 알려져 있었거나 또는 예견되어 있었던 사정을 고려하여, 당해 계약 및 이행에 가장 밀접한 관련이 있는 장소를 영업소로 본다.

一，当事人的营业地要位于不同的缔约国。如果当事人没有营业地，则以其惯常居住地为准。当事人的营业地或居住地位于不同的缔约国时，合同具有国际性，CISG适用于该合同。如果当事人拥有2个以上的营业地，则以与合同及合同的旅行关系最密切的营业地为其营业地，但要考虑到双方当事人在合同订立前任何时候或订立合同时所知道或可预想的情况。

둘째, 당사자가 상이한 국가에 영업소를 갖고 있어야 한다는 '국제성'은 계약의 체결 전이나 또는 그 당시에, 당사자 사이의 계약 또는 당사자가 제시한 정보로부터 명확히 나타나 있어야 한다. 따라서 당사자는 상이한 국가에 영업소를 갖고 있어, 당해 계약이 국제계약(國際契約)이라는 사실을 알고 있어야 한다. 이는 당초 국내계약(國內契約)으로 잘못 알고 있던 당사자가 예기치 못한 CISG의 적용으로부터 여하한의 피해를 받는 일이 없도록 배려하기 위한 것에 목적을 두고 있다.

二，当事人营业地在不同缔约国的"国际性"，要从订立合同前任何时候或订立合同时，当事人之间的交易或当事人透露的情报中体现出来。即当事人在不同的国家拥有营业地，而且必须了解该合同具有国际性。其目的是，通过CISG的适用，避免将合同错认为是国内合同的当事人受到损失。

셋째, CISG는 당사자가 상이한 국가에 영업소 내지 일상의 거주지를 보유하고 있다고 하더라도, 원칙적으로 이들 상이한 국가가 모두 CISG 체약국일 경우에 한하여 적용된다. 아울러, 계약의 성립에 관하여는 당해 국가가 계약의 체결 시점에서 체약국일 경우에 한하여 적용된다[제100조(청약 및 계약에 대한 발효일)]. 국제물품매매의 효력에 관해서도 마찬가지이다. 이때, 당사자는 상대방의 국가가 CISG의 체약국인지를 어느 시점에서 알았는지는 문제시 되지 않는다. 물론, 당사자의 국가가 모두 체약국이 아니더라도 당사자가 CISG를 적용하기로 상호 합의한 경우에는 [양 당사자의 국제사법에 기한 특단의 문제점은 별론으로 하더라도] 원칙상 당해 계약에 적용할 수 있다.

三，即使当事人在不同的国际拥有营业地或居住地，原则上要求这些国家必须为CISG的缔约国，CISG才得以适用。同时，订立合同的时间必须是该国家已为缔约国之后才得以适用(第100条)。国际货物销售的效力也是如此。这时，当事人何时了解到对方国家为缔约国的事实并不重要。另外，非缔约国的当事人通过相互协议将CISG适用与合同时，(由于双方当事人国家的国际私法而引起的特殊问题除外)原则上CISG也可以适用。

넷째, CISG는 당사자가 CISG 전체의 적용을 배제하거나, CISG의 일부 규정에 관하여 그 효력을 감퇴 또는 변경시킬 수 있도록 하고 있다[제6조(계약에 의한 배제 또는 변경)]. 다만, 전제조건으로서 당사자 간에 CISG 전체의 적용배제에 관한 합의, 또는 계약과 관련이 있는 일부 규정에 대한 효력변경의 합의가 없어야 당해 계약에 적용할 수 있다.

四，当事人可以不适用公约，或减损CISG的部分规定或改变其效力(第6条)。但前提是，当事人未对不适用CISG，或减损CISG的部分规定或改变其效力达成协议时，CISG才可适用。

CISG는, 전문[前文, preamble] 외에 총 4편으로 구성되어 있다. 차례로, 제1편[제1조~제13조]은 적용범위[제1조~제6조]와 총칙[제7조~제13조]에 관하여, 제2편[제14

조~제24조]은 계약의 성립으로서 청약[제14조~제17조]과 승낙[제18조~제22조], 계약의 성립시기[제23조~제24조]에 관하여, 제3편[제25조~제88조]은 당사자의 권리와 의무를 대칭적으로 편제하여, 총칙[제25조~제29조], 매도인의 의무와 매도인의 의무위반에 대한 매수인의 구제수단[제30조~제52조], 매수인의 의무와 매수인의 의무위반에 대한 매도인의 구제수단[제53조~제65조], 위험의 이전[제66조~제70조]과 매도인과 매수인에게 공통적으로 적용되는 규정[제71조~제88조]에 관하여, 제4편[제89조~제101조]은 발효에 필요한 절차 및 유보선언 등의 최종규정에 관하여 다루고 있다.

除前文外，CISG由四部分组成。第一篇(第1条--第13条)中规定了适用范围(第1条--第6条)和总则(第7条--第13条)，第二篇(第14条--第24条)中对要约(第14条-第17条)和承诺(第18条-第22条)，合同订立的时间(第23条--第24条)做了规定，第3篇(第25条--第29条)中涉及当事人之间相互对称的权利和义务，包括总则(第25条-第29条)，卖方的义务和卖方违反合同的补救方法(第30条-第52条)，买方义务和买方违反合同的补救办法(第53条-第65条)，风险转移(第66条-第70条)，以及卖方和买方义务的一般规定(第71条-第88条)。第4篇(第89条-第100条)中对生效的步骤和保留宣言等最后条款作了规定。

第 4 章　CISG的补充法规--PICC的概要

1. PICC的概要

'국제상사계약에 관한 일반원칙'(PICC)은, 그 자체가 구속력 있는 협약이 아니라, 국제상사계약의 일반원칙을 집적한 것으로, 미국법상의 용어를 빌리자면, 소위 재기술(再記述, restatement)로서의 성격을 갖는다.

"国际商事合同通则"本身不具有拘束力，旨在制定国际商事合同的一般规则，如果借用美国法中的说法，PICC具有再述的性质。

요컨대, PICC는 국제상사계약에 관한 각국의 국내법이나 국제법규를 해석함에 있어서, 보충적 기준 내지 표준이 될 수 있고, 당사자에게는 계약서 작성의 지침으로서, 그리고 각국의 법원이나 중재기관은 이를 국제상사계약에서 야기되는 분쟁해결의 법적 기준으로서 적절히 적용할 수 있는 법적 실익을 표창하고 있다.

总而言之，PICC可作为解释或补充与国际商事合同有关的各国的国内法和国际法规的基准，也可以作为当事人订立合同的指南，还可以作为各国法院或仲裁机构解决由国际商事合同引起的纷争时的法律依据。

공표된 이후, 국제상사계약법의 법원의 하나로 자리매김하였던 PICC(1994)는 그간의 추가·개정작업을 거쳐 PICC(2004)로 새롭게 공표되었는데, 후자는 전자의 개정이라기보다는, 새로운 내용을 추가한 것이 특색이다. PICC(2004)는 전통적 계약법에서는 취급하지 않았던, 예컨대, '전자계약의 체결'(electronic contracting)·'제3자의 권리'(third party rights)·'대리인의 권한'(authority of agents)·'상계'(set-off)·'채권의 양도'(assignment of rights)·'채무의 이전'(transfer of obligation)·'계약의 이전'(assignment of contract)·'제소기간'(limitation period) 등의 내용들을 추가하고 있다.

PICC作为国际商事合同法的法源之一，在公布后进行补充，修订，并于2004年公布的修订版本。与之前的版本相比较，新版本的补充内容具有显著的特点。PICC(2004)与传统的合同法不同，对电子合同的订立，第三方的权利，代理人的权利，抵销，债务的转移，合同的转让，失效期间等内容进行的补充规定。

결국, PICC의 기능 내지 목적은, i) '국제상사계약의 준거법으로서 적용할 수 있다'는 점, ii) '국제적 통일법 및 국내법의 해석 및 보충수단으로서 그 역할을 감당할 수 있다'는 점, iii) '계약법이나 특수한 거래에 관한 입법의 모델법(model law)으로서의 기능을 할 수 있다'는 점 등에 두고 있다.

PICC的职能和目的如下： i) 可用于国际商事合同的准据法, ii) 可用于解释或补充国际统一法或国内法, iii)可用于合同法或特别立法的范本。

PICC는 '국제상사계약'(international commercial contract)에 적용되는데, CISG와는 달리 '국제성'(internationality)에 관한 명확한 정의가 없다. 그러나 PICC상 계약 당사자가 서로 다른 국가에 영업소나 거주지를 두고 영업하는 경우는 말할 것도 없고, 계약의 모든 요소가 한 국가에 국한되는 경우를 제외하고, 계약내용에 국제적이라고 하는 요소가 조금이라도 있으면, 그 적용이 가능하다. 따라서 CISG에 비하여 그 적용범위가 넓다고 할 수 있다.

同样适用于国际商事合同, 但与CISG不同的是, PICC未对国际性作出规定。根据PICC的规定, 不仅在合同当事人的营业地或居住地位于相互不同国家的情况下, 合同的所有要素位于同一国家的情况除外, 只要合同内容具有国际性, 即可适用。可以看出跟CISG相比, PICC放宽了适用范围。

또한, PICC는 '상사계약'에만 적용되는데, 그 범위를 굳이 '상사계약'에 국한하고 있는 이유는, 대부분의 국가가 소비자보호를 위한 강행법규를 두고 있기 때문에, 이로부터 '소비자거래'(consumer transactions)에 관한 법적용상의 충돌을 방지하기 위함이다. 여기서 '상사계약'이란 용어는, 민사와 구별하거나 계약 당사자가 상인임을 나타내기 위한 목적은 아니다. 따라서 '상사'의 의미는 가능한 광의로 해석하여야 한다. 예컨대, 물품이나 서비스 거래는 말할 것도 없고, 투자나 지식서비스까지 포함하는 것으로 보아야 한다.

PICC仅适用于商事合同。大部分国家都制定了保护消费者的强制法规, 为了避免与消费者交易相关的法律适用发生冲突, PICC将其范围局限于商事合同。这里的商事合同, 目的并未是区别于民事, 或要求合同当事人必须是商人。应对"商事"的意义进行广义的解释。例如, 货物或服务交易, 投资或信息服务等。

PICC는, i) 당사자가 계약의 준거법으로 합의한 경우, ii) 당사자가 자신들의 계약을 '법의 일반원칙'(general principles of law) 또는 '상관습법'(lex mercatoria) 등에 의하여 규율되기로 합의한 경우, iii) 당사자들에 의한 '법의 선택'(choice of law)이 없는 경우 적용될 수 있다.

在i)当事人约定其合同受通则管辖时，ii)当事人约定其合同受法律的一般原则，商人习惯法管辖时，iii)当事人未选择任何法律管辖其合同时，可适用PICC。

第5章 CISG的缔约国现状

国家名	交存时间	生效时间	保留条款	人均GDP
Albania	2009.05.13	2010.06.01	–	3,824
Argentina	1983.07.19	1988.01.01	11, 29	7,726
Armenia	2008.02.12	2010.01.01	–	2,667
Australia	1988.03.17	1989.04.01	限制适用范围	45,587
Austria	1987.12.29	1989.01.01	–	45,989
Belarus	1989.10.09	1990.11.01	11, 29	5,165
Belgium	1996.10.31	1997.11.01	–	45,533
Bosnia & Herzegovina	1991.02.06	1992.03.01	–	4,278
Bulgaria	1990.07.09	1991.08.01	–	6,223
Burundi	1998.09.04	1999.10.01	–	162
Canada	1991.04.23	1992.05.01	限制适用范围	39,668
Chile	1990.02.07	1991.03.01	11, 29	9,525
China	1986.12.11	1988.01.01	1(b), 11	3,677
Colombia	2001.07.10	2002.08.01	–	5,087
Croatia	1998.06.08	1999.07.01	–	14,242
Cuba	1994.11.02	1995.12.01	–	4,500
Cyprus	2005.03.07	2006.04.01	–	29,619
Czech Republic	1991.12.17	1993.01.01	1(b)	18,557
Denmark	1989.02.14	1990.03.01	限制适用范围	56,115
Dominican Republic	2010.06.07	2011.07.01	–	5,034
Ecuador	1992.01.27	1993.02.01	–	4,059
Egypt	1982.12.06	1988.01.01	–	2,450
El Salvador	2006.11.27	2007.12.01	–	3,623
Estonia	1993.09.20	1994.10.01	11, 29	14,266
Finland	1987.12.15	1989.01.01	限制适用范围	44,491
France	1982.08.06	1988.01.01	–	42,747
Gabon	2004.12.15	2006.01.01	–	7,468
Georgia	1994.08.16	1995.09.01	–	2,448
Germany	1989.12.21	1991.01.01	1(b)	40,874
Ghana	1980.04.11	1988.01.01	–	671
Greece	1998.01.12	1999.02.01	–	29,634
Guinea	1991.01.23	1992.02.01	–	414

Honduras	2002.10.10	2003.11.01	–	1,822
Hungary	1983.06.16	1988.01.01	11, 29	12,926
Iceland	2001.05.10	2002.06.01	–	37,977
Iraq	1990.03.05	1991.04.01	–	2,107
Israel	2002.01.22	2003.02.01	–	26,796
Italy	1986.12.11	1988.01.01	–	35,435
Japan	2008.07.01	2009.08.01	–	39,731
Kyrgyzstan	1999.05.11	2000.06.01	–	850
Latvia	1997.07.31	1998.08.01	11, 29	11,607
Lebanon	2008.11.21	2009.12.01	–	8,706
Lesotho	1981.06.18	1988.01.01	–	641
Liberia	2005.09.16	2006.10.01	–	238
Lithuania	1995.01.18	1996.02.01	11, 29	11,171
Luxembourg	1997.01.30	1998.02.01	–	104,501
Macedonia	2006.11.22	2007.12.01	–	4,482
Mauritania	1999.08.20	2000.09.01	–	975
Mexico	1987.12.29	1989.01.01	–	8,134
Moldova	1994.10.13	1995.11.01	–	1514
Mongolia	1997.12.31	1999.01.01	–	1,560
Montenegro	2006.06.03	2007.07.01	–	11,092
Netherlands	1990.12.13	1992.01.01	–	48,222
New Zealand	1994.09.22	1995.10.01	限制适用范围	27,259
Norway	1988.07.20	1989.08.01	限制适用范围	79,085
Paraguay	2006.01.31	2007.02.01	11, 29	2,336
Peru	1999.03.25	2000.04.01	–	4,356
Poland	1995.05.15	1996.06.01	–	11,287
Republic of Korea	2004.02.17	2005.03.01	–	17,074
Romania	1991.05.22	1992.06.01	–	7,542
Russian Federation	1990.08.16	1991.09.01	11, 29	8,693
St. Vincent & Grenadines	2000.09.12	2001.10.01	1(b)	5,291
Serbia	2001.03.12	2002.04.01	–	5,808
Singapore	1995.02.16	1996.03.01	1(b)	37,293
Slovakia	1991.12.07	1993.01.01	1(b)	16,281
Slovenia	1991.06.25	1992.07.01	–	24,417

Spain	1990.07.24	1991.08.01	–	31,946
Sweden	1987.12.15	1989.01.01	限制适用范围	43,986
Switzerland	1990.02.12	1991.03.01	–	67,559
Syrian Arab Republic	1982.10.19	1988.01.01	–	2,578
Turkey	2010.07.07	2011.08.01	–	8,723
Uganda	1992.02.12	1993.03.01	–	474
Ukraine	1990.01.03	1991.02.01	11, 29	2,542
Uruguay	1999.01.25	2000.02.01	–	9,425
USA	1986.12.11	1988.01.01	1(b)	46,380
Uzbekistan	1996.11.27	1997.12.01	–	1,175
Venezuela	1981.09.28	1988.01.01	–	11,789
Zambia	1986.06.06	1988.01.01	–	1,086
共 78个国家				

※ 缔约国现状为2011年1月31日基准

※ 人均GDP为2009基准。

第 2 篇

适用范围和总则

第二篇
适用范围和总则

区分及内容		
第二篇 适用范围和总则		第1条~第13条
	第1章　CISG的适用范围	第1条~第6条
	第2章　总则	第7条~第13条

《公约》第一部分讨论了《公约》的适用性问题——《销售公约》项下所有其他问题的基础，以及一些一般事项如解释和形式要求。第一部分分为两章：第一章，“适用范围”，包括《销售公约》第1条至第6条；第二章，“总则”，包含第7条至第13条。

第1章　CISG的适用范围

区分及内容			
第 2 篇　适用范围及总则			第1条~第3条
	第1章　CISG的适用范围		第1条~第6条
		第1条　公约适用的条件	
		第2条　公约不适用的货物销售	
		第3条　公约不适用的销售合同	
		第4条　公约不涉及的法律问题	
		第5条　公约不适用于产品责任争议	
	第2章　总　则		第7条~第13条

《销售公约》第一部分第一章的条款界定了《公约》的范围。第1条至第3条确定了《销售公约》适用和不适用的各种交易。第4条和第5条介绍了《公约》中涉及或未涉及的一些问题。第6条包含了一项广义的意思自治原则，该原则可能会对《销售公约》所调整的交易和问题产生影响。

第一章的若干条款与《公约》的最后几项条款（见包含第89条至第101条的《销售公约》第四部分）有着密切的联系。例如（尚有其他），第1条——关于《公约》适用性的主要条款——的应用，可能会受到以下条款的影响：第92条（声明缔约国不受本《公约》第二部分或第三部分的约束），第93条（联邦国家条款），第94条（具有类似销售法的缔约国声明本《公约》不适用于营业地在这些国家内的当事人之间的销售活动），第95条（声明缔约国不受第1条第(1)款(b)项的约束），第99条（《公约》的生效日期），及第100条（适用《公约》的时间规则）。同样地，必须根据第96条（声明《公约》的反形式主义规则不适用，如果任何一方当事人的营业地在做出声明的缔约国内的话）适用第11条（取消了书面订立和其他一些形式要求）和第12条（提出了《公约》第11条和其他反形式主义规则适用性的例外情况）。

001. 公约适用的条件

Art. 1.

(1) This Convention applies to contracts of sale of goods between parties whose places of business are in different States:

(a) when the States are Contracting States; or

(b) when the rules of private international law lead to the application of the law of a Contracting State.

(2) The fact that the parties have their places of business in different States is to be disregarded whenever this fact does not appear either from the contract or from any dealings between, or from information disclosed by, the parties at any time before or at the conclusion of the contract.

(3) Neither the nationality of the parties nor the civil or commercial character of the parties or of the contract is to be taken into consideration in determining the application of this Convention.

제1조

(1) 본 협약은 다음과 같은 경우에, 영업소가 서로 다른 국가에 있는 당사자 간의 물품매매계약에 적용된다.

(a) 당해 국가가 모두 체약국인 경우, 또는

(b) 국제사법의 규칙에 따라, 어느 체약국의 법을 적용하게 되는 경우.

(2) 당사자가 서로 다른 국가에 영업소를 가지고 있다는 사실이 계약으로부터, 또는 계약의 체결 전이나, 또는 계약 체결 시에 당사자 간에 이루어진 어떠한 거래로부터, 또는 당사자에 의하여 밝혀진 정보로부터 드러나지 아니한 경우에는, 이를 무시한다. (3) 당사자의 국적과, 당사자 또는 계약의 민사적 또는 상사적 성격은, 본 협약의 적용을 결정함에 있어 고려되지 아니한다.
第1条 (1) 本公约适用于营业地在不同国家的当事人之间所订立的货物销售合同: (a) 如果这些国家是缔约国；或 (b) 如果国际私法规则导致适用某一缔约国的法律。 (2) 当事人营业地在不同国家的事实，如果从合同或从订立合同前任何时候或订立合同时，当事人之间的任何交易或当事人透露的情报均看不出，应不予考虑。 (3) 在确定本公约的适用时，当事人的国籍和当事人或合同的民事或商业性质，应不予考虑。

本条为确定是否适用本公约提出了一些规则。对第1条的理解应联系第2条和第3条来进行，后两条分别缩小和扩大了本公约的实质性适用范围。

1. 本公约优先于对国际私法的援用

本公约和法院地的国际私法规则均规范国际合同。因此，在分析本公约实质性国际和地域适用范围之前，必须要探究本公约和国际私法规则两者的关系。根据判例法，缔约国法院在诉诸法院地的国际私法规则之前，必须先确定本公约是否适用。换言之，即对本公约的适用优先于对法院地的国际私法规则的适用。这是因为作为一部实体法公约，《销售公约》的规则更加具体，并能直接带来实质性解决办法，而诉诸国际私法则要求采取两步走的方法（确定适用的法律，然后再适用该法律）。

2. 本公约所规范的合同

本公约适用于货物销售合同。尽管本公约没有为这类合同做出何定义，但从第30条和第53条中依然可以推断出来一个说明。因此，可以将本公约所覆盖的一个货物销售合同定义为“根据合同约定一方当事人（卖方）有义务交付货物并转移其所售货物的财产权，而另一方当事人（买方）有义务支付价款并接受货物”的合同。因此，正如一家法院所指出的，合同的实质在于交付价款以换取货物。

本公约覆盖分期分批交货合同，这一点可以从本公约第73条推断出来，还有由供应商直接向卖方的顾客交付货物的合同。根据第29条，更改销售合同的合同也属于本公约实质性适用范围之内。

第3条包含了一个特殊规则，该规则（在某些限度内）将本公约的实质性适用范围扩展至适用于尚待制造或生产的货物的销售合同以及卖方也需要提供劳务或服务的合同。

多数法院在考虑这一问题时都得出这一结论，即本公约不适用于分销议，因为这些协议侧重于“组织经销”而不是转移货物所有权。但是，在执行一份经销协议时所订立的各种货物销售合同则可以由本公约来调整，即使在订立经销协议时本公约尚未生效。

特许协议也不在本公约适用范围之内。

3. 货物

本公约并没有为“货物”下一个定义。但是，根据第7条第(1)款，对“货物”的概念应当根据本公约的“国际性”和“促进其适用的统一的需要”自动做出解释，而不需要依靠国内法来进行定义。

根据判例法，本公约意义上的“货物”是在交付时，“可移动的并且有形的”货物，而不论其是否是固体，是旧货还是新货，死的还是鲜活的货物。无形的货物，例如知识产权权利，在有限责任公司的权益，或者转让债务都一直被认为不属于本公约中“货物”的概念范围。一项市场研究也是如此，它不属于本公约中“货物”的概念范围。但是，根据一家法院的裁决，应当“广义地”解释“货物”的概念，可能建议本公约适用于无形的货物。

尽管计算机硬件的销售无疑属于本公约的适用范围，但是软件却未必此。一些法院认为只有标准软件才是本公约适用范围内的“货物”；另一家法院判定任何类型的软件，哪怕是订制的软件，都是“货物”。

4. 国际性与营业地

本公约的适用范围限于国际货物销售合同。根据第1条第(1)款，如果当事人订立合同时其相关营业地在不同的国家，其货物买卖合同就具有国际性。

“营业地”的概念对于确定国际性的问题至关重要。虽然它涉及到的问题是，一方当事人的多个营业地中以哪一个来确定买卖的国际性，但本公约并没有对其进行界定（第10条)。

根据一家法院的判决，可以将“营业地”定义为“事实上从事营业活动的地方[……]；这要求有一段持续期间，一定的稳定性以及一定程度的自性”。另一家法院则判定联络处不能被视为是本公约意义上的“营业地”。

在双方当事人相关的营业地在同一个国家的情况下，国际性的要求就未得到满足，即使他们的国籍不同，也不能满足国际性的要求，因为第1条第(3)款规定“在确定本公约的适用时，当事人的国籍……不予考虑”。此外，合同缔结地同履行地处于不同的国家也不会使合同具有“国际性”。就本公约的适用而言，双方当事人的民事或商事性质也不重要。

在货物销售合同是通过中间人订立的情况下，在确定合同是否具有国际性时有必要确认谁是合同的当事人。由于《销售公约》没有涉及合同的当事人是谁的问题，因此必须要借助法院地的国际私法规则所指向的适用的法律来解决这一问题。在分析合同是否具有国际性的问题上，将考虑以这种方式确定当事人的营业地。

根据第1条第(2)款，“当事人营业地在不同国家[……] 的事实，如果从合同或从订立合同前任何时候或订立合同时，当事人之间的任何交易或当事人透露的情报均看不出”，则不考虑其国际性。因此，本公约保护双方当事人对交易的国内安排的依赖。当事人声称，由于合同的国际性未显露，因而不能适用本公约的当事人必须证明其主张。

5. 自动适用

货物销售合同具有国际性，其本身就足以使本公约得以适用。第1条第(1)款列出了适用的另外两种不同的标准，要使本公约得以适用必须满足其中一个标准。根据第1条第(1)款(a)项所列的标准，在当事人的营业地所在的国家是不同的缔约国时，本公约则“直接地”或者“自动地”适用，即无须援用国际私法的规则。由于缔约国数目增多，这一标准正在使公约适用的案例日益增加。

为了使本公约能够根据第1条第(1)款(a)项得以适用，双方当事人必须在某一缔约国有相应的营业地，“如果双方当事人营业地所在的两个国家都是缔约国，即使法院地的国际私法规则通常指向第三国的法律，本公约也适用”。除非对该第三国法律的适用是基于双方当事人旨在排除本公约适用的法律协议的一项选择。

第99条确定一国何时成为缔约国，并且第100条对第1条第1款(a)项中适用本公约的时间规则做出了规定。要根据第1条第(1)款(a)项适用本公约，还必须考虑到当事人相应的营业地所在的国家是否做出了第92条或第93条项下的保留，如果一国做出了第92条项下的保留，并宣称其不受《销售公约》任一特定部分的约束，则不能根据第1条第(1)款(a)项从总体上适用本公约。相反，必须根据第1条第(1)款(b)项确定本公约中与保留相关的部分是否可以适用于交易。如果一方当事人的营业地属于缔约国的领土，并且根据第93条宣称本公约并不适用，经适当变通后，也会出现上述情况。

6. 间接适用

在只有一方当事人的相关营业地在缔约国（或者双方当事人的营业地都不在缔约国）的情况下，也可以根据第1条第(1)款(b)项在缔约国适用本公约，只要国际私法的规则导致使用某一缔约国法律。由于相关的国际私法规则通常是法院地的规则，则要根据国际私法的国内规则来确定其是否允许双方当事人选择适用的法律，以及是否需要考察法院地的国际私法规则所指向的国际私法规则（撤回）等等。

在法院地的国际私法规则是基于1980年《罗马合同义务法律适用公约》的情况下，根据第1条第(1)款(b)项当事人选择适用某一缔约国的法律会导致本公约的适用，因为《罗马公约》第3条认可当事人的意思自治。在法院地的国际私法规则是1955年《关于国际货物销售适用法律的海牙公约》中所规定的规则的情况下，也能导致本公约的适用，因为本公约第2条也要求法官遵循双方当事人的法律选择。

本公约可以通过双方当事人的选择而适用其合同。在双方当事人没有做出法律选择，或者其选择无效的情况下，就需要借助法院地的国际私法规则中的标准来确定《公约》是否依据第1条第(1)款(b)项而适用。因此，根据1980年《罗马公约》第4条第(1)款，需要对合同适用具有"联系最密切"的法律；根据第4条第(2)款，假设认为合同与需要实现作为合同特征的履行义务的当事人在订立合同时的惯常居所所在国有最密切的联系。因此，如果卖方，即需要完成特征性履行义务的一方当事人的营业地在本公约一缔约国，则《罗马公约》缔约国的法院通常会适用本公约。根据1955年《海牙公约》，如果没有选择法律，就必须适用卖方所在国的法律，卖方在买方所在国收到货物订单的情况除外，在这种情况下，适用买方所在国的法律。

在1980年外交会议上，一个代表团声称，应当允许就国际贸易出台了专门立法的国家可以不适用第1条第(1)款(b)项，以避免"第1条第(1)款(b)项对其特别立法的适用情况产生的影响"。因此，本公约加入了第95条，使缔约国有机会选择不受到第1条第(1)款(b)项的约束。根据第95条提出保留的缔约国的法官不会根据第1条第(1)款(b)项适用本公约；但是，这并不会影响本公约根据第1条第(1)款(a)项适用于这些国家。

尽管本公约并不约束非缔约国，但是在非缔约国如果法院所在地的国际私法规则指向了缔约国的法律，则本公约也会适用。

判例讨论 1-1

◉ 关联条款 : 第1条 (1) (b), 第7条 (1)
◉ 案件参考 : Clout Case No.1020
◉ 案件分类 : Serbia, Foreign Trade Court of Arbitration attached to the Serbian Chamber of Commerce, 「No. T-8/08」, 2009.01.28.

塞尔维亚卖方与阿尔巴尼亚买方（当事双方）签署了一份《销售及分销协议》，规定该协议于2007年12月31日到期。然而，其仲裁条款却不受时间限制，规定其[条款]“应该在（本合同）终止或期满后仍然有效”。该仲裁条款进一步规定：如果争端不能在30天内友好解决，则当事双方可诉诸仲裁。由于买方未能在货物交付后45天内履行其付款义务，卖方启动了仲裁程序。

卖方在其呈件中声明，其已“多次要求买方履行付款义务”，然而这些努力的回应是“含糊的许诺”或者甚至“没有任何反应”。独任仲裁员认为卖方已遵守了寻求友好解决方式的要求。

该合同包括一个选择法律条款，规定该合同“应该受塞尔维亚共和国的适用法律法规的管辖，并依据其进行解释”。既然塞尔维亚已批准《销售公约》，仲裁员裁决适用《销售公约》。该裁决与涉外司法与仲裁实践相一致，为了按照《销售公约》第7(1)条的规定实现《销售公约》适用上的统一，应该把这些实践考虑在内。虽然在[订立合同时]阿尔巴尼亚不是《销售公约》的缔约国，但因为当事人意思自治原则指向了缔约国—塞尔维亚的法律，所以根据第1(1)(b)条的规定该公约适用。仲裁员还注意到尽管《销售公约》不管辖分销协议，但是该公约适用于总协议下包括的单项交易，如本案的情况。事实上，卖方基于单笔交易而非整个合同提起其主张。

仲裁员注意到订立的是具有确定期限的合同，于2007年12月31日期满。因为未能如卖方所要求那样终止该合同，仲裁员注意到并且宣布合同于2007年12月31日期满。然而，根据该合同做成的单笔销售交易却仍然有效，没有被废止。因此，根据销售交易据以达成的条款以及《销售公约》第62条的规定，卖方要求支付合同价款是正当行为。此外，根据《销售公约》第78条的规定，卖方有权获得买方未付货款的利息。卖方要求就相关款项适用“住所地”利率，并以欧元支付。既然《销售公约》没有决定适用利率，仲裁员声明必须根据公约的原则（《销售公约》第7条）来决定利率，全额赔偿更应如此。仲裁员进一步注意到，赔偿“不能令债权人获得较合同履行更多的益处”。因此，仲裁员决定塞尔维亚法律不适用，因其会导致对卖方过度赔偿。相反，更适当的做法是适用“付款地（塞尔维亚）用于付款货币的常用储蓄（如一级银行的短期存款）利率”。

判例讨论 1-2

◉ 关联条款 : 第1条 (1) (a)
◉ 案件参考 : Clout Case No. 920
◉ 案件分类 : Croatia, Supreme Court, 「II Rev-61/99-2」, 2003.03.12

一家克罗地亚买方接收了一家意大利卖方交付的鞋子，但未能支付价款。卖方向克罗地亚法院提起诉讼，以寻求支付价款。一审和二审法院无视国际元素，根据克罗地亚国内合同法对该案进行了裁决。最高法院裁定，这些法院未适用有关冲突的规则，在适用实体法方面有误。最高法院认为，除非能够证明当事人选择了另一种法律，否则合同应受《销售公约》管辖，因为根据《销售公约》

第1(1)(a)条的含义，当事人的营业地在不同的缔约国。

判例讨论 1-3

◉ 关联条款：第1条 (1)，第1条 (2)

◉ 案件参考：Clout Case No. 616

◉ 案件分类：United States, U.S. [Federal] District Court, Southern District of Florida「No. 01-7541-CIV-ZLOCH」, 2002.11.22

联邦法院审议的问题是，它是否拥有管辖权。

原告为三个相互具有关系的计算机经销公司。第一个的营业地点在西班牙，在欧洲和南美洲经销计算机；第二个的营业地点在美国，在整个南美洲经销计算机；第三个的营业地点在阿根廷，在阿根廷经销计算机。第一家公司通过谈判，与一家英国计算机公司签订了指称的在南美洲经销计算机的口头合同，并约定将货物交给第二家公司。在大约六个月的时间里，供货一直依照该合同进行。

但在此期间，该英国制造商(它不是本诉讼的当事方)收购了一家加拿大公司，新产生的公司成了诉讼中的被告。收购后，被告终止了经销合同并提前90天发出了通知，尽管它向三家公司提出了一项可选安排，即由它们担任它的零售商，后者予以拒绝，并随后对该加拿大公司提起诉讼，称其违反了经销合同和允诺禁反言原则。

法院指出，根据案情解决这一案件的管辖权既要求对诉讼指称类别拥有管辖权(属事管辖权)，又要求对当事各方拥有管辖权(属人管辖权)。法院认定，如果公约适用于该合同，则其拥有属事管辖权。尽管三个原告的营业地点都在缔约国境内，但经销合同却是与一家营业地点在英国的制造商签订的，而英国不是缔约国，因此，根据第1(1)(a)条的规定，公约不适用。此外，尽管第一条第1(b)条考虑到了在当事方不是来自缔约国时公约的适用，美国在批准公约时拒绝受该条的约束。虽然被告后来成为经销合同的当事方并且来自缔约国，法院仍然认为，判例法显示，管辖公约是否适用的是合同原当事方的营业地点，被告成为合同当事方的事实“应不予考虑”，因为“从订立合同前任何时候或订立合同时”当事各方都不知道该事实。(《销售公约》第1(2)条)。因此，法院认定，公约不适用于该合同。

法院还认定，根据《美国宪法》第三条的规定，它没有允许美国对美国实体和外国实体之间的诉讼具有司法权的可选属事管辖权，因为原告和被告中都包括外国公司。

鉴于没有属事管辖权，法院认定，它不应审理诉状中提出的其他问题，因此驳回诉讼。

判例讨论 1-4

◉ 关联条款：第1条 (1) (a)，第30条，第53条

◉ 案件参考：Clout Case No. 915

◉ 案件分类：Croatia, High Commercial Court,「4301/04-3」, 2007.02.30

一家意大利卖方向Rijeka商业法院起诉一家克罗地亚买方，寻求为无异议交付的货物支付价款。法院的裁定有利于卖方。在对上诉作出裁决时，高级商业法院确认了一审判决。高级商业法院认为，一审法院在适用实体法方面有误，因为它适用了《克罗地亚义务法》，而不是《销售公约》。

该法院认为，根据《销售公约》第1(1)(a)条应适用《销售公约》，因为当事人的营业地在不同的缔约国。由于没有明示或暗示排除《销售公约》，法院认为合同受该公约管辖。法院适用了《销售公约》第53条，该条规定买方有义务支付货物价款。即使Rijeka法院适用了克罗地亚国内法，高级商业法院仍确认了一审裁决，因为根据《销售公约》的判决结果将与一审相同。高级商业法院的理由是，原告已经证明他已根据《销售公约》第30条履行其交货义务，而另一方面，被告未根据《销售公约》第53条履行其支付价款义务。

判例讨论 1-5

- ◉ 关联条款：第1条 (1)
- ◉ 案件参考：Clout Case No. 697
- ◉ 案件分类：United States, U.S. [Federal] District Court for the Southern District of Iowa, 「No. 4:02-CV-30538-RAW-Grace Label」, 2005.01.25

营业地在美国加利福尼亚的买方与营业地在美国衣阿华的卖方达成协议，购买印有一名著名摇滚乐明星肖像的铝箔绘图卡片。买方购买卡片是为了将其转售给墨西哥的下游买方，后者计划将卡片放入零食包装袋里。由于这种卡片在与食品接触时会发出恶臭味，买方拒绝接受。卖方诉请赔偿这批卡片的货款。买方在答复中辩称，《销售公约》适用于该合同纠纷，因为卖方要将这批卡片直接运给墨西哥的下游买方。

提交法院审理的问题是，当买卖双方的营业地均在同一个国家而所售货物要运往外国时，能否适用《销售公约》。法院援引《销售公约》第1（1）条，认为将货物运往外国与确定《销售公约》能否适用的目的无关。因此，法院仍然认为不能适用《销售公约》，由于当前的合同是一份货物销售合同，因此将适用《美国统一商法典》。

002. 公约不适用的货物销售

Art. 2

This Convention does not apply to sales:

(a) of goods bought for personal, family or household use, unless the seller, at any time before or at the conclusion of the contract, neither knew nor ought to have known that the goods were bought for any such use;

(b) by auction;

(c) on execution or otherwise by authority of law;

(d) of stocks, shares, investment securities, negotiable instruments or money;

(e) of ships, vessels, hovercraft or aircraft;

(f) of electricity.

제2조

본 협약은 다음의 매매에는 적용되지 아니한다.

(a) 개인용 · 가족용, 또는 가사용으로 구입되는 물품의 매매에는 적용되지 않는다. 다만, 매도인이 계약 체결 전이나, 또는 계약 체결 시에 물품이 그러한 용도로 구입

<table>
<tr><td>된 사실을 알지 못하였고, 또한 알았어야 하지도 않았던 경우에는, 그러하지 아니하다.
(b) 경매에 의한 매매,
(c) 강제집행 또는 기타 법률의 수권에 의한 매매,
(d) 주식 · 지분 · 투자증권 · 유통증권 또는 통화의 매매,
(e) 선박 · 부선 · 수상익선 또는 항공기의 매매,
(f) 전기의 매매.</td></tr>
<tr><td>第2条
本公约不适用于以下的销售：
(a) 购供私人，家人或家庭使用的货物的销售，除非卖方在订立合同前任何时候或订立合同时不知道而且没有理由知道这些货物是购供任何这种使用；
(b) 经由拍卖的销售；
(c) 根据法律执行令状或其它令状的销售；
(d) 公债，股票，投资证券，流通票据或货币的销售；
(e) 船舶，船只，气垫船或飞机的销售；
(f) 电力的销售。</td></tr>
</table>

本条款确定了不属于本公约适用范围的货物销售。被排除于本公约管辖范围的有三类销售，其类别分别是基于购买货物的目的.基于交易的类型和基于所销售货物的类型。

1. 消费性销售

根据第2条(a)项，如果某项销售是有关在订立合同时供私人，家人或家庭使用的货物的，则不属于本公约的适用范围。买方在订立合同时的意图非常重要，而买方购买货物的实际用途则无关紧要，因此，购买以个人使用为目的的汽车或者娱乐拖车不属于本公约的适用范围。

如果个人购买货物是出于商业或者职业的目的，则该销售不在本公约的适用范围之外。因此，下列情形都属于本公约的适用范围：一位专业摄影师为营业目的购买一架相机；某个企业购买香皂或其他化妆品以供员工个人使用；一位汽车销售商为转售目的购买一辆汽车。

如果购买货物是为了上述的"供私人，家人或家庭使用"的目的，则本公约不予适用，"除非卖方在订立合同前任何时候或订立合同时不知道而且没有理由知道这些货物是购供任何这种使用"。在符合其他适用要求的情况下，如果满足了该"除非"条款，《销售公约》则可适用。这一点缩小了第2条(a)项所规定的例外的适用范围，在适用国内法不要求卖方知道或理应知道买方的使用意图时，可能带来国内保护消费者法律与本公约的冲突。

2. 其他被排除的销售

对经由拍卖的销售的排除（第2条(b)项）包括依法律授权而进行的拍卖，还包括私人拍卖。商品交易所的销售不在这一排除范围，它们只是构成订立合同的一种特殊方式。

按照第2条(c)项，根据司法或行政执行而进行的销售或其他依法律授权的销售被排除于本公约的适用范围，因为这类销售通常是属于授权执行的各国的强制性法律的规范范围。

将公债，投资证券和流通票据的销售排除在外（第2条(d)项），也是为了避免同国内法的强制性规则相冲突。单据销售不在此类排除范围。

按照第2条(e)项，船舶，船只，飞机和气垫船的销售也被排除在本公约的适用范围之外。但是对船舶，船只，飞机和气垫船的部件——包括关键组件，例如引擎，——的销售属于则受本公约支配，因为对排除于本公约适用范围的销售必须进行限制性的解释。根据一家仲裁庭的裁决，对于一个退役的海军潜艇的销售不属于第2条(e)项的排除范围。

尽管电力的销售被排除于本公约的适用范围（第2条(f)项），但是有一家法院将本公约适用于内烷气体的销售。

判例讨论 2-1

- ◉ 关联条款：第2条 (a)，第25条，第35条，第39条，第74条，第84条
- ◉ 案件参考：Clout Case No.992
- ◉ 案件分类：Denmark, Copenhagen District Court，「BS 01-6B-2625/2005」，2007.10.19

比利时的一家卖方向瑞典的一家买方出售一匹矮种马。买方经营一所骑术学校和马匹买卖的生意。他想让他女儿先用这匹矮种马参加骑术障碍赛，之后打算转售这匹马来赢利。

在合约中，卖方声明将用于骑术障碍赛的矮种马"非常健康"。但收货后不久，买方得知该矮种马跛脚，并因此声称该马与合约不符。为了废止合同和索赔，买方在哥本哈根起诉了卖方。因为丹麦（西兰岛的Bregnerødgård）是交货地点，所以丹麦法院称其有资格依据《欧盟关于管辖权与判决的布鲁塞尔公约》（当时仍适用于丹麦）的第5(1)条裁定本案。

在诉讼过程中，双方当事人同意，该公约（非官方）的丹麦文译本在《销售公约》范围内适用。据此，买方称双方当事人在诉讼的最初阶段已口头商定《销售公约》适用于本案，且选用该公约符

合《欧盟关于合同事项适用法的罗马公约》第3条的规定。不过，由于支持这一说法的证据不足，法院以双方达成明示协定为由裁定《销售公约》不适用于本案。但考虑到双方当事人在《销售公约》的不同缔约国[第1(a)条]经营各自的生意，而且因为购买该矮种马并非专供个人使用，法院根据《销售公约》第2(a)条裁定该公约适用于本案。

判例讨论 2-2

- 关联条款：第2条 (a), 第57条
- 案件参考：Clout Case No. 843
- 案件分类：Finland, Finnish Supreme Court,「KKO 2005:114」, 2005.10.14

原告，一家芬兰木屋销售商，卖给一位德国买方一套住宅用房，后者同时成为该芬兰销售商在德国的销售代理。但是，买方没有支付该房屋的最后一笔付款，原告在卖方的芬兰营业所在地法院对被告提起诉讼。但是，据被告称，芬兰法院没有管辖权。

最高法院认定，鉴于购买该房屋并不只是为了个人使用，一部分是为了该代理工作所需，按照《销售公约》第2(a)条，《公约》适用于本案。法院进一步指出，按照《销售公约》第57(1)(a)条，买方必须在卖方的营业所在地向卖方支付房款。因此，根据1968年《关于民商事司法管辖和判决执行公约》（又称《布鲁塞尔公约》），卖方可以在芬兰对买方提起诉讼。

判例讨论 2-3

- 关联条款：第2条 (e).
- 案件参考：Clout Case No. 719
- 案件分类：United States, U.S. Bankruptcy Court, Middle District of Georgia,「Nos. 00-11881, 01-1003」, 2002.07.25

本案涉及法律冲突问题以及《销售公约》的适用问题。

一家营业地位于美国的公司受到了破产诉讼。债务人称其为向一家营业地位于捷克共和国的企业购买一架飞机和两台飞机引擎的买方。所称的卖方质疑这项交易的有效性，且另有数人主张对所涉飞机和引擎拥有产权。一位主张者指出，虽然捷克共和国是《销售公约》缔约国，但根据公约第2(e)条，航空器被排除在公约涵盖范围之外。法院判定，除飞机引擎以外，对争议财产的主张受捷克国内法的管辖。

判例讨论 2-4

◉ 关联条款：第2条

◉ 案件参考：Clout Case No. 830

◉ 案件分类：The Netherlands, Court of Appeals of Arnhem, 「No. 2000/605」 2006.09.12

原告与两被告就买卖两被告共同拥有的游艇进行了谈判。当事双方草拟了一份关于将游艇出售给原告的文件，原告和两被告都签署了该文件。一天之后，两被告以更高价格将游艇出售给第三方。第一被告通知原告撤销合同，称它没有得到第二所有人以商定价格出售游艇的授权。随后原告要求扣押该船只以确保自己得到船只。然后原告向一审法院提起诉讼，要求支付因对方违反合同而造成的几种形式的损害赔偿。一审法院驳回了原告的要求。原告对该裁决提出上诉。在诉讼中原告称《销售公约》适用于本案。对此，上诉法院只是认为，本案涉及一艘游艇的出售，或者至少是有关出售一艘游艇的初步协议，按照《销售公约》第2(d)条[可以推定法院打算援引《销售公约》第2(e)条]，仅仅因为这个原因，《销售公约》就不能适用。因此，法院要求进行进一步调查并维持了该裁决，虽然是由于其他理由。

003. 公约不适用的销售合同

Art. 3 (1) Contracts for the supply of goods to be manufactured or produced are to be considered sales unless the party who orders the goods undertakes to supply a substantial part of the materials necessary for such manufacture or production. (2) This Convention does not apply to contracts in which the preponderant part of the obligations of the party who furnishes the goods consists in the supply of labour or other services.
제3조 (1) 물품을 제조 또는 생산하여 이를 공급하는 계약은 매매로 본다. 다만, 물품을 주문하는 당사자가, 그 제조 또는 생산에 필요한 재료의 실질적인 부분을 공급하기로 약정한 경우에는, 그러하지 아니하다. (2) 본 협약은 물품을 공급하는 당사자의 의무의 압도적인 부분이, 노동력 또는 기타 서비스의 공급에 있는 계약에는, 적용되지 아니한다.
第3条 (1) 供应尚待制造或生产的货物的合同应视为销售合同，除非订购货物的当事人保证供应这种制造或生产所需的大部分重要材料。 (2) 本公约不适用于供应货物一方的绝大部分义务在于供应劳力或其它服务的合同。

本条款阐明，本公约的适用范围涵盖其内容除了提供货物还包括其他行为的一些合同。

1. 供应尚待制造或生产的货物的销售合同

根据第3条第1款，本公约可适用于供应尚待制造或生产的货物的销售合同。该款阐明，此类货物的销售也同现成的货物一样受本公约条款的规范。但是，本公约的适用范围仍然是有限度的：如果“订购”尚待制造或生产的货物的当事人保证供应其制造或生产所需的“大部分”材料，则尚待制造或生产的货物的合同不受本公约约束。第3条没有就确定买方所供应的材料何时构成这种制造或生产所需的“大部分”提出特定的标准。有一个判决建议，应当采用纯粹量化的测试进行决定。

另外一个不同的——但相关——的问题提供生产货物采用的指示说明，设计说明或技术说明是否可视为提供了制造或生产货物“所需的……材料”；倘若如此，如果满足了“大部分”标准，买方提供了此类信息的销售合同则被排除于本公约的适用范围。在一个判例中，法院认定根据第3条第(1)款本公约不适用于卖方必须按照买方的设计说明制造货物的合同。该法院将买方提供给卖方的计划和指示视为构成“制造或生产所需的大部分材料”。其他一些法院认定，设计说明不能被视为第3条第(1)款所规定的“制造或生产所需的大部分材料”。

2. 供应劳力或其他服务的合同

第3条第(2)款将本公约的适用范围扩展至适用于卖方除交付货物，转移财产和交付单据等义务外还承担供应劳力或其他服务的合同，只要劳力或服务的提供不构成卖方的“绝大部分”义务。法院认定，不能将为生产货物所开展的工作本身视为第3条第(2)款中的供应劳力或其他服务。要确定卖方的义务是否绝大部分由提供劳力与服务构成，必须对提供的关于劳力和服务的义务的经济价值和关于货物的经济价值进行比较，就像订立了两个合同。因此，如果提供劳力和服务的义务占“卖方”的义务的50%以上，本公约就不适用。正是基于这一点，一家法院裁定要求进行市场研究的合同不属于本公约的适用范围。另一方面，拆卸并销售二手衣架的合同则被认为在公约的适用范围之内，因为拆卸服务的价值仅占合同总价值的25%。

一家法院声称，由于通常不可能进行清楚计算，对比合同涉及的货物与服务的价值，在衡量提供劳力或服务的义务是否占主导地位时，也应当考虑其他一些因素，例如订立合同的情况以及合同的目的等。另一个法院认为合同的实质目的是确定本公约是否适用的一个相关标准。

判例讨论 3-1

◉ 关联条款 : 第3条 (2).
◉ 案件参考 : Clout Case No. 881
◉ 案件分类 : Switzerland, Commercial Court of the Canton of Zurich, 「HG000120/U/zs」, 2002.07.09

德国被告向营业场所位于瑞士的原告订购了一台垃圾分拣设备。合同涵盖该设备的设计，交付，安装和启用。

法院依据《销售公约》第3(2)条认为本案不属于《维也纳公约》的范畴。

法院判决的理由是：合同规定的组装，调试，培训以及其他类似内容全部属于服务合同的范畴。法院认为如果合同双方的责任主要是相互技术支持，而不是以货易钱的交易关系，那么《销售公约》不适用于此类合同。

判例讨论 3-2

◉ 关联条款 : 第3条 (2), 第7条(1), 第30条, 第53条
◉ 案件参考 : Clout Case No. 652
◉ 案件分类 : Italy, Tribunale Padova, 2006.01.10

争端起因于一份批准制造两个旋转木马并由意大利制造商在联合王国进行安装的销售合同。由于买方在合同规定的期限内即没有支付价款也未将货物退还卖方，卖方向意大利初审法院起诉了买方。后者根据欧盟理事会第44/2001号《关于民商事管辖权和判决的承认与执行的法规》[第44/2001号法规适用于有关"民商事项的行为"，2002年3 月1 日起生效]第5.1(b)条声称法院没有管辖权。

根据上述第5(1)条，履行销售合同的地点应为"合同规定的交付货物或已交付货物的地点"，合同规定交付货物的地点应在成员国境内。然而，由于《法规》没有规定"销售合同"的定义，因此法院采用了自主定义，法院还参照了《销售公约》，因为其界定了"销售合同"的实际含义。法院认为根据国际社会对于《销售公约》及其独特性质的共识，证明采用《公约》是合理的。事实上，《销售公约》虽然是一个独立文件，但却是其他法律案文的范本，(例如，《欧洲联盟关于销售消费品和相关保证的第99/44 号指令》)。

根据《销售公约》第3条，第30条和第53条，销售合同中卖方的义务是交付货物，转移货物财产或者交付有关货物的单据；而买方的义务是支付价款，提取货物。供应货物一方的部分义务为供应劳动力或其他服务的合同也视为销售合同，除非劳动力或其他服务的提供构成"绝大部分义务"（《销售公约》第3(2)条）。

在本案中，卖方也有义务在联合王国安装旋转木马。不过，法院认为这种供应劳动力的义务没有超过制造/交付货物的义务。尤其是，旋转木马的价值高于劳动力供应价值，并且协议也没有将安装规定为交货的主要条件。

最后，关于管辖权问题，法院提到《销售公约》第31条。不过，法官指出，由于卖方有义务在联合王国安装旋转木马，第31条规定的所有选择就都不可以适用。关于《第44/2001号法规》第5条，法院的结论是联合王国为履行义务的地点，并宣布英国法院有管辖权。

判例讨论 3-3

◉ 关联条款：第3条 (2)
◉ 案件参考：Clout Case No. 728
◉ 案件分类：Italy, Corte di Cassazione, 2002.06.06

本案涉及意大利买方与德国卖方之间的一项工业机械销售合同。这些机械应由卖方在意大利安装，用于加快食品塑料罐头的生产。安装完毕后，由于机械与合同条款中商定的设计不同，且存在严重缺陷，因此买方将卖方诉至米兰地区法院。一审判决合同撤销，卖方归还预付定金并赔偿利息和损害。卖方对判决提出上诉，称意大利法官无管辖权审理此案；而上诉法院依据以下理由确认了其管辖权：(1)根据1968年《布鲁塞尔公约》第5.1条，住所位于某一缔约国的被告可在履行义务所在的另一缔约国被起诉；(2)根据《布鲁塞尔公约》第3.2条，《销售公约》适用于本案，《销售公约》第31(a)条规定，履行义务的地点应为交付货物的地点，即意大利。卖方决定将本案提交到意大利最高法院。

在本案判决过程中，法院同时依据其先前的判例法（Cass. Civ. Sez. Un.第58 号，2000年3月10日）和欧洲法院判例法（判例C-440/97，1999 年9月28日）认为，为正确解决管辖权冲突的问题，合同的履行地点应根据对判决法官所采用的冲突规则下的义务作出规定的法律进行确定。然而，法院认为：(1)《销售公约》并不适用于本案，因为在买方工厂安装机械和培训买方工人的合同条款清楚地表明，该合同并非一宗《销售公约》第3条所规定的意义上的国际货物销售；(2)根据1980年《罗马公约》第4.1条，对义务作出规定的法律应被认为是与合同关联性更高的国家的法律(法院认为本案中关联性更高的国家为意大利)。法院认为，由于仅将货物移交给保管人并未完成合同义务，合同义务还意味着在买方厂房内安装这些机械，并培训其员工，根据意大利法律，履行合同的地点应视为意大利，因此，意大利法官具有审理此案的管辖权。

判例讨论 3-4

◉ 关联条款：第3条 (1)，第3条 (2)，第31条
◉ 案件参考：Clout Case No. 430
◉ 案件分类：Germany, Oberlandesgericht München,「23 U 4446/99」，1999.12.03

裁决涉及《销售公约》第3条的两款，即尚待制造的货物的销售以及卖方供应其他服务。买方是德国一家窗户生产商，它向意大利卖方订购一部窗户制造设备。商定设备的其中一些部件由买方提供。此外，将按照买方的规格对设备进行改造并交到买方的营业所，由卖方的技术人员在那里进行组装。

当卖方宣布不能在商定时间交付制造设备时，买方确定一个额外的交货期，在该期限过后，宣告合同无效。

卖方在意大利法院提起诉讼，要求赔偿宣告合同无效所造成的损害。买方在德国提起诉讼，要求赔偿损失的利润和替代交易的费用。卖方对德国法院的管辖权提出质疑，称根据《布鲁塞尔公约》第5(1)条，应在履约地意大利提起诉讼。

慕尼黑州高等法院认定德国初审法院拥有管辖权。首先，法院指出根据《销售公约》第1(1)(a)条，可以适用《销售公约》，因为双方当事人都在缔约国拥有营业所。其次，法院适用了《销售公约》第31条，认定交付制造设备的履约地是买方在德国的营业所，因为根据合同，将由被告的技术

人员在那里组装该设备。合同中一个提到"在卖方营业所"的净价的条款被认为在这方面无关紧要，因为该条款只是澄清运输费用须由买方承担。

法院认为根据《销售公约》第3(1)条，本合同是售货合同，因为拟由买方提供的设备在价值或功能方面都不是主要的。最后，法院的结论是，《销售公约》第3(2)条并不排除《销售公约》的适用。仅仅卖方技术人员将在买方营业所组装机器一事并不构成卖方义务的主要部分。安装设备的劳务价值只占合同总价值的一小部分，买方主要关心的仍是机器本身而非安装。

慕尼黑高等法院将案件发回初审法院重审，以便就案情实质作出裁决(在等待意大利法院根据《布鲁塞尔公约》先就管辖权作出裁决之际)。

004. 公约不涉及的法律问题

Art. 4 This Convention governs only the formation of the contract of sale and the rights and obligations of the seller and the buyer arising from such a contract. In particular, except as otherwise expressly provided in this Convention, it is not concerned with: (a) the validity of the contract or of any of its provisions or of any usage; (b) the effect which the contract may have on the property in the goods sold.
제4조 본 협약은, 매매계약의 성립과, 매매계약에서 발생하는 매도인과 매수인의 권리와 의무만을 규율한다. 특히, 본 협약에서 별도의 명시적인 규정이 있는 경우를 제외하고, 본 협약은 다음의 사항에는 관계되지 아니한다. (a) 계약이나 그 어떠한 조항 또는 어떠한 관행의 유효성, (b) 계약이 매각된 물품의 소유권에 미치는 효과.
第4条 本公约只适用于销售合同的订立和卖方和买方因此种合同而产生的权利和义务。特别是，本公约除非另有明文规定，与以下事项无关： (a) 合同的效力，或其任何条款的效力，或任何惯例的效力； (b) 合同对所售货物所有权可能产生的影响。

第4条第一句列出了本公约的条款优先于国内法适用的一些事项——即合同的订立和双方当事人的权利和义务；第二句则包含了一个非详尽性的列举，列举了本公约不涉及的事项，另有明确规定除外——即合同的有效性，或其任何条款的有效性，或任何惯例的有效性以及合同对所售货物所有权可能产生的影响。第4条第二部分所提到的事项被排除在本公约的范围之外，因为解决它们会延迟本公约的缔结。

本公约不涉及的事项将根据所适用的一套统一的规则来处理，或者根据适用的国内法来处理。

1. 本公约所涉及的事项

就合同的订立而言，本公约仅仅规范了订立合同的客观要求。但是合同是否有效成立，这一问题则由适用的国内法规范，本公约给出详尽性规则的问题除外。因此，订立合同的能力以及错误的后果，欺诈和胁迫等问题都留待国内法去解决。但是，如果一方当事人在所要交付的货物的质量方面犯有错误，或对另一方当事人的清偿能力认识错误，其他适用的国内法规则要让位于本公约的规定，因为本公约详尽地涉及到这些问题。

尽管第4条没有将该问题作为本公约所规范的问题提出，一些法院（尽管不是所有的法院仍然裁定举证责任的问题仍然属于本公约的范围。这种观点基于这样一个事实，即本公约至少在第79条明确规定了举证责任问题。因此举证责任的问题尽管没有在本公约中得到明确的解决——不属于第79条或明确解决该问题的任何其他条款规范的情况——但是依然受本公约的规范；因此，第7条第(2)款要求按照本公约所依据的一般原则来解决。就举证责任的分配确认的一般原则是：希望从某个法律规定中获得有利的法律后果的当事人必须证明该规定的事实前提的存在；主张例外的当事人必须证明该例外的事实前提的存在。

这些原则使法院得出结论，主张货物不符合同的买方有责任证明不符合同的情形，并证明就不符合同情形给出了适当通知。另外，还有两家法院裁定买方因其没有证明根据第35条存在不符合同情形，因此必须支付价款，无权获得损害赔偿或以货物不符合同为由宣告合同无效。在一个判例中，法院判决买方丧失了其依据不符合同情形进行主张的权利，因为他未能证明其及时就不符合同情形通知了卖方。

法院根据《销售公约》第42条，采用上述一般原则来分配举证责任。第42条规定，卖方所交付的货物，必须是第三方不能根据工业产权或其他知识产权提出任何权利或要求的货物，但以卖方在订立合同时已知道或不可能不知道的权利或要求为限。在两个判例中，法院认定买方有责任证明卖方知道或不可能不知道第三方的工业产权或其他知识产权。

本公约中关于举证责任的一般原则也是几项判决处理有关损害赔偿问题的基础。一家法院声称“根据本公约的规定，受损害的买方有责任证明其要求损害赔偿的主张的客观前提。因此，他必须证明存在损害·违约与损害之间的因果关系以及损失的可预见性”。另外一些判例一般都声称主张损害赔偿的当事人必须证明其确实受到了损害。

2. 合同和惯例的效力

尽管本公约基本上是把有关合同的效力的问题留待可适用的国内法去调整，但本公约至少在一个方面的规定可能同国内法中有关效力的规则相矛盾。第11条规定，国际货物销售合同无须以书面订立或书面证明，在形式方面也不受任何其他条件的限制；而在一些法律体系中，对货物销售合同的形式要求被认为是一个有关合同的效力的问题。关于国内法律“因素”或“条件”要求是否是超出了本公约范围的“效力”事项这一问题，见《摘要汇编》本公约第二部分，第10段。

关于由第三者代表一方当事人订立的合同是否有效的问题也留待适用的国内法来调整，因为本公约不涉及代理的问题。标准合同条款的问题同样如此。

惯例的效力问题在本公约中没有涉及，而是留待适用的国内法去调整，但必须将如何界定惯例，即在哪些情况下其对当事人有约束力，同本公约中所规定的规则的关系如何等问题区别开来；后面的问题在第9 条中处理。

3. 对所售货物所有权的影响

本公约明确指出其不规范所售货物的所有权的转移问题。在起草过程中，就这一点制订统一的规则被认为是不可能的。因此，对所售货物所有权的影响问题留待根据法院地的国际私法规则所确定的适用的国内法来解决。

本公约也不适用于保留所有权条款的效力问题。

4. 本公约不涉及的其他问题

本公约本身明确列出了其所不涉及的问题的一些例子。还有其他很多问题本公约都不适用。各国法院已经将下列其他事项确认为超出本公约适用范围的问题：法院的选择条款的效力，惩罚性条款的效力，和解协议的效力，应收账款的转让，合同的转让，抵消（至少在不是所有的应收账款都是基于本公约所规范的合同的情况下），时效法规，法院是否有管辖权的问题，以及一般来说其他的任何程序法问题，承担债务问题，确认债务问题，合同对第三方的效力以及一方当事人是否负连带责任的问题。根据一些法院的判决，本公约不涉及侵权主张的问题。

一家法院裁定本公约不适用于禁止反言的问题，但另外一些法院认定禁止反言应当被视为本公约的一项基本原则。一家法院还裁定根据《销售公约》第4条，卖方和买方的第三方债权人中哪一方对货物有优先权的问题也不属于本公约的适用范围，而属于适用的国内法的调整范围，根据该国内法，第三方债权人有优先权。

根据一些法院的判决，本公约也不适用于支付的货币问题，因此，如果双方当事人没有做出选择，则该问题留待适用的国内法来处理一家法院裁定，如果双方当事人未就此事项达成协议，应当借助于根据第57条所确定的支付地的货币来确定。

判例讨论 4-1

- 关联条款：第1条 (1)(a)，第4条(b)
- 案件参考：Clout Case No. 613
- 案件分类：United States, U.S. [Federal] District Court, Northern District of Illinois,「No. 02 C 0540」, 2002.03.27

法院审议的问题是：(1)卖方是否有权从买方手中收回已卖给买方但买方尚未付款的钢材的所有权，如果没有，(2)卖方是否能够根据公约的规定废止合同。

卖方是一家营业地点在法国的法国公司，它向买方，即营业地点在美国的伊利诺伊州一家公司，销售钢板。当事双方的合同规定，在买方支付购货价款之前，卖方保留对钢材的所有权。买方接收了交付的钢材，但却没有支付全款。卖方对买方提起诉讼，要求收回对买方尚未销售的钢材的所有权。诉讼程序显示，买方已将钢材的物权担保授予一家银行，该银行已采取适当步骤公布其物权。

法院认定，根据《销售公约》第1(1)(a)条的规定，卖方和买方的权利与义务受公约管辖。但法院指出，第三方对货物的权利，无论产生于销售前还是销售后，都不在公约涵盖范围(《销售公约》第4(b)条)。考虑到第三方银行对钢材的权利，法院认定，卖方无权收回其对钢材的所有权或废止合同。(法院还适用美国国内法来确定保留所有权条款的法律影响及卖方和银行的物权的相对优先)。

判例讨论 4-2

- 关联条款：第4条
- 案件参考：Clout Case No. 836
- 案件分类：France, Court of Cassation–Commercial Division,「U 05-13.538; 283 F-D」, 2007.02.13

该判例涉及为法国买方的D公司和为美国卖方的S公司，内容是关于1997年5月至1998年12月期间提供的计算机零部件存在缺陷的问题。1999年2月，买方聘请专家提供服务，博比尼商事法庭下令卖方向买方支付损害赔偿。巴黎上诉法院2005 年2月25日作出该裁决无效的判决，它的裁定是，考虑到关于担保和免责的时限条款并鉴于根据《销售公约》这些条款为有效条款，对买方的诉讼将不予受理。

终审法院撤消了这一裁决，因为该裁决违背了《销售公约》第4条。该法院强调，《销售公约》仅涵盖销售合同的订立及买卖双方因这类合同而产生的权利和义务；《销售公约》并不涉及合同或其任何条款的效力问题。

判例讨论 4-3

◉ 关联条款：第4条(a)
◉ 案件参考：Clout Case No. 428
◉ 案件分类：Austria, Oberster Gerichtshof,「8 Ob 22/00v」, 2000.09.07

德国原告(卖方)向奥地利被告(买方)交付"深色拉长石"墓石。交货两周后，买方发现材料有缺陷(白线)。其中一块石头被送往德国检验。另一些石头最后用于修建墓地。根据被告已接受的交货条件，即使货物不符合同，买方也无权保留价款。买方最后宣告合同无效。

最高法院认定，根据买方已接受的交货条件，保留价款的权利被有效排除，因此，买方是否可有效地宣告合同无效无关紧要。

法院还认定，根据《销售公约》第4(a)条，变更买方权利的协议是否有效应根据适用的国内法来判断，而不受本公约管辖。只应忽略那些与本公约基本政策相反的国内法规定。德国法律中允许商人就排除保留价款的权利达成协议的规则不损害本公约的基本政策。然而，通常必须给予买方作为最后诉求宣告合同无效的权利。如果限制这种权利，订约方至少必须有权得到损害赔偿金。

法院指出，只有在买方已支付价款而卖方没有纠正不符合同情形或交付替代货物时，才产生是否可以宣告合同无效的问题。

判例讨论 4-4

◉ 关联条款：第4条
◉ 案件参考：Clout Case No. 910
◉ 案件分类：Switzerland, Cantonal Court of the Canton of Obwalden,「Z 03/039」, 2005.08.16/2006.05.11

本裁决的事由是买卖一匹马。瑞士买方对外国（大概是德国）卖方提起诉讼，要索回销售价款。为此，买方援引了销售合同中的担保条款。

双方在该条款中约定，对于兽医在对这匹马作初步检查时发现的任何缺陷，如果在1 年半的担保期结束时这匹马仍然无法进行特定的赛马运动（综合全能马术比赛），便须退还销售价款。法院认为，按照《销售公约》，该条款不属于销售合同的一部分，而是需另行审议的另一个约定。法院认为，担保约定与销售合同关系密切，因此应服从于相同的法律，即瑞士法律。但法院仅适用了国内私法，没有适用《销售公约》。

005. 公约不适用于产品责任争议

> Art. 5
> This Convention does not apply to the liability of the seller for death or personal injury caused by the goods to any person.

제5조 본 협약은 물품에 의하여 야기되는 사람의 사망, 또는 상해에 대한 매도인의 책임에 대해서는 적용되지 아니한다.
第5条 本公约不适用于卖方对于货物对任何人所造成的死亡或伤害的责任。

根据本条款，本公约不涉及货物对任何人所造成的死亡或伤害的责任，不管受害方是买方还是第三方。因此，国内法适用于这些问题。

1. 排除的范围

第5条宣称，本公约不适用于“对任何人”造成的死亡或伤害的责任。虽然可理解为，买方对卖方所提出的对货物所造成的买方负责的第三方的人身伤害的主张所产生的经济损失主张不在公约的适用范围之内，但一家法院将本公约适用于了这样的主张。

第5条没有排除因货物不符合同而对财产造成损害的主张。但是，与在一些法律制度下不同，本公约要求买方应按照第39条的规定通知卖方不符合同的情形，以保留其提出这一主张的权利。如果对财产的损害不是“由货物引起”，如在交付货物时买方的财产受到了损害，其责任问题必须要在适用的国内法的基础上来解决。

006. 当事人订约自由

Art. 6 The parties may exclude the application of this Convention or, subject to Art. 12, derogate from or vary the effect of any of its provisions.
제6조 당사자는 본 협약의 적용을 배제하거나, 또는 제12조를 제외하고는, 본 협약의 어떠한 규정의 효력을 감퇴시키거나, 또는 변경할 수 있다.
第6条 双方当事人可以不适用本公约，或在第12 条的条件下，减损本公约的任何规定或改变其效力。

根据本公约第6条，双方当事人可以（全部或部分）排除本公约的适用或者减损本公约的任何规定。因此，即使本公约本来是可以适用的，但为确定其在某个特定情况下是否适用，也必须要确定双方当事人是否排除了本公约的适用或者减损了其条

款。根据若干法院的判决，排除本公约或其某些条款的适用需要双方当事人明确表明意图。

通过允许双方当事人排除本公约的适用或者减损本公约的任何规定，起草者确认了一项原则，即国际销售合同规则主要来自当事人的意思自治。因此，起草者明确承认本公约的非强制性以及当事人意思自治在国际商务活动特别是国际销售中的核心地位。

1. 减损

第6条区别了对本公约适用的完全排除和对本公约一些规定的减损。前者不受本公约中的任何明文的限制，后者则受限制。如果适用本公约的合同一方当事人的营业地所在国依第96条做出了保留，双方当事人不能减损第12条或者改变其效力。因此在此情况下，"准许销售合同或其更改或根据协议终止，或者任何发价，接受或其他意旨表示得以书面以外任何形式做出的任何规定不适用"（第12条）。否则，本公约不对双方当事人减损本公约任何规定的权利做出明文限制。

尽管本公约没有明确指出，但双方当事人不能减损本公约中国际公法的条款（即第89条至第101条），因为这些条款规定有关缔约国，而不是有关私人当事人的问题。但对这个问题判例法尚未有涉及。

2. 明示排除

双方当事人可明示排除本公约的适用。明示排除分为两种情况：双方当事人排除本公约适用时确定了对其合同适用的法律，以及双方当事人做出排除时未确定适用的法律。在双方当事人明示排除本公约的适用并确定了适用的法律的情况下（在一些国家可以在司法程序中做出选择），适用的法律将是法院地的国际私法规则所指定的法律，这使得在多数国家双方当事人选择的法律均可适用。如果双方当事人明示排除了本公约的适用却又未指定适用的法律，将根据法院地的国际私法规则来确定适用的法律。

3. 默示排除

一些法院讨论过本公约是否可以被默示排除的问题。多家法院容许默示排除其适用的可能性。虽然本公约中没有关于这一观点的明确根据，但大多数代表团反对在外交会议中提出的提案，即只有"明示"解除，才能全部或部分排除本公约的适用。

本公约删去明确提及"默示"排除的可能性仅仅是为了防止"特别提及'默示'排除可能会鼓励法院在缺乏充分理由的情况下就得出结论认为本公约的适用被全部排除了"。然而，根据一些法院判决和一项仲裁裁决，本公约不能被默示排除，依据是事实上本公约未明确规定这种可能性。

已确认双方当事人可以很多不同方式默示排除本公约的适用，例如，通过选择非缔约国的法律作为其合同的适用的法律。

如果双方当事人选择缔约国的法律作为规范合同的法律，则会引起更为棘手的问题。有一项仲裁裁决和几个法院判决指出，这一选择应当构成对本公约的适用的默示排除，因为否则的话双方当事人的选择就没有任何实际意义。不过，多数法院判决和仲裁裁决都采纳了一种不同的观点。其理由是，本公约是双方当事人所选择的缔约国的国际销售法律的一部分；双方当事人的选择仍然有意义，因为它确定采用国内法来填补本公约中的空白。根据这类判决，对缔约国的法律的选择，如果没有特指该国的国内法，不排除本公约的适用。当然，如果双方当事人明确选择某一缔约国的国内法来适用于其合同，则本公约只能被认为是被排除了。

对法院地的选择也可能导致默示排除本公约的适用。但是，如果所选择的法院地在缔约国，并且有证据表明双方当事人希望适用该法院地国的法律，有两个仲裁庭适用了本公约。

另一个问题是，如果双方当事人仅仅基于国内法进行诉争，尽管适用本公约的所有要求都能满足，那么本公约的适用是否已经被默示排除。在这些管辖区，哪怕双方当事人的论争是基于不适用于该案的法律（"法院了解法律"原则），法官必须适用正确的法律，在这种情况下，双方当事人在国内法的基础上进行诉争本身并不导致对本公约的排除。另一家法院认定如果双方当事人没有意识到本公约的可适用性，其在国内法的基础上进行诉争仅仅是因为他们错认为该法是适用的，法官应适用本公约。在某一不承认"法院了解法律"原则的国家，当事人根据国内销售法进行诉争时，法院适用了该法律。这种处理方法在承认"法院了解法律"原则的国家中也被一家法院和仲裁庭所采纳。

根据一项法院判决，双方当事人在其合同中纳入《国际贸易术语解释通则》不构成对本公约的默示排除。

4. 选择适用

本公约虽然明确授权双方当事人可以全部或部分排除本公约的适用，但并未声明在本公约不适用的情况下双方当事人是否可以指定本公约作为适用于其合同的问题。这个问题在1964年《海牙国际货物买卖合同成立统一法公约》中有明确规定，该公约第4条赋予了当事人"适用"的权力。本公约没有与之类似的条款，这一点并不一定就意味着禁止双方当事人"适用"。前德意志民主共和国代表团在外交会议上提出一提案，认为如果双方当事人想要适用本公约，即使没有满足本公约的适用前提条件也可以适用，该提案没有通过。然而，在讨论中人们指出该案文没有必要，因为当事人意思自治原则足以允许双方当事人"适用"本公约。

判例讨论 6-1

- ◉ 关联条款：第1条(1)，第6条，第38条，第39条，第49条，第74条，第81条，第82条，第84条
- ◉ 案件参考：Clout Case No. 1057
- ◉ 案件分类：Austria, Supreme Court,「8 Ob 125/08b」，2009.04.02

2002年8月，德国买方向奥地利卖方订购了一台锅炉以及若干应用设备（尤其是一套颗粒加热系统）。买方之所以订立这份合同是因为它的一个客户需要为两座新的建筑物装备加热系统。卖方的标准购买条款（买方已接受）含有（除了其他规定以外）关于将货物不合格通知卖方（交货后一周内），损害赔偿，约定担保和管辖权的规定。依照卖方的标准购买条款的规定，所有权利请求"均应以奥地利法律和《销售公约》为依据，但法律冲突规则除外"。

锅炉从一开始就不能正常运转，买方的客户将这一情况告知买方。但是，买方没有将此情况通知卖方。直到2003年2月中旬，卖方才从买方的客户那里获悉这种情况。尽管采取多种办法补救锅炉的瑕疵，锅炉仍然无法正常运转。卖方于是提议将锅炉收回并且向买方的客户提供补偿，不过卖方要求扣除一定费用。买方的客户不同意扣除费用，并且（在2003年3月）致函买方宣布合同无效。买方向它的客户出售了一台新的加热系统。

2005年8月，买方针对卖方提起诉讼，要求宣布与卖方订立的合同无效，由卖方偿还购买价款，赔偿买方安装新加热系统的费用。买方还请求法院宣告卖方有责任拆除存在瑕疵的锅炉及相应设备。一审法院驳回了买方的诉讼请求。根据奥地利法律，法院宣布买方未能及时通知卖方锅炉不合格。

上诉法院部分地撤销了下级法院的判决。上诉法院依据《销售公约》（第1(1)(a)条），指出买方未能遵守《销售公约》第38条和第39条的规定。但是，上诉法院指出，在买方的客户通知后，卖方多次尝试修理存在瑕疵的加热系统，可以将卖方的这种行为视为放弃对于买方及时通知货物不合格的要求。不能将卖方尝试修理的行为视为单纯担保的结果。因此，卖方已经根本违约，可以根据《销售公约》第49条撤销合同，买方实际上就是这样做的。但是，买方没有妥善保存货物（《销售公约》第81条），而买方必须按照收到货物时的状况退还货物（《销售公约》第82条）。买方还必

须说明它从货物中获得的收益（《销售公约》第84条）。基于以上理由，卖方有权取得损害赔偿（《销售公约》第74条及以后各条)。

最高法院依照《销售公约》第6条的规定，考查了《销售公约》是否适用的问题。最高法院注意到，卖方提出标准合同条款中存在一处打印错误。事实上，在法律选择条款中，"以及"和"《销售公约》"这两个词语之间本应没有逗号。根据最高法院的意见，关于排除《销售公约》的问题，具有决定意义的是，双方当事人是否将某个国家并不统一的法律作为依据。仅仅提及某个缔约国的国内法律并不构成排除《销售公约》。如果没有做出相反规定的条款——特别是提及实体法的条款，适用奥地利的法律就包括适用《销售公约》。但是，在本案中，可以推定双方当事人本意是排除国际私法和《销售公约》的适用。可以从如下事实中推断出这一点：双方当事人都援引《商法典》第377条，因此援引奥地利的实体法。最高法院特别指出，《销售公约》的适用问题与本案无关，因为上诉法院已经根据《销售公约》和《奥地利商法典》认定买方没有将货物不合格的情形及时通知卖方。

判例讨论 6-2

◉ 关联条款：第1条(1)(b)，第6条，第35条，第36条，第37条，第38条，第39条，第40条，

◉ 案件参考：Clout Case No. 837

◉ 案件分类：France, Court of Cassation-First Civil Division, 「U 99-12879; 1388FS-P+B+I」, 2005.10.25

该判例涉及双方当事人根据《公约》第六条以默示方式排除适用《销售公约》。葡萄牙H公司为除草产品制造商，向法国F公司出售其产品。后者向突尼斯N公司出售了8万升除草剂，而这些除草剂又被法国C公司所购。

这些除草产品存在应由制造商负责的潜在缺陷。

N和C公司依照法国民法第164 及其后各条向F和H公司提出起诉。

1999年1月28日，雷恩上诉法院下令后两家公司联合及分别向原告支付数额不等的款项，并认定H公司为F公司的担保人。

H公司不服该项裁决，其理由是，由于该判例涉及国际销售，上诉法院应当自动适用《销售公约》关于所售货物与合同相符问题的第35至40条。

应当确定的问题是，当事双方是否行使《公约》第6条赋予的权利而排除适用《销售公约》及是否因此而打算根据法国国内销售法行事。

终审法院裁定，当事双方援用并毫无保留地讨论过构成国内销售法的法国民法所述已售货物担保制度，并在完全了解出售的国际性的情况下默示决定排除适用《销售公约》。《公约》第6条允许他们作出这样的决定。

因此，终审法院驳回H公司对不适用《销售公约》表示不服的上诉，并下令该公司支付诉讼费用。

第2章　CISG的总则

区分及内容	
第 2 篇　适用范围及总则	第1条~第13条
第1章　CISG的适用范围	第1条~第6条
第2章　CISG的总则	第7条~第13条
第7条　解释和适用公约的原则	
第8条　当事人的声明及行为的解释原则	
第9条　商业惯例´习惯做法的效力	
第10条 营业地的确定	
第11条 合同订立的形式	
第12条　缔约国对合同订立形式的保留	
第13条　"书面形式"的含义	

《销售公约》第一部分第二章载有针对本公约一般问题的条款。其中两项条款重点说明解释问题：第7条涉及本公约的解释，而第8条则说明对双方当事人的声明和行为的解释。第9条针对彼此之间确立的惯例和习惯做法导致的双方当事人的法律责任。第二章的其他两项条款涉及术语问题，重点说明"营业地"（第10条）和"书面"（第13条）的含义。

第二章的剩余两项条款说明本公约的非正式原则：第11条规定本公约在其范围内对合同不要求书面形式或其他正式形式，而第12条说明该原则的局限性。

007. 解释和适用公约的原则

Art. 7

(1) In the interpretation of this Convention, regard is to be had to its international character and to the need to promote uniformity in its application and the observance of good faith in international trade.

(2) Questions concerning matters governed by this Convention which are not expressly settled in it are to be settled in conformity with the general

principles on which it is based or, in the absence of such principles, in conformity with the law applicable by virtue of the rules of private international law.
제7조 (1) 본 협약의 해석에 있어서는, 협약의 국제적인 성격과, 또한 그 적용상의 통일성 및 국제거래에서 신의의 준수를 증진할 필요성을 고려하여야 한다. (2) 본 협약에 의하여 규율되는 사항에 관한 문제로서, 본 협약에서 명시적으로 해결되지 아니하는 문제는, 본 협약이 기초하고 있는 일반원칙에 따라서 해결되어야 하며, 만약 그러한 원칙이 없는 경우에는, 국제사법의 규칙에 의하여 적용되는 법에 따라 해결되어야 한다.
第7条 (1) 在解释本公约时，应考虑到本公约的国际性质和促进其适用的统一以及在国际贸易上遵守诚信的需要。 (2) 凡本公约未明确解决的属于本公约范围的问题，应按照本公约所依据的一般原则来解决，在没有一般原则的情况下，则应按照国际私法规定适用的法律来解决。

第7条分为以下两部分：第7条第(1)款详细说明在解释公约时应该考虑的几个因素；第7条第(2)款说明解决公约“未尽事宜”——即“凡本公约未明确解决的属于本公约范围的问题”——的方法。

1. 本公约的一般性解释

由于各国的销售法规则在概念和方法上均存在明显差异，因此，在解释本公约时避免受到本国销售法观念的影响对于法庭来说是至关重要的。因此，第7条第(1)款规定：解释本公约时“应考虑到本公约的国际性质和促进其适用的统一”。

2. 《公约》的国际性质

很多法院认为，第7条第(1)款援引本公约的国际性质意在避免法庭依据国内法解释本公约；法院必须“不受约束地”解释本公约。但是，一些法院指出，尽管解释国内销售法的案例法“本身并不适用”，但可以让人了解在《公约》的相关条款的措辞与国内法条款的措辞相对应时一个法院对待公约的方式。根据判例法，本公约的立法过程和国际学术著作在解释条约时都是值得参照的。

3. 促进统一适用

第7条第（1)款规定了考虑促进本公约的统一适用的必要性的任务，有的解释认为，解释《销售公约》的法院应当将外国法院利用本公约的判决纳入考虑的范围。在某一判例中，一家法院同时援引了40个外国法院的判决和仲裁裁决。两个判决分别援引了两个外国法院判例。另外，还有一些判例参照了一项外国法院的判决。就在最近，某法院援引了37项外国法院判决和仲裁裁决。

两家法院认为外国法院的判决仅具有说服力，而无约束力。

4. 在国际贸易中遵守诚信

第7条第(1)款还要求，对本公约的解释应当促进对国际贸易诚信的遵守。据认为，在卖方“毫不含糊地和明确地”宣布它将不履行自己的义务的情况下要求发出宣布合同无效的通知将与这一任务相违背。尽管对诚信原则的明确提法只出现在关于本公约的解释的第7条第(1)款中，但是，反映诚信原则的规定是贯穿本公约全文始终的。以下条款中包含的规则正是对该原则的体现：

- 第16条第(2)款(b)项规定，如果被发价人有理由信赖该项发价是不可撤的，而且被发价人已本着对该项发价的信赖行事，则发价是不可撤销的；
- 第21条第(2)款规定，如果逾期的接受是在传递正常，能及时送达发价人的情况下寄发的，则该逾期接受其有接受的效力；
- 第29条第(2)款规定，在某些情况下，一方当事人不得援引合同中关于更改或终止必须以书面做出的规定；
- 第37条和第46条规定了卖方享有对不符合同货物进行补救的权利；
- 第40条规定，如果卖方已知道或不可能不知道而又没有告知买方存在货物不符合同情形的事实，则卖方不得援引买方未依据第38条和第39条规定通知卖方说明不符合同情形的事实；
- 第47条第(2)款，第64条第(2)款以及第82条中有关丧失宣告合同无效权利的规定；
- 第85条至第88条规定各方有义务对货物进行保全。

5. 未尽事宜的解决

根据第7条第(2)款的规定：在尽可能的情况下不适用国内法，而依据本公约的一般原则解决本公约中的未尽事宜，即那些受本公约管辖但未能在本公约中加以明确规定的事项。只有在这类一般原则无法确定的情况下，第7条第(2)款规定方可适用相关的国内法。完全不受本公约管辖的事项应直接适用相关的国内法解决。那些不属于本公约适用范围的问题在第4条摘要中讨论。

6.《公约》的一般原则

(1) 当事方自主

一些法院认为，“当事方自主。原则是本公约所依据的几项一般原则之一。

(2) 善意

善意也被认为是本公约所依据的一般原则。依据该一般原则，一个法院宣布：尽管本公约中对宣布合同无效有明确的规定，但在卖方拒绝履行其义务的情况下，没有必要对合同无效做出明示宣布，而且坚持这样做是有违善意原则的。在另一个判例中，法院判令一方当事人支付赔偿金，其理由为该方当事人的行为“违背了《销售公约》第7条中规定的国际贸易中的善意原则”；另外，法院还指出对程序的滥用违反了善意原则。

最近一项法院判决指出，该一般善意原则要求合同双方当事人相互合作，并就各自履行其合同项下义务的有关信息进行交换。

(3) 禁止反言

一些判决认为，禁止改口也是本公约的一项一般原则——更具体地讲，禁止改口实际上是善意一般原则的一种表现形式。但也有法院认为，本公约并没有涉及禁止改口的问题。

(4) 付款义务履行地

大量判决认为本公约包含有关付款义务履行地的一般原则。因此，当决定在何地履行因货物不符合同规定而支付赔偿金的义务时，法院认为，“如果购买价款在卖方营业地支付”，则依据本公约第57条，“这是一项对其他付款要求同样适用的一般原则”，一家法院在要求卖方退还其所收取的超额价款时指出，“支付行为应当在债权人的住所地履行，依据《私法协原则》第6.1.6条这一原则，也可适用于其他国际贸易合同”。另一国的最高法院以前曾采纳过反向原则，该法院发现了本公约的一条一般原则，即“恢复原状义务履行地应当通过把主要义务转换（体现为）恢复原状义务加以确定”。但是，某判决认为本公约中并不存在据以确定所有付款义务履行地的一般原则。

(5) 货币支付

某法院认为，尽管本公约未做出明确规定，但货币支付问题仍须按本公约规定来解决。该法院指出，根据一种观点，除非双方当事人达成协议，否则《销售公约》的一般原则是，与付款有关的所有问题均应适用卖方营业地原则，货币问题也应适用该项原则。但是，该法院同时又注意到一种观点：本公约没有相关的一般原则适用于这个问题，因此该问题的解决必须依据适用的国内法。然而，该法院并未对两者谁是正确的方法做出选择，因为在现有的判例中，采取这两种方式的结果是相同的（应使用卖方营业地的货币进行支付）。

(6) 举证责任

根据某些判决，尽管本公约中未作明确规定，但哪一方当事人承担举证责任问题依然应受本公约管辖。因此，如果相关一般原则成为本公约的基础，这个问题要按一般原则加以确定。各种判决表明第79条第(1)款体现了本公约的一般原则，另外（有一项判决证实）第2条(a)项也体现了这些原则，现概括如下：如果一方当事人想使某项条款产生有利的法律后果，则有责任证明援用该条款所需的事实前提确实存在，而宣称存在例外的一方当事人也必须证明作为该例外前提的事实条件成立。但是一些法院认为，举证责任并不受本公约管辖，而是由国内法处理。

(7) 全额赔偿

一些判决认为，本公约也应以对因违反造成的损失进行全额赔偿原则为依据。有的法院则将该一般原则的适用限于那些因违反而导致合同无效的案件。

(8) 无形式

一些法院指出，第11条所规定的无形式要求原则也属于本公约所依据的 般原则；从该原则推而广之，其中一个结论就是：双方当事人不受限制地通过书面，口头或其他任何方式修改或终止其合同。通过默示的方式终止合同也是可能的，因此，书面合同可以通过口头方式变更。

(9) 通信发送

第27条的发送规定适用于合同订立后双方当事人之间的相互通信。根据该规定，一旦发送方通过使用适当的通知方式使其脱离自身的约束，则有关通知，请求或其他通信应当立即生效。该项规则适用于有关不符合同情形或第三方索赔的通知（第39条、第43条），有关具体履行（第46条）、减低价格（第50条）、损害赔偿（第45条第(1)款(b)项）或利息（第78条）的要求；合同无效的宣布（第49条、第64条、第7条、第73条）；对额外履行时间的规定（第47条、第63条）以及《公约》规定的其他通知，如第32条第(1)款、第67条第(2)款或第88条规定的通知。判例法规定，发送原则是本公约第三部分中规定的一项一般原则，因此同样适用于双方当事人就合同进行的其他通信，除非双方当事人一致同意通信必须于收到时方始生效。

(10) 减轻损失

第77条含有一项规定，根据该规定，受侵害的一方可以通过酌情采取合理措施来减轻损失，以降低损害赔偿金。减轻损失原则也被认为是本公约所依据的一般原则。

(11) 约束使用

判例法所确认的另一项一般原则在第9条第(2)款中规定为，除非另有协议，否则双方当事人均应受有关惯例的约束，但该惯例必须是双方当事人已知道或本应知道，而且在特定的国际贸易中为相关的合同双方当事人所知道并广为遵循的惯例。

(12) 抵消

有一个法院建议，尽管未在本公约中做出明确规定，有关抵消的问题应当受本公约管辖；因为本公约中包含了第7条第(2)款中所体现的一般原则，即允许将本公约项下双方当事人的相互要求（在判例中，买方要求损害赔偿，卖方则要求取得销售收益余额）进行抵消。然而，其他法院却认为，抵消问题根本不受本公约管辖。

(13) 利息权

某仲裁庭已经指出，享有全额欠款利息的权利（见第78条）也属于本公约的一项一般原则。一些法院认为，对利息的所有权并不以向违约的债务人发送正式通知为前提，这也是本公约所依据的一般原则之一。但是，其他判决指出，只有向债务人发送正式通知后才能支付欠款利息。

(14) 倾向于履行合同

评论者还建议，倾向于履行合同的原则同样应作为本公约的一项基础，根据该原则，一方当事人应采纳有利于使合同继续约束双方当事人而不是导致合同无效的办法。上述观点看来已被两个法院所采纳；其中一个法院明确提到了倾向于履行合同的原则，而另一法院则仅指出宣告合同无效应当作为“最后”的一种补救办法。

一些判决认为第40条体现了一项解决本公约未决问题的一般原则。根据某仲裁庭的观点，“第40条是对公平贸易原则的体现，该原则也是本公约其他许多条款的基础，因此，从性质上讲，本公约的规定已使该一般原则法规化”。该判决认为，尽管第40条不直接适用于货物不符合合同规定的保证条款的情形，但是该条所依据的一般原则却可以通过第7条第(2)款间接地适用于此种情形。在另外一项判决中，法院依据第40条推导出一项一般原则：即使买方存在重大过失，也应比具有恶意的卖方获得更多的保护；根据这一原则，卖方若虚报车辆的年限和行程，则必须承担第35条第(3)款中所规定的责任，即使在签订合同时，买方不可能不知道货物不符合同的情形。

(15)《私法协原则》和《欧洲合同法原则》

一家仲裁庭在需要决定对支付欠款适用的利息率时，利用《国际商事合同统一私法协会原则》第7.4.9条以及《欧洲合同法原则》第4.507条共同明确的利率，该仲裁庭认为有关规则应当视为本公约的一般原则。[在此]在其他判例中，一些仲裁庭援引《国际商事合同统一私法协会原则》，对根据本公约规则所取得的结果进行验证；一法院也曾援引《国际商事合同统一私法协会原则》，支持根据本公约采纳的解决办法。此外，另一法院指出，《私法协原则》有助于确定《销售公约》一般原则的确切含义。

判例讨论 7-1

- ◉ 关联条款 ：第7条
- ◉ 案件参考 ：Clout Case No. 1039
- ◉ 案件分类 ：Spain, Navarra Provincial High Court, Section 3, 2007.12.27

本案先前已经初审和调查法院审理，1案情涉及德国卖方生产并出售给西班牙买方的一台机器运行不良。

上诉不仅涉及初审法院的判决，还涉及就其他问题向当事双方强加的各种命令。首先，西班牙法院的管辖权受到质疑，理由是德国公司的一般性条件提及的是德国法院。法院裁定，不能因德国公司对求偿提出辩驳便认为其默认接受西班牙管辖，因为与此同时德国公司还对西班牙法院的管辖权提出了质疑。理事会条例（欧洲理事会）第44/2001号关于管辖权和承认并执行民事和商事事项判决的第16条也不适用，因为本案涉及的是公司而非私人消费者。法院还认为，根据理事会条例（欧洲理事会）第44/2001号第23条，德国公司关于德国法院管辖权的通则并不适用。因此法院认为，尽管这些一般性条件的有效性不会因其以德文小号字印在单据背面而受到影响，使其有效性受到质疑的是，合同实际上并未明确提及一般性条件结尾的管辖权归属条款。此外，根据《销售公约》第7条所述的诚信原则，法院认为规定由德国法院管辖的条款无效，因为该原则意味着，合同的内容应当是当事双方怀抱合理的信心所希望其包含的内容。如果一般性条件中有一条款承认某一管辖权而未得到西班牙当事方同意，那么将该条款视为有效便违反了诚信原则。

省高等法院基本上驳回了卖方就初审法院判决提出的所有主张。

卖方声称，初审法院适用的是国内条款和判例法而非《销售公约》。省高等法院在审理上诉时裁定，尽管初审法院按照《民法》第1124条宣告合同无效时使用的是西班牙判例法，但仍提及了《示范法》，特别是第39、46 和49.1(a)条。法院还驳回了卖方的主张，即《销售公约》第26条应当解释为绝对要求买方依法提出请求才属非司法方式宣告合同无效，特别是因为卖方通过自己收到的法院令即可知道这一点。法院还认为，自发出请求并进行通知后，买方不断就机器故障问题向卖方提出投诉。因此法院认为是在合理的时间段内宣告合同无效的。

法院还审议了卖方的主张，即买方宣告买卖合同无效与其之前的行为相矛盾。法院适用《销售公约》第8条，认为该条不仅规定了如何解释当事双方的声明和行为，也规定了如何解释合同本身；此外，第8.3条提及了当事双方随后的行为，昭示了众所周知的不可出尔反尔的规定，从而承认在评估各当事方的意图时应当考虑到当事双方随后的行为。

卖方还主张，初审法院的判决并未解决问题，因为卖方认为根据《销售公约》第25条的规定，存在着根本违反合同。省高等法院认为，尽管上诉所针对的判决也援引了与《民法》第1124条（因违约而解除合同）有关的西班牙判例法，但这种判例法与《销售公约》第25条相一致，其中规定，如果发生严重和根本违反合同，买方可宣布合同无效，而无需引证未能实施后续或补充行为，因为这些行为不是至关重要的，并未妨碍债权人获得促使其缔结合同的财务结果。

最后，对于如何解释合同所述的有关机器必须具备的具体特点，法院认为，《销售公约》第8.1条采用解释规则或解释的主观标准的目的是分辨缔结合同的当事一方的实际意图——而无需甚至还要进行心理调查—这样，如果合同条款很明确，便有义务遵守其字面意思，任何当事方均不能声称应以其未言明的愿望为准。

判例讨论 7-2

◉ 关联条款：第7条(1), 第7条(2), 第39条(1),

◉ 案件参考：Clout Case No. 608

◉ 案件分类：United States, U.S. [Federal] District Court for the Northern District of Illinois,「No. 02 C 8708」, 2003.10.06

意大利一旅店老板向法国一制造商购买陶瓷餐具。当事双方商定分两次支付款项，第一次为签订合同时，第二次为交货后90天内。但第二次付款并没有发生，于是卖方对买方提起诉讼，要求买方补交款项。

在法庭上，买方称，接到货物几天后，发现一些货物存在缺陷。买方还称，他立即将这一发现通知了卖方的销售代表，销售代表同意更换有缺陷货物，但却从未兑现因此，买方表示，他有权按受损货物的价值抵消第二次付款。卖方回复说，其没有接到口头通知，买方的通知并没有及时发出，因为通知是在到货六个月后才以信函发出的。

法院首先讨论了与国际私法有关的一些方面。法院指出，意大利用于确定国际货物销售合同适用法律的有关规则采用的是1955年《关于国际货物销售适用法律的海牙公约》规定的规则。但法院又指出，在有统一实质规则可用时，统一实质规则应优先于国际私法规则。法院指出，直接适用统一实质规则，可避免国际私法规则典型的两步骤做法，即确定适用法律和适用适用法律。法院认定，《销售公约》的规则更为具体，因为那些规则直接涉及了实质性问题，因此，《销售公约》的规则应优先于国际私法的规则。

此外，法院还指出，直接适用统一实质法，在防止择地行诉方面可能比国际私法多一项优势，特别是在《销售公约》情况下，容易得到不同法域的判例法，因而有可能形成统一的解释。法院指出，国外的先例尽管不具有法律约束力，但具有说服价值，法官和仲裁员应予以考虑，以便按照《销售公约》第7(1)条的要求，促进公约解释和适用的统一。

关于公约的适用范围，法院称，《销售公约》适用于该合同，因为当事双方都在缔约国，关于公约适用的实质要求得到了满足，即合同为国际性质的销售合同，当事双方没有排除公约的适用。

在案情方面，法院认定，买方没有在《销售公约》第39(1)条要求的合理时间内发出货物存在缺陷的通知。法院称，即使发出通知的"合理时间"因每个案件的情况和货物的性质而异，像本案这样接到货物六个月后才发出通知显然不是及时。

虽然法院承认《销售公约》没有明确解决与举证责任有关的问题，但法院称，应由主张某些事实的当事方承担举证责任的原则是《销售公约》为公约第7(2)条的目的定下的一般原则。因此，法院驳回了买方关于其在发现货物缺陷后立即向卖方代表发出了口头通知的说法，因为买方没有出示有关此种口头通知的必要证据，因此，法院对本案作出了有利于卖方的裁决。

判例讨论 7-3

- ◉ 关联条款：第7条(2)
- ◉ 案件参考：Clout Case No. 831
- ◉ 案件分类：The Netherlands, Supreme Court of the Netherlands,「No. C03/290HR」, 2005.01.28

一家荷兰公司向一家比利时公司出售番茄苗，后来一名比利时专家证实，这些番茄苗感染了"棒状杆菌枯萎病"。买方要求对所造成损失给予赔偿，因为使用感染的番茄苗导致全部作物毁损。在交付番茄苗时买方曾签署收条，收条说明印在收条背面的荷兰植物育种者协会一般条款和条件适用于本协议。这些条款和条件规定卖方出售低于标准的秧苗的赔偿责任不能超过货款。卖方称买方受本条款约束。买方称它同意这些条款和条件的适用并不包括同意该免责条款。

最高法院认定，上诉法院在裁定《销售公约》适用于本案时是正确的。然后法院裁定，按照《销售公约》第7(2)条，有关问题属于公约的范畴，但公约并未就此作出明文规定，因此这些问题必须按照公约所依据的一般原则来解决，在没有一般原则的情况下，应按照国际私法规则所规定适用的法律来解决。当事方是否同意存在一项协议及有关条款和条件是否适用属于公约的范围。因此，关于适用法律，最高法院裁定，按照《销售公约》第7(2)条，买方是否同意适用卖方的一般条款和条件包括有争议的免责条款，这一问题必须参照公约的规则解决，而不是参照国际私法规则规定适用的任何法律制度解决。

判例讨论 7-4

◉ 关联条款：第1条(1)(b)，第7条(2)，第30条，第35条，第36条，第53条，第62条，第78条

◉ 案件参考：Clout Case No. 636

◉ 案件分类：Argentina, Cámara Nacional de Apelaciones en lo Comercial de Buenos Aires,「105665」，2002.07.21

本案的主要重点是程序问题，即在买方以货物不符合同为由拒绝支付价款时如何确定所购买货物的质量。

乌拉圭公司Cervecería y Maltería Paysandú S.A.（卖方）与营业地在阿根廷的Cervecería Argentina S.A.（买方）签订了一项购买麦芽的合同，这批麦芽将于1995年初被运至买方在萨拉特（阿根廷）的工厂（《销售公约》第30条）。买方接收了交付的货物，但拒绝履行其支付价款的义务（《销售公约》第35条），声称货物与合同不符（《销售公约》第35和第36条）。卖方提起诉讼，要求买方支付应付价款和利息。

基于其就《阿根廷商法典》几项规定所做出的裁决，初审法院支持卖方的主张，命令买方支付价款及利息，从交付货物之日起算。

在上诉中，法院表示，根据《销售公约》第1（1）（b）条，该公约适用于该案件，因为阿根廷的国际私法规则指定适用《销售公约》缔约国阿根廷的法律。由于缔结合同时乌拉圭还不是《公约》的缔约国，《公约》第1（1）（a）条不适用。

为了确定适用的法律，法院考虑了执行合同义务的地点。执行合同义务的地点即“最典型履约行为”发生地，在一项国际货物销售合同中，“最典型履约行为”是交付货物而非支付价款。因此，由于货物是在阿根廷完成交付的，即应把阿根廷法律视为适用法律。

关于确定已交付货物与合同不符的程序，法院认为，《销售公约》没有解决、甚至都没有考虑到该问题。因此，根据《销售公约》第7（2）条，法院转而考虑各项国际私法规则指定适用的法律，即阿根廷法律。《阿根廷商法典》第476条要求依照一套基于仲裁的固定程序确定货物不符合同的情形，但买方并没有遵守该程序。法院表示，即使假设仲裁不具强制性，而且可以由经专家检验的其他程序来代替，买方也没有提交令人信服的证据来证明货物与合同不符。因此，法院认为，卖方有权获得购买价格价款（《销售公约》第62条）和利息（《销售公约》第78条），因而法院支持地方法院做出的判决。

008. 当事人的声明及行为的解释原则

Art. 8

(1) For the purposes of this Convention statements made by and other conduct of a party are to be interpreted according to his intent where the other party knew or could not have been unaware what that intent was.

(2) If the preceding paragraph is not applicable, statements made by and other conduct of a party are to be interpreted according to the understanding that a reasonable person of the same kind as the other party would have

<table>
<tr><td>had in the same circumstances.
(3) In determining the intent of a party or the understanding a reasonable person would have had, due consideration is to be given to all relevant circumstances of the case including the negotiations, any practices which the parties have established between themselves, usages and any subsequent conduct of the parties.</td></tr>
<tr><td>제8조
(1) 본 협약의 적용에 있어, 당사자의 진술, 또는 기타의 행위는, 상대방이 그 의도가 무엇이었는지를 알았거나, 또는 모를 수 없었던 경우에는, 그 당사자 의도에 따라 해석되어야 한다.
(2) 전 항의 규정이 적용될 수 없는 경우에는 당사자의 진술, 또는 기타의 행위는, 상대방과 같은 부류의 합리적인 자가, 동일한 사정 아래 이해했었을 바에 따라 해석되어야 한다.
(3) 당사자의 의도, 또는 합리적인 자가 이해했었을 바를 확정함에 있어, 교섭, 당사자들이 그들 사이에서 확립한 관습, 관행 및 기타 당사자의 후속하는 모든 행위를 포함하여, 관련된 일체의 사정을 충분히 고려하여야 한다.</td></tr>
<tr><td>第8条
(1) 为本公约的目的，一方当事人所作的声明和其它行为，应依照他的意旨解释，如果另一方当事人已知道或者不可能不知道此一意旨。
(2) 如果上一款的规定不适用，当事人所作的声明和其它行为，应按照一个与另一方当事人同等资格、通情达理的人处于相同情况中，应有的理解来解释。
(3) 在确定一方当事人的意旨或一个通情达理的人应有的理解时，应适当地考虑到与事实有关的一切情况，包括谈判情形、当事人之间确立的任何习惯做法、惯例和当事人其后的任何行为。</td></tr>
</table>

第7条规定了对《公约》本身的解释以及未尽事宜的解决，而（按照一家仲裁庭的说法，与国际商事领域通用原则一致的）第8条则涉及对当事人所作的声明和其他行为的解释——但（如一缔约国最高法院所明确指出的）该等声明或行为必须是就本公约管辖之事项做出的。因此，只要一方当事人的声明或行为与本公约管辖的事项相关，第8条规定的解释标准就应当被加以使用，而不管有关声明或行为是受第二部分管辖（有关“合同的订立”）还是受第三部分（有关“双方当事人的权利和义务”）管辖。相关的立法过程支持这一观点，判决中也已采用这一观点：法院已经通过运用第8条所述的标准来解释有关合同订立、合同的履行及宣告合同无效过程中的声明和行为.

在第8条适用的情况下，排除对国内法解释规则的执行，因为第8条详尽地处理了解释的问题。

依据立法过程以及判例法，第8条不仅适用于解释一方当事人的单方面行为，在有关文件通过一个单独文件体现的情况下，该条款也“同样适用于‘合同’的解释”。

1. 当事人的主观意旨（第8条第(1)款）

第8条第(1)和第(2)款规定了两项标准。一家法院认为，第8条第(1)款允许“对双方当事人的主观意旨做实质性的探询，即使双方当事人并未以客观上可以确定的方式表达并记录其意旨”。第8条第(1)款“指示法院，只要‘另一方当事人已知道或者不可能不知道’此一意旨，则一方当事人所作的声明和其他行为，应依照他的意旨解释。因此，本公约明白规定，只要合同的另一方当事人知道一方当事人的意旨”或者不可能不知道此一意旨，就应对该一方当事人的主观意旨进行探究”。

主张第8条第(1)款适用——即，另一方当事人知道或不可能不知道其意旨的一方当事人，必须证明其主张。

一方当事人的主观意旨除非通过某种方式表达出来否则是不相关的；一家法院指出“一方当事人不为人知的意旨是不相关的”，前句正是该法院上述观点背后的理由。

第8条规定，法院必须首先通过查明做出声明或其他行为的一方当事人的意旨来确定该声明或其他行为的意旨，正如一家仲裁庭强调的那样；但是“在大多数案例中，很少出现合同双方当事人均认可某一主观意旨的情形[……]。因此，在大多数案例中，应当适用[公约]第8条(2)款，同时以客观证据为法院的判决提供依据。”一家仲裁庭指出，适用第8条第(1)款要求双方当事人之间业已建立密切的关系并且彼此了解，或声明或者行为的含义十分清楚明了并且容易使另一方当事人理解。

2. 客观的解释

在利用第8条第(1)款内的主观意旨标准来解释一方当事人的声明或行为是不可能的情况下，必须通过第8条第(2)款规定的“较为客观的分析”方法来确定。根据本条款，一方当事人的声明或其他行为应当按照一个与另一方当事人同等资格、通情达理的人处于相同情况中应有的理解来解释。一家法院将按照该标准进行解释得出的结果描述成一个“合理解释”。

第8条第(2)款被应用于大量的判决中。在其中一个判例中，法院按照与卖方同等资格、通情达理的人处于相同情况中应有的理解这一标准解释买方的声明和行为，由此推断买方愿意接受合同以及买方愿意根据合同获得的货物的数量。法院认定，在订立合同时双方当事人之间不存在任何相关的情况或习惯做法（上述情况必须被纳入考量范围）时，从买方要求卖方就已发送的货物出具发票的行为即可推知买方具有接受约束的意愿以及根据合同卖出的货物的确定数量。

本公约第14条第(1)款的规定，订立合同的提议必须足够明确，以构成一个建议，而且明示或暗示地规定数量和价格或规定如何确定数量和价格。一家法院声称，在确定一份提议是否符合该标准时，“如果处于与另一方当事人（发价人）‘相同情形下’的‘一个同等资格、通情达理的人’”可以理解提议中所有必需的内容则是足够的。

在确定双方当事人的协定要求的货物数量时，一家最高法院指出，鉴于双方当事人对合同的含义有不同的理解，对合同文本的解释应当依据第8条第(2)款的规定，即“按照一个与另一方当事人同等资格、通情达理的人处于相同情况中，应有的理解来解释”。法院指出，鉴于买方是该方面的专家，知道出售的并非新机器，而是于合同订立前已制造达十四年之久的机器。尽管货物不符合最新技术标准，但最高法院推论说，第8条第(2)款规定买方在订立合同之时完全了解有关机器设备在技术方面的局限。由于这种种原因，该最高法院认为，向买方提供的机器符合合同规定。

另一个法院根据第8条第(2)款决定一份合同是否准许买方在合同中规定的支付期限期满后，通过提议将自己的货物船运给卖方来履行对货物价款的义务。法院首先查看了合同文本，随后查看了合同中双方当事人利益所建议的解释，法院发现在合同支付期满时买方必须履行其职责：“[买方]不可能不知道仅仅因为买方提议船运货物以履行其职责，[卖方]不可能就此在商定的付款时限之外给予暂缓付款的宽限期，因为这是明显有悖于商业惯例的。”

第8条第(2)款也被用于确定卖方是否已通过其行为默示放弃了其基于买方货物不符合同的通知未能及时发送所享有的抗辩权利（见第39条）。法院认为，卖方在收到通知后就货物不符合同与买方进行谈判并不一定意味着其放弃了过期通知抗辩，对上述事实的考量应当结合案例的其他具体情况进行。但是在所述这一案例中，卖方在亲自就索赔瑕疵进行检验后，“就清偿损害赔偿的数额和方式进行了为期近15个月的谈判[……]，其间并未对通知的迟延明确表示异议或至少以可辨别的方式持有保留”，不仅如此，卖方还“通过其法律顾问提出支付高达货物价值七倍的赔偿金额”。这种情况下，法院提出，“[买方]仅可能合理地认为，[卖方]是在寻求一项解决方案而不会再利用所谓已经过期的时限作为对偿付买方权利主张的抗辩”。因此根据第8条第(2)和第(3)款，法院认为，卖方已放弃其就通知不及时提起抗辩的权利。另一法院也曾提到不能仅仅因为卖方愿意应买方要求检查货物，就假定卖方放弃了其对买方未及时发送不符合同情形通知提起抗辩的权利。因此，法院认为，有关裁定结果要基于商业交易的确定性的需要，以及同样适用于解释双方当事人所作声明或其他行为的善意原则。

一家法院按照第8条第(2)款的规定解释合同中“指定处所交货价”规定的含义。法院认定，该条款不仅仅涉及运输费用的问题，同时还对风险转移做出了规定。法院按照通情达理的人处于同双方当事人相同情况时的理解解释了该规定。法院认为，如果买方有权按“指定处所交货价”交付货物，则其不必再为货物的运输或运输中的保险操心。法院认为，卖方办妥运输保险这一事实也意味着卖方已经为承担货物运输风险做好了准备，同样卖方在同买方的前几次交易中使用自己的运输方式也说明了这一点。因此法院总结说，双方当事人的意向是规定风险应在买方营业地转移，并因此不再遵循《销售公约》第30条(a)项的规定。

另一家法院援引第8条第(2)款来确定一方当事人的行为是否就是承认双方当事人就购买价达成协议。买方已经收取交付的货物且未对卖方提出的价格表示异议。法院依据第8条第(2)款将这种行为解释为接受卖方的价格。

在确定受侵害的一方的所受损失是否应认为属于本公约第74条中规定的可预见情形时，也会援引第8条第(2)款的解释标准。

3. 解释一方当事人的声明或其他行为时需要考虑的因素

依据第8条第(3)款，在确定一方当事人的意旨或一个通情达理的人应有的理解时，应适当地考虑到与事实有关的一切情况。这些情况特别包括谈判情形、双方当事人之间确立的任何习惯做法、惯例和双方当事人其后的任何行为。一些判决已经指出在根据第8条第(1)款或第8条第(2)款的标准解释一项声明或其他行为的时候，应该考虑上述这些标准。

第8条第(3)款明确提及在解释双方当事人所作的声明或其他行为时应当考虑谈判情况，但这并非禁止法院指出对本公约管辖的交易适用“口头证据规则”。该项规则虽名为口头证据规则，实际上对口头及书面证据均适用，它认定只有合同当事人达成了最终的（“部分完整”），或甚至是最终、最完整的（“全部完整”）以书面形式表达的协议，合同当事人的意旨才具有法律效力。如果该书面协议被认为是完整的，则根据口头证据规则，一方当事人不得援引与书面形式相冲突或甚至增加相一致的额外条款的先前达成的协议或进行的谈判作为证据。上述观点与该国其他法院做出的判决大相径庭。其中一家法院明确指出：由于“第8条第(3)款明确指示法院‘适当地考虑[......]到与事实有关的一切情况，包括谈判情形’以确定双方当事人的意旨，‘限于本公约第8条的规定，口头证据规则不应适用于《销售公约》所支配的案件'。鉴于第8条第(1)款要求通过双方当事人的意旨解释其声明或行为，第8条第(3)款则清楚地给出了指示，在有关谈判的口头证据可以反映双方当事人主观意旨情况下，应对该口头证据给予承认和考虑"。另有一家法院指出，"受《销售公约》支配的合同不受口头证据规则的约束，在解释双方当事人之间的协议方面有许多可供确认的证据应加以考虑第8条第(3)款。

一家法院指出口头证据规则可能在本公约规定范围内产生问题，并为此声称，就双方当事人均希望避免口头证据问题而言，双方当事人可以在其书面协议中加入具有合并性质的条款，以排除适用任何先前达成但未以书面形式确定的协议及理解。

一些法院指出，双方当事人的后续行为反映了做出声明时当事人的意旨所在。在一个判例中，法院按照买方的后续行为来推断买方愿意接受合同约束以及愿意根据第8条第(2)款中的解释方式（即与卖方同等资格、通情达理的人处于相同情况下的理解）来确定合同中货物的数量。法院认为，在各方当事人之间缺乏任何相关的相反情形或习惯做法的情况下，一方当事人接受约束的意愿可以根据其合同订立后的行为进行解释。特别需要指出的是，法院认为买方要求卖方就已交付给第三方的织物出具发票的行为（如双方协定所预计的）足以证明买方是愿意接受合同约束的。而且，买方在货物交付第三方两个月后才对数量提出质疑，这一事实使法院有理由相信合同包含该数量。

有一家法院认为，第8条第(3)款列出的情形可能会导致沉默即被视为接受发价。

除第8条第(3)款中明确列出的因素外，有一家法院认为，第7条第(1)　款中所述的善意原则（在解释《公约》本身时提到的情况下）在解释双方当事人的声明或其他行为时也必须纳入考量范围。

4. 合同标准条款以及声明所使用的语言

在解决何种情况下一方当事人提出的合同标准条款可以成为合同一部分的问题上，也会援引第8条的规定。在一个判例中，某一缔约国最高法院认为，解决该问题应当适用本公约有关解释规则，而不应适用有关国内法中的解释规定。法院援引《公约》的第8条指出，基于第8条中所述解释标准的适用性，是否将一方当事人的合同标准条款视为发价的一部分，这个问题必须在"与另一方当事人同等资格、通情达理的人"如何理解该发价这一基础之上分析确定；法院根据这一标准确定，只有发价人可以"在合理的情况下知晓该条件"，同时如果纳入这些条款的意愿对于接受方来说是明显的，标准条款才能成为发价的一部分。另外，该法院还指出，"本公约要求使用一般交易条件的一方当事人"向另一方当事人"发送条件文本或可供其使用"。

关于根据《公约》纳入标准条款问题，另一家法院得出了基本相同的结论，并且还涉及了标准条款所用的语言问题。法院认为，对于纳入标准条款应当在依第8条规定解释合同的基础上做出判决。为了行之有效，法院主张一方当事人对其标准条款的参照必须足够使与另一方当事人同等资格、通情达理的人可以理解该参照并懂得该标准条款。根据法院的观点，其中一个相关情形就是标准条款所使用的语言。在法院判例中，卖方的合同标准条款所用的语言与合同所用语言并不相同，法院明确指出卖方理应提供给买方一份翻译件。由于卖方并未这样做，因此其标准条款也就不成为合同的一部分。另一法院也采取了相似的方法，该法院认为，用与合同语言不同的语言书写的合同标准条款对另一方当事人并无约束力。

在另外一起判决中也涉及到语言问题。在该判决中，法院认为，在确定用与合同用语或被通知人所用语言不同的语言书写的通知是否具有效力时应该采用个案方式。根据第8条第(2)和第(3)款规定，法院认为评估此问题必须考虑通情达理的人对此的理解，以及国际贸易中遵守的惯例和习惯做法。通知如果用与合同用语或被通知人所用语言不同的语言书写，仅仅依据这一事实并不能否定该通知的效力。通知语言可能是在某一相关的贸易领域的惯常用语，因此有可能根据第9条对双方当事人产生约束力；或者如法院判例中，可合理地预期接受者会向通知的发送人要求解释或翻译。

另一个法院认为，一方当事人既已接受了与合同相关的但以合同所用语言不同的另一种语言做出的声明，就应当受此种声明的内容的约束；该方当事人有义务了解该声明的内容。

判例讨论 8-1

- 关联条款：第8条(1)，第8条(2)
- 案件参考：Clout Case No. 844
- 案件分类：United States, (Federal) District Court for the District of Kansas, 2007.09.28

在通过中介（"中介"）长期间接交往之后，中国境内的一家帽子制造商（"制造商"）与一家美国帽子中间商（"中间商"）就具体规格的帽子签署了一系列书面销售合同。该中间商未能足额支付依据这些合同交付货物的货款。制造商依据每份销售合同中的仲裁条款向中国国际经济和贸易仲裁委员会提起仲裁程序。中间商没有参与仲裁程序，仲裁庭签发了一份仲裁裁决，要求中间商支付制造商诉求的全部款项外加利息和费用。

制造商随后向一家美国联邦法院（堪萨斯区美国地区法院）提起诉讼，以遵照《承认及执行外国仲裁裁决公约》（1958年，又称《纽约公约》）执行该仲裁裁决，美国是该公约的缔约国。中间商对执行该仲裁裁决提出抗辩，辩称双方当事人之间没有合同关系，因而使得仲裁条款对中间商无效；因此，中间商辩称，制造商与中间商之间的争端是不可仲裁的——《纽约公约》规定抗辩执行仲裁裁决的获准理由之一。具体地说，中间商辩称，它签署销售合同时，并不打算同制造商订立直接的合同关系，只是打算确认一下订货，而他的理解是，与以往的交易相同，订单都是由中介发给制造商的。中间商争辩，依据《销售公约》第8条（双方当事人商定该公约管辖指称的销售合同，因为双方当事人都在缔约国境内），这一意旨约束了制造商，因此双方当事人之间没有需要仲裁的合同和协议。在经过漫长的审前程序之后，制造商提出了即决判决动议，对中间商的争执点正式提出反对。

法院首先驳回中间商的以下论点：其主观意旨依据《销售公约》第8(1)条能约束双方当事人。法院认定，尽管中间商提出了证据，证明其主观上并不打算同制造商订立直接的销售合同，但它没有提出证据证明制造商"知道或不可能不知道"第8(1)条所要求的意旨。

根据第8(2)条，法院随后"审议[中间商]的行动是否使得其将销售合同仅视为简单确认的主观意旨，为与另一方当事人同等资格、通情达理的人处于相同情况中所知所信"。法院认定，中间商未能证实其解释符合该标准。它指出，双方当事人签署的销售合同将制造商描述为"卖方"，将中间商描述为"买方"，但没有提到中介，因此，中间商受到它所签署的合同的约束，无论它是否阅读或理解了该合同。法院还指出，中间商的行为，包括多次确认它欠制造商所购货物的销售款，也与双方当事人之间的直接合同关系是一致的。因此，法院认定，"……证据表明[双方当事人]之间的合同关系，其中包括仲裁协议。"因此，法院批准制造商的即决判决动议并确认该仲裁裁决。

判例讨论 8-2

- 关联条款：第1条 ,第4条，第8条(1)，第8条(2)，第8条(3),第9条(1),第9条(2),
- 案件参考：Clout Case No. 777
- 案件分类：United States, U.S. [Federal] Court of Appeals for the Eleventh Circuit「05-13005」，2006.09.12

奥地利一家供应商与设在亚拉巴马的美国买方订立了以"寄售"方式购买化合物的系列合同。每份合同具体规定将向买方交付的化合物数量。对于争议合同之前的所有合同，买方都购买了供应商交付的全部化合物，有一次想退还尚未使用的化合物但还是忍住没有退。买方在两项争议合同的期限内，通知供应商说不再接受额外的化合物交付，并且对于已交付但尚未使用的化合物将不予付款。在供应商不知情的情况下，买方找到一个较便宜的化合物货源。而供应商找到一家化合物替代买方，但价格较低。随后供应商提出诉讼，要求补偿在买方接受合同所规定的所有粉状物的交付情况下应当支付的款额。

供应商和买方对于交付条款"寄售"的含义存在分歧。买方专家认为，在金属行业，"寄售"指买方实际使用化合物之前没有销售行为发生。供应商则出示当事双方交易过程的证据，以证明"寄售"意指买方有义务为已交付所有化合物付款，但买方在实际使用化合物之前将不被开账单。

下级法院适用《销售公约》，认定"当事双方在交易过程中对该术语的解释的证据优先于该术语在本行业的习惯用法的证据，"并认定买方有义务按照合同规定购买所有已交付的化合物并且必须支付价款。

买方提出上诉，辩称根据《销售公约》，合同中的术语应当按照其习惯用法解释，"除非当事各方明确同意别的用法。”买方还辩称，当事双方在交易过程中并没有要求买方“使用每份合同中规定的所有[化合物]并为此付款。”因此，买方辩称，下级法院错误地认定供应商恰当地减少了损害赔偿。

上诉法院全面支持下级法院的判决。

首先，上诉法院确认《销售公约》可以适用，因为美国和奥地利均属公约缔约国（第1条和《销售公约》）。上诉法院认为，根据《销售公约》第8条提供的信息，此违约问题由第9条管辖。

上诉法院指出，管辖双方当事人声明和行为的解释的第8条专门处理一方当事人实际意图已为另一方当事人所知和实际意图不为所知的情形。法院得出结论认为，在实际意图不为所知时，第8条规定一个通情达理的人的标准。第8(3)条规定了确定一方当事人实际意图的依据，“包括谈判情形、当事人之间确立的任何习惯作法、惯例和当事人其后的任何行为。”

买方辩称，第9条要求双方当事人明确同意双方当事人之间的用法为本行业的主要习惯用法。特别是，买方辩称第9(2)条要求双方当事人明确同意不受习惯用法的约束。为此，买方援引了第9(1)条的一部分，其中规定“双方当事人业已同意的任何惯例和他们之间确立的任何习惯做法，”对双方当事人均有约束力。买方还辩称，在该定义适用于第9(2)条时，除非双方当事人另有协议，合同条款应当“按照习惯用法解释”。

上诉法院认定，买方的解释将使第8(3)条和第9(1)条的后一部分无效。

第9(1)条后一部分将会没有效力是因为双方当事人将不受“他们之间确立的任何习惯做法”约束。上诉法院驳回买方对第9(2)条的解释，指出在一术语的习惯用法有冲突时，以双方当事人在交易过程中对该术语的用法为准。

上诉法院指出，双方当事人订立了在1993至2000年供应化合物的系列合同，这是没有争议的。所有合同都规定了具体的化合物数量，并且都属于“寄售”，化合物由买方分开，买方每月向供应商提供“使用情况报告”。卖方利用使用情况报告向买方开具它所使用的化合物的发票。在两份争议合同之前，买方使用了根据所有合同交付的所有化合物并且已经付款。

上诉法院还指出，买方过去的行为方式表明它似乎有义务购买按照合同交付的所有化合物。

上诉法院最后认定，供应商确实如《销售公约》第77条所要求采取了合理步骤减少损害赔偿，因为供应商在得到买方通知17天内为部分化合物找到一家买主。法院认为第77条使买方负有举证之责，以证明供应商未减少损害赔偿，但是买方没有出示表明未减少损害赔偿的任何证据。

上诉法院裁决认为，地区法院正确地裁定，按照《销售公约》，在一术语的习惯用法有冲突时，当事方在交易过程中赋予合同条款的含义即确立该术语的含义。地区法院以下裁定没有明显错误，即供应商和买方均理解其合同要求买方购买每份合同具体规定的全部化合物，且供应商在买方违约之后采取了合理措施减轻损失。

判例讨论 8-3

◉ 关联条款：第1条 ,第6条，第7条，第8条，第11条，第35条，第38条，第39条，第53-60条，第74条，第78条

◉ 案件参考：Clout Case No. 828

◉ 案件分类：The Netherlands, Court of Appeals of's-Hertogenbosch,「No. C0500427」2007.01.02

上诉人（一名荷兰人）与被告即德国一家公司订立了一项销售和交付树木的合同。但是，被告没有付清全部货款，声称货物与合同不符，还要求退还一定金额作为补偿。上诉人则要求被告支付未

付款项。

一审法院驳回了诉讼提出的要求，理由是并非上诉人本人而是他所代表的公司与被告订立了合同。上诉人提出上诉，上诉法院认定，按照《销售公约》第1(1)(a)条，该公约适用于合同。一审法院指出双方已商定适用荷兰法律，但并没有就这将导致适用荷兰地区法还是适用《销售公约》这一问题作出决定。但是，双方均居住在《销售公约》缔约国，该合同从形式和实质上属于《销售公约》的范畴，有关可移动物的销售并未排除在《销售公约》的范围之外。上诉法院指出，上诉人关于双方明文同意适用荷兰地区法的说法必须予以驳回。按照《销售公约》第6条，只有在当事方同意的情况下才能排除《销售公约》的适用。由于被告未到上诉法院出庭，因此不能排除《销售公约》的适用。

关于实质问题，上诉人声称合同是与他本人而非与他的公司订立的。法院首先指出，按照《销售公约》第11条，合同无须以书面订立或书面证明，对上诉人的说法的答复取决于《销售公约》第8条所述当事方所作的声明和其他行为。此外，应适当考虑到本案的所有相关情况，包括谈判情形、当事方之间的习惯做法、惯例和当事方在其后的任何行为。

本案的事实似乎表明，上诉人代表其公司与买方订立了合同。买方通过上诉人公司商品目录上提到的电话号码，订购了该商品目录上所载的树木；有关货物的信函通常标明上诉人的公司是发信人，所附信函通常标明上诉人公司的名称。但是，另一方面，并非上诉人公司而是其他公司就已交付树木向买方开具了发票。而且，买方总是把款项转到上诉人的私人银行账户里。上诉人还称买方通过给上诉人开出支票的方式支付了一些账单上的货款，买方知道由于与纳税相关的原因，上诉人的公司从未向国外出口过产品。因此，所有交易都是与上诉人本人订立的。法院注意到，上诉人在与买方订立合同时使用不同公司的名称可能使买方分辨不出到底在与谁做生意。这一点从买方以交付货物不符合同为由既要求上诉人也要求上诉人的公司给予赔偿也可以明显看出来。不过，由于买方似乎并未对发票上出现的名称提出异议，而且将款项转给了上诉人本人，法院裁定，由于买方未到该法院出庭而无法提供相反证据，在没有相反证据的情况下，买方将上诉人视作订约方，并与上诉人本人订立了合同。

关于被告支付了哪些交易的款项的问题，法院指出，按照《销售公约》第7(2)条，这个问题必须按照国际私法规定适用的法律来解决，因为《销售公约》未对此问题作出规定。按照《合同债务准据法罗马公约》（1980年）第4(1)(2)条，荷兰法律应予适用，因为合同所规定的义务与荷兰关系最密切。按照荷兰法律，在本案情形中，必须认为最早发生的交易的款项已经支付。因此，被告有关“对于未付款交易，诉讼时效已经过期”的主张不能得到支持。

关于买方所称已交付的货物不符合同而要求得到赔偿的主张，法院指出被告的一般条款和条件无关紧要。这些一般条款和条件事实上適用于被告与其客户之间的合同。就本案而言，被告不是卖方，它本身是个买方，因此在被告的条款和条件与上诉人的条款和条件之间不可能有“形式之争”，因为被告的条件并不适用。关于被告是否同意适用卖方的一般条款和条件以及其中规定的较短期限的问题，这个问题必须参照《销售公约》第8条来回答。法院没有考虑一般条款和条件是否适用的问题，因为在本案的情形中，在适用《销售公约》第38条和第39条的情况下被告是否及时和是否以正确方式提出投诉的问题导致同样的结论。法院认为，显然只能在树木交付时立即进行检验，因为此后任何时间都存在这些树木与其他供应商供应的树木混在一起的危险。因此，《销售公约》第39条提到的合理时间从此时算起。合理时间的长度取决于本案的情形以及所交付货物的性质。在本案中，法院认为，上诉人的一般条款和条件中所提到的六天是发现货物不符合同的合理期限。按照《销售公约》第35条，检验应涉及货物是否与合同相符的所有方面，并应当揭示买方应当发现的所有不符合同情况。即使买方声称这些树木不符合同情况须在六天期限过后才能发现，但这种说法只有在有证据支持的情况下才能得到采纳，因为被告没有到法院出庭，因此不能提供这种证据。

关于被告是否及时通知上诉人的问题，法院认为，1996年12月18日就1996年11月18日交付的树木提出的投诉，不可接受地违背了《销售公约》第39条规定的合理期限。

关于上诉人要求赔偿诉讼外费用，虽然按照《销售公约》第74条，这些费用可以得到赔偿，但这些费用不是本案产生的。上诉人还可以要求得到主款项未付部分的法定利息。按照《销售公约》第78条，这些利息可以得到赔偿，但该条并未确定利率。后者必须参照《销售公约》第7(2)条规定适用的法律即荷兰法律来确定。因此，上诉法院推翻了一审法院的判决，命令被告支付原款项剩余部分加额外费用和利息。

判例讨论 8-4

- ◉ 关联条款：第8条(2)，第8条(3)，第9条，
- ◉ 案件参考：Clout Case No. 592
- ◉ 案件分类：Germany, Oberlandesgericht Düsseldorf,「I-23 U 70/03」, 2004.01.30

地区上诉法院的判决主要涉及纳入管辖权条款的要求，管辖权条款是标准条款的一部分，根据欧洲委员会（欧共体）关于民事和商事管辖权、判决的执行和承认的第44/2001号条例的第23（1）（b）条的规定，卖方必须满足该条款。

原告某德国公司向被告某荷兰公司交付了用于挖沙船抽砂泵安装和操作的几个设备。原告使用了标题为"交货条件" 的订货单，首页为手写的条款"工厂交货……"和印刷字体的说明"送还：见背面"。订货单的背面有首页说明中提到的地址，以及除其他条款外，有关杜塞尔多夫作为履约地和管辖地的规定。首页没有提到这个特殊规定。开始交货之后，原告提供的技术人员帮助被告首先在被告的场所运行这些设备，然后在先在停靠比利时海岸附近、后来又停靠在库克斯港（德国）附近的挖沙船上运行这些设备。由于在抽砂泵运行的时候出现了问题，原告再次派技术人员更换了某些抽砂泵的零件；而且，他将更换零件交给了被告。原告提起诉讼，要求支付技术人员和更换零件的费用。

关于《销售公约》，法院裁定，按照德国法律，如果给接受报价方注意到条款的合理机会，可以根据《销售公约》第8（3）条和第9条的规定以及《销售公约》第8（2）条的解释规则，将标准条款有效纳入销售合同。在纳入标准条款时，必须使接受报价方有合理的机会注意到这些条款。《销售公约》同德国法律相似，要求报价方将标准条款纳入合同的意图必须为接受报价方可识别。法院认定本案中没有满足这个要求。原告使用的订货单没有很清楚地说明只有在合同中包含了订货单背面打印的标准条款的时候，他才打算承担交货的义务。只提及有关送回订货单的地址的订单背面文字，并不足以清楚地表明原告打算纳入印在背面的标准条款。此外，法院注意到关于运输风险的手写条款"工厂交货……"，一个认真的读者可以将其理解为决定性交货条款。

由于原告没有提出就根据第44/2001号条例第23（1）条授予管辖权达成一致的证据，法院对所提要求没有管辖权，因此基于程序规定驳回该要求。

009. 商业惯例，习惯做法的效力

> Art. 9
> (1) The parties are bound by any usage to which they have agreed and by any practices which they have established between themselves.

<table>
<tr><td>(2) The parties are considered, unless otherwise agreed, to have impliedly made applicable to their contract or its formation a usage of which the parties knew or ought to have known and which in international trade is widely known to, and regularly observed by, parties to contracts of the type involved in the particular trade concerned.</td></tr>
<tr><td>제9조
(1) 당사자들은 당사자 자신들이 동의한 관행과, 당사자 자신들이 자신들 사이에서 확립한 관습에 구속된다.
(2) 별도의 합의가 없는 경우에, 당사자가 알았거나, 또는 알았어야 했던 관행으로서, 국제 거래에서 당해 거래에 관련된 종류의 계약을 하는 자에게 널리 알려져 있고, 또한 통상적으로 준수되고 있는 관행은, 당사자가 이를 그들의 계약, 또는 계약의 성립에 묵시적으로 적용하는 것으로 본다.</td></tr>
<tr><td>第9条
(1) 双方当事人业已同意的任何惯例和他们之间确立的任何习惯做法，对双方当事人均有约束力。
(2) 除非另有协议，双方当事人应视为已默示地同意对他们的合同或合同的订立适用双方当事人已知道或理应知道的惯例，而这种惯例，在国际贸易上，已为有关特定贸易所涉同类合同的当事人所广泛知道并为他们所经常遵守。</td></tr>
</table>

这条规定说明了双方当事人间所确立的惯例和习惯做法在多大范围内对受《销售公约》支配的国际销售合同的双方当事人有约束力。第9条第(1)款涵盖了当事双方已“同意”的惯例和他们所确立的习惯做法，第9条第(2)款涉及当事双方已“默示地对他们的合同适用”的惯例。

惯例是否有效这一问题不在本公约规定的范围之内；本公约只涉及它们的可适用性，因此，惯例是否有效应基于所应适用的国内法来确定。如果惯例有效，那么它们应优于本公约的规定适用，而不管惯例是否受本公约第9条第(1)款或第(2)款管辖。

1. 双方当事人同意的惯例和他们之间确立的习惯做法

依据第9条第(1)款，双方当事人业已同意的任何惯例，对双方当事人均有约束力。此类协定没有必要事先明示的，而是（如一法院指出的）可以是默示的。

该法院还指出，与第9条第(2)款不同，第9条第(1)款不要求惯例为国际上所接受的惯例才具有约束力；因此，双方当事人受达成一致意见的地方惯例和国际惯例的约束。该法院（在另一个案件中）还指出，要使惯例依据第9条第(1)款具有约束力并不需要该惯例广为人知（与第9条第(2)款不同）。

第9条第(1)款规定，双方当事人还受他们之间确立的习惯做法的约束，按照一个仲裁法庭的观点，这是“一项依国际统一私法协会通则延伸适用于所有国际商事合同的原则”。该通则第1.9(1)条规定，“双方当事人业已同意的任何惯例和他们之间确立的任何习惯做法，对双方当事人均有约束力”。

一些判决提供了第9条第(1)款所指的约束性惯例的范例。一家仲裁法庭发现卖方必须立即交付替代部分，因为这已经成为双方当事人的“通常做法”。在另一个案件中，一个意大利卖方数月都接受了买方的订货，而没有询问买方的偿付能力；其后，卖方将其外国应收账款分配给一个代理商，同时由于代理商没有收到买方的账款，卖方中止了与买方的业务关系；一家法院认为，按照双方当事人确定的一个习惯做法，卖方必须在重新构建其业务关系时考虑到买方的利益，因此卖方对于突然中断其与买方之间的关系承担责任。在另一个判决中，该法院规定卖方不能援引《销售公约》第18条的规则（该条规定沉默本身不代表接受），因为双方当事人之间确立了习惯做法，即卖方在不明确表示接受的情况下接受订单。

《公约》没有规定习惯做法何时成为“双方当事人之间确立的习惯做法”。在一些法院看来，依照第9条第(1)款的规定，这种习惯做法要对双方当事人产生约束力，就要求双方当事人之间的关系持续一段时间，并且该习惯做法已经出现在多份合同之中。一家法院主张，第9条第(1)款“要求某一持续一定时间并达到一定次数[......]的行为应为双方当事人经常地遵守。而本案中并没有达到这种时间和次数的要求，因为之前只有两次交货是以这种方式进行的，绝对数太低了”。另一家法院驳回了卖方的一项主张，卖方主张卖方的两张发票上提及卖方银行账户的事实在双方当事人之间确立了一项习惯做法，据此，买方应该在卖方的银行付款。该法院认为，即使发票源自双方当事人的两份不同的合同，它们还不足以在双方当事人之间确立《公约》第9条第(1)款所指的一项习惯做法。在该法院看来，一项确立的习惯做法要求一种包含更多销售合同的长期的合同关系。另一家法院也阐明双方当事人间之前的一次交易不能构成第9条第(1)款意义上的“习惯做法”。但是，在另一家法院看来，“一般来说，如果仅仅是在初步的商业往来中明确地表明了一方当事人的意旨，而双方当事人并没有对其明确地达成一致，该意旨也有可能在一商业关系的一开始就成为《公约》第9条意义上的‘习惯做法’，从而，成为了双方当事人间第一份合同的一部分。但是，前提条件是至少（第8条）商业伙伴从这些情况中明白对方当事人只愿意在特定的条件下或者只愿意以特定的方式订立合同”。

至于举证责任，不少法院都认为确立了具有约束力的习惯做法或惯例的一方负有证明第9条第(1)款的要求得到满足的举证责任。

2. 有约束力的国际贸易惯例（第9条第(2)款）

根据第9条第(2)款，即使双方当事人间不存在确定的约定，一份国际销售合同的双方当事人可能仍要受一种贸易惯例的约束，只要该贸易惯例为双方当事人“所知或理应为他们所知”，并且在国际贸易中“为有关特定贸易所涉同类合同的当事人所广泛知晓并为他们所经常遵守”。一家法院解释了第9条第(2)款，它认为其规定“除非双方当事人明确的约定排除，双方当事人间的或者行业中的惯例和习惯做法自动地成为受公约调整的所有协议的一部分”。

第9条第(2)款所规定的对双方当事人有约束力的习惯做法优先于《公约》中与之不一致的规定。另一方面，即使是惯例符合第9条第(2)款的要求，合同条款优先于不一致的惯例，因为本公约下的权利和责任主要是源于当事人自治，从第9条第(2)款起首文字中也可以看出这一点。

正如在本摘要第9段中指出的那样，根据第9条第(2)款，一惯例为了产生约束力必须（或理应）为双方当事人所知晓，并且必须在国际贸易中为人们所广泛知晓并为他们所经常遵守。在一家法院看来，这并不是要求一惯例必须是国际惯例：商品交易所、商品展销会和仓储中适用的一地方惯例也可能具有约束力，只要这种惯例在涉及外商的交易中同样得到经常遵守。该法院还阐述道，即使一种地方惯例只在一特定的国家内遵守，只要一外国当事方在该国家有固定的营业所，并且参与了与有争议合同相同类型的数次交易，那么该惯例也有可能适用于涉及该外国当事方的合同。

对于在一惯例依照第9条第(2)款具有约束力之前双方当事人知晓或理应知晓该惯例的要求被描述为要求双方当事人在一个惯例确立的地理区域内有营业地，或者在该区域内长期从事交易活动。根据该法院之前的一个判决，国际销售合同的一方当事人只需要熟悉其营业地所在的特定地理区域内相同特定类型合同的当事人所普遍知晓并经常遵守的那些国际贸易惯例。

第9条第(1)和(2)款下的举证责任分配并没有什么不同：主张存在有约束力的惯例的一方当事人应当—至少是在那些认为这一问题属于事实问题的法律体系中——对要求的要素负举证责任。如果负有举证责任的一方当事人没能进行举证，那么主张的惯例就不具有约束力。因此，如果一买方没能证明存在着一种国际贸易惯例，即一方在收到商务确认书后保持沉默，便被视为同意该确认书的条款，那么订立的合同应依据不同的条款。在另一个案件中，一方当事人没能证明所主张的一种惯例的存在，即允许法院审理该当事人的请求，因此，一家法院确认自己没有管辖权。同样，一家法院认为，尽管本公约关于订立合同的规则（第14条至第24条）可以通过惯例予以改变，但是由于这种惯例的存在没能被证明，因此这些规则仍然适用。既然买方未能证明履行地位于其本国境内的贸易惯例存在，则履行地为卖方所在国内。欧洲法院说，要将对一封确认书的沉默视为对该确认书所包含的条款的接受，“必须在本公约第9条第(2)款所列出的标准的基础上证明存在这种惯例”。

在几个例子中，法庭判定根据第9条第(2)款的规定，双方当事人受到一惯例的约束。在一个案件中，一个仲裁法庭裁决，更改销售价格是有关的特定贸易（矿物）所涉的同类合同的当事人所经常遵守的惯例。在另一个案件中，一家法院判决，根据本公约第29条第(1)款，买方开出的汇票更改了合同内容，将支付价款的时间推迟到汇票的到期日；法院指出一个根据第9条第(2)款有约束力的国际贸易惯例支持这一结论。在另一个案件中，一个法院指出，买方在检验货物时应该让卖方有机会到场。

一些判决在解决迟延支付价款所应适用的利率的问题时都参考了惯例。一家法院两次援引了依本公约第9条第(2)款有约束力的国际贸易惯例来解决这一问题。在第一个判决中，该法院说明“依国际上普遍知道并使用的利率例如银行最低利率”支付利息构成了“国际贸易中公认的惯例，即便双方当事人没有就此达成明确的合意”。在第二个判决中，该法院持同样的观点，并评论说“《公约》赋予[国际贸易惯例]以高于本公约规定的等级地位”。

3. 确认书，《国际贸易术语解释通则》和《国际统一私法协会通则》

很多案件在确定沉默作为对确认书的答复是否表示同意该确认书中包含的条款的问题时援引了第9条。在答复要求承认这种沉默表示同意确认书条款的主张时，一家法院指出，“由于《销售公约》第9条第2款中所提及的国际性要求，因此，一种做法仅仅在两个缔约国其中之一有效不足以认定为一项特定的贸易惯例。因此，[为了约束双方当事人]，关于商业确认书的规则应在双方缔约国中都得到承认，并且应该推断出双方当事人都知道这些结果[……]。关于商业确认书的贸易惯例只存在于接受该确认书的地点是不充分的[……]。”由于一方当事人国家不承认以沉默作为对确认书的答复具有缔约的效力，法院认为该确认书中所包含的条款就不构成合同的一部分。尽管法院指出，在国际销售法的背景下，确认沉默是对确认书的答复的本国法律原则不具有实用性，但是该法院建议“确认书有很重要的证据价值”。另一家法院指出，“如果依据本公约第9条这种合同成立方式可以作为商业惯例”，确认书仅对双方当事人有约束力。法院认为下述情况下存在第9条第(2)款所指的约束性惯例：在双方当事人的所在国承认“商业确认书往来的缔约效力”；而且“双方当事人承认这种往来的法律效力”，因此应该考虑到“他们也许会受这些法律效力的拘束”。但是，另一家法院拒绝接受下述观点：在本公约适用时，关于沉默是对确认书的有效答复的本国规则可能是相关的规则。

一家法院论及了第9条第(2)款和《国际贸易术语解释通则》之间的关系。在肯定了"通过第9条第(2)款,《国际贸易术语解释通则》并入了《公约》之中"之后，该法院认为，依据本公约第9条第(2)款，"尽管合同中没有明确地提到《国际贸易术语解释通则》，其定义也应该适用于合同。"因此，通过在他们的合同中并入一条"CIF"条款，法院认为双方当事人愿意提到《国际贸易术语解释通则》定义。在一个仲裁裁决以及一个州法院的判决44 中可以找到相类似的说明。在后一个判决中，虽然双方当事人没有明确提到《国际贸易术语解释通则》，该法院还是依照《国际贸易术语解释通则》来解释FOB 条款。

一家法院认为，《国际统一私法协会国际商事合同通则》构成了本公约第9条第(2)款所提及的那种惯例。同样地，一个仲裁庭指出《国际统一私法协会国际商事合同通则》的原则反映了国际贸易惯例。

判例讨论 9-1

◉ 关联条款：第1条 ,第8条，第9条，第14条，第18条，第19条

◉ 案件参考：Clout Case No. 827

◉ 案件分类：The Netherlands, Court of Appeals of 's-Hertogenbosch,「No. C0501069」, 2007.05.29

一家比利时公司向一家荷兰公司销售并交付一台机器。卖方发出的发票指明："在收到全部货款之前货物仍属我方财产"。卖方使用的一般条件也明示："在收到全部货款之前，已交付货物仍属卖方财产，特别是指买方不得转售货物或将其作为抵押品"。但是，荷兰买方没有支付全部货款，而把机器出售给第三家公司，又从该公司租回机器。比利时卖方指控，荷兰买方在没有先付清全部货款的情况下将机器出售给第三家公司属于侵权行为，从而侵犯了它的财产保留权。

一审法院认定，按照《销售公约》第18(3)条、第8条和第9条，买方没有对发票上有关比利时公司保留财产权的条款提出异议，就是默许了财产权的保留。法院还认定买方确实实施了侵权行为，但无法确定比利时卖方所受损害与侵权行为之间存在因果关系，因此驳回了卖方的指控。在上诉时，比利时公司声称该裁定不正确。在附带上诉中，荷兰公司称，首先，它并没有默许比利时公司保留财产权。

上诉法院认定，按照《销售公约》第1条，《销售公约》应当适用，当事一方是否同意存在一项协议以及有关一般条款和条件可否适用的问题属于《销售公约》的范畴。因此，买卖双方是否商定保留财产权，以及（或者）是否商定适用比利时公司的一般条款和条件，因而适用其中所载保留财产权，这个问题必须参照《销售公约》关于发价和接受的第14条和第19条以及《销售公约》关于公约的解释的第8条和第9条来解答。

很明显，两个公司经常有业务往来。还显然，比利时公司发给荷兰公司的发票的正面总是指明，

销售须服从在付清全部货款之前卖方保留所有权这一条件。但是，购货合同的任何地方都没有规定购货须服从这种保留所有权的条件。《销售公约》第18(1)条规定，缄默或不回应发价不构成接受。卖方声称保留所有权并非双方默认，而是发票明文提到的。因此，问题就在于，尽管有《销售公约》第18条之规定，比利时公司可否以它们此前曾多次有业务往来为由而对买方援引保留财产权。参照《销售公约》的规定，必须对此问题作出否定回答。

由于没有证据证明保留财产权是使荷兰公司受到约束的既定习惯做法或惯例，还由于荷兰公司只能在收到发票后才注意到保留财产权事宜（不管是在发票正面还是背面提到保留财产权），因此不能认定根据《销售公约》第18条、第8条和第9条，买方同意从而接受保留财产权的条件。因此，从未就机器交付给买方而由卖方保留财产权达成一致，比利时公司指控荷兰公司对其侵权就没有依据。不管是销售加回租结构的使用（这种做法并不少见），还是第二家公司拒绝用从第三家公司得到的资金偿还第一家销售公司，两者均不构成侵权。因此，上诉法院支持荷兰公司的附带上诉（从而使得没有必要再讨论比利时公司的原上诉），并确认一审法院的判决，同时纠正了有关的法律意见。

判例讨论 9-2

◉ 关联条款：第9条(1)
◉ 案件参考：Clout Case No. 750
◉ 案件分类：Austria, Oberster Gerichtsh, 「7 Ob 175/05v」,2005.08.31

奥地利买方向卖方——一家营业地设在香港的私人有限公司——订购金属粉末。使用了英文订购表，在首页提及背面的一般条款和条件。该一般条款和条件是以德文书写，在香港不讲这种语言。此前该表已被使用多次。卖方未能察觉买方只要求根据其一般条款和条件订立合同。由于金属粉末未达到必要的质量，买方根据一般条款和条件宣告合同无效。卖方则索赔价款。

最高法院判定，德文的一般条款和条件是合同的一部分，因为根据《销售公约》第9(1)条，这些条款和条件的使用已成为双方当事人之间确立的习惯做法。虽然至少在某些贸易部门必须遵循一些惯用法，但惯例是在当事人之间确立的。由于善意当事人相信惯例以后还会得到遵循，这种惯例可能是在某一特定时期经常维持的行为模式。如果从实际情况看，对方当事人很清楚一方当事人愿意根据某些条件在某种表单中订立合同，则一方当事人默示的看法也可构成这种惯例。在本案中，卖方为第一笔买卖签署了订购单并将该表发回给买方,从而接受了一般条款和条件。在随后的买卖中，卖方没有返还订购单，但通过履行合同接受了买方的要约，从而接受了一般条款和条件。

判例讨论 9-3

◉ 关联条款：第9条(2)，第35条(2)，第38条，第39条，第40条
◉ 案件参考：Clout Case No. 536
◉ 案件分类：Austria, Oberlandesgericht Graz, 「2R 23/02y」，2002.03.07

买方在试用样品之后订购了若干集装箱冻鱼，再将其转售给拉脱维亚的一家客户。在第一个集装箱到达里加之后，买方及其客户都意识到，这些鱼是上一年捕捞的。拉脱维亚认为这些鱼不能供人消费并将其送回；因此，买方拒绝支付第一批货的货款并且接收了合同中商定的其他货物。卖方对支付货款问题提起诉讼。

初审法院法官判定，原告的总经理知晓存在一种鱼商们广泛知道且经常采用的国际贸易惯例，根据这种惯例，合同中没有任何相反的具体规定，鱼就应该是在当年捕捞的。提供的样品鱼是上一年捕捞的，但这一细节没有披露给买方，这一事实阻止了原告依据《销售公约》关于出售货物与样品一致的第35（2）（c）条的条款。此外，依据《销售公约》第40条，卖方失去了反对不符合规定通知的及时性的权利，因为他知道真正的捕鱼期。

上诉法院推翻了这一裁决，判定该贸易惯例的存在证明不充分，关于卖方知道当年捕获的证据评估没有说服力。最高法院认为，上诉法院没有经过充分调查便否认该贸易惯例的存在，并将本案发回重审以便进一步调查研究。

判例讨论 9-4

◉ 关联条款：第1条(1)，第6条，第7条(1)，第9条(2)，第36条(1)，第39条(1)，第40条

◉ 案件参考：Clout Case No. 575

◉ 案件分类：United States, [U.S.] Court of Appeals, Fifth Circuit, 「No. 02 20166」, 2003.06.11; corrected 2003.07.07

法院审议的问题是对买方的请求是否应在开庭审理前予以驳回，理由是对于重要事实没有真正的争议，卖方有权作为一个法律问题得到判决。

卖方是一家营业地点在美国的公司，同意向买方出售140，000桶无铅汽油，买方系一家营业地点在厄瓜多尔的公司。合同规定，汽油的胶质含量低于每一百毫升三毫克，在装运前由第三方测定。交货方式为"CFR厄瓜多尔-拉利伯塔德"。合同格式写明"管辖法律：厄瓜多尔共和国法律"。

第三方证明，对胶质含量的限制在装运前是达标的。然而，买方在拉利伯塔德收货后对油进行了检测发现未达标。买方拒绝接受交付的石油并援引了一份担保书。卖方将油亏本卖给供货商并控告买方违约和错误地援引该担保书。地区法院适用厄瓜多尔国内法作出有利买方的即决裁判。卖方提出上诉。

上诉法院认定，合同受《公约》管辖，因为根据《销售公约》第1(1)(a)条双方的营业地点在两个不同的缔约国。法院还适用"确认退出的要求"因为其最能促进《公约》的统一适用和国际贸易的诚信原则，认定双方选择厄瓜多尔法律管辖合同并未排除适用《公约》，因为厄瓜多尔是缔约国（《销售公约》第6条）。

法院查明，在售出油的质量问题上卖方未违约，　因为在损失风险转让到买方时该批汽油是达标的（《销售公约》第36（1）条）。法院还指出，将《国际贸易术语通则》"纳入"《公约》第9（2）条是因为这些术语在国际贸易中已众所周知，即使其使用还不是全球性的。有关的《国际贸易术语通则》规定，在货物越过船舷时损失风险即转移。买方既已指定第三方在装运前检验汽油，根据《销售公约》第39（1）条就应在该批汽油装运前发现不达标的问题（"瑕疵"）。根据《销售公约》第40条，只有当卖方在风险转移时"知道或不可能不了解"不达标的情况时卖方才负有责任。

上诉法院因此推翻下级法院的裁定，将案件发回重审以确定卖方是否未添加足够的阻胶剂从而提供了不达标的汽油。

010. 营业地的确定

Art. 10 For the purposes of this Convention: (a) if a party has more than one place of business, the place of business is that which has the closest relationship to the contract and its performance, having regard to the circumstances known to or contemplated by the parties at any time before or at the conclusion of the contract; (b) if a party does not have a place of business, reference is to be made to his habitual residence.
제10조 본 협약의 적용에 있어, (a) 당사자가 둘 이상의 영업소를 가지고 있는 경우에, 영업소라 함은, 계약 체결 전이나, 계약의 체결 시에, 당사자들에게 알려져 있었거나, 또는 당사자들에 의하여 예기되었던 사정을 고려하여, 계약 및 그 이행과 가장 밀접한 관련이 있는 영업소를 말한다. (b) 당사자가 영업소를 가지고 있지 아니한 경우에는, 당사자의 일상적인 거소를 영업소로 본다.
第10条 为本公约的目的： (a) 如果当事人有一个以上的营业地，则以与合同及合同的履行关系最密切的营业地为其营业地，但要考虑到双方当事人在订立合同前任何时候或订立合同时所知道或所设想的情况； (b) 如果当事人没有营业地，则以其惯常居住地为准。

第10条针对一方当事人所在地规定了两条规则：如果一方当事人有数个营业地，第10条(a)项制定的规则确定数个营业地的哪一个与本公约的目标相关；另一方面，第10条(b)项规定如果一方当事人没有营业地，应视为在该方当事人的惯常居住地。这些规则颇有助益，因为依照本公约各种规定，包括决定本公约的适用性的主要规定（第1条），相关营业地的位置是很重要的。

1. 第10条(a)项的适用性

各种判决已经引用了第10条(a)项，但是该规定实际上只在为数不多的案例中被应用于确定相关营业地。一家法院借助该规定来决定营业地在法国的卖方和在美利坚合众国和比利时都有营业地的买方之间订立的合同是否受本公约调整。该法院分析，因为发货单是寄往买方的比利时营业地并且是用荷兰语写成的（而只有在买方的比利时的营业地该语言才能被理解）；所以与合同及合同的履行关系最密切的营业地是在比利时的那个营业地，因此，本公约得到了适用。该法院还注意到因为本公约在美利坚合众国也已经生效，所以即使认为买方的相关营业地在美国，本公约也会适用。

另一家法院借助了第10条(a)项的规定来决定依据本公约该买卖合同是否具有国际性。因为营业地在法国的买方向营业地在德国的卖方在法国的的代理人发出了一份购买订单，从而产生了该合同。在裁决合同是否是“营业地在不同国家的双方当事人”之间按照本公约第1条订立时，该法院指出，“双方当事人所出示的证据不能确定该自然人是否可以被视为被告——卖方——在法国的营业地，此外，我们还忽视了该自然人进行活动的方式。但是，可以确定卖方发出的对该订单的确认、发票以及货物的发送都是从卖方在德国的所在地做出的”；因此，即使假定卖方在法国有营业地，该法院分析，“考虑到双方当事人所知的或在任一时期——不论是合同订立前或订立时[……]——所预期到的情况，与合同以及合同的履行关系最密切，并且必须因此给予考虑的那个营业地实际上是设在[德国] 的营业地。”因此该法院得出结论，即“于是便确立了有争议的合同的国际特点。”

在另一个案件中，一家法院被要求裁决本公约是否适用于一家德国楼面料制造商的请求，即请求西班牙买方支付几次所交付的楼面料的价款。买方争辩说他过去只和位于西班牙的一家独立的公司订立合同，因此就出现了是否涉及本公约第1条意义上的国际销售合同的问题。据买方所知，其声称与之有交易的西班牙公司和德国原告存在联系，其中该西班牙公司的董事会成员和德国卖方的董事会成员有一部分是相同的。该法院判决，该合同是受本公约调整的国际合同。它发现买方的缔约方是德国制造商而非西班牙公司，而且由于西班牙公司没有约束德国卖方的法定权力，因此西班牙公司并不是卖方的一个独立的营业地。即使假设西班牙公司是这样一个营业地，法院分析，如果正如[买方]非常清楚的，德国制造商控制合同订立及其履行，则卖方的德国营业地与合同及其履行有最密切的联系。因此依据第10条(a)项，法院认定卖方的德国营业地是一个相关的地点。

在另一项判决中，法院援引第10条(a)项认为，如果一方当事人有多个营业地，在确定一份合同是否受本公约调整时，相关的并不总是其主营业地。

2. 第10条(b)项的适用性

第10条(b)项只被援引过一次；在那个判决中，法院仅仅说明了该规定的案文。

判例讨论 10-1

◉ 关联条款：第1条(1)(a)，第10条，第26条，第75条，第76条
◉ 案件参考：Clout Case No. 746
◉ 案件分类：Austria, Oberlandesgericht Graz, 「5 R 93/04t」, 2004.07.29

一家在德国从事建筑工程的德国与奥地利合伙公司向奥地利一公司出售了三件建筑设备，定于在施工现场取货。买方只提取了一件货物但没有提取其余两件货物。卖方警告买方称，如果买方不在给定的日期内提取其余货物并支付货款，卖方将要求损害赔偿或者宣告合同无效。买方选择了宣告合同无效。卖方遂将设备出售给其一名合伙人并向买方要求损害赔偿，损害赔偿的数额为卖方最后得到的价款与同被告议定的价款之间的差额。

法院支持这一索赔要求，买方提出上诉。关于《销售公约》的适用性问题，法院认为，卖方的营业地是该施工现场，合同是在那里订立的并规定买方在那里提取设备。实际上，根据《销售公约》第10(a)条，施工现场与合同及合同的履行有着最密切的关系。因此根据《销售公约》第1(1)(a)条，《销售公约》是适用的。

法院进一步称，依照《销售公约》第75条的规定，卖方有权根据合同价格与所获货款之间的差额获得损害赔偿，因为卖方已实际转售了剩余的两件货物。关于根据《销售公约》第26条宣告合同无效的问题，法院注意到买方针对卖方为宣告合同无效和要求损害赔偿所设的最后期限，选择了宣告合同无效。法院认为，在买方拒绝履约后，卖方宣告合同无效的要求是多余的。此外，法院认为，由于买方已拒绝履约，卖方可根据《销售公约》第61和74条要求损害赔偿而无需正式通知合同无效。

上诉请求被驳回，索赔要求得到支持。

判例讨论 10-2

◉ 关联条款：第1条(1)(a)，第6条，第10条
◉ 案件参考：Clout Case No. 433
◉ 案件分类：United States, U.S. [Federal] District Court for the Northern District of California, 「No. C 01-20230 JW」, 2001.07.30

原告（买方）是设在美国（加利弗尼亚州）的一家网络开关生产商，被告（卖方）是在加拿大（不列颠哥伦比亚）和美国（俄勒冈州）设有营业所的一家美国公司，买卖双方订立了"原型产品有限保证协议"。协议列出买方想向卖方购买的零部件的技术规格。在订购零部件时，买方根据卖方指示将大部分但非全部订单交给了设在加利弗尼亚的一个独立分销商。

据称所交付的零部件不符合商定的规格。买方在一家加利弗尼亚州法院基于侵权行为和合同提出索赔诉讼。申诉中没有提到《销售公约》。卖方将案件移至一家联邦地区法院，买方要求联邦法院将案件发回州法院。联邦地区法院面临的问题是它是否拥有管辖权。法院认定它拥有管辖权，因为合同争端受《销售公约》管辖，因此申诉提出一个属于联邦管辖的问题。

法院认为原告申诉中的合同索赔受《销售公约》管辖。它认为当事双方均在两个不同国家有营业所，而这些国家都是缔约国。尤其是，法院得出结论说卖方的相关营业所在加拿大。卖方在不列颠哥伦比亚设有公司总部、国内销售和营销部、公共关系部和主要仓库，卖方的大部分设计和工程工

作都是在那里进行的。在与买方打交道时，卖方是从加拿大发出技术规格文件的，当事双方是在加拿大签署"原型产品有限保证协议"的。法院认定加拿大营业所与合同及其履行关系最为密切。法院坚持这一认定，尽管在开发和设计所购买的零部件时卖方曾与美国营业所的工程师广泛接触。

虽然买方向加利弗尼亚的独立分销商发出了订单，但法院指出"保证协议"是直接与卖方订立的。法院认为独立分销商不是卖方的代理。法院没有考虑"保证协议"是否是售货合同。

法院还认为，当事方各自的法律选择条款并没有排除《销售公约》的适用的明确措辞。买方的条款指明合同受加利弗尼亚州法律管辖，而卖方的条款指明不列颠哥伦比亚的法律是管辖协议的"合适"法律。法院指出根据联邦宪法的"最高条款"，《销售公约》对加利弗尼亚有约束力，而不列颠哥伦比亚的立法使得《销售公约》在该省适用。

最后，针对买方声称其申诉并没有确认案件由联邦法律管辖，法院认为，根据联邦宪法的"最高条款"，《销售公约》作为美国加入的一项条约优先于州法律，而申诉中申明的事实表明应适用《销售公约》。

011. 合同订立的形式

Art. 11 A contract of sale need not be concluded in or evidenced by writing and is not subject to any other requirement as to form. It may be proved by any means, including witnesses.
제11조 매매계약은, 서면에 의해 체결 또는 입증될 필요가 없으며, 또한 형식에 관한 어떠한 다른 요건에도 구속되지 아니한다. 매매계약은 증인을 포함하여, 여하한 방법에 의해서도 입증될 수 있다.
第11条 销售合同无须以书面订立或书面证明，在形式方面也不受任何其它条件的限制。销售合同可以用包括人证在内的任何方法证明。

依据第12条，第11条规定，销售合同无须以书面形式订立，并且在形式方面不受任何其他条件的限制。因此，该规定确立了不做形式要求的原则。——换言之，如一家法院说明的，"依据《销售公约》第11条，销售合同可以以非正式的方式订立"。根据判例法，这意味着销售合同可以以口头方式以及通过双方当事人的行为订立。第11条还被援引来判定合同的有效不需要一方当事人的签名。

如第7条摘要所指出的，不少法庭声明第11条确立的在订立合同时不做形式要求的规则构成了本公约所依据的一个普遍的原则。根据该原则，双方当事人可以通过书面、口头或其他任何方式自由地更改或终止他们之间的合同。甚至默示终止合同也被认为是可能的；此外，有法院认为可以用口头方式更改书面合同。

正如本公约起草历程所表明的，尽管在第11条中有非正式规则，"任何国家不论是为了对买方或卖方加以行政管制的目的，为了执行外汇管制法律的目的，或为了其他目的，而规定这种合同必须以书面订立时，则对违反该国法规而施加的任何行政或刑事制裁，对订立非书面合同的当事人仍可执行，尽管合同本身在各当事人间为有效。

1. 形式要求和合同的证明

第11条还使双方当事人免于遵守国内关于证明存在受本公约调整的合同所采用的方式的要求。实际上，正如很多法院所强调的那样，“合同可以以任何方式加以证明”。因此，取代了要求一份合同应以书面的形式证明，从而使其能够得到强制执行的国内法规则；例如，一家法院指出，“根据《销售公约》，[卖方]和[买方]之间关于买卖条件[……]的口头谈话的证明可以被认为是确定[双方当事人]之间达成了一项协议”。

应由法庭的法官在程序规则的参数内来决定如何评定双方当事人提出的证据的价值。正是在此基础上，一家法院才指出法官可能会认为书面文件比口头证词有更大的证明力。

2. 对不作形式要求原则的限制

根据第12条，如果一方当事人的相关营业地是在根据第96条做出声明的国家，那么本公约不作形式要求的原则本身就不适用。关于第96 条保留条款的效力存在着不同的观点。一种观点认为，一方当事人在一个做了第96条保留的国家有营业地，仅仅这一事实并不一定表示就会适用该国的形式要求。根据此观点，法庭的国际私法规则将指出如果存在必须满足何种要求：如果这些规则导致适用做了第96条保留的国家的法律，那么就应该遵守该国对于形式的要求；但是如果适用的法律是没有做出第96条保留的缔约国的法律，那么就适用第11条规定的不作形式要求的原则，不少判决也说明了这一点。但是，另一种相反的观点认为，如果一方当事人在做出第96条保留的国家有相关的营业地，那么合同就必须符合书面要求，并且只能以书面形式更改。

判例讨论 11-1

- ◉ 关联条款：第7条，第11条，第63条
- ◉ 案件参考：Clout Case No. 946
- ◉ 案件分类：Slovakia，「26CB/114/1995」，2005.10.11

澳大利亚卖方以斯洛伐克买方未支付其所交付货物（麝鼠皮与红狐狸皮及其辅料）的购置款（已

在多张发票中列出）为由起诉买方。卖方还要求对买方拖欠的货款收取利息。

法院引用《销售公约》相关条款驳斥了被告的下列观点：1991年2月合同（即与多张发票相关的报价确认书）订立之时，《销售公约》在当时的捷克斯洛伐克社会主义共和国尚未生效。而事实上，《销售公约》于1991年4月1日在该国正式生效。因此，法院裁定，根据《斯洛伐克国际私法与程序法法案》第10(2)(a)条的规定，买卖双方的契约关系应受旨在确保合同纠纷得以妥善解决的相关法律的管辖。通常情况下，本案中合同适用法律应为卖方所在国法律，即在本案中，应当适用奥地利共和国法律。《销售公约》已于1989年1月1日在奥地利共和国生效。因此，《销售公约》适用于本案。

法院依照《销售公约》第11　条认定，根据卖方的证词，买卖双方订立了有效的销售合同，虽然该合同未以书面订立，也没有书面凭证。

根据《斯洛伐克国际私法与程序法法案》第10(2)条的规定，法院引用奥地利法律来解决合同时效问题。法院根据《销售公约》第7条下两项条款裁定，由于《销售公约》没有解决合同时效问题，应根据奥地利法律解决此问题。法院根据《奥地利民法通则》适用条款判定，卖方诉讼时效期已过。

判例讨论 11-2

◉ 关联条款：第11条，第14条，第53条，第62条，第92条

◉ 案件参考：Clout Case No. 134

◉ 案件分类：Germany, Oberlandesgericht Munchen,「7 U 5460/94」, 1995.03.08

一家芬兰公司向德国被告出售3000吨阴极电解镍/铜，价款为1700万美金，仅有被告签署了书面合同，该金属已经交货但未付款。芬兰公司随后将要求付款权利转让给了要求付款的原告。被告由于仲裁条款和已有效缔结收货合同而拒绝德国法院的管辖权。

法院就该仲裁条款判定，1958年《联合国承认和执行外国仲裁裁决的公约》第2条（2）条适用条款的形式要求没有得到满足，因为双方并没有签署载有仲裁条款的协议，该芬兰公司也没有收到载有该条款的标准格式合同。

就要求付款权利而言，法院适用了《销售公约》，因为该售货合同双方的营业地在《销售公约》不同的缔约国即芬兰和德国。法院裁定，被告和该芬兰公司之间已有效缔结了一项合同，根据《销售公约》第53条和第62条，原告要求付款的权利是正当的。

技术芬兰已经宣布它不受《销售公约》第二部分"合同的订立"的约束，仍有可能缔结一项有效合同。根据《销售公约》，只要其他同意形式可被认为是一项具有相互约束力的协议，合同的标的与《销售合同》第14-24条相当，则其他同意方式也是可以的。在一项非主文附带判词中，法院明确排除使用支配的合同法。被告签署了一项合同文件，这样就表明它同意该合同，同时在货物到达是也接受了货物。芬兰公司则通过其行为，即通过交付货物表明它同意该合同。无须以书面合同协议来证明双方的同意(《销售公约》)

012. 缔约国对合同订立形式的保留

Art. 12 Any provision of Art. 11, Art. 29 or Part II of this Convention that allows a contract of sale or its modification or termination by agreement or any offer, acceptance or other indication of intention to be made in any form other than in writing does not apply where any party has his place of business in a Contracting State which has made a declaration under Art. 96 of this Convention. The parties may not derogate from or vary the effect of this Art.
제12조 매매계약, 또는 합의에 의한 계약의 변경이나, 해제, 청약, 승낙, 또는 기타의 의사표시를 서면 이외의 형식으로 행할 수 있도록 허용하는, 본 협약 제11조, 제29조, 또는 제2편의 규정은, 당사자가 본 협약 제96조에 따른 선언을 행한 체약국에 그 영업소를 가지고 있는 경우에는, 적용되지 아니한다. 당사자는 본조의 효력을 감퇴, 또는 변경시킬 수 없다.
第12条 本公约第11条、第29条或第二部分准许销售合同或其更改或根据协议终止，或者任何发价、接受或其它意旨表示得以书面以外任何形式做出的任何规定不适用，如果任何一方当事人的营业地是在已按照本公约第96条做出了声明的一个缔约国内，各当事人不得减损本条或改变其效力。

某些国家认为合同及相关事务采用书面形式是重要的，如合同修改、诺成合同终止，甚至合同订立过程中的沟通。本公约第12条和96条规定缔约国可做出声明承认一项政策：正如第12条规定的，按照第96条做出一项保留以防止在任一当事人的营业地在该缔约国时适用本公约第11条、第29条或第二部分准许销售合同或其更改或根据协议的终止，或者任何发价、接受或其他意旨表示得以书面以外任何形式做出的任何规定。但是，第96条规定保留只适用于那些法律要求销售合同以书面形式订立或证明的缔约国。

如第12条第二句话所规定的，以及规定和判例法第12条的起草历程所明确的那样，与本公约大部分规定不同，第12条不得被减损。

1. 适用及效力范围

第12条的文本和起草历程均明确指出，根据该规定，第96条保留的应用仅限于《公约》第11条、第29条或第二部分的非正式效力；因此第12条并非对本公约所规定的一切通知或意旨表示都适用，而是仅仅适用于与合同本身的表述或合同订立、更改及协议终止有关的通知或意旨表示。

第12条规定本公约的不作形式要求原则效力致使不作形式要求原则本身，在一方当事人在做出第96条声明的国家有营业地时，　不能直接适用，但是关于此类保留的进一步效力问题存在着不同的观点。一种观点认为，一方当事人在一个做了第96条保留的国家有营业地，仅仅这一事实并不一定表示该国的形式要求就会适用；相反，对于适用形式的要求（如果有）将会依照法庭的国际私法规则。按照这一方式，如果PIL规则导致适用做了第96条保留的国家的法律，那么就应该执行该国对于形式的要求；另一方面，如果适用的法律是没有做出第96条保留的缔约国的法律，那么就适用第11条规定的免于形式要求规则。另一种相反的观点认为，如果一方当事人在做出第96条保留的国家有相关的营业地，那么则执行书面形式要求。

013. “书面形式”的含义

Art. 13 For the purposes of this Convention “writing” includes telegram and telex.
제13조 본 협약의 적용에 있어, 서면은 전보와 텔렉스를 포함한다.
第13条 为本公约的目的，“书面”包括电报和电传

本公约第13条是在1974年贸易法委员会《国际货物销售时效期间公约》第1条第(3)款(g)项的基础上制定的，其目的是为确保以电报或电传形式的往来被视为是“书面”，因此（以其形式）可以满足适用的书面要求，如果存在这种要求的话。

在判例法中，极少提到这一规定。一家法院在判定通过电传废止一份租赁合同是否满足了所适用的国内法的书面形式要求时指出，如果本公约可以适用，根据本公约第13条通过电传发送的信息应被认为是足够的；但是该法院还认为，本公约的第13条仅适用于国际销售合同，而不应该延伸适用于租赁或其他非销售合同。该法院随后重申了它的观点，本公约第13条不能类推适用，它分析称该规定包含了一个例外，而例外通常都必须作限制解释。

第 3 篇
合同的订立

第 3 篇
合同的订立

区分及内容		
第 3 篇　合同的订立		第14条~第24条
	第1章　要　约	第14条~第17条
	第2章　承　诺	第18条~第22条
	第3章　合同成立的时间	第23条~第24条

《销售公约》的第二部分列出了关于国际销售公约订立的规则。第100条(a)项规定了这些规则适用的时间条件。根据这些规则，当对发价的接受生效时，合同即为订立。《销售公约》第23条。第二部分的前四个条款（第14条至第17条）是关于发价的规定，而随后的五条（第18条至第22条）是关于接受的规定。最后两条（第23—24条）分别解决合同何时订立以及信息何时“送达”受信人的问题。一家法院描述这些规定时认为它们体现了“对合同的订立及解释采取的宽松的办法，及对于强制执行该行业中他人习惯上所信赖的义务和陈述的明显倾向。”

很多判决将第二部分的发价——接受范式适用于更改销售合同（第29条）或终止合同的建议。一些判决对销售合同的订立和以仲裁方式解决合同引起的争议的协议作了区分。

1. 允许缔约国做出的保留

一个缔约国可能会声明其不受《销售公约》第二部分的拘束。《销售公约》第92条。丹麦、芬兰、冰岛、挪威和瑞典都作了该声明。这份声明发挥作用时，大量的判例适用法庭的国际私法规则来确定双方当事人是否订立了合同。相关的国内法既有可能是国内合同法（如果适用的国内法是作了声明的国家的法律），也有可能是该公约（如果适用的国内法是一缔约国的法律）。一些判决没有进行国际私法分析。一个判决明确拒绝国际私法分析，转而适用本公约第二部分所依据的原则。对于一方在做出保留声明的缔约国有营业地而另一方在没有做出该声明的缔约国有营业地的双方当事人之间的合同，一些判决不加分析地适用第二部分的规定。因为对合同是否订立不存在争议，一家法院没有分析第92条的效力。

关于销售事项方面具有相同或联系密切的法律规定的两个或两个以上的缔约国可能会声明，如果双方当事人在这些国家有营业地，那么销售合同或其订立不适用本公约的规定。《销售公约》第94条第(1)款。如果一缔约国和非缔约国有相同或联系密切的法律规定，那么它也可能做出同样的声明。《销售公约》第94条第(2)款。这类非缔约国在成为本公约缔约国时，也可以声明与之前做出声明的缔约国的国民之间的销售合同（合同的订立）仍然不适用本公约的规定。《销售公约》第94条第(3)款。丹麦、芬兰、挪威和瑞典相互之间以及和冰岛都做出了这种声明，即本公约（包括其合同订立的规则）不适用于在这些国家或在冰岛的当事人之间的合同。当冰岛成为缔约国时，它声明仍然保持这种安排。

2. 第二部分的排他性

第二部分规定了关于合同订立的规则。第二部分没有规定遵守其规定是订立受本公约调整的可强制执行的合同的惟一方法。本公约第三部分第55条承认，即使没有明示或暗示规定价格或规定如何确定价格，也可能有效地订立一份合同。一些案件研究了第55条和第14条的要求之间的关系，第14条要求订立合同的建议必须明示或暗示规定价格或规定如何确定价格。见关于第14条和第55条的评注。

即使不受第二部分的调整，双方当事人的行为也可以证实他们决定做出约束双方的安排。一家法院虽然承认芬兰做出了第92条声明，但是却适用了本公约所依据的原则而非国内合同法，并认为芬兰卖方和德国买方的行为证明了他们之间存在可以强制执行的合同。

一些判决承认，依据所适用的国内法中的禁止反言原则，一方当事人的承诺可以被强制执行。一家法院认为，既然受约人因信赖供应商的承诺而去寻求并获得了制造一般药品的行政许可，该供应商就应受其承诺的约束。另一家法院审理了一个类似的诉讼请求，但是认为要求强制执行一个承诺的一方当事人没能证明其主张。

3. 合同的有效性；形式要求

第二部分调整销售合同的订立，但是，除非本公约另有明确的规定，该部分不涉及合同或其任何条款或任何惯例的效力问题。《销售公约》第4条(a)项。因此，依照国际私法规则适用的国内法会调整有关效力的问题。

本公约明确规定《销售公约》不需要以书面的形式订立，并且在形式方面不受任何其他条件的限制。《销售公约》第11条。因此第11条防止根据《销售公约》订立的合同采用本国法律的形式要求。一个缔约国可能声明如果任何一方当事人在该国有营业地，则该条规则不适用。《销售公约》第12条、第96条。还见第12条摘要的评注。

第二部分没有对是否需要"对价"或"约因"做出规定。在一个案件中，依据本公约第4条(a)项适用国内法，法院认为请求强制执行合同的买方提出了足够的事实，因此判定所主张的合同存在"对价"。

4. 订入标准条款

关于为了普遍和重复使用而事先准备的标准合同条款的使用所引起的法律问题，本公约没有包含解决这一问题的特别规则。关于标准条款的可强制执行性，一些缔约国采用了特别的法律规定。虽然有这些特别规定，但是大部分法院还是适用本公约第二部分的规定以及第8条中的解释规则来决定双方当事人是否同意将标准条款订入他们之间的合同。其中一些判决明确推断——公约把双方当事人是否同意将标准条款订入合同这一问题留给国内法去解决。然而，一些法院适用特别的国内法律规定来决定本应由本公约调整的合同中标准条款的可强制执行性问题，而另外一些法院注意到不管是根据国内法还是本公约，标准条款都是可以强制执行的。但是一些判决承认本公约不调整一个特定的标准条款的实质有效性问题——根据第4条(a)项的规定这一问题留待适用的国内法来调整。

一些判决依据本公约关于解释的规则，要求使用标准条款的一方发送一份副本给另一方当事人或以其他方法使它们能够合理地被获得。一个判决明确地拒绝了一方当事人有义务去找出另一方当事人所提及的标准条款这一建议，因为这样做会和国际贸易中的诚实信用原则以及双方当事人进行合作和分享信息的一般义务相抵触。一项判决认为既然买方对双方预先交易的条款非常熟悉，而且卖方在其出价中明确提到条款，因此将卖方的标准条款纳入合同之中。另一个判决依据第24条推断：除非是以一种双方当事人同意的语言，不论是双方当事人之前的交易中所使用的，还是贸易中所习惯使用的语言，否则标准条款被视为没有"送达"受信人。其他一些判决在标准条款没有被翻译为另一方当事人的语言时，不承认其效力。另一个判决提到了"一般原则"，即标准条款如果可以作两种以上的解释，那么应做出不利于依赖条款一方的解释。

5. 商业确认书

在少数缔约国中，存在着一种公认的贸易惯例，即一个商人向另一个商人发出的确认书是有效力的，即使受信人保持沉默。商业确认书可以订立合同，或者在合同已经订立的情况下，在送信人没有故意的错误陈述时，确认合同条款，或立即拒绝其条款。各个法院对于在交易受本公约调整时，这些惯例的效力问题有不同的意见。一些判决不承认认为确认书有效的地方贸易惯例的效力，理由是这些惯例不是国际性的。但是，一家法院没有分析贸易惯例的适用范围就判决受信人受约束，而另一家法院根据第9条的第(1)和第(2)款的规定，在买方和卖方的营业地都位于承认这一惯例的国家的管辖范围内时，承认了该惯例的效力。另一家法院适用合同成立的本公约规定判决，确认书的受信人通过接受货物而接受了确认书的条款。但是另一家法院认为对于含有标准条款的确认书的效力，本公约没有作规定；因此，该法院适用国内法来确定标准条款是否可以适用。即使确认书没有被赋予完全的效力，在评定有关双方当事人意图的证据的价值时，它也可能起到重要作用。

6. 对声明或行为的解释

一方可能通过声明或行为建议订立合同或接受这种建议。《销售公约》第14条第(1)款、第18条第(1)款。很多案件适用第8条的规则去解释一方当事人在合同订立之前的声明或其他行为。

一些法院需要确认提出订立受本公约调整的合同建议的当事人。这种确认经常是由法院通过依照本公约第8条解释双方当事人的声明或行为来完成的。当代理人代表被代理人进行活动时，也会引起这一问题。一个自然人是否有权提起强制执行合同义务的法律诉讼是另一个不同的问题。

第1章　要约

区分及内容		
第 3 篇　合同的订立		第14条~第24条
	第1章　要　约	第14条~第17条
	第14条　要约的含义	
	第15条　要约生效的时间及撤回	
	第16条　要约的撤销	
	第17条　要约的终止	
	第2章　承　诺	第18条~第22条
	第3章　合同成立的时间	第23条~第24条

014. 要约的含义

Art. 14

(1) A proposal for concluding a contract addressed to one or more specific persons constitutes an offer if it is sufficiently definite and indicates the intention of the offeror to be bound in case of acceptance. A proposal is sufficiently definite if it indicates the goods and expressly or implicitly fixes or makes provision for determining the quantity and the price.

(2) A proposal other than one addressed to one or more specific persons is to be considered merely as an invitation to make offers, unless the contrary is clearly indicated by the person making the proposal.

제14조

(1) 1인 또는 그 이상의 특정인에 대한 계약 체결의 제의는, 그것이 충분히 확정적이고, 또한 승낙이 있는 때에, 이에 구속된다는 청약자의 의사를 표명하고 있는 경우에는, 청약이 된다. 어떠한 제의가 물품을 표시하고, 또한 명시적 또는 묵시적으로 그 수량과 대금을 정하고 있거나, 또는 이를 결정하기 위한 규정을 두고 있는 경우에는, 그 제의는 충분히 확정적이다.

(2) 1인 또는 그 이상의 특정인에 대한 제의 이외의, 그 어떠한 제의는, 당해 제의를 행한 자가 다른 의사를 명확히 표명하지 아니하는 한, 단지 청약의 유인으로 본다.

第14条

(1) 向一个或一个以上特定的人提出的订立合同的建议，如果十分确定并且表明发价人在得到接受时承受约束的意旨，即构成发价。一个建议如果写明货物并且明示或暗示地规定数量和价格或规定如何确定数量和价格，即为十分确定。

(2) 非向一个或一个以上特定的人提出的建议，仅应视为邀请做出发价，除非提出建议的人明确地表示相反的意向。

第14条列出了订立合同的建议构成发价的条件，即如果被受信人接受就会导致本公约项下合同的订立。该条曾被用来确定拒绝一个发价的声明或其他行为是否构成反发价（见第19条第(1)款）。尽管由于第92条下的声明而不适用第二部分时，也曾适用了该条中列出的原则——提出建议的人必须有受约束的意旨，一个建议必须十分明确——和第二部分的其他条款。关于本公约第二部分是否规定了订立受本公约调整的合同的惟一方法的讨论，见第二部分的摘要。

提出建议的人或建议针对的人的身份可能是不确定的。就这一问题，判决曾适用了第14条的规定和第8条中的解释规则。

1. 建议的受信人

第(1)款的第一句关注的是向一个或一个以上特定的人提出建议。根据可适用的有关代理的法律，向代理人做出发价的人可能会因为被代理人的承诺而受约束。一个判决阐明确定合同当事人是制造商还是经销商的问题由第14条第(1)款而非有关代理的法律来调整。第(2)款对非向一个或一个以上特定的人提出的建议作了规定。

2. 表示受接受约束的意旨

第(1)款的第一句话规定，为了构成发价，一个订立合同的建议必须表示如果受信人接受该建议提建议人就受其约束的意旨。这一意旨可以通过依照第8条第(1)款和第(2)款的规定对一声明或行为的解释表现出来。根据第8条第(3)款，这一意旨可能通过所有相关的情形来证实，包括在协商期间的声明或其他行为以及双方当事人在所谓的合同订立后的行为。一个买方向卖方发出了一份“订单”，在其中说明“我们订货”并且要求“立即发货”，这样买方就被认为是表明了其愿受约束的意旨。一法国卖方向德国买方发出的用英文写成的通知被法院解释为表明了卖方愿意受约束的意旨。如果双方当事人都签署了一份指定一计算机程序及其价格的订单，那么买方就无法确定，该订单仅仅表明了说明稍后要订立的合同的细节的意图，而不是通过该订单订立合同的意图。另一个买方列明两套餐具以及交货时间的订单同样地也被解释为表明了一旦被接受就愿受约束的意旨，尽管买方主张它仅仅是建议未来的买卖合同。

3. 建议的定义

一个订立合同的建议不仅必须表明在得到接受时承受约束的意旨，还必须十分确定。第(1)款的第二句话规定，如果建议写明货物并且明示或暗示地规定数量和价格或规定如何确定数量和价格，即为十分确定。双方当事人之间确立的习惯做法可以补充订立合同的建议没有指明的质量、数量和价格的细节。判决适用了第8条中的解释规则来确定一个通知或行为是否十分确定。一家法院断定如果确定了愿受接受约束的意旨，一个建议就是十分确定，即使该建议没有注明价格。

第14条没有要求建议要包含所建议的合同的所有条款。例如，如果双方当事人没有就交货地或运输方式达成一致意见，本公约可以填补这些漏洞。

4. 规定或确定数量

根据第(1)款第二句话，一个建议要十分确定必须明示或暗示地规定数量或规定如何确定数量。以下指定数量被认为已经十分确定：当天然气贸易的惯例认为指定数量足够时，提到"700至800吨"天然气；"更多地栗鼠毛皮"，因为买方无异议地接受了提供的毛皮；"三卡车鸡蛋"，因为另一方当事人有理由知道或本应该知道卡车应该满载；"20卡车罐装浓缩番茄汁"，因为双方当事人知道这些条款的含义并且他们的理解和对该贸易的理解是一致的；"10,000吨+/-5%"。一家法院决，买方明确指定了不确定的数量的建议是十分确定的，因为根据所主张的通常的惯例，该建议可以被解释为一个从受发价人处购买买方所需物品的发价。另一家法院判决卖方交付2,700双鞋作为对买方要3,400双鞋的订货的回复是一个反发价，当买方接受交货时就接受了该反发价；因此订立的合同只包含2,700双鞋。

一个确定双方当事人进行交易的条件并使买方负有订购特定数量的货物义务的销售协议被判决不十分确定，因为它没有说明确定的数量。

5. 规定或确定价格

根据第(1)款第二句话，一个建议要十分确定必须明示或暗示地规定价格或规定如何确定价格。以下指定价格的提议被认为已经十分确定："以中等和上等质量的皮毛35至65德国马克之间的价格"出售不同质量的皮毛，因为可以通过将每种所对应的价格和数量相乘来得出价格；双方当事人之间确立的一种交易做法明确规定了价格，因此没有明确约定价格的交易；一个将调整价格以反映市场价格的建议；先定临时价格，在买方将货物转售给其客户之后再确定一个明确价格，因为这种安排在这种贸易中是被经常遵守的。

6. 第55条中价格公式的相关性

第14条规定，如果一个订立合同的建议"规定或规定如何确定"价格即为十分确定。第55条提供了一个价格公式，适用于"如果合同已有效的订立，但没有明示或暗示地规定价格或规定如何确定价格"的情况。第55条提供的价格为"订立合同时此种货物在有关贸易的类似情况下销售的通常价格"。

大部分判决都没能适用第55条。一些判决的结论是，因为双方当事人已明示或暗示地规定了价格或规定了如何确定价格，从而满足了第14条第(1)款中规定的确定要求，所以不适用第55条。一家仲裁庭决，双方当事人同意晚些时候规定价格但之后却没有规定，那么根据第14条第(1)款该建议不十分确定，并且因为双方当事人同意了晚些时候规定价格，所以不能适用第55条。在另一个案件中，订立合同的建议没有规定价格，法院没有适用第55条的规定来确定价格，因为双方当事人所协商的飞机引擎没有市场价格。另一家法院还判决，如果说第55条的价格公式可以适用的话，那么，双方当事人已经通过协议限制了该公式的适用。

尽管双方当事人在最初的协商中没有规定价格，一家法院还是强制执行了双方当事人的协议，法院做出这一判决时援引了第55条的规定。在这一案件中，该法院指出，卖方应买方的要求发送的一份更正过的发货单上所列出的价格——对该价格买方没有异议——可以被解释为第55条的公式中所规定的、订立合同时此种货物在有关贸易的类似情况下销售的通常价格。

判例讨论 14-1

- ◉ 关联条款：第1条，第8条，第9条，第14条
- ◉ 案件参考：Clout Case No. 534
- ◉ 案件分类：Austria, Oberster Gerichtsh,「7Ob 275/03x」, 2003.12.17

奥地利的买方向香港的卖方订购了钽粉。订单上提到了一种样品。合同是用英文起草的，但订单中有一个条款提到买方的一般合同条款，并在其背面上用德文复写。根据这些条款，该合同将受奥

地利法律管辖。

上诉法院赞成下级法院法官的裁决，认为《销售公约》适用于本案，因为中国和奥地利都是《销售公约》的缔约国，香港特别行政区接受中国签订的条约的约束。此外，法院认为，买方的一般合同条款是无效的，因为这些条款并未使用谈判或合同语文起草。

最高法院讨论了买方的一般合同条款能否有效地纳入合同，如果不能，哪项法律应该适用。最高法院判定，因为当事人双方有效地选择了缔约国的法律（这里指奥地利法律），所以《销售公约》应该适用，即使——与上诉法院的裁定相反——中国没有将《销售公约》的适用范围扩展至香港特别行政区。

最高法院认为，买方的一般合同条款的有效性问题应该根据《销售公约》第8条和第14条来决定。法院指出，只要当事人双方都意识到这些条款适用于该合同而且他们完全有可能理解其内容，这种一般条款就是有效且应该实行的。法院补充说，本案的情况就是这样，这些条款不太长而且是用德文这种广泛使用的语文撰写的，这样将其翻译过来很容易。法院还指出，从事国际交易的当事人双方如果不能理解这些条款，它们本应该立即反对适用这些条款。法院又补充说，要想确定这种一般条款的适用性，交易的财务条款以及当事人双方早先签订的、可能在它们之间创造贸易惯例的商业合同的存在都应该考虑在内。最高法院将本案发回初审法官重审，以便进一步调查研究。

判例讨论 14-2

- 关联条款：第4条，第9条(1)，第14条(1)，第15条，第18条(1)
- 案件参考：Clout Case No. 490
- 案件分类：France, Court of Appeal of Paris,「2002/02304」, 2003.09.10

本案为一名德国布匹卖主诉一名法国买主。在他们商业关系的范围内，卖主的商业代理人于1998年9月9日走访了买主的总部。在这次访问中，卖主的商业代理人向买主推荐了一种利克拉型（聚氨酯弹性纤维）新产品，并建议后者购买。

1998年9月28日，卖主向买主发去一封用德文写的信，题目是“订货确认信”，信中提到销售100,000米布匹，每米价格是11.40法郎。信件指出，根据买主的要求，可在1998　年11月至1999年2月之间分批发货，每批25,000米。这种口头订货确认的办法在从前买主订货中曾经使用过。

后来，买主要求的第一批供货为1718米。这批货开了一张发票，那是1999年3月15日开的，还提到了剩下有98,772米布匹待发。买主未提出保留意见就付了发票款，但对剩余的订货却不再提起。

卖主认为，在他的代理人走访买主时，在他与买主之间就缔结了一项关于提供100，000米布匹的销售合同。因此，1999年9月7日，他将买主告上了巴黎商业法庭，并要求判处对方（1）支付330,480法郎，相当于未提走的布匹的款项扣除已经卖给第三方后的剩余部分；（2）接受剩余布匹；（3）支付242,315法郎的损害赔偿金，作为赔偿因以较低的价格转售给第三方而造成的损失。法庭于2001年9月13日做出的判决驳回了卖主的请求。

巴黎上诉法院受理了卖主的上诉，但认同一审判决，因为在当事人之间不存在任何支持卖主诉求的契约关系。

最初时，上诉法院指出，根据（法国）《民法》第1315条，应该由卖主证明他所提出的义务。

然后，上诉法院注意到，买卖涉及的当事人分属两个不同的国家，而这两个国家又是《维也纳公约》的缔约国。该公约的第4条专门对销售合同的形成以及这样一份合同使买主和卖主之间产生的权利和义务做出了规定。

上诉法院首先核实当卖主的代理人走访买主时能否通过口头方式形成一份销售合同。上诉法院认为，考虑到买主正式否认这些事实，而卖主却提供不出必要的证据来证明缔结了合同。

上诉法院认为，尽管在这之前已经观察到卖主的信件确认买主的口头订货过程的情况，但是，根据当事人之间确定的惯例，这并没有形成合同。上诉法院指出，对惯例的顾及并不能免除当事人对第14.1条和第18.1条规定的义务的承担。根据这两条规定，一方面，发盘应该足够明确；另一方面，收货人只是沉默并不等于表示接受。由此，上诉法院得出的看法是，在这种情况下，卖主打算向买主提供一种新型的布匹，与先前出售的布匹大不相同，因而不能运用过去当事人在进行传统布匹交易时所制定的惯例。既然不按照惯例，那么，所谓的“订货确认信”也就应该作为买主没有接受的购买提议来分析。

上诉法院还认为，由于买主不懂德语，因此有权不理解专门用德语书写的“订货确认信”的含义。

最后，上诉法院指出，1,718米布匹的供货不等于部分执行假定为100,000米的买卖。

判例讨论 14-3

- 关联条款：第1条(3)，第2条(a)，第7条(1)，第14条，第18条
- 案件参考：Clout Case No. 445
- 案件分类：Germany, Bundesgerichtshof,「VIII ZR 60/01」, 2001.10.31

本裁决由德国联邦最高法院做出，主要涉及将标准条款参考纳入根据《销售公约》第8条和第14条订立的销售合同的问题。

被告(卖方)是一家德国公司，以370,000德国马克的价格将一台二手齿轮切割机出售给原告（买方）——西班牙一家公司。卖方的书面订单确认书中提及了标准销售条件，但没有将其附在确认书后。标准销售条件包含一个免责条款，排除了任何对二手设备缺陷的责任。

完成交货后，这台机器只能在外部专家的援助下才能运转。在向卖方的索赔中，买方要求补偿有关费用。

在就法律问题提出的上诉中，联邦最高法院面临的主要问题涉及将标准条件参照纳入国际销售协议的要求问题。法院首先认为，《销售公约》没有规定任何有关参照纳入标准条款方面的具体规则。因此，有关合同订立的一般规则，《销售公约》第8条和第14条适用。标准条款是否成为发价的一部分必须根据第8条决定。法院指出，如果标准条件要想成为发价的一部分，必须给接到发价的人以合理的机会来考虑这些条件。这就要求接受发价方要了解发价方列入标准条款的意旨。此外，还要求向被发价人寄送标准条件或以其他方式使他们看到这些条件。

法院注意到，由于世界各地许多法律体系与习惯之间存在差异，在某一国家使用的标准条款通常与另一个国家使用的条款大相径庭。因此，了解这些条款对于被发价人来说至关重要。对于希望依靠这些条款的当事方而言，将其附在发价之后并非难事。然而，如果接到发价的人询问标准条款，往往就会造成合同订立的延误，这种延误没有必要，双方也都不希望发生这种情况。因此，法院认为这将违背《销售公约》第7（1）条表达的国际贸易上的诚信，并违背当事各方合作，请被发价人询问标准条件，如果没有询问，将由被发价人负责的义务。因此，标准条件只有附在发价之后或以其他方式由被发价人支配，它才可能成为发价的一部分。

法院认为，这一一般性结论对于保护消费者也有必要。但这不是本判例的问题。关于《销售公约》的适用性问题，法院注意到，《销售公约》第1（3）条没有对贸易商和其他当事方做出区别，而且只有当卖方在合同订立时意识到买方是一个消费者，才能根据《销售公约》第2（a）条排除公

约的适用性。因此，如果卖方没有意识到在与一个消费者进行买卖交易，《销售公约》就适用。这种情况下，必要的保护消费者法律也要求发价时连同标准条件一起寄出。

015. 要约生效的时间及撤回

Art. 15 (1) An offer becomes effective when it reaches the offeree. (2) An offer, even if it is irrevocable, may be withdrawn if the withdrawal reaches the offeree before or at the same time as the offer.
제15조 (1) 청약은 피청약자에게 도달한 때에, 그 효력이 발생한다. (2) 청약은 비록 취소불능의 청약이더라도, 그 철회의 의사표시가 청약의 도달 전에, 또는 그와 동시에, 피청약자에게 도달하는 경우에는 철회할 수 있다.
第15条 (1) 发价于送达被发价人时生效。 (2) 一项发价，即使是不可撤销的，得予撤回，如果撤回通知于发价送达被发价人之前或同时，送达被发价人。

第15条第(1)款规定发价于送达被发价人时有效。第24条明确规定撤销通知"送达"被发价人的时间。第(2)款规定，如果撤回通知于发价之前或同时送达被发价人，发价人可以撤回其发价。在发价送达被发价人后，发价人不得再撤回发价，但有权根据第16条撤销发价。

016. 要约的撤销

Art. 16 (1) Until a contract is concluded an offer may be revoked if the revocation reaches the offeree before he has dispatched an acceptance. (2) However, an offer cannot be revoked: (a) if it indicates, whether by stating a fixed time for acceptance or otherwise, that it is irrevocable; or (b) if it was reasonable for the offeree to rely on the offer as being irrevocable and the offeree has acted in reliance on the offer.
제16조 (1) 계약이 성립하기까지는 청약은 취소할 수 있다. 다만 취소의 의사표시는 피청약자가 승낙을 발송하기 전에 피청약자에게 도달하여야 한다. (2) 그러나 다음의 경우에는 청약은 취소될 수 없다.

(a) 청약에서 승낙을 위한 특정한 기간을 명시하거나 또는 기타의 방법으로 그것이 취소불능임을 표시하고 있는 경우, 또는 (b) 피청약자가 청약을 취소불능이라고 신뢰하는 것이 합리적이고, 또한 피청약자가 그 청약을 신뢰하여 행위를 한 경우.
第16条 (1) 在未订立合同之前，发价得予撤销，如果撤销通知于被发价人发出接受通知之前送达被发价人。 (2) 但在下列情况下，发价不得撤销： (a) 发价写明接受发价的期限或以其它方式表示发价是不可撤销的；或 (b) 被发价人有理由信赖该项发价是不可撤销的，而且被发价人已本着对该项发价的信赖行事。

第16条第(1)款确定了有效撤销发价的规则。第16条第(1)款中的一份发价的"撤销"与第15条第(2)款中的一份发价的"撤回"不同：撤回指的是在发价送达被发价人之前或同时，收回一份送达被发价人的发价，而撤销指的是在发价送达被发价人之后，收回一份送达被发价人的发价。到合同订立为止，第16条第(1)款规定，在发价送达被发价后，如果撤销通知是在被发价人尚未发出接受通知之前送达被发价人的，发价人有权撤销发价，除非按照第16条第(2)款之规定发价不得撤销。根据第18条和第23条，在被发价人的同意指示送达发价人之前（除了第18条第(3)款适用之处）合同没有订立；因此第16条第(1)款的规则防止自接受通知发放时的撤销可能在合同订立之前阻碍撤销。尽管援引了第16条，但没有任何报告说有解释第(1)款的判例。

第(2)款(a)项规定，如果发价写明接受发价的期限或以其他方式表示发价是不可撤销的，则发价不得撤销。目前没有任何报告说有适用此项的判例。第(2)款(b)项规定，如果被发价人信赖该项发价，并且被发价人有理由这样做，则不得撤销发价。该项被援引为一般禁止反言原则(*"venirecontra factum proprium"*) 的证据。另还裁定，不得优先采用关于允诺后禁止反言的国内法律规则，除非《销售公约》规定了相同的允诺后禁止反言的原则，如(b)项所示。

017. 要约的终止

Art. 17 An offer, even if it is irrevocable, is terminated when a rejection reaches the offeror.
제17조

청약은 비록 그것이 취소불능이더라도 거절의 의사표시가 청약자에게 도달한 때에는 그 효력을 상실한다.
第17条 一项发价，即使是不可撤销的，于拒绝通知送达发价人时终止。

第17条规定，发价于拒绝通知送达发价人时终止。不论发价是否属于不可撤销，均是如此。第24条明确规定了撤销通知“送达”发价人的时间。

第2章　承诺

区分及内容	
第 3 篇　合同的订立	第14条~第24条
第1章　要　约	第14条~第17条
第2章　承　诺	第18条~第22条
第18条　承诺的含义及生效时间	
第19条　反要约	
第20条　承诺时间的确定	
第21条　逾期的承诺	
第22条　承诺的撤回	
第3章　合同成立的时间	第23条~第24条

018. 承诺的含义和生效时间

Art. 18

(1) A statement made by or other conduct of the offeree indicating assent to an offer is an acceptance. Silence or inactivity does not in itself amount to acceptance.

(2) An acceptance of an offer becomes effective at the moment the indication of assent reaches the offeror. An acceptance is not effective if the indication of assent does not reach the offeror within the time he has fixed or, if no time is fixed, within a reasonable time, due account being taken of the circumstances of the transaction, including the rapidity of the means of communication employed by the offeror. An oral offer must be accepted immediately unless the circumstances indicate otherwise.

(3) However, if, by virtue of the offer or as a result of practices which the parties have established between themselves or of usage, the offeree may indicate assent by performing an act, such as one relating to the dispatch of the goods or payment of the price, without notice to the offeror, the acceptance is effective at the moment the act is performed, provided that the act is performed within the period of time laid down

<table>
<tr><td>in the preceding paragraph.</td></tr>
<tr><td>제18조
(1) 청약에 대한 동의를 표시하는 피청약자의 진술 또는 기타의 행위는 승낙이 된다. 침묵 또는 무위는 그 자체로는 승낙이 되지 아니한다.
(2) 청약에 대한 승낙은 그 동의의 의사표시가 청약자에게 도달하는 순간에 그 효력이 발생한다. 승낙은 동의의 의사표시가 청약자가 지정한 기간 내에 도달하지 아니하거나 또는 기간이 지정되지 아니한 경우에는 청약자가 사용한 통신수단의 신속성을 포함하여 거래의 상황을 충분히 고려하여 상당한 기간 내에 도달하지 아니하면 그 효력이 발생하지 아니한다. 구두의 청약은 별도의 사정이 없는 한 즉시 승낙되어야 한다.
(3) 그러나 청약에서 정한 바에 의하여 또는 당사자 간에 확립한 관행이나 또는 관습의 결과로 인하여 청약자에게 아무런 통지없이 피청약자가 물품의 발송이나 대금의 지급에 관한 행위를 행함으로써 동의 표시를 할 수 있는 경우에는 승낙은 당해 행위가 행해지는 순간에 그 효력이 발생한다. 다만 그 행위는 전항에 규정된 기간 내에 행해져야 한다.</td></tr>
<tr><td>第18条
(1) 被发价人声明或做出其它行为表示同意一项发价，即是接受。缄默或不行动本身不等于接受。
(2) 接受发价于表示同意的通知送达发价人时生效。如果表示同意的通知在发价人所规定的时间内，如未规定时间，在一段合理的时间内，未曾送达发价人，接受就成为无效，但须适当地考虑到交易的情况，包括发价人所使用的通讯方法的迅速程度。口头发价必须立即接受，但情况有别者不在此限。
(3) 但是，如果根据该项发价或依照当事人之间确立的习惯作法或惯例，被发价人可以做出某种行为，例如与发运货物或支付价款有关的行为，来表示同意，而无须向发价人发出通知，则接受于该项行为做出时生效，但该项行为必须在上一款所规定的期间内做出。</td></tr>
</table>

第18条是处理接受发价问题的五项条款中的第1条。第18条第(1)款涉及到构成接受发价的做法，而第(2)款和第(3)款明确规定了接受发价的时间。第19条规定了在表示接受之同时又对发价做出更改以致使答复成为还价的规则，从而对第18条加以了限定。

判决不仅将第18条应用于订立合同的发价，而且还应用于接受还价、更改合同的建议和终止合同的建议。第18条的规定还适用于《销售公约》未涵盖的一些事项。

1. 表示同意发价

根据第18条第(1)款，被发价人通过声明或其他行为表示同意，即为接受发价。是通过声明还是其他行为表示同意，这取决于根据第8条第(1)款和第(2)款中的规则所作的解释。所有情况，包括订立合同之前的谈判和订立合同之后的履约过程，均需按照第8条第(3)款的规定加以考虑。如果未能发现表示同意发价的声明或其他行为，则不存在《销售公约》第二部分所规定的任何合同。

只有订立合同的被发价人才有资格接受发价。被发价人在答复时表示同意发价，但要求对发价做出更改，这属于接受还是还价，得由第19条决定。是否接受还价则由第18条决定。

表示同意可以是口头的，也可以是书面的，或者通过特定的行为。以下行为被认为表示同意：买方接受货物；第三方收取货物；签发信用证；签署可发给金融机构的发票，要求该机构为购货提供资金；及向行政机构发证明信等。

2. 作为同意发价的缄默或不采取行动

在没有其他证据表明同意发价的情况下，被发价人在收到发价时保持缄默或未采取行动不等于接受发价。然而，按照第9条第(1)款，在双方当事人之间建立的惯例对他们具有约束力，不管对方是缄默还是未采取行动，这些惯例均可表示接受发价。第9条第(1)款和第(2)款中规定的习惯做法对双方当事人同样具有约束力，不管对方保持缄默还是未采取行动，这些习惯做法都可以使发价生效。一家法院声称，双方当事人之间的交易过程要求被发价人立即对发价提出异议，如该方当事人未及时提出异议，则构成对发价的接受。当卖方建议买方检查所发货物并转售货物时，买方在回应卖方的建议时未实施《公约》规定的任何补救，则被推定为接受终止合同的提议。

3. 有效性——接受的时限

第18条第(2)款规定，除了第(3)款中规定的情况以外，如果表示同意的通知在接受时限内送达发价人，则接受生效。满足第24条就算接受“送达”发价人。根据第23条，在接受生效时合同就算订立。

然而，为了正式生效，接受通知必须在第18条第(2)款规定的以及第21条针对逾期接受做出更改的时限内送达发价人。第20条规定了确定接受时限的解释规则。如第21条规定的，期限过后发价就不能接受，除非发价人毫不迟延地通知被发价人接受有效。

4. 通过特定行为表示接受有效

若根据发价或作为在双方当事人之间确定的惯例或习惯做法的结果，被发价人受权在没有通知发价人的情况下，以一种特定行为表示接受发价，则在被发价人做出表示同意发价的行为时接受生效。对于可以通过被发价人做出一种特定行为来订立合同的建议，曾有多项判决援引了第(3)款而不是援引第(1)款。

判例讨论 18-1

◉ 关联条款 : 第8条(1), 第8条(3), 第14条, 第18条
◉ 案件参考 : Clout Case No. 537
◉ 案件分类 : Austria, Oberlandesgericht Graz, 「2R 23/02y」,2002.03.07

德国买方向奥地利卖方订购了20吨猪肉。卖方的销售条件是，只有被告提供信贷保险才接受买方，但被告没有提供信贷保险。买方通过传真坚持向卖方重新提出要约，要求在六日之内交付猪肉。卖方第二天回复了该传真，提出不能交货。买方以支票付款方式购买猪肉所做的其他努力都没有结果。买方不得不以高价进行了一次补进购买，并且提出诉讼以追回额外支付的货款。

上诉法院确认了一级裁决，适用了《销售公约》第14条和第8（3）条，并且认为该合同没有有效地签订，因为以接受信贷保险为条件的接受声明背离了最初的要约，因此构成还盘。法院补充说，据称的买方默认或不作为与依据《销售公约》第18条和第19条缔结合同不相干，在收到还盘，要求买方采取进一步行动，即联系信贷保险并提供增值税识别号码的情况下，更是如此。最后上诉法院指出，从当事人双方之间的口头谈判来看，买方清楚，只有在通过卖方的信贷保险接受买方的情况下，被告才会签订合同。

判例讨论 18-2

◉ 关联条款 : 第1条(1)(b), 第11条, 第18条(1), 第57条
◉ 案件参考 : Clout Case No. 309
◉ 案件分类 : Denmark : Østre Landsret, 1998.04.23

丹麦卖方即原告称法国买方即被告向它订购了女装。卖方向法院起诉要求买方支付未付的价款。买方否定曾向卖方订货或与卖方签合同，因而对法院的管辖权提出异议。

一审法院以没有管辖权为由不受理本案，卖方提出上诉。

参照《销售公约》第57条，上诉法院指出，根据《欧洲共同提关于民商事司法管辖和裁判执行公约》第5(1)条，通常情况下它拥有管辖权，该条规定，管辖权视履行有关义务的地点而定。然而，参照欧洲法院在Effer(判例31/18，1982年3月4日)案中的判决，法院裁定，只有在有证据表明合同的“组成要素”-即发盘和接受-确实存在的情况下，它才受理本案。

法院裁定，根据《销售公约》第1(1)(b)条，《销售公约》第二部分适用于本案。法院认为，虽然丹麦对批准本公约提出一项保留，声明不受《销售公约》第二部分约束，但是按照1955年《关于适用于国际货物销售合同的法律的海牙公约》第3(2)所表述的法律冲突规则，本案适用法国法律，而在法国批准《销售公约》之后，法国法律即将本公约的全部条款纳入其中。

参照《销售公约》第11条，并依据规定“缄默或不行为本身不等于接受”的《销售公约》第18(1)条，法院认为由于双方以前没有商业交易，买方缄默不能解释为默示接受卖方声称的发盘。因此法院裁定它没有依据《欧洲共同提关于民商事司法管辖和裁判执行公约》对本案作出裁决的管辖权，因为缺少合同的一个关键要素(接受)。

判例讨论 18-3

◉ 关联条款 : 第18条

◉ 案件参考 : Clout Case No. 224

◉ 案件分类 : France, Court of Cassation, First Civil Division, 1998.01.27

一英国买方(被告)找一法国卖方(原告)要购买电连接器用挂钩和插座。双方数次通过传真联系，买方填写了订货单，写明了数量、标准和每个插座的单价。卖方提交了确认街道订货单的回执，列明了如订货单一样的条件。后来买方向卖方又增订了一些挂钩。根据买方改变技术规格的要求，卖方向买方发送了一个图样，显示原来的孔眼已变。尽管如此，仍交付了部分货物。但买方写信表示剩余订货不再想要，指出对价格感到迷惑不解。买方还提出货物不符要求的情况，挂钩的纵向孔眼比合同中对规定的短。卖方因此起诉买方，要求支付价款。

接收对凡尔赛商事法院宣布的裁决提出的上诉的凡尔赛上诉法院根据案件的是非曲直作了裁决而未首先研究使用的法律问题。认为价格的确已经商定，鉴于双方来往交换的大量文件，买方未能证明它是一种根本误解的受害者。上诉法院还拒绝了货物不符合规定的辩词。

英国买方在进一步向最高上诉法院提出上诉中提出货品不符合同的辩词，援引《销售公约》，认为上诉法院没有说明其裁决所依据的法律规则，从而使其裁决丧失了任何法律依据；它也没有注意到《销售公约》第18条，该条规定，被发价人缄默不等于接受。

最高上诉法院驳回这一进一步上诉，理由是，上诉法院并没有忽视缄默本身不等于接受的规则。该上级法院裁决就这样予以宣布，并没有任何提及《销售公约》的规定。

019. 反要约

Art. 19

(1) A reply to an offer which purports to be an acceptance but contains additions, limitations or other modifications is a rejection of the offer and constitutes a counteroffer.

(2) However, a reply to an offer which purports to be an acceptance but contains additional or different terms which do not materially alter the terms of the offer constitutes an acceptance, unless the offeror, without undue delay, obects orally to the discrepancy or dispatches a notice to that effect. If he does not so obect, the terms of the contract are the terms of the offer with the modifications contained in the acceptance.

(3) Additional or different terms relating, among other things, to the price, payment, quality and quantity of the goods, place and time of delivery, extent of one party's liability to the other or the settlement of disputes are considered to alter the terms of the offer materially.

제19조

(1) 승낙을 의도하고는 있으나 추가 · 제한 또는 기타의 변경을 담고 있는 청약에 대한 응답은 청약의 거절이고 또한 대응청약이 된다.

(2) 그러나 승낙을 의도하고 있고 또한 청약의 조건을 실질적으로 변경하지 아니하는 추가적 또는 상이한 조건을 담고 있는 청약에 대한 응답은 승낙이 된다. 다만, 청약자가 부당하게 지체함이 없이 그 상위에 관하여 구두로 반대하거나 또는 그러한 취지의 통지를 발송하는 경우에는 그러하지 아니하다. 청약자가 이렇게 반대하지 아니하는 한, 청약상의 조건과 함께 승낙에 포함되어 있는 변경사항이 추가되어 계약조건이 된다.

(3) 특히 가격이나 대금의 지급, 물품의 품질과 수량, 인도의 장소와 시기, 당사자의 상대방에 대한 책임의 범위 또는 분쟁의 해결에 관한 추가적 또는 상이한 조건은 청약상의 조건을 실질적으로 변경하는 것으로 본다.

第19条

(1) 对发价表示接受但载有添加、限制或其它更改的答复，即为拒绝该项发价，并构成还价。

(2) 但是，对发价表示接受但载有添加或不同条件的答复，如所载的添加或不同条件在实质上并不变更该项发价的条件，除发价人在不过分迟延的期间内以口头或书面通知反对其间的差异外，仍构成接受。如果发价人不做出这种反对，合同的条件就以该项发价的条件以及接受通知内所载的更改为准。

(3) 有关货物价格、付款、货物质量和数量、交货地点和时间、一方当事人对另一方当事人的赔偿责任范围或解决争端等等的添加或不同条件，均视为在实质上变更发价的条件。

第19条规定，对发价表示接受但要求更改发价，即为拒绝发价，实际上被认为是一种还价，从而该条对第18条加以了限定。第19条第(1)款阐述了这一基本建议，而第(2)款规定了一种例外，即允许作非实质性更改，只要发价人对此不提出异议。第(3)款列举了被认为是实质性的事项。

1. 实质性更改

第(1)款规定对发价的答复载有添加、限制或其他更改的答复，即为拒绝该项发价。有多项判决回顾了双方当事人多次交换信函的情况并做出根本不存在接受发价问题的结论，但都没有具体说明更改情况。

如果在答复发价中一些事项成为修改的目标，第(3)款列举了这些涉及实质性更改的事项。更改以下所列举的事项被认为是实质性的：价格、付款、货物质量与数量、交货地点与时间及争端的解决。然而，一项判决称，如果双方当事人认为或按照习惯做法更改不是实质性的，则对第(3)款中所列事项更改不属于实质性。

2. 非实质性更改

第(2)款规定，提出非实质性更改的答复构成对发价的接受（并且订立的合同包含答复的修改条款），除非发价人在不过分延迟的期限内通知被发价人，说明发价人对更改持有异议。一家法院声称，有利于对方的更改不是实质性的，不必由另一方当事人明确表示接受。

以下的更改被认为是非实质性的：指出价格将随市场价格的提高与降低而变更和推迟某一品目的交货的文字；卖方保留变更交货日期权利的标准条件；买方起草正式终止协议的要求；在双方当事人联合公开宣布之前严守合同机密的要求；一项规定要求买方在规定期限内退回所交付货物。

3. 相互抵触的标准条款

本公约对处理在一位潜在的卖方和买方各自使用为一般使用或反复使用事先起草的标准合同条款（所谓的"形式之战"）时出现的问题未作任何特殊规定。有多项判决做出如下结论：双方当事人的行为，尽管在双方当事人的标准条款之间存在部分矛盾，但确立了可实施的合同。至于这些合同的条款，有多项判决包括那些双方当事人实质性地同意的条款并用本公约的缺省规则取代那些（在对所有条款做出评估后）发现相互有抵触的标准条款，而其他一些判决认为，如果被认为随后为另一方当事人的后续行为接受，则最后一个发价人的发价或者还价的标准条款有效。另一项判决拒绝承认任一方当事人的标准条款有效：买方只是写在订单背面而在订单正面未提及的条款对卖方无约束力，而在合同订立后发出的确认书中包含的卖方条款，买方未以缄默表示接受。

判例讨论 19-1

- 关联条款：第1条(1)(a)，第8条(3)，第11条，第14条，第18条，第19条(3)，第23条，第29条
- 案件参考：Clout Case No. 576
- 案件分类：United States, U.S. [Federal] Court of Appeals, Ninth Circuit,「No. 02 15727」, 2003.05.05

法院审议的问题是对该案是否应予以驳回，因为双方已约定一项排他性的管辖地选择条款，指定了一家外国法院。

买方是加拿大安大略的一家公司，与一家营业地点在美国的公司签订了几项合同，购买该公司在

法国的母公司生产的特制葡萄酒瓶塞。母公司提供了瓶塞，但是买方指称，与卖方的说法相反，这种瓶塞并不能防止　“瓶塞污染”，即一些瓶塞留下的异味。买方对母公司和子公司同时提起违约诉讼。卖方动议驳回该诉讼，其理由是买方受到买方付讫的销售发票上所印的一条管辖地选择条款的约束。地区法院驳回该诉讼，买方提出上诉。

上诉法院认为，对于双方是否约定选择管辖地条款这一问题受《公约》管辖，因为根据《销售公约》第1(1)(a)条，双方的营业地点在不同的缔约国内。

法院认定，发票上的管辖地选择条款没有约束力，因为根据《销售公约》第19(3)条，该条款已经对要约作了实质性更改。法院还认定，没有任何证据表明买方已根据《销售公约》第8(3)条肯定地同意该条款。上诉法院因此推翻了地区法院对该案件的驳回。

判例讨论 19-2

◉ 关联条款：第4条(a)，第14条，第18条，第19条，第29条

◉ 案件参考：Clout Case No. 614

◉ 案件分类：United States, California Court of Appeal, Second District, 「No. B140757」, 2002.12.13

法院审议的问题是，经销协议的当事各方是否就审理它们之间合同纠纷的专属管辖地签订了有效协议。

原告是一家营业地在美国的公司，它指称与被告，即营业地在法国的一家法国公司缔结了口头经销协议，根据协议，被告指定原告为其在加利福尼亚州的唯一代理。被告向原告提交的发票内载有一项条款，称以指定的法国法院作为解决当事双方纠纷的唯一管辖地。该条款以小字号斜体印在每张发票底部。被告终止了合同，原告提起诉讼，除其他外，指称其违反合同。被告动议驳回诉讼，因为管辖地选择条款使指定的法国法院成为唯一管辖地。地区法院暂缓了诉讼程序。原告提起上诉。

注意到当事双方同意管辖地选择条款应根据《加利福尼亚州商法典》的规定确定，上诉法院认定，管辖地选择条款不能强制执行，因为这是对未载有管辖地选择条款的当事双方协议的“实质性改变”。上诉法院在这一点上推翻了下级法院的裁决，并将案件退回重审，以便确定是否应以“不便审理的法院”为由驳回诉讼。

判例讨论 19-3

◉ 关联条款：第6条，第19条

◉ 案件参考：Clout Case No. 824

◉ 案件分类：Germany, Oberlandesgericht Köln, 「16 W 25/06」, 2006.05.24

德国申请人向总部设在荷兰的被申请人购买了一辆大客车。申请人2004年11月的订单在背面印有德文版一般条款和条件。此后不久，被申请人发出订单确认函，其中提到以荷兰文写成的本公司的一般条款和条件。当事双方的一般条款和条件都载有合同所发生争议的选择法院条款，其中规定法院地为卖方的总部。2006年3月，申请人在德国科隆法院提出独立诉讼申请，目的是取得专家对于

下述问题的意见，即已交付的汽车能否装上另一种座椅，申请人声称这是当事双方在合同中商定的。买方认为科隆法院是合适的法院，因为完成交易的卖方分支机构设在科隆。卖方对此事提出异议，辩称其总部设在荷兰，在科隆的机构只是一家独立的商业机构。

法院驳回了申请人的申请，上诉法院支持下级法院的裁定，认为德国法院没有国际管辖权。

上诉法院指出，《关于民商事管辖权及判决承认与执行的欧盟第44/2001号条例》（《布鲁塞尔条例I》）第23(1)条所规定的选择法院协议须相互以书面形式订立的要求也可以通过使用一般条款和条件来满足。法院认定由于德国和荷兰都是《销售公约》的缔约国，而当事双方没有排除该公约的适用，因此应当适用该公约。接着，法院指出，如遇一般条款和条件有冲突，至少是一般条款和条件中没有冲突的部分应视为达成一致，而其余部分适用"最后一击"理论，意指以最后发出条款的当事方的一般条款和条件为准。因此，法院认定选择法院协议有效，因为两个标准条款在这一点上是类似的。出于同样原因，在此特殊案例中，即使适用"最后一击理论"也将导致类似的结果。

判例讨论 19-4

◉ 关联条款：第3条，第4条，第18条，第19条(3)

◉ 案件参考：Clout Case No. 722

◉ 案件分类：Germany, Oberlandesgericht Frankfurt a. M.,「26 Sch 28/05」, 2006.06.26

收到对一项仲裁裁决的执行申请后，法兰克福地区高等法院必须判决，如果一项仲裁条款意味着对被申请人所作要约的一个附加条件，那么该仲裁条款是否成为合同的一个具有法律效力的部分。

申请人荷兰一公司和对方德国一客户签订了一项生产和交付光盘包装用印刷材料的合同。被申请人通过传真向申请人发出了两份订单，上面明确说明订单仅适用其自身的一般条款。申请人确认了传真发来的订单，并在答复中指出荷兰制图业的规定为合同的一部分，该规定第21条载有一个仲裁条款。申请人履行合同后，由于被申请人未支付发票款，便启动了仲裁程序。仲裁庭裁定被申请人应根据合同向申请人支付酬金与利息以及各种费用。

地区高等法院对仲裁裁决不予认同，驳回了执行申请。

法院认为，德国《民事诉讼法》第1061(1)条规定，外国仲裁裁决适用1958年6月10 日在纽约缔结的《联合国承认及执行外国仲裁裁决公约》（《纽约公约》），而根据《纽约公约》第二(2)条，上述仲裁条款并不构成合同的一个具有法律效力的部分，因为《纽约公约》第二(2)条要求双方订立书面协议。因此，单方面发出订单确认书并不构成仲裁协议。尽管《纽约公约》第二(2)条有上述规定，法院还商议了根据《民事诉讼法》第1031条，单方面引用荷兰制图业的标准规定是否即达成了仲裁协议。根据《民事诉讼法》第1031(1)和(3)条，在商业交易中，可以通过引用一般条款达成仲裁协议。法院认为，对一般条款排他性效力的特别侧重排除了另一方的不同或附加条款，但只要合同是本着善意履行的，所造成的双方条款之间的差异并不妨碍合同本身的有效性。另外，法院认为，根据《销售公约》第3(1)条，本案受《销售公约》管辖，并指出，从《销售公约》第19(2)条无法导出仲裁条款的有效性。根据《销售公约》第19(3)条，用于解决争议的仲裁条款，总被视为对要约作出实质性更改，因此被申请人的沉默不能被视为对申请人一般条款的接受。

020. 承诺时间的确定

Art. 20
(1) A period of time of acceptance fixed by the offeror in a telegram or a letter begins to run from the moment the telegram is handed in for dispatch or from the date shown on the letter or, if no such date is shown, from the date shown on the envelope. A period of time for acceptance fixed by the offeror by telephone, telex or other means of instantaneous communication, begins to run from the moment that the offer reaches the offeree.
(2) Official holidays or non-business days occurring during the period for acceptance are included in calculating the period. However, if a notice of acceptance cannot be delivered at the address of the offeror on the last day of the period because that day falls on an official holiday or a non-business day at the place of business of the offeror, the period is extended until the first business day which follows.

제20조
(1) 전보 또는 서신에서 청약자가 지정하는 승낙을 위한 기간은 그 전보가 발신을 위하여 교부되는 순간부터 또는 서신에 표시된 일자부터 또는 그러한 일자가 표시되지 아니한 경우에는 봉투에 표시된 일자부터 기산된다. 전화나 텔렉스 또는 기타의 동시적 통신수단을 통하여 청약자가 지정하는 승낙을 위한 기간은 청약이 피청약자에게 도달하는 순간부터 기산된다.
(2) 승낙을 위한 기간이 진행하는 중의 공휴일 또는 비영업일은 그 기간을 계산하는 데 산입된다. 그러나 그 기간의 말일이 청약자의 영업소에서는 공휴일 또는 비영업일에 해당하기 때문에 승낙의 통지가 그 기간의 말일에 청약자의 주소지에서 전달될 수 없는 경우에는 승낙을 위한 기간은 이에 이어지는 최초의 영업일까지 연장된다.

第20条
(1) 发价人在电报或信件内规定的接受期间，从电报交发时刻或信上载明的发信日期起算，如信上未载明发信日期，则从信封上所载日期起算。发价人以电话电传或其它快速通讯方法规定的接受期间，从发价送达被发价人时起算。
(2) 在计算接受期间时，接受期间内的正式假日或非营业日应计算在内。但是，如果接受通知在接受期间的最后一天未能送到发价人地址，因为那天在发价人营业地是正式假日或非营业日，则接受期间应顺延至下一个营业日。

第20条阐明了被发价人必须接受一项发价的期限计算方法的规则。第(1)款定义了接受期限开始计算的时间。该款对发送与接受之间会产生延误的通讯（第1句）和瞬时通讯（第2句）加以了区分。没有任何报告说有适用该款的判例。第(2)款涉及正式假日和非营业日对期限计算的影响。没有任何报告说有适用该款的判例。

021. 逾期的承诺

<table>
<tr><td>Art. 21
(1) A late acceptance is nevertheless effective as an acceptance if without delay the offeror orally so informs the offeree or dispatches a notice to that effect.
(2) If a letter or other writing containing a late acceptance shows that it has been sent in such circumstances that if its transmission had been normal it would have reached the offeror in due time, the late acceptance is effective as an acceptance unless, without delay, the offeror orally informs the offeree that he considers his offer as having lapsed or dispatches a notice to that effect.</td></tr>
<tr><td>제21조
(1) 연착된 승낙은 그 연착에도 불구하고 청약자가 지체없이 그것이 승낙으로서 유효하다는 취지를 피청약자에게 구두로 알리거나 또는 그러한 취지의 통지를 발송하는 경우에는 승낙으로서 유효하다.
(2) 연착된 승낙을 담고 있는 서신 또는 기타의 서면으로 보아 그 전달이 정상적이었다면 그것이 제때에 청약자에게 도달할 수 있었다는 사정 아래 발송되었음이 나타나는 경우에는 그 연착된 승낙은 승낙으로서 유효하다. 다만 청약자가 지체없이 피청약자에게 자신의 청약이 실효하였다고 본다는 취지를 구두로 알리거나 또는 그러한 취지의 통지를 발송하는 경우에는 그러하지 아니하다.</td></tr>
<tr><td>第21条
(1) 逾期接受仍有接受的效力，如果发价人毫不迟延地用口头或书面将此种意见通知被发价人。
(2) 如果载有逾期接受的信件或其它书面文件表明，它是在传递正常、能及时送达发价人的情况下寄发的，则该项逾期接受具有接受的效力，除非发价人毫不迟延地用口头或书面通知被发价人：他认为他的发价已经失效。</td></tr>
</table>

第21条规定，不论在什么情况下，只要满足第(1)款或第(2)款中规定的条件，逾期接受同样有效。本公约第二部分的其他条款规定了何时接受为逾期。因此第18条第(2)款要求接受通知应在该款规定和根据第20条计算的期限内及时送达发价人；第24条明确规定了撤销通知送达被发价人的时间。但是第18条第(3)款确定了当被发价人做出“某种行为，例如与发运货物或支付价款有关的行为，而无须向发价人发出通知[……]时，接受通知生效的情况。”

第(1)款规定只要发价人毫不延迟地通知被发价人接受有效，逾期接受也就有效。第(2)款规定，如果书面文件显示发送通知在接受期限内正常送达发价人，“载有逾期接受的信件或其他书面文件”作为接受通知仍为有效，除非发价人毫不迟延地通知被发价人：他认为发价已经失效。

022. 承诺的撤回

Art. 22 An acceptance may be withdrawn if the withdrawal reaches the offeror before or at the same time as the acceptance would have become effective.
제22조 승낙은 그 효력이 발생하기 전에 또는 그 효력의 발생과 동시에 철회의 의사표시가 청약자에게 도달하는 경우에는 철회된다.
第22条 接受得予撤回，如果撤回通知于接受原应生效之前或同时，送达发价人。

第22条规定，只要撤回通知是在接受生效之前或同一时间送达发价人的，被发价人可以撤回其接受。接受一般在其根据第18条第(2)款送达发价人时生效（尽管根据第18条第(3)款规定，在某些情况下当做出某种行为时，该行为表示同意才能生效）。第24条明确规定了接受通知以及撤回通知“送达”发价人的时间。没有任何报告说有适用该条款的判例。

第3章　合同成立的时间

区分及内容		
第 3 篇　合同的订立		第14条~第24条
	第1章　要　约	第14条~第17条
	第2章　承　诺	第18条~第22条
	第3章　合同成立的时间	第23条~第24条
	第23条　合同成立的时间	
	第24条　"送达"的含义	

023. 合同成立的时间

Art. 23 A contract is concluded at the moment when an acceptance of an offer becomes effective in accordance with the provisions of this Convention.
제23조 계약은 청약에 대한 승낙이 본 협약의 규정에 따라 효력을 발생하는 순간에 성립한다.
第23条 合同于按照本公约规定对发价的接受生效时订立。

第2条规定合同于对发价的接受生效时订立。除第18条第(3)款规定的以外，在接受通知按照第18条第(2)款送达发价人时接受生效。第18条第(3)款中的例外规定，若根据发价或作为在双方当事人之间确定的惯例或习惯做法的结果被发价人允准以一种特定行为表示接受而无须通知发价人，则在其做出此行为时接受生效。

1. 解释和订立合同的时间

当双方当事人之间的行为和通讯，像第8条规定并按照第8条做出的解释那样，确定已经有效地接受发价，则合同订立。有一项判决得出了如下结论：以双方当事人各自政府的批准为合同条件的发价，经过了适当解释，因此并未延迟订立符合本公约的合同。另一项判决裁定，供应商和潜在分包商已同意以由主承包商未来授予分包合同作为订立销售合同的条件。

一俟合同订立，随后的通讯可以推定为更改合同的建议。有多家法院裁定，这些建议必须服从本公约中有关发价和接受的规则。

2. 订立合同的地点

第23条并未涉及订立合同的地方。一家法院根据第23条推定，在接受通知送达发价人的营业地点订立合同。

判例讨论 23-1

◉ 关联条款：第1条(1)，第23条
◉ 案件参考：Clout Case No. 158
◉ 案件分类：France, Paris Court of Appeal (15th Division), 1992.04.22

原告法国买方通过被告设在法国的联络处，丁1990年3月22日向被告德国卖方订购了儿批电子元件。买方接受了供货人预先提出的价格，但要求根据市场的下跌情况对它进行复核。在它接受订货时，卖方答复说价格可按照市场出现的涨跌进行修改，但有些零部件不能交货。3月26日双方进行了电话交涉，德国卖方同一天给它的对手发去了一份用户电报，提及买方为修改一部分订货的一项协定。法国买方4月13日的一份用户电报重新修改了它的订货，但德国卖方声称由于短期内要交货而不能接受这一改变。

在巴黎上诉法院，原告坚称由于对原来的订货进行双方出现了对之有分歧的修改，因而并未订立合同，并为此援引了《销售公约》第19条。原告还强调指出，按照该文书第4条，必须考虑到有关销售价格的法国普通法。

上诉法院认为设在法国的联络处不具备正式法人资格，因此这是一项一家法国公司和一家德国公司间的国际销售合同。它判定本诉讼案中可适用《销售公约》(第1-16条)。

至于合同的订立问题，上诉法院认为由于当事各方已就事务及价格达成同意意见，合同就已有效订立并自买方收到了卖方按照《销售公约》第23条规定接受订货时失效。此外，由于买方强调卖方发送了多余的货物，上诉法院宣布如果发送的材料数量与订货数量不符，买方应立即将多余货物退回。最后，关于价格，法院强调指出当事各方关于按市场修改的协定没有使这一价格难于确定，但未说明它根据什么法律原则认为这一价格可以确定。

024. “送达”的含义

> Art. 24
> For the purposes of this Part of the Convention, an offer, declaration of acceptance or any other indication of intention reaches the addressee when it is made orally to him or delivered by any other means to him personally, to his place of business or mailing address or, if he does not have a place

of business or mailing address, to his habitual residence.
제24조 본 협약 제2편의 적용에 관해서는, 청약, 승낙의 선언 또는 기타의 의사표시는 그것이 수신인에게 구두로 전해지거나 또는 기타의 방법으로 직접 수신인에게, 그의 영업소나 우편송부처에 또는 수신인이 영업소나 우편송부처가 없는 경우 그 일상적인 거소에 전달되는 때에 수신인에게 도달한 것으로 한다.
第24条 为公约本部分的目的，发价、接受声明或任何其它意旨表示“送达”对方，系指用口头通知对方或通过任何其它方法送交对方本人，或其营业地或通讯地址，如无营业地或通讯地址，则送交对方惯常居住地。

就第二部分（关于合同的订立）而言，第24条明确了通知送达另一方当事人的时间。本公约第二部分在以下条款中提到了通知“送达”另一方当事人的时间：第15条第(1)款（发价生效的时间）；第15条第(2)款（撤回发价）；第16条第(1)款（撤销接受）；第17条（拒绝一项发价）；第18条第(2)款（接受生效的时间）；第20条第(1)款（如通过即时通讯发价，接受期限起始）；第21条第(2)款（在正常时间送达的逾期接受）和第23条（合同订立的时间）。

1. 第24条的范围

第24条仅适用于在合同订立之时或之前的通讯。至于合同订立后的通讯，第27条规定，对方需承担未收到、延误或出错的风险。

2. 口头通知

只要向对方发出了口头通知，通知就算送达了对方。没有任何报告说有适用这一规定的判例。

3. 其他通知

其他任何通知只要是发给对方本人的或发给其营业地或通讯地址的就算送达了对方。如果对方没有营业地或通讯地址，向对方送达通知时需发给他的常住地。即使对方改变了地址，发给相关地址的通知照常有效。

4. 通知语言

第24条未明确涉及用对方无法懂得的语言“送达”的通知是否也算“送达”了对方。根据第8条第(1)款和第(2)款，一方当事人的通知应该根据双方当事人的共同理解或如果没有这种共同理解则按照一个与另一方当事人同等资格的通情达理者在同样情况下的理解予以解释。一家法院声称，根据第8条，除非通知使用的语言为双方当事人所同意，或曾为双方当事人在以前的交易中所使用，或是交易中惯用的，否则通知不算“送达”对方。另有几家法院裁定，由于标准条款未翻译成另一方当事人的语言，因此标准条款无效。

判例讨论 24-1

◉ 关联条款：第1条(1)，第7条(2)，第23条，第24条，第53条，第58条
◉ 案件参考：Clout Case No. 919
◉ 案件分类：Croatia, High Commercial Court Pž,「2728/04-3」, 2005.07.26

意大利卖方向克罗地亚买方交付货物，作为正在进行的业务关系的一部分。买方未能对最后交付的货物支付价款，并声称他从未与卖方订立合同关系，而是与作为中间人的另一家克罗地亚公司订立了合同关系。卖方因支付价款问题向萨格勒布商业法院起诉买方。法院作出了有利于卖方的裁决并责令买方根据克罗地亚法律支付价款另加应计利息。

在审理上诉时，高级商业法院确认了部分裁决，驳回了部分裁决。该法院指出，一审法院应适用《销售公约》而不是《克罗地亚义务法》。依照《销售公约》第1(1)(a)条，应适用《销售公约》，因为当事人的营业地在不同的缔约国。高级商业法院认为，由于卖方与买方之间存在持续的业务关系，根据《销售公约》第23和24条，当买方的订单抵达卖方时，销售合同成立。法院确认了下级法院的裁定，即买方必须支付价款，即使这种裁决的适当法律依据是《销售公约》第53条，而不是《克罗地亚义务法》的相应条款。

高级商业法院还维持了商业法院的裁定，即卖方起诉的时效期限并为届满。不过高级商业法院指出，商业法院应适用1974年《联合国国际货物销售时效期限公约》规定的4年时效期限，而不是意大利民法规定的5年时效期限。

高级商业法院驳回了下级法院对利率的裁决，因为后者应适用意大利法律不是克罗地亚法律规定的利率。高级商业法院指出，《销售公约》第78条规定应支付利息，但未规定确定利率的标准。根据《销售公约》第7(2)条，高级商业法院适用了克罗地亚国际私法（克罗地亚国际私法法第20(1)条），并认为利率应受意大利法律作为卖方法律的管辖。

第 4 篇

货物销售

第 4 篇
货物销售

区分及内容		
第 4 篇　货物销售		第25条~第88条
	第1章　总　则	第25条~第29条
	第2章　卖方义务	第30条~第52条
	第3章　买方义务	第53条~第65条
	第4章　风险转移	第66条~第70条
	第5章　卖方和买方义务的一般规定	第71条~第88条

如果订立了国际销售合同，则《销售公约》第三部分所载的规则阐述了依据该合同设定的双方当事人的实质义务。第100条(b)项阐述了适用这些规则的时间要求。《公约》第三部分由第一章，“总则”（第25条至第29条）；第二章，“卖方的义务”（第30条至第52条）；第三章，“买方的义务”（第53条至第65条）；第四章，“风险移转”（第66条至第70条）；及第五章，“卖方和买方义务的一般规则”（第71条至第88条）组成。

1. 允许缔约国提出的保留意见

根据《销售公约》第92条，缔约国可声明它不受《公约》第三部分的约束，在这种情况下，对缔约国具有约束力的公约规则主要为关于合同订立的第二部分中的规则。没有缔约国做出这种声明。在销售事项上具有相同或非常近似的法律规则的两个或两个以上的缔约国，可随时声明本公约不适用于营业地在这些缔约国内的当事人之间的销售合同，也不适用于这些合同的订立。(《销售公约》第94条第(1)款)。对属于《公约》管辖范围的事项具有与一个非缔约国相同或非常近似的法律规则的缔约国，也可做出这种声明（《销售公约》第94条第(2)款。这种非缔约国如果后来成为缔约国可以声明，《公约》仍然不适用于与早先做过声明的缔约国的人所订立的销售合同。(《销售公约》第94条第(3)款。丹麦、芬兰、挪威和瑞典做过声明，本公约——包括其第三部分——不适用于在这些国家或冰岛的当事人之间的合同。当冰岛成为缔约国时，它宣布将继续执行这种安排。

第1章　总则

区分及内容			
第 3 篇　货物销售			第25条~第88条
	第1章　总　则		第25条~第29条
		第25条　根本违约的含义	
		第26条　宣布合同无效的通知	
		第27条　通知的要求及效力	
		第28条　实际履行的判决	
		第29条　合同的修改´终止	
	第2章　卖方义务		第30条~第52条
	第3章　买方义务		第53条~第65条
	第4章　风险转移		第66条~第70条
	第5章　卖方和买方义务的一般规定		第71条~第88条

《公约》第三部分第一章包含五条——第25条至第29条。其中的头两条涉及与宣告合同无效有关的事项：第25条界定了一种“根本违反合同情况”，这是第49条第(1)款(a)项、第51条第(2)款、第64条第(1)款(a)项、第72条第(1)款和第73条第(1)款及第(2)款项下宣告合同无效的前提条件（也是第46条第(2)款项下买方要求交付替代货物的前提条件)；第26条指出，宣告合同无效的声明，必须向另一方当事人发出通知，方始有效。第一章其余条款涉及不同的事项。第27条涉及第三部分下的通知如在传递上发生耽搁或错误，或者未能到达，是否仍然有效。第28条允许法院对于依照其本国的法律不做出判决的情形拒绝对履行义务的具体情况做出判决。最后，第29条涉及《公约》适用的合同的更改问题。

025. 根本违约的含义

Art. 25
A breach of contract committed by one of the parties is fundamental if it results in such detriment to the other party as substantially to deprive him of what he is entitled to expect under the contract, unless the party

in breach did not foresee and a reasonable person of the same kind in the same circumstances would not have foreseen such a result.
제25조 당사자의 일방이 범한 계약위반은 그것이 그 계약 하에서 상대방이 기대할 권리가 있는 바를 실질적으로 박탈하는 정도의 손해를 초래하는 경우에는 중대하다. 다만 위반당사자가 그러한 결과를 예견하지 못하였고 또한 동일한 부류의 합리적인 자도 동일한 사정 하에서 그러한 결과를 예견하지 못하였을 경우에는 그러하지 아니하다.
第25条 一方当事人违反合同的结果，如使另一方当事人蒙受损害，以至于实际上剥夺了他根据合同规定有权期待得到的东西，即为根本违反合同，除非违反合同一方并不预知而且一个同等资格、通情达理的人处于相同情况中也没有理由预知会发生这种结果。

第25条明确了在本公约各条款中使用的“根本违约”一词。本文中界定的根本违约是本公约中某些补救措施的前提，包括一方当事人根据第49条第(1)款(a)项和第64条第(1)款(a)项宣告合同无效的权利，及买方要求发送替代不符合同条款的货物的权利（第46条第(2)款)。本公约其他条款在宣告合同无效方面也使用该短语（见第51条第(2)款、第72条第(1)款、第73条第(1)款和第(2)款)。根本违约还影响本公约的风险移转条款的实施——见第70条和第三部分第四章第三节《摘要汇编》第13段。一般说来，第25条明确了导致对违约进行“正常”补救的情形（像货损和价格下跌）与要求给予彻底补救的情形，如宣告合同失效之间的界限。

1. 根本违约的一般定义

根本违约首先需要一方当事人切实违反了合同。违反合同规定的义务就足以构成违约——只要根本违约的其他要求都具备，不管是合同专门规定的双方当事人之间责任还是根据本公约的规定承担的责任。甚至违反一种附带的责任也可导致根本违约。例如，如果制造商有责任将带某一特定商标的货物留给买方，而制造商在展销会上展示带这种商标的货物（即使在买方警告之后还是继续陈列)，则认为该制造商属于根本违约。

为了定为根本违约，违约必须具有某种性质和份量。受害方必须遭受严重损害以致实质性剥夺了他有权期待得到的合同中规定的东西。因此，违约必须是否定了或者从根本上降低了受害方根据合同规定的正当期待。什么样的期待是正当的，这取决于具体的合同和合同条款所考虑的风险分配、习惯做法及本公约的条款。例如，买方通常不能期待所发送的货物将服从买方国家的法规和官方标准。因此，例如提供镉含量超过了买方国家的推荐标准的淡菜未被视为根本违约（或实际上未被视为违约），因为买方不能期望卖方满足这些标准，因为少量的消费并不危及消费者的健康。

第25条进一步规定，只有违约方可合理预见违约导致期望基本上破灭时，违约才是根本违约。然而，此规定没有提到在什么时候违约的后果必然是可以预见的。一家法院做出了如下判决：订立合同的时间与此相关。

2. 根本违约的具体情况

一些法院还对某些典型事实类型是否构成根本违约做出了判决。法院还在各种不同情况下做出了如下裁定：完全不履行基本的合同规定责任即构成根本违约，除非该方当事人有理由证明不履行责任是有正当理由的。在最后不交货及最后不付款的两个案件中都做出了此类判决。然而，如果最终未履行的仅是合同中很小一部分（例如多批货中有一批未交），未履行合同就属于普通的非根本违约。另一方面，一种最后的但不是正当地宣布不履行自身合同义务的意向被裁定构成了根本违约。同样，买方无力清偿债务和财产受到清理，被判定构成了第64条下的根本违约，因为它剥夺了未收到货款的卖方按照合同有权期待获得的东西，即支付全部货款。同样，买方拒绝按照合同要求开立信用证也被认定为构成根本违约。另外还确定，鉴于在分批交货的销售中未发送第一批货，买方就有理由认为以后的几批货也不会发送，因此预计会出现根本违约（第73条第(2)款）。

作为一种规则，逾期履行合同——不管是逾期交货还是逾期付款——本身均不构成根本违约。只有当履行合同的时间十分重要（因为合同是这样订立的），或者是因明显的情况应该这样做的（例如季节性商品），则此类延迟等于根本违约。但是，即使延迟不是根本违约，本公约也允许受害方确定延长履约期限；如果违约方未在这一期限内履约，受害方随后可以宣布合同失效（第49条第(1)款(b)项和第64条第(1)款(b)项）。因此在那种情况下——不过只是在那种情况下，未在延长的合同期内履约则会使非根本性延迟履约变成宣告合同无效的充足理由。

如果所交货物存在缺陷，当货物与合同不符被正当视为根本违约时，买方可宣告合同无效（第49条第(1)款(a)项）。所以，根本的一点是要弄清在什么情况下交付与合同不符的货物构成了根本违约。在这方面，一些法院裁定，只要买方——在不存在不合理的麻烦的情况下——能使用货物或转售货物，甚至打些折扣，质量不符依然不过是非根本违约。例如，交货的冻肉太肥，含水率太高，结果其价值比合同规定的质量低了25.5%（经专家鉴定），这种情况不能视为根本违约，因为买方仍能以较低的价格转售或以其他方式进行加工。相反，如果不符合合同规定的货物经过合理的努力仍不能使用或转售，则构成了根本违约，买方就有权宣布合同无效。有一判例就是这样裁定的，其货物存在严重缺陷，不可修复，尽管在某种程度仍能使用（例如，原来设想整个夏天都会开花，但结果只开了一段时间就凋谢了）。一些法院认为，当货物存在重大缺陷，而买方需要用符合合同规定的货物制造其他产品时，在未提及买方可能将货物另作他用或转售的情况下，此类违约属于根本违约。如果货物不符合同是因添加材料造成的，而且这种添加无论在卖方国家还是在买方国家都是非法的，这同样构成了根本违约。

当货物存在缺陷但可以修复时一些特殊的问题就出现了。有些法院裁定，货物易修复就不算根本违约。当卖方迅速提供并完成了修复，而且没有给买方造成任何麻烦时，一些法院不愿将违约视为根本违约。

违反其他合同义务也可视同为根本违约。然而，违约必须是剥夺了受害方应享有的主要合同利益，并且这种结果是另一方当事人事先能预计到的。因此，有一家法院声称，在提交的与货物有关的证明不正确的情况下，如果货物不管怎样是可以作为商品销售的，或者买方本身能轻而易举地获得合适的证明（由卖方支付费用），则不存在根本违约。非正当地否定另一方当事人的合同权利——例如拒绝承认保留所有权条款的有效性及卖方拥有货物的权利或在得到货物样品后不正当地否定有效合同——可视同为根本违约。当实质性违反转售的限制时情况亦是如此。

逾期接受货物一般不构成根本违约，尤其在只是延迟几天的情况下。累计违反多项合同义务很有可能被视为根本违约，但不自动构成根本违约。在这种情况下，根本违约取决于案件本身的情况，以及违约行为是否使受害方丧失了合同的主要利益及其在合同中规定的权益。

3. 举证责任

第25条在某种程度上规定了证明其要素的举证责任。对于第25条的可预见性要素，举证责任应由违约方承担：该方必须证明他没有预见到违约带来的实质性有害影响，而且在同样情况下同等资格的通情达理的人也不可能预见到此类影响。另一方面，受害方必须证明违约实质性地剥夺了他根据合同有权期待得到的东西。

判例讨论 25-1

◉ 关联条款：第1条，第25条，第30条，第35条(2)(a)，第38条，第39条(1)，第53条，第84条
◉ 案件参考：Clout Case No. 867
◉ 案件分类：Italy, Tribunale Forlí,「No. 2280」2008.12.09

案件涉及斯洛文尼亚买方和意大利卖方关于出售各类鞋样的合同。在签署合同并提取货物之后，买方支付了商定的价款。但经检查时后发现，已经购买的多数鞋样均有瑕疵，无法出售。买方向卖方发出所谓鞋样不合标准的通知，并要求替换不合标准的鞋样。卖方对不合标准的事实予以承认，主动提出用它生产的其他物品替换不合标准的鞋样。但无法完全使用适于在斯洛文尼亚市场上出售的其他物品完全替换不合标准的鞋样。因此，买方请求偿还已经缴纳的部分款项，但卖方拒绝这一请求，宣布只能接受替换物品。

买方在Forli地区法院向卖方提出起诉。法院依照欧洲关于管辖权以及承认和强制执行民事和商事事项的第44/2201号条例宣布其具有管辖权。此外，虽然诉讼人尚未提及《销售公约》，但法院确认，根据公约第1条，合同关系具有国际性质，其原因是，当时双方在缔约国的营业地各不相同。因此，该合同受《销售公约》管辖，而后者属于针对冲突法国内一般规则的特别法。

法院认为，买方有权要求对无法替换的受损鞋样退还价款。根据《销售公约》第35条，卖方有义务按照合同所要求的数量、质量和规格交付货物。而在手头的案件中，货物不合标准。买方已通知卖方货物不合标准，并在发觉货物瑕疵以后已经根据《销售公约》第39条而在"合理时间"内列明瑕疵的性质。

因此，法院确认，卖方违反合同，并随之就该违约是否构成重大违约及买方请求部分终止合同是否合理展开了讨论。据法院认为，《销售公约》第25条可予以适用，因为在订购的货物中，卖方以满意的方式交付货物的仅占1/10。这可以被视为重大违约；因此，买方有权宣布合同无效，根据《销售公约》第84条要求退还已付价款和相关利息。

判例讨论 25-2

◉ 关联条款：第25条，第35条，第49条
◉ 案件参考：Clout Case No. 937
◉ 案件分类：Switzerland, Cantonal Court of the Jura,「No. I.37/04」, 2007.07.26

纠纷涉及销售用于热加工的工业锅炉。德国买方取消了合同并起诉位于汝拉的卖方，要求偿还预付款并赔偿损害。就此，买方列举了一系列缺陷。

法院认为，只有在《销售公约》第25条所述的根本违反合同的情况下，才有取消合同的权利；法院在详细审议的过程中确定了一些条件，只有满足了这些条件，才构成根本违反合同的行为。

法院只承认所称缺陷中的一项；锅炉的某些部位不符合关于与热表面接触的欧洲安全标准。但法院裁定，该缺陷不构成根本违反合同，因而结论是，可以进行修补，特别是安装额外的保护装置，即费用不高的金属护板。这一小缺陷很容易弥补，而且费用甚低，因而并不影响合同的基本内容，也不会严重损害双方当事人追求的经济目标。因此法院不承认买方有权宣布合同无效，并驳回了买方的索赔。

026. 宣布合同无效的通知

Art. 26 A declaration of avoidance of the contract is effective only if made by notice to the other party.
제26조 계약해제의 선언은 상대방에 대한 통지로써 행하여진 경우에만 효력이 있다.
第26条 宣告合同无效的声明，必须向另一方当事人发出通知，方始有效。

第26条规定，宣告合同无效必须由意欲终止合同的一方当事人发表声明，声明必须通知另一方当事人方始有效。《销售公约》没有规定合同自动（当然）无效。尽管如此，法院还是认定，当卖方“毫不含糊地且果断地”宣布他不履行义务时，合同无效通知是不必要的，因为在这种情况下，通知“只不过是一种形式而已”，合同无效日期可以从债务人声明无意履约来确定，要求合同无效通知也违反了第7条第(1)款中的规定，即解释本公约的方式应促进在国际贸易上遵守诚信。要求通知另一方当事人之目的是确保另一方当事人了解合同的状况。

1. 通知的形式

通知无需采取特定的形式（另见第11条）。因此，可采用书面形式，甚至口头形式。另外，如果向法院提交申诉书，那么有申诉书中的通知就行了。第26条未提到存在默示通知的可能性，但有多家法院审理了这个问题。一家法院裁定，买方只是购买替代货物，并不构成宣告合同无效的有效（默示）通知。另一家法院判决，买方将所交货物发回了卖方，但未作进一步解释，并不等于发出了宣告合同无效的有效声明。

2. 通知的内容

通知必须使用足够明晰的语言来表达以下意思：本方当事人不再受合同的约束，并认为合同已经终止。因此，宣布如果另一方当事人不做出反应合同将无效，或者发函要求降价或取回所发的货物，或者仅发回货物，均不构成有效通知，因为它们没有使用明确的措辞说发端当事人认为合同已经无效。如果一方当事人只是要求赔偿损失，或者宣布一份不同的合同无效，情况也是一样。然而，似乎不必非用“声明无效”短语，甚至是“无效”一词，也不必援引本公约的相关规定，只要一方当事人告知由于另一方违约目前终止合同这一想法。因此，一家法院裁定，买方已声明他不能使用有缺陷的货物，并将货物交由卖方处置，从而所发通知是有效的。对于买方声称不再同卖方进一步做生意的信函，也做出了同样的裁定。买方书面拒绝履约加上要求退款也被视为充足的合同无效通知。货物不符合同的通知及声明无效的通知可揉在一起，在一个声明中表述。

3. 通知的接收人

通知必须直接发给另一方当事人，通常是签署原始合同的另一方当事人或其授权的代理人。如果合同权利转让给了第三方，则声明必须发给新的一方当事人。

4. 通知的送达

在某些情况下，第49条第(2)款和第64条第(2)款规定，声明无效的通知必须在合理的时间内送达。经裁定，根据第49条第(2)款，在好几个月后才发通知显然是不合理的。为了满足时间上的适用限制，在期限内发出通知就行了（见第27条）。

判例讨论 26-1

- 关联条款：第25条，第35条，第49条
- 案件参考：Clout Case No. 734
- 案件分类：Spain, Audiencia Provincial de Castellón (Sección 3ª), 「No. 138/2006」, 2006.03.21

卖方为一家德国公司，向一家西班牙公司出售降低汽车油耗的装置。购买价款应于2001年1月支付。这些装置并没有减少油耗，因此买方向卖方口头通知了这一问题。卖方 2001年6月造访买方公司以确认不符合同的问题。第二年3月，买方正式将不符合同的问题通知卖方，并废除合同。

卖方对买方提起诉讼，索要买方因货物不符合合同而拒绝支付的合同价款。法院指出，根据《销售公约》第39(1)条，货物不符合同是因为隐藏的违约问题。但法院认为，买方书面通知卖方的时间不在《销售公约》第39(1)条所规定的合理时间范围内，因此支持卖方的索赔要求。买方对该裁决提起上诉。

上诉法院指出，根据《销售公约》第25条，货物不符合同构成了根本违反合同。法院称，买方在书面通知之前已将货物不符合同一事以及退回货物的意图口头通知了卖方，卖方甚至还因此造访了买方。因此法院认为，买方已经按照《销售公约》第26条和第49(1)(a)条将其废除合同的意图通知了卖方。此外，法院判定上述通信在《销售公约》第49(2)(b)[(一)]条规定的合理时间范围之内。因此支持买方的上诉请求。

判例讨论 26-2

◉ 关联条款：第26条，第30条，第35条，第38条，第39条
◉ 案件参考：Clout Case No. 484
◉ 案件分类：Spain, Provincial Court of Pontevedra (Sixth Division), 「No. 3036/2002」, 2002.10.03

西班牙卖方和约旦买方订立了一项CIF冻鱼销售合同，在约旦交付货物。约旦当局因该鱼有寄生性感染问题而拒绝允许进口，买主则将货物不符情况通知了卖方。卖方则将该批鱼货转卖给爱沙尼亚一个第三方，并将货款退还给买方，但扣除了运回西班牙以及后来装运至爱沙尼亚的费用。初审法院得出的结论是，卖方应偿还它所扣留买方的全额运输费用。

上诉法院确认了该裁决，在法律方面参照《销售公约》第26、30、35、38和39条（在买方促请下）以及西班牙国内法的规定（在卖方促请下）得出结论。法院认为，买方在合理时间范围内对货物进行了检查并报告了瑕疵情况。买方检查货物所用时间是一个月，它在两个月内发出通知，并在两年内向法院提出索赔要求。法院还指出，"与一些国内法律制度的情况相反，撤消合同不是司法问题，但在向违约方发出通知的义务得到履行之后合同将会自动撤消（《维也纳公约》第26条)"。法院还指出，合同载有一项解除义务条款，该款规定，如果货物未能通过约旦的卫生检查，卖方将承担全部责任。

此外，法院还指出，卖方的行为有违其自己提出的诉讼（《西班牙民法典》第7.1 条)，因为卖方的往来函件表明卖方承担了对货物瑕疵的责任，并且也同意部分撤消合同，为此转卖了货物并退还买方部分货款。

027. 通知的要求及效力

Art. 27 Unless otherwise expressly provided in this Part of the Convention, if any notice, request or other communication is given or made by a party in accordance with this Part and by means appropriate in the circumstances, a dolay or error in the transmission of the communication or its failure to arrive does not deprive that party of the right to rely on the communication.
제27조 본 협약 본 편에서 다른 명시적인 규정이 없는 한, 어떠한 통지나 요청 또는 기타의 통신이 본 편에 따라 또한 상황에 적절한 방법으로 당사자에 의하여 보내진 또는 행하여진 경우에는 통신의 전달에 있어서의 지연이나 오류 또는 불착이 있더라도 당사자는 그 통신에 의존할 권리를 박탈당하지 아니한다.
第27条 除非公约本部分另有明文规定，当事人按照本部分的规定，以适合情况的方法发出任何通知、要求或其它通知后，这种通知如在传递上发生耽搁或错误，或者未能到达，并不使该当事人丧失依靠该项通知的权利。

第27条指出，一般说来，发送通知的原则适用于本公约第三部分规定的一切类型的通知（第25条至第89条)。按照这一原则，当事人只需使用适当的通讯手段发送通知；随后由对方承担通知传送是否准确和完整的风险。

1. 发送原则

发送原则是本公约对双方当事人订立合同后相互通讯适用的一般原则。根据这一原则，通知、要求或其他通讯一旦由当事人使用适当的通讯手段从其自己的活动范围发出，则立即生效。该规则适用于货物不符合同或第三方索赔（第39条和第43条)、实际履约的要求（第46条)、降低价格（第50条)、货物损害（第45条第(1)款(b)项）或利息（第78条)、宣布合同无效（第49条、64条、72和73条)、确定履行合同的延长期限（第47和63条）以及像第32条第(1)款、第67条第(2)款和第88条中规定的其他通知。作为本公约第三部分的一般原则，发送原则同样适用于双方当事人在其合同中规定的其他任何通讯，除非他们一致同意通知必须在收到后才生效。

然而，本公约第三部分的有些条款明确规定，通知只有在对方"收到"后才正式生效（见第47条第(2)款、第48条第(4)款、第63条第(2)款、第65条和第79条第(4)款)。

2. 适当的通讯手段

通知方必须使用适当的通讯手段发出通知，以使通知得益于第27条的规定。在一案件中，法院声称，通知发给不是充当卖方代理人的个体经纪人，并不是通知卖方的合适手段：只有买方自己弄清楚个体经纪人的可靠性，该通知才被认为是通过适当手段发出的。买方还必须向经纪人讲明他作为信使的职能以及通知的重要性，必须对履行委托任务的情况进行监督。

第27条没有明确提到通讯使用的语言是如何影响适当性的。但是，为了确保有效，通讯必须使用双方当事人明确选择的或以前在他们之间使用的语言，或者使用接收方理解的或他为理解所采用的语言。

法院裁定，第27条未管辖口头通知。一家法院声称，如果另一方当事人能听到并能理解（就语言而言)，则通知是有效的。

3. 适当的和不适当的通讯带来的影响

如果通知方使用不适当的传递方式，该通知一般被认为是无效的。因此，例如，如果买方将关于货物不符合同的通知错发给了他人，他就丧失了对所发货物不符合同的补救手段。

4. 举证责任

法院还裁定，通知方必须证明通知确实已经发出，并阐明通知发出的时间和采用的方法。如果双方当事人已就通知的具体形式达成协议，通知方还必须证明他使用了双方所商定的形式。然而，通知方不需要证明通知已经送达对方。

判例讨论 27-1

◉ 关联条款：第27条，第88条
◉ 案件参考：Clout Case No. 540
◉ 案件分类：Austria, Oberlandesgericht Graz, 「2R 62/02h」, 2002.09.16

德国的买方向奥地利的卖方购买了一些服装，但没有接受交货。在通过传真和电话要求买方接受货物之后，卖方将货物以低得多的价格卖给其他买方，并对德国买方提起诉讼，以追回原定价格与卖方得到实际货款之间的差价。

上诉法院判定，买方拖延接管货物的时间过长，卖方依据《销售公约》第88条有权将货物另行出售。法院判定，卖方忠于职守，通过传真和电话向买方发出适当通知，它打算出售这些货物。法院还判定，根据《销售公约》第88条的含义，卖方向买方指明的在14日之内接管货物的期限是合理的。最后，法院指出，尽管接受传真的传真号是正确的，但传真可能实际上没有到达买方手中，这一事实不能剥夺卖方依据《销售公约》第27条进行交流的权利。

判例讨论 27-2

◉ 关联条款：第27条，第35条，第38条，第39条，第45条，第53条，第58条，第74条，第77条，第78条
◉ 案件参考：Clout Case No. 723
◉ 案件分类：Germany, Oberlandesgericht Koblenz, 「No. 6 U 113/06」, 2006.10.19

科布伦茨地区高等法院的判决，除其他事项外，特别确定了如果货物的所有随机样品都显示有与合同不相符的情况，那么整批货物可视为与合同不符而加以拒绝。

原告匈牙利一纺织品生产、加工和经销公司起诉买方德国一中间商，要求被告支付其无争议接受的几批T恤衫的购货价款。买方将购货价款用于抵销几宗所称由于货物与合同不符和延迟交货所造成的损害索赔。原告直接将T恤衫发往被告的客户。被告的客户抽取的随机样品显示，T恤衫未按合同所要求的方式包装，部分存在编织瑕疵，而且有污渍。此外，一些T恤衫为长袖，尽管订货时说明为短袖。由于客户提出要么折价接受货物，要么将T恤衫全部退回，被告接受了货物折价。被告称其已用传真将货物不符的情况通知原告，原告则称从未收到此类传真。

在地区法院一审中，原告被判获得其对支付购货价款所主张的全部金额及利息。收到上诉后，地区高等法院部分推翻了原判，而认可被告抵销其对货物不符的交货提出的损害索赔额，并将抵销被

告损害后的剩余货款判给原告。

上诉法院称，如果货物的所有随机样品均被发现与合同不符，那么整批货物将被视为与合同不符。法院进一步认定，被告满足了大致为一个月的通知期的要求，因此允许被告对损害进行抵销，而不寻求适用的国家法律在抵销要求上的任何救济。法院还认定被告履行了《销售公约》第77条规定所应承担的义务，采取了合理的措施，通过接受削减货款而非全部退货来减轻违约损失。根据《销售公约》第27条，法院认为原告关于其未曾收到货物不符通知的抗辩与本案无关。至于原告对剩余购货价款的利息要求，法院宣布由于《销售公约》第78条未有利息率规定，因此由法院所在国的法律冲突规则规定应适用的国家法律来确定违约利息率。

028. 实际履行的判决

Art. 28 If, in accordance with the provisions of this Convention, one party is entitled to require performance of any obligation by the other party, a court is not bound to enter a udgement for specific performance unless the court would do so under its own law in respect of similar contracts of sale not governed by this Convention.
제28조 본 협약의 규정에 따라 당사자의 일방이 상대방에 의한 의무의 이행을 요구할 권리가 있더라도 법원이 자국의 국내법하에서 본 협약에 의하여 규율되지 아니하는 유사한 매매계약에 관하여 특정이행을 명하는 판결을 내리게 될 경우가 아닌 한 그 법원은 특정이행을 명하는 판결을 내릴 의무가 없다.
第28条 如果按照本公约的规定，一方当事人有权要求另一方当事人履行某一义务，法院没有义务做出判决，要求具体履行此一义务，除非法院依照其本身的法律对不属本公约范围的类似销售合同愿意这样做。

本条构成了各种司法体系之间的折衷，这些体系处理一方当事人要求实际履行合同的权利的方式不同。按照第28条，如果不是为了按国内法审理类似的销售合同，法院没有义务做出判决，要求按本公约规定实际履行合同。

“实际履行”意味着要求另一方当事人通过民事诉讼履行合同规定的义务。例如，买方可以获得法庭指令，要求卖方按合同规定的数量和质量交付钢材。

关于这一规定，目前鲜有判例，迄今仅有过一例报道。在该判例中，法院声称，如果本公约赋予了一方当事人要求实际履行的权利，第28条就允许受理案件的法院审查在同类案件中根据自身的实体法提供此类补救的可能性。如果在案件中国内法也准予实际履行，则不会出现与本公约相抵触的情况，也不会出现任何问题。然而，如果国内法不允许实际履行，则可准予采取一种可选择的补救办法——在大多数情况是损害赔偿。但是，第28条只规定，在本公约管辖的国际货物销售的背景下，法院“没有义务”对实际履行问题采取国内法的解决办法。

029. 合同的修改，终止

<table>
<tr><td>Art. 29
(1) A contract may be modified or terminated by the mere agreement of the parties.
(2) A contract in writing which contains a provision requiring any modification or termination by agreement to be in writing may not be otherwise modified or terminated by agreement. However, a party may be precluded by his conduct from asserting such a provision to the extent that the other party has relied on that conduct.</td></tr>
<tr><td>제29조
(1) 계약은 당사자 쌍방의 단순한 합의에 의하여 변경 또는 종료될 수 있다.
(2) 합의에 의한 변경 또는 종료를 서면으로 하여야 함을 요구하는 규정을 담고 있는 서면계약은 다른 방법으로는 합의에 의하여 변경 또는 종료될 수 없다. 그러나 당사자는 자신의 행위에 의하여 상대방이 그 행위를 신뢰한 범위까지는 그러한 규정을 주장하지 못한다.</td></tr>
<tr><td>第29条
(1) 合同只需双方当事人协议，就可更改或终止。
(2) 规定任何更改或根据协议终止必须以书面做出的书面合同，不得以任何其它方式更改或根据协议终止。但是，一方当事人的行为，如经另一方当事人寄以信赖，就不得坚持此项规定。</td></tr>
</table>

第29条涉及到双方当事人通过协议对已订立的合同进行更改（包括补充）及终止。根据第29条第(1)款，只要双方当事人同意，就可更改或终止合同。然而，第2款规定，如果双方当事人以书面形式规定合同的更改或终止必须以书面形式进行，则合同不能以其他方式更改或终止，尽管一方当事人的行为，如经另一方当事人寄以信赖，就不得坚持援引“不得口头更改”条款。第29条第(1)款有意废除普通法中的“对价”学说，作为本公约所管辖的合同更改或终止的一项要求。

1. 惟协议能更改或终止合同

要想更改合同条款或终止合同，双方当事人必须达成一项协议。协议的存在是根据本公约第二部分的规定（第14条至第24条）确定的。第29条规定，“只有经双方当事人达成协议”合同才能更改或终止。按照第18条第(1)款，一方当事人对另一方当事人更改合同的建议保持缄默，这本身不等于接受此建议。然而，该款还规定，只要买方因所谓货物不符合同而拒绝付款，随后卖方就这批货物向市场发价，而买方对此发价未予答复，则表示达成了终止合同的协议。一家法院声称，尽管第29条规定，只要双方当事人达成协议合同就可更改，但购买价格的更改不能由会议的一般倾向决定。然而，未加评论地接受汇票作为付款，被视为默示同意推迟合同中规定的付款日期，直到汇票到期。

对双方当事人就更改或终止合同达成协议的解释，由本公约关于解释问题的规则（特别是第8条）来管辖。

双方当事人达成协议是更改或终止其合同的全部要求。不必满足任何形式要求，除非对形式所持的保留适用这种情况（第11条、第12条和第96条），或除非双方当事人另有协议。根据一项判决，在一个国家根据第96条提出的保留起作用时，合同的更改仅为口头协议是无效的。对于其他所有情况，按照体现本公约中的一般非正式性原则的第11条，双方当事人可采用任何形式更改或终止其合同，不论是书面的还是口头的，或者其他任何形式。甚至默示终止合同也被裁定是可以的；另还裁定书面合同可以口头更改。

2．形式协议

根据第29条第(2)款，如果书面合同含有以下规定，要求合同的更改或终止必须采用书面形式（“不得口头更改”条款或“书面更改”条款)，则双方当事人不能采用不同的方式更改或终止合同。在此类情况中口头改变合同则属无效，除非第29条第(2)款的第二句可以适用。

所谓的合并条款，即以前谈判的全部内容合并在合同文件中，作为“不得口头更改”的条款对待。因此，对更改或终止合同来说，不可能举出在订立书面合同之前已达成口头协议的任何证据。

3．“不得口头更改”条款的滥用

第29条第(2)款第(2)项规定，一方当事人的行为，如经另一方当事人寄以信赖，就不得坚持援引“不得口头更改”条款。据称，该规定是支配本公约的一般诚信原则的表示（第7条第(1)款)。

判例讨论 29-1

◉ 关联条款：第29条, 第47条
◉ 案件参考：Clout Case No. 846
◉ 案件分类：United States, Federal Circuit Court of Appeals (3rd Circuit), 「Valero Marketing & Supply Co. v. Greeni Oy」, 2007.07.19

在一份法院假定受《销售公约》管制的合同中，一家芬兰卖方同意向一家美国买方销售25,000公吨石脑油——汽油中使用的一种产品。合同要求在2001年9月10日至20日之间将石脑油交到买方的纽约设施，货物装船后买方验收，且验收"不得无故取消"。在买方未验收装船货物的情况下卖方将货物发运，船长估计在9月21日之前货物不会在纽约交付。双方当事人于9月14日商定，如果石脑油在9月24日午夜之前通过驳船交付，买方可以接受降价货物。

由于卖方不能在9月22日货物到达纽约后安排立即通过驳船交货，所以没有遵守9月24日的最后期限。买方起诉卖方违约；卖方提出反诉，因为在9月26日通过驳船交付货物时，买方拒绝接受交货。初审法院裁定，9月14日协议没有效力，因为根据第47条，如果买方给予卖方一段合理时限的额外时间让卖方履行其义务，买方不得"对违反合同采取任何补救办法"。因此，初审法院裁定，卖方只对原定的9月20日最后期限与货物于9月22日到达纽约港延误了两天负赔偿责任。初审法院判定，由于该延误并不是根本性违约，买方要求通过驳船交货、在最终交付时它又拒绝接受交货，其本身违反了合同。

上诉法院通过引用贸易法委员会判例法《销售公约》第47条文摘，推翻并重审了此案，提出了以下意见：

"本法院不同意[初审法院的]推理。假定如地区法院所判定的，9月14日协议没有适当利用《销售公约》第47条，这并不意味9月14日协议对合同所做的更改是无效的。《销售公约》第29条讨论了合同更改问题，并且明确指出"合同只需双方当事人协议，就可更改或终止"（《美国联邦法典》附录15　第29条)。尽管Greeni　公司在审判时宣称，它同意9月14日协议，因为它认为该协议是个"要么接受要么放弃"的提议，但记录表明，Greeni公司确实同意了该协议。Greeni公司并未表明它受到了胁迫，它实际上完全可以将9月14日协议置之不理，并力求对违反8月15日协议寻求和获得补救。相反，它选择进行新的交易。因此，9月14日协议中所反映的"只需双方当事人协议"构成了第29条准许的合同更改，而不是《销售公约》第47条下履行义务的额外时间。因此，9月14日协议是有效的，管制着双方当事人此后的交往行为"。

判例讨论 29-2

◉ 关联条款：第3条, 第6条, 第7条, 第11条, 第29条, 第57条
◉ 案件参考：Clout Case No. 1017
◉ 案件分类：Belgium, Hof van Beroep Gent, 「NV AR v NV I」, 2002.05.15

比利时卖方和法国买方就寻呼机的生产与供应进行谈判。双方签署了一份意向书，明确规定在后续谈判后再签署最终协议。不过，该意向书明确指明了买方将发出30,000个寻呼机的预期订单、交货时间表以及需要支付的单位价格。此外，该意向书还规定在最终协议签署之前及之后双方间的相

互关系受法国法律管辖。双方没有在指定日期签订最终合同；不过他们继续就其具体条款展开谈判。一段时间后，该项目的可行性变得不确定，因为圣诞节期间法国的寻呼机销售量令人失望。双方在会见时讨论了友好解决问题的可能方案，由买方起草并发送给卖方的会议纪要描述了这些方案。两个月后卖方给予回应，宣布买方因其取消订单而违约。随后买方宣称从未下此订单。卖方起诉要求支付价款，并请判决买方必须提取这30,000个寻呼机。

比利时初审法院认为其不具有审理此争议的国际管辖权，因为该争议中的主要义务是在法国履行的。

卖方上诉。法院允许卖方上诉，发现意向书内所指法国法律也包括已经法国批准的《销售公约》，这与买方的申辩相反。根据《销售公约》第3(1)条，拟制造或生产货物的供应合同被认为是销售合同。买方的首要义务是支付货款。该意向书明确规定了履行交货义务的地点，但是却未谈及履行付款义务的地点。在这种情况下，根据《销售公约》第57(1)条的规定，应在卖方营业地付款（即在比利时)。因此，根据《布鲁塞尔公约》第5(1)条的规定，比利时法院有审理此争议的国际管辖权。

该法院注意到，规定合同订立事宜的《销售公约》第二部分要求要有一项发价与接受，但是也注意到双方可基于《销售公约》第6条规定的当事人意思自治原则在谈判后逐渐达成一项协议（无明确的发价与接受)。双方在意向书内规定了预期合同的多个重要因素。该意向书被视为一份原则性协议，防止当事双方对已达成协议的事项反悔。从未签署正式协议；不过，双方一直在谈判，并且已就某些事项达成协议。因此，不支持买方从未下过订单的论点。

当整个项目的可行性变得不确定时，双方就可能的解决方案进行谈判，方案之一即是取消订单。卖方没有在收到相关会议纪要后的合理时间内做出反应，没有就纪要的内容提出质疑。根据《销售公约》第29(1)条和第11条，一份协议只需当事双方同意就可更改或终止，该同意可由任何方式来证明，其中包括当事双方自身的行为。国际贸易的需要使得当事双方有义务在收到其不能同意的函件后的合理时间内提出异议，因为在贸易领域，在收到各种文件时保持缄默具有正面含义。订单已通过当事双方的同意被取消，卖方关于买方必须仍然购买30,000个寻呼机的主张没有根据，与诚信原则相冲突，而适用及解释《销售公约》必须遵守该原则（《销售公约》第7(1)条)。因此，法院驳回了卖方的主张。

第2章　卖方义务

区分及内容	
第 4 篇　货物销售	第25条~第88条
第1章　总　则	第25条~第29条
第2章　卖方义务	第30条~第52条
第1节　交付货物和移交单据	第31条~第34条
第2节　货物相符与第三方要求	第35条~第44条
제3节　卖方违反合同的补救方法	第45条~第52条
第3章　买方义务	第53条~第65条
第4章　风险转移	第66条~第70条
第5章　买方和卖方义务的一般规定	第71条~第88条

题为“卖方的义务”的本公约第三部分第二章的条款载有本公约规则对卖方依据《销售公约》所管辖的国际销售合同承担的责任的综合处理。该章一开始就有单独一条介绍在各种交易中卖方的义务（第30条)，然后有三节阐述了这些义务的组成要素：第一节，“交付货物和移交单据”（第31条至第34条)；第二节，“货物相符与第三方要求”（第35条至第44条)；和第三节，“卖方违反合同的补救办法”（第45条至第52条)。第三部分第二章在结构和重点两方面与第三章（“买方的义务”，第53条至第65条）总体上一致。

第1节　交付货物和移交单据

区分及内容	
第 4 篇　货物销售	第25条~第88条
第1章　总　则	第25条~第29条
第2章　卖方义务	第30条~第52条
第1节　交付货物和移交单据	第31条~第34条
第31条　交货地点	
第32条　有关运输的义务	
第33条　交货时间	
第34条　移交单据	
第2节　货物相符与第三方要求	第35条~第44条
第3节　卖方违反合同的补救方法	第45条~第52条
第3章　买方义务	第53条~第65条
第4章　风险转移	第66条~第70条
第5章　买方和卖方义务的一般规定	第71条~第88条

030. 卖方的基本义务

Art. 30 The seller must deliver the goods, hand over any documents relating to them and transfer the property in the goods, as required by the contract and this Convention.
제30조 매도인은 계약과 본 협약에 의하여 요구되는 바에 따라 물품을 인도하고 물품에 관련된 서류를 교부하며 또한 물품의 소유권을 이전하여야 한다.
第30条 卖方必须按照合同和本公约的规定，交付货物，移交一切与货物有关的单据并转移货物所有权。

第30条确定并概述了卖方有义务履行的主要责任。卖方也有义务履行合同中规定的任何补充义务或按第9条中规定的双方当事人之间的习惯做法或惯例应履行的责任，如专门向买方供货的合同义务。

1. 交货义务

第30条规定，卖方负有交货的义务。在好多实例中，本公约管辖的合同的双方当事人专门规定了采用价格–交货条款（如《国际贸易术语解释通则》中界定的）中的交付货物责任，因此该通则优先于本公约的规则。

2. 移交单据的义务

第30条规定卖方有义务移交与货物有关的单据，但本身不要求卖方承担安排签发这种单据的义务。

3. 转移所有权的义务

尽管本公约与"合同对所售货物所有权可能产生的影响"无关（第4条(b)项），但卖方依据第30条承担的主要义务是向买方转移货物所有权。货物所有权是否真正转移给买方，不属于本公约管辖范畴的问题，必须根据管辖地国际私法的规则所指定的法律加以确定。另外，保留所有权条款对货物所有权所造成的影响不属于本公约管辖范围，而属于管辖地国际私法的规则所指定的法律管辖范围。然而，一家法院声称，是否就保留所有权条款达成有效协议，以及所谓的保留所有权是否构成违约，必须根据本公约的规则加以确定。

4. 其他义务

本公约本身规定了第30条中未提到的卖方的义务。这些义务包括第五章阐述的那些责任（第71条至第88条，涉及到买卖双方共同承担的义务）以及第9条中规定的来自双方当事人之间确立的习惯做法或惯例产生的义务。

判例讨论 30-1

- ◉ 关联条款：第30条，第38条，第66条
- ◉ 案件参考：Clout Case No. 683
- ◉ 案件分类：China, CIETAC, Bud rice dregs case, 1999.04.12

中国卖方和美国买方订立了一项胡椒醛销售合同。合同规定纽约到岸价格交货。买方向卖方发出传真，一再告诫货物具有敏感性质，建议卖方不要再高温下存放货物并安排直达装运。卖方对买方保证码头的问题事宜货物。然后卖方装运货物经由向该运抵纽约。卸货时，运输公司发现货物已融化并且

泄漏。运输公司随即将货物转交给买方的客户。后者拒收货物，买方即通知了保险人和卖方(《销售公约》第35、38和39条)。检验显示在运输过程中货物因高温而受到损害。经过谈判，买方、卖方和保险人同意保险公司和卖方支付对买方的赔偿。随后，买方和卖方订立了补充协定，卖方同意另外向买方支付一笔款项。但是卖方没有履行这一责任。因此，买方启动仲裁程序以收回这笔款额。

根据《销售公约》第30条和关于纽约到岸价格的合同协定，卖方否认承担货物受损的责任。卖方还声称它已电话告知运输公司关于装运的事宜温度。此外，卖方还否认两项协定的有效性，因为它们都是以其责任为前提的。

仲裁庭认为《销售公约》是适用法(《销售公约》第1条)。当事双方的营业地点设在不同国家，但这些国家都是《销售公约》缔约国。仲裁挺指出，通常关于到岸价格的协定规定，货物一越过船舷，卖方的责任即移交到买方。但是，根据《销售公约》第66条，当事双方之间关于适宜运输温度的往来函件构成特别协定。卖方违背了该协定(《销售公约》第45、74条)。它即未安排直达船运，也没给运输公司充分的电话通知，此外，此种通知也没有得到证实。因此，仲裁庭认为两项协定有效，裁定卖方向买方支付所允诺的款额。

判例讨论 30-2

◉ 关联条款：第1条，第7条，第30条，第78条

◉ 案件参考：Clout Case No. 918

◉ 案件分类：Croatia, High Commercial Court, 「No. Pž5580/03-3」, Roraco Vertriebsges GmbH v. Hospitalija d.o.o., 2006.09.26

奥地利卖方因支付价款问题向萨格勒布商业法院起诉克罗地亚买方。法院的裁定有利于卖方，并责令买方根据克罗地亚法律支付应计利息的价款。高级商业法院推翻了这一裁决。它首先指出，商业法院应依照《销售公约》第1(1)(a)条适用《销售公约》而不是克罗地亚国内法。此外，它指出，根据《销售公约》第30条，卖方有义务将货物交付给买方。高级商业法院认为，一审并未证明卖方已按照这项规定履行其交货义务。该法院还认为，根据《销售公约》第78和7(2)条，以及克罗地亚国际私法法第20条，适用的利率应为奥地利法律作为卖方法律规定的利率，而不是克罗地亚法律规定的利率。

031. 交货地点

Art. 31

If the seller is not bound to deliver the goods at any other particular place, his obligation to deliver consists:

(a) if the contract of sale involves carriage of the goods in handing the goods over to the first carrier for transmission to the buyer;

(b) if, in cases not within the preceding subparagraph, the contract relates to specific goods, or unidentified goods to be drawn from a specific stock or to be manufactured or produced, and at the time of

<table>
<tr><td>
the conclusion of the contract the parties knew that the goods were at, or were to be manufactured or produced at, a particular place--in placing the goods at the buyer's disposal at that place;
(c) in other cases in placing the goods at the buyer's disposal at the place where the seller had his place of business at the time of the conclusion of the contract.
</td></tr>
<tr><td>
제31조
매도인이 물품을 다른 특정한 장소에서 인도할 의무가 없는 경우 그 인도의무는 다음과 같다.
(a) 매매계약이 물품의 운송을 포함하는 경우 매수인에게 송부하기 위하여 물품을 최초 운송인에게 인도한다.
(b) 전 항의 규정에 해당되지 아니하는 경우로서 계약이 특정한 물품에 관련되어 있거나 또는 특정한 재고로부터 인출되어질 또는 제조 또는 생산되어질 불특정물에 관련되어 있으며, 또한 당사자 쌍방이 계약 체결 시에 그 물품이 특정한 장소에 있었다는 것을 또는 특정한 장소에서 제조 또는 생산될 것을 알고 있었던 경우 물품을 그 장소에서 매수인의 처분 하에 둔다.
(c) 기타의 경우 물품을 매도인이 계약 체결 시에 영업소를 가지고 있었던 장소에서 매수인의 처분 하에 둔다.
</td></tr>
<tr><td>
第31条
如果卖方没有义务要在任何其它特定地点交付货物，他的交货义务如下：
(a) 如果销售合同涉及到货物的运输，卖方应把货物移交给第一承运人，以运交给买方；
(b) 在不属于上一款规定的情况下，如果合同指的是特定货物或从特定存货中提取的或尚待制造或生产的未经特定化的货物，而双方当事人在订立合同时已知道这些货物是在某一特定地点，或将在某一特定地点制造或生产，卖方应在该地点把货物交给买方处置；
(c) 在其它情况下，卖方应在他于订立合同时的营业地把货物交给买方处置。
</td></tr>
</table>

本条款限定了卖方交货义务的履行地。条款确定了卖方交付货物的地点以及卖方为交付货物所应做的工作。第31条列举了三种不同的情况，分别适用不同的规则。然而，一般规则多以卖方的营业地为假定的交货地点。

1. 一般评论

根据某些程序性规则，例如1968年《布鲁塞尔公约》第5条第(1)款和1988年《洛迦诺公约》制定的规则，第31条可以作为行使管辖权的依据。此种管辖权延及就违反交货义务提出的索赔，以及与货物不符合同有关的索赔。

第31条所制定的规则仅适用于双方当事人未以其他方式达成一致的情况，因为当事人意思自治优先于第31条的适用。许多适用第31条的法院判决都要考虑合同条款的解释，以判定那些条款是否确定了履行地，还是仅仅分摊了运输成本。如果合同中含有价格–交货条款（如《国际贸易术语解释通则》中界定的某一种条款），该条款就明确规定了履行地并排除了公约规则的适用。

第31条还被用于确定在合同宣告无效后买方必须返还货物时的履行地（第81条第(2)款这产生了以下结果，如果合同未另行规定，则买方必须在买方的营业地返还货物。

2. 涉及运费的销售（第31条(a)项）

第31条处理的第一种情况只有在合同涉及货物的运费时才适用。对远程贸易来说，法院认定第31条(a)项一般都适用。如果双方当事人已设想到（或情况已表明）将由独立的一个或多个承运人将货物从卖方运至买方，推定会涉及货物的运费。因此，装运合同（例如，包括价格–交货条款，如根据《国际贸易术语解释通则》界定的FOB、CIF或其他F组或C组的条款的合同）以及目的地合同（例如，包括DES或《国际贸易术语解释通则》中界定的其他D组条款的合同）都涉及货物的运费。只有合同买卖双方均不承担将货物由卖方所在地（或货物所在地）运至买方所在地（或买方指定的任何地点）的义务，第31条(a)项才适用。适用时，第31条(a)项并不表示卖方必须亲自将货物运至目的地。相反，卖方一旦将货物移交给承运人，就已经适当地履行了其依据第31条(a)项承担的交货义务。如果交货时涉及多个次承运人，则移交给第一承运人即构成第31条(a)项下的交付。

第31条(a)项中使用的“移交”一词是指使承运人获得对货物的占有权。移交与货物有关的单证不能构成货物本身的移交，也不能构成货物的交付，除非双方当事人另有约定。

3. 位于特定地点的货物销售（第31条(b)项）

第31条的第二种情况在满足以下三项要求时才适用：首先，合同规定的交货决不能涉及第31条(a)项意义上的货物运费，这样买方就有义务取得对货物的占有；其次，销售的货物必须是特定的货物、特定的存货或尚待制造或生产的货物；第三，双方当事人必须于订立合同之时知道货物位于一个特定地点（或将在某一个特定地点制造或生产）。如果满足了那些条件，则第31条(b)项要求卖方应当在该特定地点将货物交给买方处置。

将货物交给买方处置是指“卖方做了一切必要的工作以使买方能够取得对货物的占有”。因此，卖方必须根据情况做好一切必要的交货安排以使买方只须在交货地点接收货物。

4. 其他情形（第31条(c)项）

第31条(c)项是一项“剩余规则”。该条款涵盖了不受(a)项或(b)项的规定调整的情况以及合同没有规定一个特定履行地的情况。如果第31条(c)项适用，卖方必须在订立合同时卖方确定的营业地将货物交给买方处置。

5. 合同对履行地的规定

合同条款可能也可能没有变更第31条规定的履行地，许多判决都涉及对这些合同条款的解释。在解释这些条款时，法院通常会考虑案件的所有情况。因此，特定表达的含义会随着情况变化而变化。关于EXW（“工厂交货”）条款，明文规定条款不得改变第31条(a)项或(c)项规定的履行地。然而，双方当事人可以在任何时候约定另外一个交货地点。如果买方要求（卖方）将货物交付另一公司，由其对买方的货物进行加工，则另一公司的营业地即为（卖方）应当交货的地点。对“免费送货（买方营业地）”条款有多种不同的解释。有两家法院认为该条款仅仅涉及成本分配问题，没有涉及履行地。其他法院却做出了与之相反的论述。

意大利的卖方应当将一台用于制造窗户的设备交付给德国的买方，其合同的条款“以卖方工厂为交货地点定价，里米尼/意大利”被认为没有改变第31条规定的履行地。但是，附加的合同条款要求卖方应当在一定的期间内在买方的营业地安装并运行该设备，这就导致认定买方营业地为交货地点。如果卖方有义务在一个特定的地点放置其交付的货物或者安装其出售的设备，那么该特定地点即认为是交货地点。

6. 交货的后果

卖方一旦交付货物即完成了其交货义务，并不再对货物承担责任。法院通常认定其后发生的货物毁损灭失的风险转移至买方承担，除非该毁损灭失是由于卖方的故意或疏忽造成的。因此，如果卖方已将货物移交给了第一承运人，则货物运输中发生的任何迟延的风险就由买方承担，买方可能有权也可能无权向承运人提出索赔要求。与之类似，如果货物已经在指定的装运港装船，则卖方就已履行了交货义务。

7. 举证责任

主张合同规定了第31条规定的地点以外的一个交货地的一方当人，必须证明确有此项约定。

判例讨论 31-1

◉ 关联条款：第31条

◉ 案件参考：Clout Case No. 1019

◉ 案件分类：Montenegro, Appellate Court of Montenegro,「Ca. No. Mal. 184/04」, 2007.02.20

本案主要论述卖方通过把货物移交给第一承运人以履行其向买方交付货物的义务以及买方支付价款的义务。

卖方（一家克罗地亚公司）与买方（一家黑山公司）就销售鸡蛋包装纸盒订立了一份合同。由于买方未能支付货物的价款，卖方向法院起诉，要求支付货物价款及应计利息。提交的证据与文件证实：当事双方之间存在着一种经常性的贸易关系，并且卖方按买方的指示把货物移交给一名承运人以此来交付货物。不过，买方却声称其不清楚该款项与哪次交付有关，因为其已经提前付款。事实上，所有与所交付货物相关的义务均已履行完毕，本案中所指货物却从未交付。买方还声称，如果相关货物已经交付，它也会拒收，并联系卖方核对账单及双方义务履行情况。买方在其呈件中强调本次交付没有指明由谁代表买方接货。卖方反对买方的申辩，因为货物是由一名经明确指定的承运人运输的。此外，卖方还指出，在交付货物当天买方签收了货物，随后的账单已经科普里夫尼察地区海关大楼盖章。

黑山商事法院注意到买方的所有申辩。不过，法院认为这些事实不会对判决造成任何影响。卖方向法院呈递了货物交付的证据，由此确定买方在收到货物时签收了货物。此外，已提供货代服务的确认文件及国际运单表明该货物已交付。根据《销售公约》第31(a)条的规定，如果卖方没有义务要在任何其他特定地点交付货物，他的交货义务如下：如果销售合同涉及货物的运输，卖方应把货物移交给第一承运人，以运交给买方。根据该公约的规定此举相当于向买方交付货物。因此，法院作出了有利于卖方的判决。

黑山买方不服判决提起上诉。然而，上诉法院驳回其上诉，指出商事法院正确适用了《销售公约》第31(a)条。有证据表明，买方订购了货物并且货物已交付。买方没有提供证明为货物做了其他交付安排或已通过提前付款结清该债务的证据。

判例讨论 31-2

◉ 关联条款：第31条

◉ 案件参考：Clout Case No. 841

◉ 案件分类：Italy, Supreme Court of Cassation –Civil Division,「B, SAS v.GP, SpA」, 2007.01.03

意大利卖方与法国买方订立了向买方出售彩色合成纤维供其用于制造口袋的合同。但最终产品存在严重缺陷，买方在法国南特雷法院向卖方提出起诉。买方获得申明产品存在缺陷的专家认证，确认卖方负有责任，并确定了损害赔偿数额。

在作出这一裁定后的十年，卖方在意大利普拉特法院向买方提出起诉，以便在产品质量保证方面争取对诉讼加以限制。买方就此辩称，意大利法官没有管辖权，因为根据合同的规定，交货地点为法国。

意大利普拉特法院宣布其享有管辖权，意大利佛罗伦萨的上诉法院后来确认了普拉特法院的裁定。这两家法院均确认意大利根据《销售公约》第31条而享有管辖权，该条称："如果卖方没有义务要在任何其它特定地点交付货物，他的交货义务如下：(a)如果销售合同涉及到货物的运输，卖方应把货物移交给第一承运人，以运交给买方。"根据该条，必须将交货视为在意大利进行。

买方向意大利最高法院提出上诉，该上诉也遭到驳回。最高法院的意见还是以《销售公约》第31(a)条为依据，驳回了卖方所持的只有在合同未指明任何交货地点的情况下《销售公约》第31(a)条方可适用的论点。如果这一解释得到接受，也就意味着涉及货物运输的国际货物销售合同并不要求指明交货地点。因此，《销售公约》第31(a)条最终将是一条缺省规则。但在目前和以往的商业实践中，交货地点总是由双方当事人确定，第31(a)条仅明确，如果合同未另作规定，卖方的交货义务总是经由把货物交给第一承运人而得以实现。由于在所涉判例中，第一承运人以意大利为其居留地，因此，相关义务的履行地为意大利。

该法院补充说，对于涉及货物运输的国际销售，欧洲理事会条例第44/2001号规定，交货地为货物转交承运人的地点。在所涉判例中，该地点为意大利；因此，依照欧洲理事会条例第44/2001号，也将适用意大利的管辖权。

032. 有关运输的义务

Art. 32

(1) If the seller, in accordance with the contract or this Convention, hands the goods over to a carrier and if the goods are not dearly identified to the contract by markings on the goods, by shipping documents or otherwise, the seller must give the buyer notice of the consignment specifying the goods.

(2) If the seller is bound to arrange for carriage of the goods, he must make such contracts as are necessary for carriage to the place fixed by means of transportation appropriate in the circumstances and according to the usual terms for such transportation.

(3) If the seller is not bound to effect insurance in respect of the carriage of the goods, he must, at the buyer's request, provide him with all available information necessary to enable him to effect such insurance.

제32조

(1) 매도인이 계약 또는 본 협약에 따라 운송인에게 물품을 인도하는 경우에 있어 그 물품이 물품 상의 화인에 의하여 또는 선적서류 또는 기타의 방법에 의하여 그 계약에 명확하게 특정되어 있지 아니한 경우에는 매도인은 물품을 특정하는 탁송통지서를 매수인에게 송부하여야 한다.

(2) 매도인이 물품의 운송을 수배하여야 하는 경우에는 매도인은 사정에 따라 적절한 운송수단에 의하여 또한 그러한 운송을 위한 통상적인 조건으로 지정된 장소까지의 운송에 필요한 계약을 체결하여야 한다.

(3) 매도인이 물품의 운송과 관련하여 담보하여야 할 의무가 없는 경우에는 매도인은 매수인의 요청에 따라, 매수인이 그렇게 담보할 수 있도록 하는데 필요한 모든 입수가능한

정보를 매수인에게 제공하여야 한다.
第32条 (1) 如果卖方按照合同或本公约的规定将货物交付给承运人，但货物没有以货物上加标记、或以装运单据或其它方式清楚地注明有关合同，卖方必须向买方发出列明货物的发货通知。 (2) 如果卖方有义务安排货物的运输，他必须订立必要的合同，以按照通常运输条件，用适合情况的运输工具，把货物运到指定地点。 (3) 如果卖方没有义务对货物的运输办理保险，他必须在买方提出要求时，向买方提供一切现有的必要资料，使他能够办理这种保险。

当合同涉及货物运费时（即通过第三方运输货物），第32条在第31条规定的内容之外，阐明了卖方的义务。

本条款阐述了三项规则：如果将货物交付给承运人，但货物上没有加标记或以装运单据或其他方式清楚地注明货物为合同中的货物，卖方必须向买方发出列明货物的发货通知（第1款）。如果卖方有义务安排货物的运输，他必须进行合理的安排（第2款）；如果卖方没有义务对货物的运输办理保险，他必须在买方提出要求时，向买方提供"一切现有的必要资料"，使他能够办理这种保险（第3款）。

有一个判决适用了第32条第(2)款。该条款要求有义务安排货物运输的卖方，"按照通常运输条件，用适合情况的运输工具"。但是，该条款没有另外规定卖方采用某种特定的运输方式。当然，《公约》第6条规定双方当事人可以约定一种具体的运输方式。从上述判决看来，案件中的买方未能履行举证责任，证明双方已约定一种特定的运输方式（卡车）运输货物，因此选择运输方式的决定权在卖方。

主张据称双方已约定对第32条做出变更或不受其规则约束的一方当事人，承担举证责任，证明双方确已订立了此种约定。如没有足够的证明，则适用第32条的规定。

033. 交货时间

<table>
<tr><td>Art. 33
The seller must deliver the goods:
(a) if a date is fixed by or determinable from the contract, on that date;
(b) if a period of time is fixed by or determinable from the contract, at any time within that period unless circumstances indicate that the buyer is to choose a date; or
(c) in any other case, within a reasonable time after the conclusion of the contract.</td></tr>
<tr><td>제33조
매도인은 다음의 시기에 물품을 인도하여야 한다.
(a) 기일이 계약에 의하여 지정되어 있거나 또는 결정될 수 있는 경우에는 그 기일에,
(b) 기간이 계약에 의하여 지정되어 있거나 또는 결정될 수 있는 경우에는 매수인이 기일을 선택할 것이라는 사정이 나타나 있지 않은 한, 그 기간 내의 어떠한 시기에, 또는
(c) 기타의 모든 경우에는 계약 체결 후 상당한 기간 내에.</td></tr>
<tr><td>第33条
卖方必须按以下规定的日期交付货物：
(a) 如果合同规定有日期，或从合同可以确定日期，应在该日期交货；
(b) 如果合同规定有一段时间，或从合同可以确定一段时间，除非情况表明应由买方选定一个日期外，应在该段时间内任何时候交货；或者
(c) 在其它情况下，应在订立合同后一段合理时间内交货。</td></tr>
</table>

第33条明确规定了卖方应当交付货物的时间或期限。根据第33条(a)和(b)项的规定，交货时间首先由合同条款来管辖，与本公约中采取的当事人的意思自治一般原则相符。如果从合同中无法推断出交货日期或交货期限，第33条(c)项阐述了一项违约规则，要求"在订立合同后一段合理时间内交货"。

尽管第33条只涉及到交货义务，但是其办法同样适用于卖方在合同规定的日期，以及在没有此类规定的情况下的一段合理时间内，也必须履行的其他义务。

1. 合同规定的或根据合同可以确定的交货日期

第33条(a)项假定双方当事人已经确定了交货日期，或者可以根据合同推断出这一日期（例如，"复活节后15天"）或者可由第9条中规定的惯例或习惯做法确定这一日期。在该情况下，卖方必须在确定的日期交货。迟于这一时间的任何交付都构成违约。

根据一家法院的判决，第33条(a)项还适用于双方当事人在订立合同时没有确定一个明确的交货日期、但是约定卖方应当应买方的请求交付货物的情形。然而，如果买方没有请求交付货物，卖方就没有违约。

2. 确定的交货期限

第33条(b)项适用于任何一方当事人规定了卖方可以交付货物的一定期限，或者根据合同可以推断出这一期限。在这种情况下，第33条(b)项规定卖方可以在该期限内的任何一天交付货物。

根据第33条(b)项，确定交付货物的期限，例如，可通过一项合同条款确定"在12月底之前"交货。根据此项条款，在合同订立起到12月底之间的任何时间交付都符合合同规定，而在12月31日以后交付将构成违约。同样，如果货物的交付"在1993年到1994年之间完成"，在1993年1月1日到1994年12月31日之间的任何时间交付都属于适时履行。如果合同规定了交货期限，通常卖方享有选定具体的交货日期的权利。如果买方要获得在该期限内确定交货日期的权利，双方必须做出产生此种效力的约定，第33条(b)项最后一段就提出了这一建议。在一个案件中，法院提出的论点是合同的交货条款"七月、八月、九月前后"可能要求在每个具体月份交付合同规定货物量的三分之一。

3. 在订立合同后的合理时间内交货

第33条(c)项适用于无论根据合同还是双方当事人间的任何惯例或习惯做法都无法得出一个明确的交货时间或期限的情形。在这种情况下，第33条(c)项要求卖方"在订立合同后一段合理时间内"交付货物。"合理"是指根据具体情况而确定的一段足够长的时间。在卖方收到分期付款的头期货款之后的两周内交付一台推土机的行为被认为是合理的。如果在一月份订立的合同载有交货时间为"四月，交货日期待定"的条款，法院认定第33条(c)项适用，货物应在订立合同后一段合理时间内交付，因为不能从合同中确定具体的交货日期或期限：因为买方明确表示了他希望在3月15日之前需要交付货物，那么认定一段合理时间应当是截至4月11日。

4. 交付的含义是什么

为了及时履行交货义务，卖方必须按照第33条中确定的最后期限，履行合同或第31条、第32或者第34条要求履行的所有交货义务。第33条不要求买方在交货之日即能够取得对货物的占有，除非双方另有约定。

5. 迟延交付的后果

在交货日期或交货期限之后交付构成违约，对此适用《公约》关于赔偿的规则。如果及时交货是合同的精髓，迟延交付就构成根本违约，可以根据第49条的规定宣布合同无效。根据一项判决，即使双方当事人已经约定了交货的具体日期，其中只有一小部分货物仅仅迟延一天交付，也不构成根本违约。但是，双方当事人可以在合同中规定将任何的迟延交付视作根本违约。

仲裁庭认为，卖方宣布无法按时交付货物，即构成第71条意义上的预期违约。

6. 举证责任

主张双方当事人已经约定了一个明确的交货日期或交货期限的一方，必须证明确实存在这一约定。买方如果主张自己有权在约定的交付期限内选择具体的交货日期，则必须证明双方当事人之间订有约定或存在特定情况，以证明其主张。

判例讨论 33-1

- ◉ 关联条款：第1条，第19条，第33条，第47条，第49条
- ◉ 案件参考：Clout Case No. 362
- ◉ 案件分类：Germany, Oberlandesgericht Naumburg,「No. 9 U 146/98」, 1999.04.27

本判决涉及《销售合同》第33(c)条规定的合理交货期的确定。被告是德国一家汽车零售商，原告是一家营业地设在丹麦的批发商，被告向原告订购一辆小汽车。订单规定在指定日期前交货。原告予以接受，并补充了有关它保留变更交货日期权利的标准条件。当没有在被告订单所规定日期交付小汽车时，被告确定增加一周的期限。原告没有答复。增加的一周期限过去了，仍然没有结果。被告宣布合同无效。随后，在七星期之后小汽车终于到达之时，被告拒绝付款。然后原告提出控告，要求被告赔偿合同价格与向另一买方出售汽车可获得价格之间的差额。

法院驳回该赔偿要求。它认为被告根据第4（1）（b）条宣布合同无效是正确的.它指出,原告的标准合同中保留变更交货日期权利的条款,并不构成第19(2)条规定的实质性变更,因此成为合同的一部分。然而，由于该条款并没有确定交货日期，必须根据《销售合同》第33(c)条进行解释,第33(c)条规定在缔结合同之后的合理时间内交货。即使被告的报盘指定的日期对原告没有约束力，但仍是合理交货时间的一种表示。当原告没有在该日期前交货时，被告有权根据第47(1)条确定另外的期限，在此之后它可以根据第49(1)(b)条宣布合同无效。法院强调它并没有审议增加一周的期限在本案中是否充分，因为确定太短的期限只能促使确定一个合理的期限，而这一合理期限在被告宣布合同无效之前也会过去的。

034. 移交单据

<table>
<tr><td>Art. 34
If the seller is bound to hand over documents relating to the goods, he must hand them over at the time and place and in the form required by the contract. If the seller has handed over documents before that time, he may, up to that time, cure any lack of conformity in the documents, if the exercise of this right does not cause the buyer unreasonable inconvenience or unreasonable expense. However, the buyer retains any right to claim damages as provided for in this Convention.</td></tr>
<tr><td>제34조
매도인이 물품에 관한 서류를 교부하여야 할 의무가 있는 경우 매도인은 계약에서 요구되는 시기와 장소 및 형식에 따라 서류를 교부하여야 한다. 매도인이 계약에서 요구된 시기 이전에 서류를 교부한 경우 매도인은 그 시기까지는 서류상의 모든 흠결을 보완할 수 있다. 다만 이러한 권리의 행사가 매수인에게 불합리한 불편이나 불합리한 비용을 야기하지 아니하여야 한다. 그러나 매수인은 본 협약에서 규정된 바에 따라 손해배상을 청구할 권리를 보유한다.</td></tr>
<tr><td>第34条
如果卖方有义务移交与货物有关的单据，他必须按照合同所规定的时间、地点和方式移交这些单据。如果卖方在那个时间以前已移交这些单据，他可以在那个时间到达前纠正单据中任何不符合同规定的情形，但是，此一权利的行使不得使买方遭受不合理的不便或承担不合理的开支。但是，买方保留本公约所规定的要求损害赔偿的任何权利。</td></tr>
</table>

第34条规定如果需要移交与销售货物有关的单据，则卖方对此负有义务。根据第34条的第一句，提供的单据必须在时间、地点和格式方面符合合同的要求。第二句规定，如果卖方在约定的时间之前移交了不符合同规定的单据，在不给买方造成不合理的麻烦或不使买方承担不合理的费用的情况下，卖方有权对瑕疵予以补救。但是，该条款最后一句规定，即使卖方实施了补救，买方仍可以就遭受的任何损害提出索赔要。

1. 与货物有关的单据：定义和交付义务

第34条适用于“卖方有义务移交与货物有关的单据”的情形，但该条款没有具体规定卖方何时负有该义务，也没有进一步界定它所提及的单据。合同一般都规定，应当移交哪些单据、它能够做什么，例如列入具体的价格–交货条款，特别是《国际贸易术语解释通则》中界定的价格–交货条款。在一个案件中，法院判决，在FOB条款下，卖方有义务向买方提供用以说明货物质量和价值的发票。根据双方当事人之间的贸易惯例和习惯做法，也能说明必须提供哪些单据。

第34条意义上的"与货物有关的单据"主要包括能授予其持有者有货物支配权利的单据，例如提单、码头收据和仓库收据，还包括保险单、商业发票、各种证书（关于原产地、重量、成份、质量的证明书）及其他类似单据。

一般认为，卖方通常没有义务为货物的出口获取海关单据，除非双方当事人另有约定。

2. 单据的移交

第34条要求，移交单据的地点、时间和方式应当遵守合同规定。如果约定了价格–交货条款（如《国际贸易术语解释通则》），则其规定常常就确定了这些方面的内容。关于《国际贸易术语解释通则》中的CFR（成本加运费）条款，一家仲裁庭裁定该条款并未规定构成合同精髓的移交单据时间。如果合同或贸易惯例或当事人间的习惯做法都没有规定移交单据的具体方式，则卖方必须"在一定的时间内、以一定的格式"提供单据，"使买方在货物运抵目的地时能够从承运人手中取得对货物的占有，通过海关将货物运入目的地国，并且据以要求承运人或保险公司索赔"。

3. 单据不符

交付不符合同规定的单据构成违约，对此适用一般的赔偿方法。如果这种违约非常严重，可以构成根本违约，便允许买方宣布撤销合同。然而，如果买方通过向生产者请求交付准确的单据自己就可以轻易地补救瑕疵，卖方交付不符合同规定的单据（错误的原产地证书和不完善的化验证明书）就不认为构成根本违约。

4. 提前交付单据

如果卖方在应该交付单据的时间之前移交了不符合同的单据，第34条允许卖方对任何瑕疵予以补救，只要补救行为是到期日之前完成的且不给买方造成不合理的麻烦或使买方承担不合理的费用。对瑕疵予以补救的途径可以是交付符合规定的单据。

判例讨论 34-1

◉ 关联条款：第7条，第25条，第26条，第34条，第49条，第64条，第74条，第75条，第78条

◉ 案件参考：Clout Case No. 808

◉ 案件分类：China, CIETAC, 1999.06.04

中国卖方与美国买方于1998年4月订立了工业原材料销售合同。买方按要求用信用证（"L/C"）付款。货物运出后，卖方把信用证拿到付款行兑现未成，因为信用证上的日期和提单（B/L）上的日期不一致（卖方的承运人把提单上的"1998年"写成了"1999年"）。卖方敦促买方履行提单义务支付合同价款。买方要求卖方减价，理由是日期不符是卖方疏忽之过。卖方拒绝，买方则既不提货也不付款。最后，卖方把货物卖给另一家公司，遭受损失。卖方于是对买方提起仲裁程序，除其他外，要求赔偿损失（《销售公约》第74和75条），外加买方付款日之前的利息（《销售公约》第78条）。

买方称，由于卖方提交的单证有误，单证不是按照《销售公约》）第34条规定的方式交给买方的，因此构成了根本违约。卖方转售货物不通知买方，相当于单方面废约，也是一种根本违约行为。最后，买方称其要求减价是合理的，因为提单和信用证上的日期不符，买方使用同样单证转售货物会产生额外费用。

仲裁庭驳回了买方的论点，指出单证不符的情形并非一定是根本违约。本案中，有关的错误显然只是打印错误，买方本应善意行事，接受交货（《销售公约》第7和第25条）。此外，买方无权要求减价，因为提单上的打印错误并不妨碍转售货物。买方未在合理时间内表示有意接受货物，构成了弃约，卖方有权转售货物而无须向买方发出废约书面通知。

为此，仲裁庭支持卖方的主张。

第2节　货物相符与第三方要求

区分及内容	
第 4 篇　货物销售	第25条~第88条
第1章　总　则	第25条~第29条
第2章　卖方义务	第30条~第52条
第1节　交付货物和移交单据	第31条~第34条
第2节　货物相符与第三方要求	第35条~第44条
第35条　交付相符货物	
第36条　卖方对货物不符负有责任的期间	
第37条　卖方在交货日截止前补救不符货物的权利	
第38条　买方检验货物的时间	
第39条　买方发出品质异议通知的义务	
第40条　明知交付不符货物时的后果	
第41条　第三方对货物的请求权	
第42条　卖方对所出售货物的知识产权担保及其限制	
第43条　买方面临第三方权利要求的通知义务	
第44条　买方有理由未发通知的情况	
第3节　卖方违反合同的补救办法	第45条~第52条
第3章　买方义务	第53条~第65条
第4章　风险转移	第66条~第70条
第5章　卖方和买方义务的一般规定	第71条~第88条

本公约第三部分第二章第二节中所载的条款规定了卖方依据销售合同承担的某些最重要的义务——特别是交付货物须符合合同要求和本公约在数量、质量、规格和包装方面的要求的义务（第35条）以及确保第三方不对货物的所有权（第41条）和知识产权（第42条）提出任何要求的责任。与相符问题有关的其他条款列入了本节，包括管辖出现瑕疵的时间与随后买卖双方分担责任之间的关系的条款（第36条）以及涉及在规定交付日期之前交付货物时卖方有权对不符合同货物进行补救的规定。

本节包括的条款还管制买方为了保留以下方面的要求必须采取的程序：卖方违反了交付符合合同货物或交付第三方不提出要求的货物的义务，其中包括一项管辖在交货之后买方检验货物的义务的条款（第38条）和要求买方发出声称卖方违反义务的通知的条款（第39条和第43条第(1)款）以及若干免除或减轻买方未发出要求通知的后果的条款（第40条、第43条第(2)款和第44条)。第38条和第39条证实属于依据本公约起诉时最常被援引（且最具争议）的条款。

1. 与《公约》其他部分的关系

第三部分第二章第二节的条款与下一节（第三节，第45条至第52条）中所载的管辖受害买方的补救措施的条款一起发挥作用，且经常同那些条款一起援引。第二节的若干项单独条款同本公约其他章节的条款或条款组具有特殊关系。因此，第36条涉及卖方在发生不符合同情形的时间方面缺乏一致性的责任，该条与关于风险移转的第三部分第四章（第66条至第70条）密切相关；第37条（在合同要求的交货日期之前卖方对不符合同进行补救的权利）的作用同第48条（在要求的交货日期之后卖方对不符合同规定进行补救的权利）相似，该条也与第52条第(1)款（买方接受或拒绝提前交货的选择权）有关。当然，关于通知的第二节条款（第39条和第43条）必须遵守第27条中的规则，即按照本公约第三部分的规定以适合情况的方式发出的通知是有效的，不管“在传递上发生耽搁或错误，或者未能到达”。

035. 交付相符货物

Art. 35

(1) The seller must deliver goods which are of the quantity, quality and description required by the contract and which are contained or packaged in the manner required by the contract.

(2) Except where the parties have agreed otherwise, the goods do not conform with the contract unless they:

(a) are fit for the purposes for which goods of the same description would ordinarily be used;

(b) are fit for any particular purpose expressly or impliedly made known to the seller at the time of the conclusion of the contract, except where the circumstances show that the buyer did not rely, or that it was unreasonable for him to rely, on the seller's skill and udgement;

(c) possess the qualities of goods which the seller has held out to the buyer as a sample or model;

(d) are contained or packaged in the manner usual for such goods or,

<table>
<tr><td>
where there is no such manner, in a manner adequate to preserve and protect the goods.
(3) The seller is not liable under sub-paragraphs (a) to (d) of the preceding paragraph for any lack of conformity of the goods if at the time of the conclusion of the contract the buyer knew or could not have been unaware of such lack of conformity.
</td></tr>
<tr><td>
제35조
(1) 매도인은 계약에서 요구되는 수량 · 품질 및 명세에 일치하고 또한 계약에서 요구되는 방법으로 용기에 담기거나 또는 포장된 물품을 인도하여야 한다.
(2) 당사자가 달리 합의한 경우를 제외하고 물품이 다음과 같지 아니하다면 그 물품은 계약과 일치하지 아니하다.
(a) 물품이 이와 동일한 명세의 물품이 통상적으로 사용되는 목적에 적합하다.
(b) 물품이 계약 체결 시에 명시적 또는 묵시적으로 매도인에게 알려져 있는 어떠한 특정한 목적에 적합하다. 다만 사정으로 보아 매수인이 매도인의 기량과 판단을 신뢰하지 않았거나 또는 이를 신뢰함이 불합리했던 경우에는 그러하지 아니하다.
(c) 물품이 매도인이 견본 또는 모형으로 매수인에게 제시한 물품의 품질을 보유하고 있다.
(d) 물품이 그러한 물품에 대해서는 통상적인 방법으로 또는 그러한 방법이 없는 경우에는 그 물품을 보존하고 보호하는데 적절한 방법으로 용기에 담기거나 또는 포장되어 있다.
(3) 매수인이 계약 체결 시에 물품의 불일치를 알고 있었거나 또는 모를 수가 없었던 경우에는 매도인은 물품의 불일치에 관하여 전 항 (a) 내지 (d)에 따른 책임을 지지 아니한다.
</td></tr>
<tr><td>
第35条
(1) 卖方交付的货物必须与合同所规定的数量、质量和规格相符，并须按照合同所规定的方式装箱或包装。
(2) 除双方当事人业已另有协议外，货物除非符合以下规定，否则即为与合同不符：
(a) 货物适用于同一规格货物通常使用的目的；
(b) 货物适用于订立合同时曾明示或默示地通知卖方的任何特定目的，除非情况表明买方并不依赖卖方的技能和判断力，或者这种依赖对他是不合理的；
(c) 货物的质量与卖方向买方提供的货物样品或样式相同；
(d) 货物按照同类货物通用的方式装箱或包装，如果没有此种通用方式，则按照足以保全和保护货物的方式装箱或包装。
(3) 如果买方在订立合同时知道或者不可能不知道货物不符合同，卖方就无须按上一款(a)项(d)项负有此种不符合同的责任。
</td></tr>
</table>

《销售公约》第35条阐述了确定卖方所交付的货物在种类、数量、质量以及包装方面是否符合合同的标准，从而规定了卖方在合同履行的这些重要方面的义务。有两家法院声称第35条明确规定的与合同相符的统一观念取代了某些国内法中的“担保”概念。

总的来说，如果卖方交付的货物不符合第35条中可适用的要求，卖方就违反了其义务；尽管有人评论，如果不符合规定的货物与符合规定的货物价值和效用相等的话，交付不符合合同规定的货物的行为不构成违约。而且，卖方违反第35条规定的义务的行为在适当的情况下可能构成《公约》第25条定义的对合同的根本违约，买方因此而有理由根据《公约》第49条(1)款宣告撤销合同。

1. 第35条第(1)款

同关于规格、质量、数量和包装的规定。因此，如果一批塑料中一种特定物质的含量低于合同的明确规定，并且导致用其生产的百叶窗无法有效遮挡阳光，则认为该货物不符合合同规定，卖方因而违反了其义务。如果装运的货物少于合同规定的数量，也认为该货物不具备第35条第(1)款所定义的与合同相符；法院指出交付货物质量和数量方面的不足都属于与合同不符。如果一辆旧车的实际发证日期比单证所载明的发证日期早两年，并且里程表没有显示出该汽车所行驶的完整里程数，则根据第35条第(1)款也认为不符合合同规定。另一方面，一家法院判决卖方交付镉含量较高的贻贝并没有违反第35条第(1)款，因为双方当事人并没有在合同中限定镉的最高含量。

为了适用第35条第(1)款，要确定合同是否要求货物具备某种特定的数量、质量或规格，或者要求货物以特定的方式装箱或包装，就必须参照一般规则以确定当事人之间的协议内容。关于这一点，一家法院在审理对前文所提及的涉及镉含量较高的贻贝的案件的判决的上诉一案时，认为卖方没有默示同意遵守买方所在国的含镉量的建议性（不具有法定强制性的）国内标准。根据法院的推定，仅就卖方交付贻贝至买方所在国家的贮存地这一事实而言，它并不构成第35条(1)款中的默示同意，即认为符合在买方所在国转销的标准或遵守买方所在国指导转销的公共法律条款。

2. 第35条第(2)款：概述

第35条第(2)款规定了与货物质量、功能以及包装有关的标准，尽管这些规定不具有强制性，但被认为是销售合同的一个组成部分。换言之，即使双方对此没有肯定协议，这些标准也是约束卖方的默示条款。如果双方当事人不希望他们的合同适用这些标准，他们可以（以第35条中的措辞）“另有协议[……]”。除非双方当事人在订立合同时意思自治地排除适用第35条第(2)款的标准，否则他们都要受这些标准的约束。一家仲裁庭认为，关于货物的一般质量，如果协议仅含有关于货物应当具备的质量的肯定性条款，而没有减轻卖方义务的否定性条款，则该协议不能排除适用第35条第(2)款的标准。一家法院适用了国内法以使某一特定的合同条款归于无效，该条款意图解除卖方因交付不符合同的货物而应承担的责任：法院认为此类条款的效力问题不在《销售公约》管辖范围之内，应受国际私法规则指定适用的国内法的支配。

第35条第(2)款是由四个部分组成的。其中两个部分（第35条第(2)款(a)项和第35条第(2)款(d)项）适用于所有的合同，除非双方当事人另有协议。另外两个部分（第35条第(2)款(b)项和第35条第(2)款(c)项）只有在出现特定的实际情况下才可援引适用。这些部分所规定的标准是累加的，也就是说，除非货物符合所有可适用的部分的标准，否则就属于不符合同的规定。

3. 第35条第(2)款(a)项

第35条第(2)款(a)项规定卖方交付的货物"适用于同一规格货物通常使用的目的"。如果卖方交付的一台冷冻设备在首次投入运营后不久就损坏了，则认为卖方违反了该标准。如果卖方在交付的葡萄酒中掺加了9%的水而导致国内当局没收并销毁了该葡萄酒，以及如果卖方交付了人工加糖葡萄酒，则也认为卖方违反了该标准。如果卖方更换了机器部件而没有通知买方，也没有给予买方适当的安装说明，结果导致使用三年以后机器损坏，从而没有满足买方"（机器）长时间、不间断、无故障运作"的期望，则卖方的行为也被认为违反了该标准。

然而，第35条第(2)款(a)项的标准仅规定货物应适合其通常使用的目的。它并不要求货物完美无瑕，除非货物要满足其通常的目的就必须具备该完美状态。一家法院已经提出了这样一个问题：第35条第(2)款(a)项是要求货物具备中等质量还是只要具备"适销"质量，但是这个问题并没有解决。

至于是不是要参照买方所在管辖地的通行质量标准来确定是否符合第35条第(2)款(a)项的标准，一些判决已涉及到这一问题。根据一项判决，即使存在卖方将把货物交付至一个特定的管辖地并能够推断货物将于该处销售这一事实，也不足以因此而采用进口国管辖地的标准来判断货物是否适于第35条第(2)款(a)项所指的通常的使用目的。因此，卖方交付至买方所在国的贻贝如果其中镉的含量超出了买方所在国的卫生条例的建议标准，并不能认定交货属于第35条第(2)款(a)项所指的不符合同情形。法院指出，如果卖方所在管辖地的标准与进口国的标准一致，或者如果买方已经向卖方指出该标准，并依赖卖方的专业技能，则可以适用进口国管辖地的标准。法院提出了这样一个问题，即由于"特殊情况"卖方知道或者应当知道进口国的公共法律条款，例如，如果卖方在进口国设立了一个分支机构，与买方有长期的业务联系，经常将货物出口到买方所在国，或在进口国推销其产品，那么卖方是否要对货物符合进口国的公共法律条款负责。但是法院并未对此给予肯定的答案。在其他国家，法院则引用上文所述判决拒绝推翻一项仲裁裁决，该裁决认为：因为卖方交付的医疗设备不符合买方所在管辖地的安全条例，卖方即违反了第35条第(2)款(a)项的规定。法院的结论是，仲裁小组根据法院意见，认为由于存在着“特殊情况”，卖方应当注意到并有义务遵守买方所在国的条例，从而做出上述裁决的做法是适当的。另一家法院认为，奶酪的卖方应当遵守买方所在国的标准，因为买卖双方交易已有数月之久，因而必然已经知道奶酪将在买方所在国的市场销售；因此，如果卖方没有依照买方所在国的销售条例的要求在交付的奶酪的包装上标注出成分，则卖方违反了《销售公约》第35条规定的义务。

4. 第35条第(2)款(b)项

第35条第(2)款(b)项规定货物应适用于“订立合同时曾明示或默示地通知卖方的任何特定目的”。只有在订立合同时向卖方表明一个或多个特定目的的情况下才产生第35条第(2)款(b)项规定的义务。此外，如果“情况表明买方并不依赖卖方的技能和判断力，或者这种依赖对他是不合理的”，则第35条第(2)款(b)项的要求就不再适用。关于后一个依赖因素，一家法院声称，在通常情况下，买方不能合理依赖卖方对与货物有关的进口国的公共法律要求或管理实践的了解，除非买方向卖方指明了此类要求。因此，法院认为贻贝的镉含量超过德国卫生条例的建议标准并未违反第35条第(2)款(b)项的要求，因为没有证据表明买方已向卖方提及该条例。该法院通过这样的裁决，维持了下级法院的判决，即由于没有证据表明双方当事人默示约定遵守买方所在国的卫生建议标准，判定卖方没有违反第35条第(2)款(b)项的规定。另一方面，一家法院认为，如果卖方交付的护肤产品在其储存期限内所含维生素A未能保持限定含量，则卖方违反了第35条第(2)款(b)项的规定。法院认为，买方意在购买维生素达到特定含量标准的产品，则“此特定目的……足以为[卖方]明确地知悉”，并且“买方依赖于卖方使货物达到要求的维生素A的含量标准以及采取要求的保存措施方面的专业技能”。

5. 第35条第(2)款(c)项

第35条第(2)款(c)项规定，货物要符合合同规定，就必须“与卖方向买方提供的货物样品或样式相同”。一些法院认为交付的货物违反了这一条款。根据适用条件，第35条第(2)款(c)项适用于卖方已向买方提供了样品或产品模型的情形，除非双方当事人“另有协议”。不过，也有一家法院指出，只有在合同中明确做出此类的约定，货物才须与产品模型一致。另一方面，只要双方当事人同意货物应当与产品模型一致，即使产品模型是由买方而不是卖方提供的，该条款也将适用。

6. 第35条第(2)款(d)项

第35条第(2)款(d)项补充了第35条第(1)款的最后一款，该款要求货物“按照合同所规定的方式装箱或包装”。一些判例认为，包装不当的货物根据第35条第(2)款(d)项的规定不符合同规定。如果卖方将奶酪卖给买方，并且知道奶酪将在买方所在国转卖，而交付的奶酪的包装不符合该国的食品标注条例，根据第35条第(2)款(d)项该货物被认为不符合同规定。在另一个案件中，如果水果的罐头不足以防止罐内的食品在经过运输后变质，则罐装水果的卖方被认为违反了第35条的规定。

7. 第35条第(3)款

第35条第(3)款规定，如果买方在订立合同时“知道或不可能不知道”交货不符合同，卖方就无须按第35条第(2)款的规定负有此种不符合同的责任。根据这一条款，买方如果在购买前对一台旧的推土机进行了检查和测试，就要承担推土机存在瑕疵的风险。一家法院声称，根据第35条第(3)款的规定，尽管货物存在明显不符合同情形，买方仍然选择购买该货物，则要“依其现状”接受该货物。然而，第35条第(3)款的规则并不是毫无限制的。如果卖方知道一辆旧汽车的实际发证日期比单证表明的日期早两年，而且知道里程表少报了汽车行驶的实际里程数，但是他没有向买方透露，则即使买方（本身是旧车经销商）应已检验出了问题，卖方也要对这一不符合同情形承担责任。法院引用第40条和第7条第(1)款的规定，认为本公约包含一个一般原则，就一个即使是非常疏忽的买方和 个欺诈的卖方而言，该原则更有利于前者而不是后者。

8. 举证责任

应当由谁对第35条规定的货物不符合同问题承担举证责任，许多判决都涉及到这个问题。一家法院已经两次指出应由卖方承担该责任。另一方面，一些法庭则做出结论，认为应当由买方承担证明交货不符的责任，尽管判决采用了其他的理论以达到该结果。例如，一家仲裁庭指出《销售公约》没有明确述及举证责任问题，因而适用了国内法，裁定由买方承担举证责任，因为买方宣称交货不符。其他法院的结论是，尽管本公约没有明确回答举证责任的问题，但本公约本身包含一个一般原则，即主张或断言一项事实的一方对其主张或断言承担举证责任，这就导致了主张货物不符合同规定的买方要对此承担举证责任。一些判决表明举证责任会随情况的变化而变化。因此，一家法院声称，如果买方受领了货物而没有立即通知卖方存在交货不符问题，则买方对货物不符合同情形要承担举证责任。与之类似，另一家法院指出，卖方应对货物在货物损失风险转移之时是符合合同规定的事实承担举证责任，但是，如果买方受领了货物而没有立即将货物瑕疵通知卖方，则买方对风险转移之后货物不符合同情形承担举证责任。

9. 货物不符合同的证据

一些判决涉及到与第35条规定的货物不符合同情形有关的证据问题。法院在很多情况下举出和接受了直接证明违反了第35条规定的标准的证据。因此，法院接受反映交付的葡萄酒因为掺水稀释而被买方所在国当局没收和销毁的陈述，以此认定该葡萄酒不符合销售合同的规定。与之类似，一家法院认为，一旦买方证实一台冷冻设备在首次投入运营后不久就损坏了，卖方就被推定违反了第35条第(2)款(a)项的规定并且要举证证明自己不对该瑕疵承担担保责任。法院还接受专家意见以证实货物不符合同，尽管认为对货物质量的调查结果不足以认定交货不符，因为买方忽视了在进行此类调查时允许卖方在场的贸易惯例。另一方面，法院认为，不能仅以机器中的替换部分过早失灵就认定机器不符合同规定，因为失灵还可能是由于安装不当而造成的。此外，买方在接受货物时未能对明显的瑕疵提出意见，也被认为是货物符合合同规定的一项肯定证据。在另一个判例中，交付指称为不符合规定的化学制品与提前交付化学制品交错在一起；因此，尽管买方显示用该化学制品制成的玻璃有瑕疵，但买方不能区别哪一项交付中有瑕疵化学制品；并且因为对提前交付不符合规定的通知期限已经终止，买方就无法证明货物不符合同。另一家法院认为，作为驳回买方要求的一种替代理由，该证据不能证实货物不符合同是出现在损失风险转移给买方之前还是之后。最后，法院认为，卖方提出对补偿货物任何瑕疵的发价，并不构成对货物不符合同规定的承认。

10. 管辖问题

为确定《布鲁塞尔公约》第5条第(1)款所指的管辖权之目的，几家法院做出结论，认为《销售公约》第35条要求卖方交付货物符合规定的义务并不独立于交付货物的义务，两项义务在同一个地点履行。

判例讨论 35-1

◉ 关联条款：第35条
◉ 案件参考：Clout Case No. 801
◉ 案件分类：Spain, Audiencia Provincial de Barcelona (sección 16), 2007.07.03

西班牙买方购置了某些部件和机械物品，已经向卖方提供了计划，以便后者能够确定安装方面的技术要求和所需设备。对材料是否相符并无争议，存有争议的是卖方提供的技术规格。上诉法院认为，所提供的这一服务是对销售合同的一种补充，该上诉法院引用《维也纳公约》而承认已将某一特定目的通知卖方（《销售公约》第35条）。尽管法院承认，该案涉及国内销售合同，因而无法直接适用《维也纳公约》，但它仍然深信，公约的各项原则反映了普遍公认的司法原则。法院具体提及《销售公约》第35条的措词，根据该条，如果情况表明，买方"并不依赖卖方的技能和判断力，或者这种依赖对他是不合理的"，卖方不负责任。在对该具体案件适用这一条文时，法院认为，买方推定卖方犯了一个错误，而这个错误与他对卖方提出的请求并无任何直接关系。此外，从庭审情况可以推断，卖方已把技术规格交给了制造商，而装配图便是由制造商准备的。

判例讨论 35-2

◉ 关联条款：第35条
◉ 案件参考：Clout Case No. 1035
◉ 案件分类：Spain, Barcelona Provincial High Court, 2010.01.27

本案涉及西班牙一公司向另一公司出售的一台机器的缺陷。法院按照货不对板原则作了审议。法院裁定，这一原则来自判例法，如果偶尔遇到现代合同造成的极端不公平的情形，且在西班牙多年的法律制度所传下来的民事案件中找不到合理的解决办法，这一原则便构成一种救济办法，用于解决这种情形。因此法院认为，应当适用衡量公平程度的基准，这样便无须认可货不对板原则的绝对权威性。法院认为，《销售公约》第35条提及的符合一般用途或特定目的便是一个很好的基准，这也是西班牙在这类销售合同方面的现行法律，其基准载于联合国制定的统一法，因而是全世界公认的，也基本适用于关于消费品销售保证的第2003/23号法案下的消费品销售，特别是因为这些法规均未规定可直接适用于本案的规则。

判例讨论 35-3

◉ 关联条款：第7条，第35条，第36条，第50条，第67条
◉ 案件参考：Clout Case No. 774
◉ 案件分类：Germany, Bundesgerichtshof, No. VIII ZR 67/04, 2005.03.02

本案涉及货物与合同相符和降价问题。

德国一家买方与比利时一家卖方订立了购买猪肉的合同。商定猪肉直接交付卖方的客户，后者再

将货物转交波斯尼亚–黑塞哥维那的最终买主。货物分三批进行了交付，卖方为此开具了发票，最晚应于1999年6月25日付款。而最后一批货物到达波斯尼亚–黑塞哥维那的时间是1999年6月4日。

自1999年6月起，在比利时和德国，人们开始怀疑比利时猪肉感染了二恶英。6月11日，德国颁布法令，宣布不能销售比利时猪肉，除非提供检疫证书，证明猪肉没有感染二恶英。1999年7月28日，比利时颁布了类似法令，其中就已经出口到国外的猪肉作出了规定。被告仅支付了总额中的部分款项。比利时猪肉批发商将剩余购货价款转让给了原告[即卖方的受让人]。

原告提出起诉，要求支付剩余购货价款。买方指出，在波斯尼亚—黑塞哥维那禁止转售，而买方又未能出示检疫证明之后，交付的猪肉被海关扣留并且最后作了处置，买方曾多次请求比利时猪肉批发商提供检疫证明。

在地区法院驳回原告关于支付剩余购货价款的要求之后，地区高等法院也驳回了原告的上诉。最后，原告上诉至联邦法院。

联邦法院推翻了地区高等法院的判决，并修正了地区法院的判决。联邦法院认为，地区高等法院因为仅援用国家管辖范围内的先例而得出了错误的裁决。联邦法院表示，根据《销售公约》第7(1)条，必须独立地解释公约的条款，即考虑到本公约的国际性质而不是援引为国内法拟订的原则。

至于案件的实质内容，联邦法院认定，在所交付猪肉受到比利时所颁布法令的预防措施影响的范围内，被告有权根据《销售公约》第35条、第36条、第50条以所交付货物不符合同为由要求降价。联邦法院认为，这种情况适用于头两批货物，而最后一批货物非来源于比利时法令所指时间段宰杀的牲畜。

联邦法院指出，在国际批发和中间贸易中，货物的可转售性（可交易性）是《销售公约》第35(2)(a)条所称适于普通使用目的的一个方面，就供人类消费的食品而言，可转售性包括货物至少对健康没有危害。在公法条款管辖此事的范围内，原则上应适用卖方国家的法律。

而且，联邦法院认为，在国际批发和中间贸易领域，如果怀疑导致采取某种公法措施而使货物不具有可交易性，则仅仅怀疑货物可能有害健康即代表货物不符合同，因而至少是违反了合同。

根据《销售公约》第36(1)条，联邦法院指出在风险转移给买方时，货物不符合同就是存在的，即使不符情形只是在风险转移后才变得明显，即在隐含缺陷的情况下。在风险转移时，导致缺乏可转售性的货物特点已是这些猪肉所固有的，因为此时即可确定无疑猪肉来源于被怀疑感染二恶英的动物。

联邦法院称这些猪肉没有其他任何利用方式，因而批准被告有权将头两批货物的购货价格降至零。

036. 买方对货物不符负有责任的期间

Art. 36

(1) The seller is liable in accordance with the contract and this Convention for any lack of conformity which exists at the time when the risk passes to the buyer, even though the lack of conformity becomes apparent only after that time.

(2) The seller is also liable for any lack of conformity which occurs after the time indicated in the preceding paragraph and which is due to a breach of any of his obligations, including a breach of any guarantee that for a period of time the goods will remain fit for their ordinary purpose or for some particular purpose or will retain specified qualities

<table>
<tr><td>or characteristics.</td></tr>
<tr><td>제36조
(1) 매도인은 위험이 매수인에게 이전하는 시점에 존재하는 불일치에 관하여 계약 및 본 협약에 따른 책임을 지며, 이는 비록 그 불일치가 그 시점 이후에 밝혀지더라도 마찬가지다.
(2) 매도인은 또한 불일치가 전항 소정의 시점 이후에 발생하더라도 그것이 그의 의무위반에 기인하는 경우에는 이에 대한 책임을 지며, 그의 의무위반에는 일정한 기간 동안 그 물품이 그 물품의 통상적인 목적 또는 어떠한 특정한 목적에 적합하게 유지될 것이라는 보증이나 또는 특정한 품질 또는 특질을 보유할 것이라는 보증의 위반이 포함된다.</td></tr>
<tr><td>第36条
(1) 卖方应按照合同和本公约的规定，对风险移转到买方时所存在的任何不符合同情形，负有责任，即使这种不符合同情形在该时间后方始明显。
(2) 卖方对在上一款所述时间后发生的任何不符合同情形，也应负有责任，如果这种不符合同情形是由于卖方违反他的某项义务所致，包括违反关于在一段时间内货物将继续适用于其通常使用的目的或某种特定目的，或将保持某种特定质量或性质的任何保证。</td></tr>
</table>

第36条处理在什么时候已发生货物不符合同情形并且卖方应承担责任的问题。第36条第(1)款规定了一个一般规则，即卖方必须对货物损失风险转移至买方之时存在的不符合同情形承担责任。第36条第(2)款扩大了卖方在某些情况下的责任，规定如果不符合同情形是由于卖方违反其某项义务所致，包括违反其对货物的未来性能或质量的保证，则卖方甚至要对风险转移之后发生的不符合同情形负有责任。一些判决阐述了第36条的两款规定的实施。一家购买了雏菊的花店，其顾客抱怨一夏天雏菊的花都该开而没有开，于是该花店拒绝支付雏菊的价款：一家上诉法院确认了卖方要求支付雏菊价款的权利，因为 (1) 买不能证明，依照第36条第(1)款的规定，在风险转移至买方时雏菊存在缺陷，(2) 买方不能证明卖方曾保证货物具备第36条第(2)款规定的货物未来的适用性。另一家法院做出结论，认为卖方根据第36条第(1)款的规定不对承运人运送过程中比萨饼盒子的损坏承担责任，因为当货物移交给第一承运人时，货物损失的风险即已转移到买方；根据第36条第(2)款结果不会改变，因为该损坏不是由于卖方的任何违约行为造成的。

1. 第36条第(1)款概述

第36条第(1)款规定卖方应“按照合同和本公约的规定，对风险转移到买方时所存在的任何不符合同情形”负有责任。第36条第(1)款的最后一款强化了卖方对风险转移前的瑕疵负有责任的原则，该款确认了卖方的责任，“即使这种不符合同情形在

[风险转移到买方]　后方始明显”。因此，对第36条第(1)款的规则来说，关键的是货物不符合同情形出现的时间，而不是不符合同情形被发现（或理应被发现）的时间。一家法院在涉及加纳可可豆的销售的判决中阐述了第36条第(1)款的规定的一般实施。合同规定，货物移交给第一承运人时，风险亦即转移至买方。合同还要求在货物起运之前，由卖方提供一份由独立的检验机构出具的确认该可可豆符合特定质量规格的证明书。该独立检验机构在货物包装托运之前大约三周检验了货物，并按要求签发了证明书。然而，当货物运抵时，买方自己进行的检验显示该可可豆的质量低于合同规定的质量。法院声称，卖方应当在三种情况下对不符合同情形负有责任：(1)如果装运前由独立机构签发的质量证书本身就有错误，货物在经检验之时就已不符合同；(2)如果货物是在检验到装运之间的三周之内发生了变质；或者(3)如果货物在运输中出现其他方面的瑕疵，但这些瑕疵在货物交付买方之后才逐渐显现。

2. 卖方对风险转移时存在的瑕疵的担保责任

第36条第(1)款的基本原则在一些判决中得到了确认，这一原则是：卖方对风险转移到买方时所存在的不符合同情形负有责任。与之相对，卖方通常不对风险转移后出现的不符合同情形负有责任的原则也在一些判决中被援引。例如，如果一份干蘑菇的销售合同包括“C&F”条款，而蘑菇在运输过程中发生了变质，一家法院就认为不符合同情形是发生在货物损失风险转移至买方以后，因而卖方根据第36条第(1)款的规定对此不承担责任。

3. 瑕疵直至风险转移后才显现

第36条第(1)款规定，“即便这种货物不符合同情形在该时间后方始明显”，卖方也要对风险转移到买方时所存在的任何不符合同情形负有责任。这一原则在一些案件中得到了应用。因此，如果售出的一台制冷设备被安装于卡车拖车内但在交付后15天内出现了故障，则法院认为风险转移之时不符合同情形就已存在，即使该情形是直到设备投入使用时才显现的。另一方面，买方购买了一幅据说是某特定艺术家的画，当买方将该画转售予他人时，该人确定该画并非出自该特定艺术家之手，于是画的买方起诉了该画的卖方。法院声称，卖方对此不承担责任，因为根据第36条第(1)款的规定，卖方仅对货物损失风险转移到买方时所存在的不符合同情形负有责任，而在风险转移时并没有迹象表明所指出的艺术家不是该画的画家本人。

4. 关于瑕疵出现时间的举证责任

根据第36条第(1)款的规定，双方当事人的权利常常以在货物损失风险转移到买方时存在不符合同情形与否而转移。因此，对此由哪一方承担举证责任是一个关键的问题。一家法院指出，一些《销售公约》学者建议这个问题应当参照根据国际私法规则而适用的国内法加以解决，而其他一些学者则认为《销售公约》本身包含了一个一般原则（根据《销售公约》第7条第(2)款），即由主张货物不符合同规定的一方（即买方）承担举证责任；在特定的案件中，法院不需要解决这一争执，因为两种方法都将举证责任分配给了买方。在另一起案件中，初级法院驳回了买方的要求，因为它不清楚货物不符合同是在风险转移到买方之前还是之后发生的；买方提出上诉，指出第36条以及第7条第(2)款将举证责任分配给卖方，由卖方证明在风险转移时货物符合合同规定；然而，上诉法院认为，初级法院的判决没有颠倒举证责任，因此驳回了上诉。其他法院对此问题看来已采取了实际的方法。因此，一家法院做出结论，认为接受交付货物的买方如果没有立即对货物质量提出异议，就要对货物不符合同情形承担举证责任。另一方面，另一国的法院认为，如果一台制冷设备在交付之后不久损坏了，假定该瑕疵在运输过程中就已存在，卖方应当承担举证责任，证明其不对不符合同情形负有责任。

5. 第36条第(2)款

第36条第(2)款规定卖方要对风险转移到买方之后发生的不符合同情形负有责任，但是只对由于卖方违反他的某项义务所致的不符合同情形负有责任。一家仲裁庭援用了这一条款，认定卖方对运输过程中由于包装不当而变质的罐装水果的不符合同情形负有责任，即使在合同规定的FOB条款下买方要承担运输风险。另一方面，一家法院认定卖方不对货物损失风险转移到买方后发生的比萨饼盒子的损坏负有责任，因为买方不能证明该损坏是由卖方的任何违约行为造成的。第36 条第(2)款明确提出，如果不符合同情形是由于卖方"违反关于在一段时间内货物将继续适用于其通常使用的目的或某种特定目的，或将保持某种特定质量或性质的任何保证"所致，则卖方要对风险转移后的不符合同情形负有责任。另一家法院将举证证明明示的保证未来性能的责任分配给买方，并判定植物的卖方根据第36条第(2)款的规定不对植物一夏天未开花负有责任，因为买方不能证明卖方曾对植物未来的性能做出过保证。

判例讨论 36-1

◉ 关联条款：第36条，第45条

◉ 案件参考：Clout Case No. 729

◉ 案件分类：Spain, Audiencia Provincial de Barcelona (Sección 1ª), 「No .619/2001」, 2003.03.21

一奥地利买方和一西班牙卖方订立了关于一台成型机的合同，包括销售和在目的地安装。合同规定，最后付款应当在机器安装30日后到期。这一期限过去后，买方拒绝交付最后付款，声称机器有缺陷。此外，买方还要求赔偿因为机器故障而造成的费用和对其专业形象造成的损害。卖方为未偿清的合同价款起诉买方并胜诉。买方对判决提起上诉。

法院首先确定合同为混合合同，其中包括销售合同因素和服务合同因素。法院认定安装是销售价款的一部分，机器销售是合同的主要部分。法院指出，《销售公约》第36条规定，对于由于卖方违反其某项义务而使货物在风险转移到买方后发生的任何不符合同情形，卖方负有责任。法院称，买方提出索赔只是为了根据《销售公约》第36(2)条和第45条避免支付剩余购买价款，因为买方未能提供机器不能正常工作的证据。此外，法院认为机器符合合同的预期。除其他证据外，法院还采信了专家证词作为证据，即买方早先已请卖方向买方的一些合作人演示了机器。因此，法院驳回了买方的上诉。

判例讨论 36-2

◉ 关联条款：第35条，第36条，第67条

◉ 案件参考：Clout Case No. 820

◉ 案件分类：Germany, Oberlandesgericht Frankfurt am Main, 「No. 3 U 84/03」, 2004.01.29

德国被告向比利时一家公司购买冻猪肉。冻肉分几批运到德国，最后一批在1999年6月4日运到。大约与此同时，比利时猪肉可能感染二恶英一事已经传开。因此，在同一个月即6月份，一项德国条例开始生效，宣布比利时猪肉不得销售，除非卖方出示证书，证明猪肉没有感染二恶英。稍后，比利时政府也采取类似措施，宣布1993年7月23日或之前宰杀的猪不得销售。被告拒绝支付货款，称由于被告不能出示所要求的证书，猪肉已被德国海关当局扣押。代表卖方的原告提起诉讼，主要理由是被告在感染嫌疑发生之前已经接管货物。

法院驳回了该诉讼。法院裁定，根据《销售公约》第36条和第67(1)条，货物危及健康的嫌疑须视为不符合同，即使嫌疑是在风险移交之后发生的，只要嫌疑所依据的事实在此前已经存在。法院认为，在本案中，风险移交之时这些事实是否为人所知并不重要。因为比利时政府采取的预防措施涉及来自1999年7月23日或此前宰杀的猪的产品，而出售给被告的猪肉属于这些措施的适用范围。存在着因为风险移交之前存在的事实而使猪肉可能被感染的明显嫌疑，因此法院得出结论，认为猪肉与合同不符。

至于猪肉是否确实感染，法院未就此问题作出裁决。因为关于货物有害状况的嫌疑已经是与合同不符，按照《销售公约》第36条，举证责任转移给原告，而不适用一般举证规则。虽然法院承认，一般情况下卖方对货物符合目的地国的公共条例不承担责任，但还是认定，该案件属于一般规则的例外。例外的原因是政府的特殊措施以货物原产地国的事件特别是关于特定类别货物的事件为基础。

判例讨论 36-3

- 关联条款：第35条, 第36条
- 案件参考：Clout Case No. 494
- 案件分类：France, Court of Cassation, 「No. D 01-16.107」, Société A v. Société S, 24 September 2003.09.24

纠纷发生在一名法国卖主与一家设在阿拉伯联合酋长国的公司之间，对此，巴黎上诉法院于2001年6月14日做出了判决（《法规判例法》第481号)。

买主因不服上述判决，向最高法院提起上诉。一方面，买主在诉状中指责本案法官错误地责成他提供证据来说明商品不符合规定的缘由。根据原告的观点，依照《销售公约》第36条，在向买主转嫁风险时，卖主应对存在的一切不符合规定的情况负责，并且始终应由卖主来证明违约原因。另一方面，他认为，判决无视《销售公约》第36条第2款，因为法官声称如果说违约原因可能产生于制造缺陷，那也可能完全或局部产生于运输或仓储条件，但却没有证明运输和仓储或是在不正常的条件下完成的，或是买主没有采取卖主所叮嘱的预防措施。

最高法院认为，这个方法是没有根据的。一方面，上诉法院认为，在证据有分歧的情况下，不可能将在迪拜的商品所出现的缺陷都归咎于卖主，这不是颠倒提供证据的责任。另一方面，最高法院注意到：指出运输中的风险要由买主自负，因为运输商是买主自己选择的以及买主没有提供商品包装有缺陷的证据的上诉法院有合法的理由证明其裁决。

037. 卖方在交货日截止前补救不符货物的权利

Art. 37 If the seller has delivered goods before the date for delivery, he may, up to that date, deliver any missing part or make up any deficiency in the quantity of the goods delivered, or deliver goods in replacement of any non-conforming goods delivered or remedy any lack of conformity in the goods delivered, provided that the exercise of this right does not cause the buyer unreasonable inconvenience or unreasonable expense. However, the buyer retains any right to claim damages as provided for in this Convention.
제37조 매도인이 인도기일 이전에 물품을 인도한 경우에는 매수인에게 불합리한 불편이나 또는 불합리한 비용을 야기하지 아니하는 한, 매도인은 그 기일까지는 인도된 물품의 누락분을 인도하거나 또는 수량의 부족을 보충하거나, 또는 인도된 불일치한 물품에 갈음하는 물품을 인도하거나, 또는 인도된 물품의 불일치를 시정할 수 있다. 그러나 매수인은 본 협약에서 규정된 바의 손해배상을 청구할 권리를 보유한다.
第37条 如果卖方在交货日期前交付货物，他可以在那个日期到达前，交付任何缺漏部分或补足所

交付货物的不足数量，或交付用以替换所交付不符合同规定的货物，或对所交付货物中任何不符合同规定的情形做出补救，但是，此一权利的行使不得使买方遭受不合理的不便或承担不合理的开支。但是，买方保留本公约所规定的要求损害赔偿的任何权利。

《销售公约》第37条涉及卖方在合同规定的日期前交付不符合同货物的问题。第37条第一句规定，若所交付货物数量不足，卖方可采取补救办法，“交付任何缺漏部分”或“补足所交付货物的不足数量。”若所交付货物质量有缺陷，卖方也可采取补救办法，交付替换货物，或“对所交付货物中任何不符合同规定的情形做出补救。”第37条第二句规定，买方可保留本公约所规定的要求损害赔偿的任何权利，但可以假定这类损害赔偿的金额必须反映出卖方根据该规定第一句所完成的任何补救。在卖方在买方尚未提供合同规定的银行担保之前即已交付糖果产品的情况下，一家仲裁庭援引了第37条第二句。买方虽接收了货物，但没有支付货款，因为它认为卖方违反了合同，在担保到位之前即已交付货物，这种违约应视为根本违约，它证明买方不支付货款是合情合理的。但仲裁庭裁定，买方不得因卖方违约而拒不付款，并指出根据第37条最后一句，买方对提前交货造成的任何损失可要求损害赔偿。

038. 买方检验货物的时间

Art. 38

(1) The buyer must examine the goods, or cause them to be examined, within as short a period as is practicable in the circumstances.

(2) If the contract involves carriage of the goods, examination may be deferred until after the goods have arrived at their destination.

(3) If the goods are redirected in transit or redispatched by the buyer without a reasonable opportunity for examination by him and at the time of the conclusion of the contract the seller knew or ought to have known of the possibility of such redirection or redispatch, examination may be deferred until after the goods have arrived at the new destination.

제38조

(1) 매수인은 그 사정에 비추어 실행 가능한 한 짧은 기간 내에 물품을 검사하거나 또는 물품이 검사되어지도록 하여야 한다.

(2) 계약이 물품의 운송을 포함하는 경우에는 검사는 물품이 목적지에 도착한 이후까지 연기될 수 있다.

(3) 물품이 매수인에 의한 검사를 위한 합리적인 기회도 없이 매수인에 의하여 운송 중에 목적지가 변경되거나 또는 전송되고 또한 계약 체결 시에 매도인이 그러한 변경이나

전송의 가능성을 알았거나 또는 알았어야 했던 경우에는 검사는 물품이 새로운 목적지에 도착한 이후까지 연기될 수 있다.
第38条 (1) 买方必须在按情况实际可行的最短时间内检验货物或由他人检验货物。 (2) 如果合同涉及到货物的运输，检验可推迟到货物到达目的地后进行。 (3) 如果货物在运输途中改运或买方须再发运货物，没有合理机会加以检验，而卖方在订立合同时已知道或理应知道这种改运或再发运的可能性，检验可推迟到货物到达新目的地后进行。

第38条要求买方检验货物或由他人检验已向其交付的货物。该条大部分内容侧重于应何时检验货物的问题。因此，第38条第(1)款规定了须“在按情况实际可行的时间内”检验货物的一般规则。第38条第(2)款规定了处理涉及到货物运输的案例的特殊规则，允许检验可推迟到货物到达目的地后进行。至于第38条第(1)款与第(2)款之间的关系，一家法院解释说，检验地一般为卖方根据《销售公约》第31条履行其交货义务的地点。但是，如果合同涉及到货物的运输，则检验可推迟到货物到达目的地后进行。第38条第(3)款载有另一项特别规则，适用于如下情况：如果是由于买方在运输途中改运货物或再发运货物，而没有合理机会加以检验，而卖方在订立合同时已知道这种改运或再发运的可能性，检验可推迟到货物到达“新目的地”后进行。

秘书处有关第38条的和许多判例都表明，买方根据第38条规定检验货物的时间与买方“理应发现”第39条所述不符合同情形的时间密切相关——在发生不符合同情形后的一段时间内，买方有义务给出后一项条款所述的不符合同情形通知。因此，第38条规定的验货义务可能具有十分严重的后果：如果买方没有及时适当地检验货物，因而未能查出不符合同情形，结果没能按照第39条规定给出通知，则买方将丧失对不符合同情形进行的补救——很可能丧失所有补救。

第38条规定的检验货物（和根据第39条通知不符合同情形）的义务不仅适用于《销售公约》第35条述及的不符合同情形，而且还适用于合同条款所涉减损第35条的不符合同情形。此外，第38条要求进行的货物检验不仅应当确定货物的质量、数量、容量和特性是否符合卖方的义务，还应当确定货物是否附带合同要求提供的文件资料。

根据某些意见，第38条规定的检验义务与第39条提出的通知要求相关，其目的在于迅速说明卖方是否适当地履行了合同义务。在这方面，第38条与国内销售法中普遍确定的规则具有相似性；实际上，第38条是作为“国际贸易惯例”来适用的，虽然买方国和卖方国在进行交易时均未批准本公约。不过，第38条系国际统一法的一项条款，与类似的国内规则有区别，应当（依照第7条第(1)款）从国际观点的角度加以解释，以促进该条款在适用上的一致性。人们认为，第38条中的要求应严格加以遵守。

1. 第38条第(1)款的一般适用情况

第38条第(1)款要求买方“在按情况实际可行的最短时间内检验货物或由他人检验货物。”这段话具体规定了必须进行货物检验的时间——“在按情况实际可行的最短时间”——其含义已在许多判决书中作了阐释。第38条第(1)款全句未明示述及规定的检验类型或检验方法，在有关判例中也对这个问题作了实质性评论。

根据《销售公约》第6条，双方当事人可以减损本公约的任何规定或改变其效力。这项原则适用于第38条，一项有关货物检验时间和（或）方式的协议被裁定为可取代第38条的通常规则。另一方面，有判决裁定涉及如下内容的合同条款未取代第38条规定，即担保的条件和期限、买方将货物交付后发现的缺陷通知卖方的义务，以及买方在卖方未对货物缺陷进行补救的情况下可行使的权利。贸易惯例也有可能引起第38条的减损，尽管该协议的明示条款会使某项惯例的适用无效。

货物交付后，卖方可放弃对买方检验货物的适当性提出异议的权利，也可以不再坚持这项权利。另外，有人认为，如果买方采取的行动表明，它接收货物时并未对它在货物检验中发现的或本应发现的缺陷提出指控，则有可能丧失对不符合同情形提出异议的权利。

在确定买方是否履行了第38条第(1)款所规定的义务时，证据问题可以起到至关重要的作用。一些裁决断定，买方有义务证明它进行了适当的货物检验。另外，在确定是否进行了适当的货物检验时，人们认为，法庭应同时考虑“客观”因素和“主观”因素，包括买方的“个人情况和经营情况。”实际上，在判断货物检验的适当性时，一些判决似乎考虑了买方的主观情形，至少是在这种考虑表明检验是按高标准进行的情况下。但是，其他判决则不考虑在为检验标准不高进行辩解时所援引的买方的特殊情况。

2. 检验方法

第38条第(1)款规定，买方必须检验货物或“由他人检验货物”，这默示了买方无需亲自进行检验。在一些判例中，检验是由（或本应由）个人或实体进行，而不是由买方，包括买方客户、分包商、或买方指定的专家进行。但是，也有法院裁定，根据第38条规定，买方对由他人进行的检验负有根本责任。

除默示检验不需由买方本人亲自进行外，第38条第(1)款没有说明买方在检验货物时应采取的方法。人们一般认为，检验方式应以双方当事人的协议、贸易惯例和习惯做法为准；在缺少这类指标的情况下，需要进行“全面而合理的专业性”检验，不过，“费用高昂的检验则是不合理的。”也有人认为，检验的范围和强度要按货物的类型、包装和典型买方的能力加以确定。判决中述及的检验方式或方法问题包括：买方的专门知识对所需检验水平的影响；抽查或“抽样”是否需要或是否适当；货物包装或装运情况对买方应进行的检验类型的影响；是否能够或必须利用外部专家；在最初的交付或交易中，缺陷的存在与否是否会影响检验方式。

3. 检验时限

第38条第(1)款规定，买方必须“在按情况实际可行的最短时间内”检验货物。人们认为，第38条第(1)款确定检验时限是为了使买方能够在转卖货物前有机会发现缺陷，并便于立即说明买方是否认可货物符合合同要求；但是，对检验期限的解释采取了一种适合其他目的的方式——例如，要求在货物状况发生变化之前进行检验，以免没有机会确定卖方是否对不符合同情形负责。

除非合同涉及到货物运输（第38条第(2)款规范的一种情形，见下文讨论），或货物在运输途中改运或再发运货物（第38条第(3)款涉及的情况，见下文讨论），买方进行检验的时间通常从货物交付时算起——总的来说，这与损失风险转移到买方的时间相符。因此，要求买方在货物交付后检验货物，是符合本公约第36条第(1)款的，该条规定卖方对风险移转时所存在的任何不符合同情形负有责任。按裁决说明，如果不符合同情形是潜隐的，在初次检验时没能合理地发现，则为查明货物缺陷进行检验的期限要从缺陷显现（或本应显现）时算起。因此，对于买方在研磨装置投入使用约两周后（交付货物后约三周）才指称该装置完全失灵，属不符合同情形，一家法院指出，就此缺陷对货物进行检验的期限自该货物失灵时算起。

第38条第(1)款要求“在实际可行的最短时间内”检验货物，这项要求实际上已严格适用于若干判例。人们主张，对这一用语的解释应当严谨。但是，根据第38条第(1)款关于货物检验时限必须“按情况实际可行”的要求，一些裁决还确认，该项标准具有灵活性，检验期限将依每个判例的实际情况而有所不同。根据一家法院的裁决，短期检验取决于如下几点：买方公司的规模、需要检验的货物的种类、季节性货物的复杂性或易腐性或其特点、有关的数额、为进行检验做出的必要努力等。另外，还必须考虑具体判例的主客观情形，特别是买方的个人情况和经营状况、货物的特性、交付货物数量，或所选定的法律补救办法。

如上所述，货物的易腐性是法庭在确定检验时限时所考虑的一个要素。裁决认为相关的其他因素包括：买方的职业特性和（或）专门知识、买方预期使用或转售货物的时间安排和性质、买方是否知道卖方须迅速通知不符合同情形、货物是否经过交付前检查、检验期间是否有非营业日、货物的复杂性、进行检验的困难、预先交付的货物是否有缺陷、买方请求加速交货的事实以及不符合同情形是否明显（或不明显）。

虽然买方必须进行货物检验的时限具有灵活性和可变性这一点得到普遍确认，但有一些裁决仍试图给买方检验货物规定推定时限。因此，有的意见主张，进行检验的一般基线期（可按具体情况延长或缩短）为交货后一周。其他裁决已将推定检验期定为三、四天至一个月。法院根据具体判例的情况裁定，在如下时间进行的检验系及时检验：按合同规定进行第一次交货后约两周、在目的港交货后数天内和交货当日。在如下时间由专家进行的检验也被视为及时：检验是在交货后未规定的一段时间内进行并完成的，但是由专家进行检验的安排则是在货物抵达目的地之前做出的。在如下各段时间内进行的检验按特定情形被视为不及时：两台发动机的第二台交付后四个月（第一台发动机交付后的20个月内）；交货后两个多月，即买方有机会检验货物之后过了近两个月；交货后七周；交货后10天以上；交货后超过一周至10天；交货后超过一周；交货后许多天；交货三、四天后；交货后超过三天；货物抵达目的港当日后；交货后未立即进行检验的任何时间。

4. 潜在的不符合同情形

买方有义务对货物进行检验，以查明初步检查期间未发现的隐含或潜在的不符合同情形，这个问题很重要：《销售公约》第39条第(1)款规定，买方必须“在[买方]发现或理应发现不符合同情形”（着重部分由作者标明）后一段合理时间内将货物不符合同情形通知卖方”。法庭采纳了检验隐含缺陷的不同方法，这些方法显然依对第38条规定的检验的性质看法不同而各异。某些判决似乎将第38条规定的检验视为一个持续或重复的过程，需要不断查找所有不符合同情形，包括潜在的不符合同情形。这类判决将买方本应在何时发现任何缺陷，包括初步检验无法发现的潜在缺陷的问题视为第38条所涉及的一个问题，这似乎基于一种明显的假设，即第38条要求买方在货物缺陷完全显露之前应不断进行货物检验。因此，一些判决说明，第38条所规定的潜在缺陷检验期限自这类缺陷显露时算起，明显缺陷的检验期限则在交货后即开始算起。这些意见显然主张根据第38条进行多重的或连续的检验。其他判决似乎认为第38条所规定的检验是货物交付后不久要进行的一种无关联的单项活动。对于采纳这种方法的法院而言，在初步进行第38条所规定的检验时，若不能合理查明潜在的缺陷，那又应当在何时查明这类缺陷？这个问题超出了第38条的范围。

一项判决在说明这种看法时强调，第38条规定的检验应在货物交付时进行，此时若未查明未发现的不符合同情形，并不违背第38条规定。

5. 第38条第(2)款

如上文所指出，按第38条第(1)款规定，买方检验货物的期限通常自货物交付时算起。反过来说，进行这类货物交付的地点要以销售合同为准，若没有涉及此问题的合同条款，则要以第31条所述及的违约规则为准。在经由第三方承运人将货物交付给买方的诸多交易中，交货地点即是卖方将货物转交承运人运送的地点。在此情况下，买方通常不便于，甚至不可能在交货地点检验货物，因此，合理的办法是检验期限不从在该地点交货时算起。由于这一原因，在涉及"货物运输"（即由第三方承运人运送）的交易中，第38条第(2)款允许买方将检验时间推迟"到货物抵达目的地为止"。这项规则已适用于若干判例。在一项涉及将货物从爱沙尼亚塔林运送到阿拉伯联合酋长国阿布扎比的交易中，法院认定，即使合同规定了按离岸价格在塔林交货，买主仍有可能推迟检验时间直至货物抵达阿布扎比。另一方面，第38条第(2)款受到双方当事人相反协议的制约。因此，鉴于买卖双方之间的合同规定，货物须"在土耳其冷藏车装货泊位（托尔巴勒）交付"，由承运人将货物从此处运往买方国，法院认定双方当事人的协议排除了第38条第(2)款的适用性，而且买方必须在土耳其而不是抵达地点进行第38条规定的检验，因为合同设想由买方的一名代表在土耳其装运港检查货物，并由买方负责做出安排，将货物运至其本国。

6. 第38条第(3)款

第38条第(3)款准许买方在某些情况下将货物检验推迟到本应开始的检验期限后进行。具体来讲，如果买方因"在运输途中改运货物"或"再发运货物而没有合理机会加以检验"，第38条第(3)款准许将检验推迟到"货物到达新目的地后进行"，条件是卖方在合同订立时"已知道或理应知道这种改运或再发运的可能性"。根据这一规定，买方（在卖方知情的条件下）再发运给买方客户的稀有硬木交货检验可推迟到货物运抵客户设施所在地后进行。但是，有些裁决对第38条第(3)款的适用要求作了严格的阐释。因此，人们指出，该项规定只适用于如下情况：货物直接由卖方交付给最终客户，或买方在卖方和最终客户之间只起中间人的作用。如果买方事先未了解货物是否会转售以及何时转售，就接收了货物并存入自己的仓库，则不能适用该项规定。人们还指出，第38条第(3)款准许推迟检验的条件是，所有（而不只是一部分）货物在运输途中改运或再发运，其次是买方没有合理机会检验交付的货物。

判例讨论 38-1

◉ 关联条款：第25条，第38条，第39条，第40条，第44条，第45条，第74条

◉ 案件参考：Clout Case No. 775

◉ 案件分类：Germany, Landgericht Frankfurt am Main,「No. 2-26 O 264/04」, 2005.04.11

本案涉及根本违约、货物检验和不符合同问题。

买方是一家设在乌干达坎帕拉的公司，买方与德国一家卖方订立了购买一等二手鞋和二等二手鞋的合同。双方商定了C&F FOB肯尼亚蒙巴萨价格。卖方将鞋运到了蒙巴萨。在得到最后一笔购货价款之后，卖方移交了提货单原件。买方在将鞋转运到乌干达坎帕拉并进行检查之后，向卖方发出了货物不符合同通知。而且，乌干达国家标准局因为这些鞋质量低劣又不卫生而拒发进口许可证。买方第二次发出货物不符合同通知，并确定了额外的履约期。最后，买方以信函形式宣布合同无效。

买方向德国美因河畔法兰克福地区法院提起诉讼，要求卖方退还购货价款及发生的费用，如海关和搬运费以及运费。原告称所交付的鞋与合同规定的质量等级不符。关于不符合同通知的及时性，原告指出卖方知道从蒙巴萨转运至坎帕拉一事，在蒙巴萨没有进行检查的合理机会，因为检查将破坏海关封志，从而导致支付额外的关税。卖方在抗辩时援引《销售公约》第39条，称原告没有就货物不符合同一事及时发出通知。他还否认说完全不知道买方转运一事。

尽管确认存在根本违约情形，法院还是驳回了原告的要求，认为根据《销售公约》第45(1)(b)条、第74条和第81(2)条，以及其他任何条款，原告都无权得到付款。

法院认定，原告没有在合理时间内发出货物不符合同通知，因此根据《销售公约》第39(1)条即失去了援引货物不符合同的权利。原告在收到提单之后超过三周才检查货物，不符合第38(1)条所规定的条件，因为不用费多大劲，只须随机取样就可发现鞋与合同不符。

此外，法院拒绝原告援引《销售公约》第38(3)条。关于卖方如第38(3)条所要求在订立合同时即知道货物可能转运，法院指出，买方总部设在乌干达坎帕拉本身不足以告知转运的可能性。至于错失检查机会，法院认为额外交付肯尼亚关税不能视为《销售公约》第38(3)条所指的没有合理机会进行检查，因为考虑到缴纳关税的次数和数额是买方的事情。

法院拒绝原告根据《销售公约》第44条而降低购货价格的权利，声称原告没有根据《销售公约》第44条提出没有及时发出货物不符合同通知的合理理由。法院没有处理本案是否符合《销售公约》第40条所规定条件的问题。

判例讨论 38-2

◉ 关联条款：第7条，第38条，第39条

◉ 案件参考：Clout Case No. 849

◉ 案件分类：Spain, Pontevedra Provincial High Court, First Section, 2007.12.19

西班牙买方因毛蚶和（熟的和冻的）食用蟹销售合同未付款而被卖方（可能是美国人）起诉。在第一初审判决时，鉴于货品质量欠佳，且买方在《销售公约》第39条规定和《商法》及其相关判例法规定的合理期限内指出了货品的缺陷，法庭拒绝了卖方要求支付某些发票的请求。然而，卖方认

为《销售公约》的第38和39条在本案中应用不当。

省高级法院认为,《销售公约》第38和39条规定买方需要承担如下两个主要义务：买方应当检查货物是否合格，并将任何不合格情况告诉卖方。为了确定买方是否遵守了如上义务，法院首先注意到尽管货物是冰冻状态，但属于易腐货物，并且供人食用，因此需要格外看管。第二，法院认为，货物的检查非常容易，任何缺陷可以轻易查出。只需要随机打开每一批货物里的任何一个独立货柜，便可凭腐烂物品的典型颜色和气味观察到货物的腐烂状态。第三，法院注意到，第一批货物交付后4个多月，第二批货物交付后两个月，第三批货物交付后一个月20天，才发现货物质量欠佳。买方又延迟了一个月才告诉卖方货物有缺陷。第四，在先前一项合同中，买方的索赔于数天内提出，并且最终通过减价解决了问题。基于这些考虑，法院认为这一时间超过了《销售公约》第39(1)条规定的合理期限以及第38(1)条规定的检查期限。

法院认为，合理的期限应当在几天或最多几周之内，如果是耐用和复合商品的话该期限可以更长。法院认为，从法律保障角度来看，期限的设定是非常敏感的，因为它涉及到确保不因时间的推移而导入一些可能会造成任何不当诉求和使举证过程复杂化的要素，本案便属于此种情况，因为对货物中的缺陷何时发生可能存在疑问。

最后，法院认为，当事方不能援引本国法律——《商法》及相关判例法，因为《销售公约》是选定的适用法律，除非个案涉及《销售公约》未明确解决的问题（第7(2)条）。

判例讨论 38-3

- 关联条款：第7条，第38条，第39条，第49条，第71条
- 案件参考：Clout Case No. 944
- 案件分类：The Netherlands, Court of Appeals of's-Hertogenbosch,「No. C0400803/HE」, G&C Component Complementaries v Errelle S.R.L., 2005.20.11

卖方是从事印制电路板生产与销售的专业公司，其与买方（一家印制电路板批发商）于2000年签订了一份3600块印制电路板的销售合同。买方将这些货物转售给其荷兰客户。从2000年10月到2001年2月，卖方至少向买方发出了2910块电路板，而买方则向其客户转发了2819块。卖方于2000年10月发出第一批144件货物之后，买方于2000年10月12日向卖方发函，告知卖方，其客户发现货物存在许多瑕疵，要求卖方特别注意质量和检查。买方也曾对卖方已交付的787块印制电路板进行检验，并认定其中105块不合格，而且买方已于2001年3月将不合格产品悉数退还卖方并要求卖方重新发货。买方还告知卖方，将停止向其支付货款，而这其中部分原因是，买方的客户也没有向买方付款。此后，卖方于2001年5月同意更换不合格电路板，并要求买方重新启动付款程序。2001年6月，买方向卖方提交了一份付款时间表，计划在2 个月内支付全部款项。卖方对此表示同意，但买方在支付了三笔款项后未能继续执行这份时间表。2001年12月，买方告知卖方，其在收到客户的投诉后，与客户一道对273块印制电路板进行了检验，结果发现其中78块达不到质量要求。最后，买方要求卖方向其发一份与1,975块印制电路板相关的信用证。但卖方予以拒绝。

卖方向一审法院起诉买方，要求买方支付交易的货款。而买方则要求法院废除其买卖合同并要求卖方赔偿违约金。一审法院同意卖方收回货款，同时驳回了买方的请求。买方为此提出上诉。上诉法院维持了一审法院关于适用《销售公约》的裁定。本次诉讼的关键问题取决于卖方是否正确履行了其在买卖合同项下的各项义务，买方能否证明其停止支付货款并废除买卖合同是合理合法的，以及买方是否有资格索要违约赔偿金。法院称，买方显然在2001年3月就已停止向卖方支付货款。然

而，买卖双方此后又制定了一份时间表，确保全额或分期支付未付发票款项（不论买方客户是否向买方全额付款）。鉴于买方最初一直遵守付款时间表的规定，因而法院认为，买方已失去了在2001年6月7日（即买方提交付款时间表、卖方认可此表之日）中止付款的权利，这是因为没有任何证据证明买方在此事实发生后已通知卖方其将根据《销售公约》第71(3)条的规定再次停止支付货款。

对于买方依照《销售公约》第49条，以卖方每次分期交货都发生延迟为由废除买卖合同全部条款的论点，法院认为，买方无法证明这一点。买方以注明其要求的交货时间表订单作为证据并不充分，同样，买方催促卖方交付第一批600块印制电路板和第二批300块的传真也不足以证明这一点。由于买方没有出示更多证据，因此无法认定卖方延误交货，因而不能以此为由废除销售合同。

此外，买方还认为，由于卖方所售印制电路板不符合双方买卖合同的要求，因此应当废除这份合同，而且买方也以此为由，要求卖方支付违约赔偿金。买方在2001年12月的信函中称，因卖方违约而宣布合同无效。尽管如此，上诉法院同意一审法院关于在前述交付的249块印制电路板中发现瑕疵八个月后合同便已废除的裁决，而买方信函称，这些瑕疵早在2000年10月和2001年3月就已发现。由此可见，其并非发生在合理期限内（《销售公约》第49(2)(b)(i)条)。因此，买方不能据此要求废除合同。关于其他印制电路板的问题，法院无法确定根据《销售公约》第49(2)(b)(i)条的规定，买方是否已失去废除合同的权利，因为卖方对这一点并无争议。

卖方反对说，买方既无权宣布合同无效，也无权取得违约赔偿金，因为买方没有充分检验这些印制电路板，也没有在其发现或本应发现瑕疵后的合理期限内向卖方提出申诉。法院同时指出，《销售公约》第38(1)条和第39(1)条与本案密切相关。然而，鉴于买卖双方可商定不受《销售公约》的管辖，因此，法院称其必须确定买卖双方（应买方要求）是否如买方所称确实同意由卖方对这些印制电路板进行检验和测试，以确保在违反《销售公约》第38(1)条的情况下买方无需再对其进行检验。由于卖方对买方在这一点上的动机有争议，订货单也未涉及此问题，买方也没有提供更多的证据，因此无法假定双方协议的存在。为此，法院最后得出结论，根据《销售公约》第38(1)条的规定，买方有责任对这些印制电路板进行检验。至于检验的时间安排和检验范围，法院认定，依照买卖双方的约定，这些印制电路板是分期分批交货的，因此买方本应分别对每批货物进行检验，而且已分别对每批不合格货物向卖方投诉（见《销售公约》第38(1)条）。买方应已对卖方交付的印制电路板的数量和型号进行核查，并且已经查验了这些电路板是否存在明显瑕疵（即"简单外观检验"）。依照《销售公约》第38(3)条的规定，买方可能已将对这些货物进行更全面的检验延期至货物抵达买方客户工厂之日（而不是在客户开始组装这些货物之时)。法院同意买方对每次交货的印制电路板进行过"简单外观检验"（因而符合《销售公约》第38(1)条的规定）的说法。对于买方在每次检验时已发现或应当已经发现的瑕疵，《销售公约》第39(1)条所述合理期限应自买方完成此项检验之日（即买方收到印制电路板之日）起算。对于其他瑕疵，买方最迟应当在印制电路板运抵其客户工厂之后不久便已发现，买方向卖方投诉的合理期限应当从此刻起算。法院驳回了买方关于《销售公约》第39(1)条所述合理期限尚未开始的观点，因为卖方尚未交付全部3600块印制电路板。买方不承认销售合同中必须包含印制电路板分期分批交货的问题，也不承认卖方已完全履行与每批印制电路板交货相关的义务。法院最后称，买方仅就155块印制电路板不合格的问题及时向卖方发出了通知。因此，法院同意卖方的主张。此外，法院还否定了买方以确保公平合理为由认为应当驳回卖方主张的观点，因为除买方没有提供任何旨在驳回卖方主张的具体事实证据之外，为公平合理起见，《销售公约》第7(1)条不容忍任何违约行为。法院最后准许卖方依照《销售公约》第78条的规定对买方所欠货款收取利息。然而，由于《销售公约》第78条并未确定应当适用的利率，因此，法院根据《销售公约》第7(2)条的规定，参照国际私法原则和相关适用法律解决此问题。法院最终得出如下结论：由于履行主要义务的卖方注册地址是在意大利，因此买卖双方之间的合同与意大利关系最为密切，因而应当根据意大利法律确定上述利率。

039. 买方发出品质异议通知的义务

<table>
<tr><td>Art. 39
(1) The buyer loses the right to rely on a lack of conformity of the goods if he does not give notice to the seller specifying the nature of the lack of conformity within a reasonable time after he has discovered it or ought to have discovered it.
(2) In any event, the buyer loses the right to rely on a lack of conformity of the goods if he does not give the seller notice thereof at the latest within a period of two years from the date on which the goods were actually handed over to the buyer, unless this time-limit is inconsistent with a contractual period of guarantee.</td></tr>
<tr><td>제39조
(1) 매수인이 물품의 불일치를 발견하였거나 또는 발견하였어야 했던 때로부터 상당한 기간 내에 매도인에게 불일치의 내용을 명세하여 통지하지 아니하는 경우에는 매수인은 물품의 불일치를 원용할 권리를 상실한다.
(2) 어떠한 경우에도, 물품이 매수인에게 실제로 인도된 날로부터 늦어도 2년 이내에 매수인이 매도인에게 그에 따른 통지를 아니 하는 경우 매수인은 물품의 불일치를 원용할 권리를 상실한다. 다만 이러한 기간의 제한이 계약상의 보증기간과 양립하지 아니하는 경우에는 그러하지 아니하다.</td></tr>
<tr><td>第39条
(1) 买方对货物不符合同，必须在发现或理应发现不符情形后一段合理时间内通知卖方，说明不符合同情形的性质，否则就丧失声称货物不符合同的权利。
(2) 无论如何，如果买方不在实际收到货物之日起两年内将货物不符合同情形通知卖方，他就丧失声称货物不符合同的权处，除非这一时限与合同规定的保证期限不符。</td></tr>
</table>

第39条规定，声称所交货物不符合同规定的买方应承担将不符合同情形通知卖方的义务。本条款分为两款，涉及所需通知的不同的时期：第39条第(1)款要求买方在发现或理应发现不符合同情形后一段合理时间内给出不符合同通知；第39条第(2)款具体规定，无论如何，买方应在货物实际交付给买方之日起两年内将货物不符合同情形通知卖方，除非这一时限与合同规定的保证期限不符。

1. 第39条的范围

如果买方声称所交货物不符合同，适用第39条规定的通知义务。货物相符概念在第35条中界定。适用第39条通知要求的绝大多数裁决涉及第35条规定的货物有缺陷或质量不符的权利主张。尽管如此，第39条的通知义务不仅适用于第35条规定的质量义务的违反，也适用于为减损第35条所作的合同保证的违反。如果声称的不符合同指未随货物提供适当的说明手册，通知义务适用。有数项判决裁定，第39条要求在买方声称所交货物数量（而不是质量）不当时应给出通知。针对买方对季节性货物交货延迟的控告，一家法院也适用了第39条的通知要求，尽管其他案子并未仿效这项判决。对每项单独的不符合同情形均须遵守通知要求，而且买方就一种缺陷可能已给出适当通知并不一定意味着它对所有声称的不符合同情形都给出了有效的通知。

2. 未能给出通知的后果

第39条第(1)款和第(2)款都指出，买方如果未能给出所需的通知，他就丧失声称货物不符合同的权利。这似乎意指买方丧失任何补救不符合同情形的权利，例如包括要求卖方修补货物的权利，要求损害赔偿的权利，降低价格的权利，及宣告合同无效的权利。不过，有一家法院似乎允许买方以不符合同情形未及时通知为由而部分撤销合同。还应注意到，根据《销售公约》第四十和四十四条规定，在未给出恰当通知的情况下，买方对货物不符合同的补救办法也可全部或部分恢复。

3. 举证责任

在所报道的判决中似乎都有一种共识，即由买方负责证明它给出了第39条所要求的不符合同通知。以明示和默示两种方式采取了这种立场。虽然有几项裁决援引国内法律规则证明将举证责任归于买方是正当的，但多数判决都是根据作为《销售公约》基础的一般原则来分配举证责任。例如，意大利一家法院的判决明示地否决依据国内法确定举证责任，并在第79条第(1)款等有关规定中发现了要求买方证明有效通知的《销售公约》一般原则（在第7条第(2)款含义上)。

4. 通知的形式

第39条未订定所要求的通知形式，不过双方当事人可以协议方式要求采用一种特定的形式。书面形式的通知经常被裁定是令人满意的，而且将一连串信函的内容组合起来以便满足第39条的要求。根据买方建议，卖方在买方客户的所在地检验货物时，便出现了口头通知，这种口头通知在形式和内容上都被视为是足够的。口头通知（通过电话）也被裁定足够了，不过在几个案子中买方已做出电话通知的主张因证据问题而导致无效。一家法院裁定，声称给出电话通知的买方必须证明电话是何时打的，买方通话的对方是谁，以及交谈期间所说的内容；如果买方不能证明这些要素，就不能证实第39条的通知要求已得到了满足。早先的一项判决同样裁定买方已做出电话通知的断言未得到充分证实，因为买方未证明打电话的日期，接听电话的是谁，或就货物不符合同通报了哪些信息。而且，在一项判决中，法院似乎对于充分的口头通知规定了特殊的要求，声称如果卖方未能答复给予卖方代理人的电话通知，买方有义务采取后续行动，向卖方发出书面通知。最后，一家法院否决了买方的论点，即他拒绝向卖方付款，即是以默示方式通知了货物不符合同情形，法院裁定第39条要求的通知必须是明示的。

5. 必须向谁发出通知

第39条指出，必须按照规定将货物不符合同情形通知卖方。因此而指出的是，买方与其客户之间关于货物缺陷的通讯并不满足第39条的通知要求，因为它们不涉及卖方。买方向充当合同订立中间人但与卖方无更深关系的独立的第三方发出的缺陷通知，被裁定未以适合于第27条含义范围内情况的方式给出，因此在通知未为卖方收到时，风险由买方承担。同样，如果通知给予的卖方雇员未被授权接受此种来文但答应将信息转达给卖方，然而该雇员实际上并未向卖方通报时，此种通知被裁定为不充分；法院还指出，当通知未给予卖方本人，买方必须确保卖方实际收到通知。另一方面，法院还裁定，如通知给了卖方的代理人，就将满足第39条的要求，尽管收件人的代理地位和权限的问题不属《销售公约》范围之内的事项，而应根据适用的国内法来确定。

6. 有关通知的协议

第39条受制于第6条规定的双方当事人减损或变更本公约任何规定的效力的权力。许多判决都涉及有关买方将货物不符合同规定的权利主张通知卖方的义务的协议。此种协议普遍得到执行，有数次买方都丧失了控告货物与合同不符的权利，因为他们未能遵守此种协议的条款规定。不过，少数裁决似乎不愿意执行支配通知的合同规定：即使双方当事人的合同载有论述缺陷通知的条款，他们仍依靠第39条的标准，而且（或）他们提出合同规定的执行只限于按第39条的标准判断合理的程度。当然要能根据任何方法可以执行，有关货物不符合同的通知的条款必须成为双方当事人根据适用的合同订立规则达成的协议的组成部分，就《销售公约》而言，这种规则收在本公约第二部分中。因此，法院认定，虽然双方当事人能够减损第39条，但在要求卖方在交货后八天之内给出通知的条款难以辨认而且出现在合同订立后卖方单方面产生的单据的情况下，双方当事人未这样做。双方当事人还被认定仅仅通过同意一项18个月的合同担保，或者仅仅根据一项未明示涉及买方发出不符合同通知的义务的担保协议，并不减损第39条。另一方面，已被承认，有关缺陷通知的贸易惯例，如果根据《销售公约》第9条对双方当事人具有约束力，它就能减损第39条。一项裁决还裁定，卖方要求买方在交货后八天内发出据称有缺陷的书面通知的标准条款已列入合同，买方从双方当事人以前的交易中知悉这种条款，卖方也在其发价中明示提及其标准条款。在双方当事人有关不符合同通知的协议未能处理特定问题的情况下，第39条的规定已被援引来填补缺口。

7. 卖方或买方的弃权

第39条规定，如果买方没有及时就货物不符合同情形向卖方发出恰当的通知，卖方有权防止买方依赖于货物不符合同，但卖方仍可以通过引导买方认为卖方将不反对买方的通知而放弃这种权利。这样，如果在收到买方有关交付货物不符合同规定的通知后，卖方宣布假如买方关于缺陷的控告得到证实他将对货物做出补偿，一家法院裁定卖方已放弃了他对买方通知及时性提出异议的权利。另一方面，一家法院援引国内法和一项鼓励友好解决的政策，得出结论认为，卖方未放弃其主张通知不及时的权利；法院认为，卖方接受退货只是为检验货物，而且只是对价格给予买方临时预计补偿，这一事实并不构成放弃权利。还有一家法院认定，仅以卖方收到买方对货物不符合同的控告后应买方要求检验货物这一事实，并不构成对论证买方不符合同通知迟给的权利的放弃。一家法院指出，卖方可以明示或默示的方式放弃他根据第39条所享有的权利，而且默示的放弃要求做出具体的说明，使买方理解卖方的行动构成了弃权；法院进而得出结论，认为虽然本案中仅仅通过与买方就不符合同问题进行和解谈判卖方未放弃他对不符合同通知的合适性提出异议的权利，但卖方有谈判的意愿则是应加考虑的事实；这一事实以及此种谈判继续延长的期限（15个月），卖方在此期间未能保留它根据第39条应享有买的权利，卖方同意买方支付专家检验货物的费用的请求和向买方做出相当于货价七倍的损害赔偿的行动，种种情况都证实了一个结论，即卖方已经放弃了它对通知延迟提出异议的权利。另一家法院对卖方放弃第39条的权利和不容再维护此种权利的情况作了区分，得出的结论是，卖方并未放弃它对通知延迟提出异议的权利，因为双方当事人放弃权利的意图必须非常清楚地确定，仅凭在给出通知时卖方未立即对通知延迟提出异议这一事实，并不是弃权的充分证据；另一方面，通过与买方保持联系以便了解买方客户的投诉情况，并通过陈述向买方表示卖方将不对延迟通知进行辩护，在买方坚信卖方将不对通知不及时提出控告之时，卖方不得再求助于此种辩护。

当买方肯定地表示接受所交货物和（或）承认支付价款的义务并且未对明显的缺

陷提出异议时，它们也被视为放弃（或不得行使）它们根据第39条所享有的权利。这样，如果在买方同意购价上余下的有争议的余额而且签署了该笔余额的汇票时发现了零部件有遗漏和存在缺陷，买方就被认定丧失了申诉的权利。同样，如果买方根据某些缺陷谈判降低录像机的价格，买方就失去了对在商定削价时它已知的其他缺陷提出异议的权利。而且，如果买方以银行支票支付未清发票，然后在承兑前停止支票付款，对于在提供支票时已知的缺陷，买方被认为已丧失了申诉的权利。

8. 第39 条第(1) 款——目的

第39条第(1)款要求声称货物不符合同的买方在他发现或理应发现不符合同情形之后在一段合理时间内通知卖方，具体说明不符合同的性质。这项要求被认定有几种不同的目的。有多项判决表示，一个目的是促进快速澄清是否发生了违约情况。判决还提示，要求通知是为了向卖方提供确定通常如何处理买方的索偿和如何更具体地便利卖方补救缺陷所需的信息。一项判决指出，目的是推动迅速解决争端和协助卖方为自己申辩。另一项判决也有类似的提示，认为第39条第(1)款可协助卖方为自己申辩以应对无效的索偿。通知要求同买方的诚信义务也有联系。还有一项判决声称，第39条第(1)款中的通知目的是保证卖方做好准备，保护自己免受不符合同指控之害，另外，根据具体案情为公共卫生服务，允许卖方采取措施，防止据称污染了货物（鱼子）的病毒传播。

9. 通知的内容；要求具体说明

第39条第(1)款要求的通知必须“说明不符合同情形的性质……”这种措辞在大量的裁决中作了解释和适用。有几项判决作了关于具体说明要求的一般性宣布。判决指出仅仅通知存在不符合同的事实是不够的，买方还必须说明缺陷的确切性质；通知应当说明不符合同情形的性质和程度，应该传达买方检验货物的结果；通知内容应当十分具体，使卖方能够理解买方的权利主张和采取适当的对应步骤，即检验货物并安排替代交货或以别的方式补救不符合同情形；具体说明要求的目的是使卖方能够理解买方声称的违约情况和采取必要的步骤加以补救，例如提议提供替代货物或追加交货；通知应当足够详尽以使卖方将不会误解而且卖方能够准确无误地断定买方的意思；通知内容应当十分具体，足以使卖方了解哪一项目被声称不符合同和声称的不符合同包括哪些方面。有几项判决强调指出，通知应认定据称不符合同的特定货物；其中一项这样的判决裁定，即使买方声称有缺陷的某件农业机械是买方向卖方购买的那个类型中的惟一一件，如果通知未能认定编号或交货日期，具体说明要求就未得到满足，因为不应迫使卖方查询其档案以找出有关机器的记录。若干判决指出，必须具体描述每项声称的不符合同情形，而且通知对一项缺陷做出足够的具体说明并不意味着对其他声称的缺陷的具体说明要求得到了满足。已将具体说明要求适用于不符合同的口头通知。另一方面，有几项判决提醒不要制定要求过高的具体说明标准。判决还提示，不同类型的买方应当执行不同的具体说明标准，专家买方应提供更详尽的通知。就机械和技术设备而言，法院裁定描述了不符合同的征兆亦即满足了具体说明要求，并不要求说明深层的原因。

法院裁定，对不符合同情形的下列描述足够具体，足以满足第39条第(1)款规定：通知卖鞋商买方客户收到的关于鞋的投诉数目惊人，投诉鞋有孔洞，而且童鞋的鞋底和鞋跟松脱；通知用于加工含水卫生织物的机器的销售商，买方客方发现机器生产的半成品中有钢碎片，造成成品出现锈斑；通知说地砖过早出现严重的磨损和褪色；当卖方在买方客户的所在地实际查看不符合同商品时通知就发生了。

下列通知中的描述被裁定不满足第39条第(1)款要求，因为它们不够具体：通知说用于建筑物正面装饰的石块标签有误，有些石块和石台尺寸不当，为粘贴石块提供的胶有缺陷，通知未能具体说明哪些具体项目未贴标签，尺寸错误的数量有多少和有哪些具体项目，经有缺陷的胶处理的石块确切数量有多少；通知说花草情况糟糕和长势不良（法院指出，后一种情况可能指植物大小或外观)；通知说棉布质量差；通知说家具零配件配错和裂纹多；通知说时新货物做工很差和缝制不当；通知未能具体说明奶酪长了蛆；通知说织物的质量有问题而且交付的布匹的尺寸使人无法以经济的方式剪裁，其中未能具体说明质量问题的性质和未能说明哪种尺寸将允许经济剪裁；通知农业机械不能正常运转，但未具体说明机器编号或交货日期；通知说块菌疏松了，而当时实际上已长虫了，即使多数专业卖方都懂得疏松意味着长虫；通知说鞋的质量不符合合同要求；但未说明缺陷的性质；通知说冻熏肉腐臭了，但未具体说明货物全部还是只有一部分变质了；通知说一部打印机的文件遗失了，但不清楚说明买方指的是整个打印系统还是只是系统的打印部件；通知说用于做鞋底的经硫化的橡胶片有问题或有缺陷；通知说皮革制品不符合买方的规格，无法出售给买方的客户，而且250件货物压印得很糟糕；通知说5卷毯子不见了，但未具体说明遗失毯子的图案，因此卖方无法补救。

除了上文讨论的具体说明要求外，《销售公约》未进一步界定第39条第(1)款要求的通知的内容。一家法院声称，只要通知确切描述买方客户报告的货物的缺陷，通知不必声称此种缺陷构成了卖方的违约，甚至可以表示怀疑客户的投诉是否有着正当的理由。另一方面，另一家法院得出结论，认为买方仅仅要求卖方协助解决计算机软件的问题，并未给出第39条第(1)款要求的不符合同的通知。

10. 一般所说的及时通知

第39条第(1)款要求买方在发现或理应发现不符合同情形后一般合理时间内给出通知。据称，通知必须给出的这种时限，应根据良好经营的利益确定，以便不使任何一方处于不公平的境地并促进争端的迅速解决。确定合理的通知时间旨在促进灵活性，期间的长短则根据每个案例的实际情况有所不同。有几项裁决表明合理时间的标准是一项严格的标准。在买方给出第39条规定的不符合同通知的时间与其必须给出他正要采取补救措施（如宣告合同无效）的通知时间之间做出了区分；建议买方的补救措施通知要等到第39条通知给出后的合理时间过了之后才能给出。但是，另一项判决断言，第39条第(1)款规定的给出不符合同情形通知的合理时间与第49条第(2)款(b)项规定的有关给出宣告合同无效的通知的合理时间是一样的。

11. 通知时间何时起算——与第38 条的关系

第39条第(1)款规定买方必须给出通知的合理时间从买方发现或本应发现不符合同情形的时刻起算。这样，买方通知的期限起算时刻以下面较早发生为准：买方实际（或主观）发现不符合同情形的时间，以及买方理论上应当发现（或应该发现）不符合同情形的时间。

如果买方承认它主观上意识到缺陷的时间或有客观事实证明买方了解此种情况的实际时间，买方实际发现不符合同的时间就能够得到说明。买方从购得其销售货物的客户收到的投诉可以确定实际知情：法院现已裁定，当买方收到此种投诉时，给出不符合同的通知的时间即开始起算（如果先前未开始起算），即使买方怀疑投诉的准确性。

如先前讨论第38条时所指出，为了第39条第(1)款的目的买方理应发现不符合同情形的时间与买方根据第38条规定检验货物的义务紧密地联系在一起。如果不符合同情形从买方初次检验货物时就理应合理发现，那么买方给出通知的时间从应进行此种检验的时间起算。正如一家法院所指出“买方应确定违反合同的时点受管理验货职责的规定支配。在这种背景下，《销售公约》第38条规定，货物必须在情况允许的尽可能短的时间内检验”。这样，在交货后初次检验本应发现货物不符合同情形的情况下，买方给出通知的合理时间在第38条规定的货物检验期间过后起算，而且买方通知的最后期限应当包括第38条规定的验货期和第39条第(1)款规定的通知的合理时间。许多判决承认买方不符合同情形通知时间的这两个独立的组成部分，尽管有些判决似乎并不确认第一区别。

在缺陷属于在实际使用一段时间前不能合理发现的潜伏性缺陷的情况下，买方应当发现不符合同情形的时间晚于交货后货物初步检验的时间。一项判决提出了给出潜伏性缺陷通知的时间是否应当在买方对缺陷实际了解前就起算的问题，尽管裁决避开解决这个问题。不过，其他的判决断定，买方给出潜伏性缺陷的通知的时间在买方理应发现缺陷时起算，不管买方在当时是否实际了解缺陷。有些判决似乎承认，潜伏性缺陷的发现可能是一个需要一段时间的过程，并暗示买方的通知只需传达通知当时买方合理可获的信息，由以后通知中的信息加以补充。

12. 推定通知期

第39条第(1)款为买方给出通知规定的时期——在买方发现或应当发现不符合同情形后一般合理时间内——旨在具有灵活性，不同的案子情况会有不同的期限，但若干判决试图确立具体的推定时期作为一般准则或违约规则。法院在采取这一做法时，通常设想它们提出的推定通知期将作调整以反映特定案子的实际情况。建议的推定通知期在时间长短和计算通知期所采用的方法这两个方面都相差甚大。有几项判决提议从交货时间起算推定期，以便推定期不仅涵盖发现不符合同情形后给出通知的时间，而且涵盖买方首次发现不符合同情形的时间。本着这一思路，提出了多种推定通知期：交货后8天（在耐用的、非季节性货物的情况下）、检验货物和给出通知后14天、交货后两周到1个月及交货后1个月。其他的判决区分发现不符合同情形的时间与在发现后给出通知的时间，经常提出两个组成部分的推定期并通常指明通知期所适用的特定货物类别。已提出了下列期限作为给出通知的推定的合理时间：发现不符合同情形后数天；1周（第38条规定的1周验货期后）；发现后8天；两周（1周验货期后)。在正常情况下给出通知的合理时间是发现或应当发现缺陷后1个月——有时被称做宽容月方法——这一理论已被数项裁决接受。在货物易腐的情况下，有些判决提出了非常短暂的推定通知期。

13. 影响合理通知时间的因素

很清楚，通知的合理时间将随特定案子的情况而有不同。判决认定了影响通知期长短的多种因素。经常提到的一个因素有关不符合同情形的明显性——明显易于发现的缺陷的通知期往往较短。货物的性质是频频提及的又一个因素：易腐或季节性的的货物要求较早通知缺陷；与之相反，对于耐用或非季节性货物的通知则通知期较长。如果买方计划加工货物或另行处理它们的方式可能使得难以断定卖方是否应对不符合同情形负责，也可能缩短通知的时间。贸易惯例及双方当事人之间确立的习惯也能影响通知时间，就如买方了解卖方本身的经营是根据将需要迅速通知缺陷的最后期限进行的情况一样。如果买方是专家或专业人士，也被裁定通知时间应较短。一家法院声称，如果因为公共卫生的关系而要求快速给出通知，应该在可行的最短时间内给出通知——以允许卖方采取措施，防止据称感染了货物（鱼子）的病毒传播。买方请求加快交货速度这一事实被列为缩短给出不符合同通知的时间的一个因素。

14. 第39条第(2)款

第39条第(2)款确定货物不符合同通知的绝对截止日期——从货物实际移交买方之日期后两年，但此种时限不符合合同担保期的情况除外。如无此种时限，根据第39条第(1)款中灵活和可变的时间标准，通知时间很可能就没有明确的终止期限。例如在潜伏性缺陷的情况下，买方发现或理应发现货物不符合同的时间，因而也就是第39条第(1)款规定的买方给出通知的合理时间起算的时刻，可能在交货过后很久。在此种情况下，如果没有一个合同担保期在较长的时间里保护买方，第39条第(2)款将在货物实际交付后两年终止买方给出通知的权利，并从而阻止买方维护其依靠在该时点前未发现和通知的货物不符合同情形的权利。同第39条第(1)款确立的通知期——旨在保持灵活性和随情况而变化——不一样，第39条第(2)款中的两年期限是确切和不可变的（但适用合同担保期的情况除外)。实际上，第39条的显然目的是提供一个具体的、可预测的限期，过了这个限期，卖方能够有信心地保证，货物不符合同的主张在法律上将得不到承认。

适用第39条第(2)款的判决为数颇为有限，它们涉及到本条款的几个方面。有几项裁决就指明，通知内容如不够具体，不能满足第39条第(1)款的规定，将不构成第39条第(2)款规定的适当的通知，即使后项规定并不明示地收入第39条第(1) 款中要求通知具体说明货物不符合同的性质的措辞。另有几项裁决探索了第39条第(2)款与具体订定基于违反销售合同提起诉讼的最后期限的规则（时效或时效期法规）之间的关系。一家法院考虑了这个问题，力图协调国内法中的1年时效期与第39条第(2)款中的2年通知期，最终选择将国内时效期延长至两年。其他的裁决则竭力区分第39条第(2)款的规则与时效或时效期法规，前者确立给出货物不符合同情形通知的最后期限，而后者确立开始诉讼的最后期限。若干裁决涉及了双方当事人通过协议减损了第39条第(2)款的主张。一家仲裁庭就曾裁定，双方当事人通过商定最多18个月的担保期而减损了第39条第(2)款，尽管法庭还解释说，对于已经及时给出通知的买方来说时效期不受第3条第(2)款的支配，而且是一个不属于《销售公约》范围并受制于国内法的事项。另一方面，一个仲裁小组断定，要求双方当事人在谈判陷入僵局后

30天之内将争端提交仲裁的条款并不起到减损第39条第(2)款的作用。然而另一项仲裁裁决裁定，正是由于卖方可能已向买方口头陈述货物（先进的机械）将可使用30年，因此双方当事人并未减损第39条第(2)款中的两年截止期。这项裁决也许暗示，这种陈述并不构成第39条第(2)款意义上的合同担保期，因为否则该条款将会延长通知的截止期。另一项裁决还处理了合同担保期这一用语的含义，裁定确定将争端提交仲裁的最后期限的条款并不设定这样一个合同担保期。

判例讨论 39-1

- 关联条款：第7条，第35条，第38条，第39条，第40条，第46-48条，第77条，第86条，第87条，第88条
- 案件参考：Clout Case No. 1036
- 案件分类：Spain, Zaragoza Provincial High Court, 2009.03.31

西班牙买方和比利时卖方商定购买新鲜的和冷冻的猪前腿肉。卖方提起诉讼要求付款，而买方声称卖方在所提供货物的质量上违约。争议涉及合同的标的和目的。卖方主张，只规定了具体的原重。买方认为，货物应当满足重量和脂肪含量上的某些条件才能作为西班牙塞拉诺（serrano）风干火腿销售，尽管合同并未具体规定这些要求。法院考虑了《销售公约》第35.1和35.2条所规定的卖方义务。法院认为，由于合同涉及商业销售，货物必须符合买方的目的，即转售。法院调查了卖方是否了解货物的最终用途的问题，结论是，卖方在货物的问题出现之前并无机会了解其最终用途，因为卖方对没有义务满足订单上没有列出的任何要求。

至于因猪肉重量和脂肪含量不足而不符合同的问题，法院认为，按照《销售公约》第35.1条，以及所进行的专家测试，货物在买方收到后经过了几个月的干燥和腌制过程，此后才发现某一部分不能销售。

因此卖方援用了《销售公约》第38和39条，辩称买方已经检验了货物，但未在可行的最短时间内报告不符合要求的问题，也未具体说明缺陷的性质。买方辩称，根据第40条，卖方无权援用第38和39条，因为卖方已知道或不可能不知道事实或与合同不符的问题。

法院判定，货物已经交付和接收，而且，经过加工和腌制过程，已经成为买方生产过程的一部分。法院考虑适用《销售公约》第77条，其中规定当事一方必须按情况采取合理措施减轻损失，包括利润方面的损失。如果买方打算行使《销售公约》规定的权利，却似乎并未为此采取合理步骤（第86条），因为买方没有拒收货物，如果如其所称，自己无法保存货物，却未将货物寄放在第三方的仓库（第87条），也没有出售货物（第88条）。买方接收了所有货物并于11月之前付款。

法院还认为，买方没有完全遵守《销售公约》第38和39条。卖方的所有行为表明货物已经被接受。这一解释所依据的是买方按照《销售公约》第7条所确立的善意原则实施的行为，该原则要求，若情况允许，应快速提出投诉，使卖方可以对此采取行动并有机会检验或更换货物（《销售公约》第46和48条）。法院在作出判决时，援引了《法规判例法》的判例337（1996年3月26日，德国萨尔布吕肯地区法院）为支持。

判例讨论 39-2

◉ 关联条款：第39条
◉ 案件参考：Clout Case No. 799
◉ 案件分类：Spain, Audiencia Provincial de Pontevedra (sección 1a), 2007.02.08

意大利的卖方对西班牙买方提出起诉，声称其未缴纳双方订立的销售合同的价款。买方称，所供应的机器无法使用（该机器已经受损，无法维修）。在交货后分别于两年和三年前进行了专家评估，当时该货物已经不再为买方所有，而是转卖给了第三方。二审法院认定，在这类情况下，难以准确地判定销售合同订立和实施时的机器状况，但的确有证据表明，在交货时该机器处于良好状态：买方只在交货一年之后才对该机器的满意状况提出质疑，新接手的买方支付了价款，而没有对机器的状况提出抱怨。

关于西班牙买方提出的申诉，法院认为，根据《销售公约》第39(1)条而可被视为合理的期限已经到期，因而，买方丧失了声称货物与合同不符的权利。关于对《销售公约》第39　条下的两款所作的解释，法院认定，“合乎逻辑而且前后一致的解释是，在第一款所涉合理期限不短于两年时将适用两年的最高期限”。

判例讨论 39-3

◉ 关联条款：第39条
◉ 案件参考：Clout Case No. 593
◉ 案件分类：Germany, Oberlandesgericht Karlsruhe,「No. 12 U 179/02」, 2003.03.06

原告提起诉讼，要求被告支付原告生产并在2001年9月按照《销售公约》所管辖的合同交付给被告的套衫的货款。被告辩护说，这些套衫型号有偏差，并且其中大约25%到30%的套衫编织有问题，因此与合同不一致。被告还提出反诉，要求对所指称的套衫的缺陷带来的损失给予赔偿。

地区法院在审判中以被告提出的辩解太晚为由驳回了被告的反诉，并命令被告支付价款。地区上诉法院驳回了原判决，理由是一审法院忽略了被告关于诉讼理由的事实材料，并且没有考虑被告的反诉。因此，地区上诉法院没有就案件实质做出判决，而是将这案件发给一审法院重审。

在发回重审时，法院就原告诉求的案情实质发表了一些评论，涉及根据《销售公约》第39条买方通知缺乏一致性的义务。法院提到了被告的辩护：由于他在2001年10月的信件中提出抱怨，两位原告代表访问了被告的场所，并且在他们访问期间，被告就型号差错和编织拙劣提出了抱怨。法院判定买方有义务根据需要具体指出不一致的地方，以便卖方决定采取什么补救措施。买方向卖方展示了有缺陷的货物，已使卖方有机会检查这些货物。因此，这是给卖方提供一些必要信息的最有效方式。由于《销售公约》第39条没有要求采取特定形式，在2001年10月9日的会晤中对缺陷的口述达到了《销售公约》第39条的要求。最后，法院必须裁定是否在适当时间内发出了通知。与原告的代表之间的会晤是在交货11天后进行的。法院提及法律文献表明一个月或14天的期限都是合理的，因此法院判定，必须根据本案情况确定《销售公约》第39条意义上的合理期限。由于这些货物是不易损坏的，并且没有其他原因要求发出特别紧急的通知，法院认为被告的通知是在合理的期限内发出的。

040. 明知交付不符货物时的后果

Art. 40 The seller is not entitled to rely on the provisions of Art.s 38 and 39 if the lack of conformity relates to facts of which he knew or could not have been unaware and which he did not disclose to the buyer.
제40조 물품의 불일치가 매도인이 알았거나 또는 모를 수가 없었고 또한 매도인인 매수인에게 고지하지 아니했던 사실과 관련되어 있는 경우 매도인은 제38조 및 제39조의 규정을 원용할 권리가 없다.
第40条 如果货物不符合同规定指的是卖方已知道或不可能不知道而又没有告知买方的一些事实，则卖方无权援引第38 条和第39 条的规定。

第40条免除了买方由于未能遵守第38条（约束买方对于交付的货物进行检验的义务）和第39条（规范买方将交货不符合同情形通知卖方的义务）的规定所应当承担的后果。只有当买方对于不符合同规定的货物未能履行检查和（或）通知义务，而货物不符合同情形是卖方所知道的，或者是卖方“不可能不知道的”，买方方可采用第40条所规定的补救方法。

1. 第40条的一般适用情况

在一份详尽地探讨第40条的仲裁裁决中，专家组明确地指出第40条的规定表达了公平交易的原则，这项原则体现在许多国家的国内法之中，而且构成了《销售公约》的诸多其他规定的基础；规定买方应当及时履行检验货物和通知的义务，即赋予卖方应对买方主张对不符合同情形采取补救办法的保护权，而在卖方本身已经丧失这种权利的情况下，第40条则构成保护买方采取此种补救办法的“安全阀”；适用第40条“造成卖方的地位极度削弱，卖方丧失了完全的抗辩权利，这些抗辩权利往往是基于买方对货物不符合同规定履行检验和通知义务的相对短期的时间限制，而且卖方承受着买方提出权利主张的风险，这种权利主张只有……一般时效规则可以排除……”；而且第40条应当被限定为“在特殊情况下”，这样对于买方权利主张的时限规定所赋予卖方的对抗权利就不会成为“虚幻的”权利。同一仲裁中的一种不同意见甚至要将第40条的适用进一步限制为“在例外情况下”。还有一种意见认为第40条必须独立地适用于买方所主张的货物不符合同的每一种单独的情况。这样，第40条可使卖方对于某一种不符合同情形不得援引第38条和第39条的规定，不过卖方可以基于第38条和第39条对不同的一种不符合同情形提出抗辩。

2. 第40条的范围和效力

根据若干法院判决，当第40条规定的要求得到满足时，第40条就可防止卖方以买方不遵守第38条和（或）第39条的规定为抗辩理由；在其他情况下，买方援引第40条于事无补。判决还认定第40条适用于合同所约定的检验和通知条款，这些条款减损了第38条和第39条的效力，也就是说，对于未能遵守规范货物检验的合同条款或者未能遵守要求就不符合同情形给出通知的合同条款的买方，第40条赋予其抗辩理由。或者，假设即使第40条并非直接地适用于合同所约定的此种检验和通知条款，第40条的原则仍将依照《销售公约》第7条第(2)款的规定间接地适用于填补本公约的这一空白。一家法院还判定卖方故意地和欺诈性地虚假陈述二手汽车的行驶里程数和车龄，在此情况下，第40条所蕴含的一般原则就使该卖方无法借助第35条第(3)款的规定——该款使卖方无需因不符合同情形承担责任，因为在订立合同的时候，买方知道或者不可能不知道存在不符合同情形——逃避其所应承担的责任。

3. 关于卖方知道或不可能不知道与不符合同情形有关的事实的要求：一般适用情况

第40条适用于与“[卖方]知道或不可能不知道的事实”有关的不符合同情形。卖方知悉这一要求的性质在若干判决中已作过分析。在一项仲裁裁决中，对这一点作了详细的讨论，其中大多数仲裁员都指出第40条对卖方知悉程度的规定并不明确，尽管为了防止第39条所规定的保护措施形同虚设，除了笼统地知道卖方所生产的货物“质量并非最佳或者还有改进余地”以外，第40条仍然需要规定得更加详细。判决指出“普遍一致认为欺诈与类似的恶意的情况”将符合第40条所规定的要件，而且如果造成不符合同情形的事实“非常明显或者易于察觉”，那么卖方必然知道。关于卖方并不实际知道不符合同情形的各种情况，仲裁裁决表明人们的看法有分歧；有些人声称如果卖方的不知是由于“重大过失甚至是一般过失所致”，那么第40条的要求已经得到满足；有些人要求规定的更加详尽，近似“蓄意过失”。同样，根据仲裁庭的意见，分歧表现在有些人主张对于可能存在的不符合同情形，卖方没有义务展开调查；另一些人则声称卖方不得“忽略蛛丝马迹”，而且“在某些情况下”卖方有义务检验货物是否存在不符合同情形。仲裁庭的多数成员断定适用第40条所需要的卖方对不符合同情形的知悉程度是“有意识地无视某些显而易见而且明显地与不符合同情形有关的事实”。一位持有不同意见的仲裁员同意采用这一标准，但是他认为卖方所需具备的“主观过错”在程度上应当强于该判例中所证明的情况。一家法院指出，如果卖方不知道不符合同情形是因重大过失所致，那么第40条所规定的要件就得到了满足。另外一项判决声称第40条规定卖方不仅需要注意到造成不符合同情形的事实，而且还要注意可能造成货物不符合同规定的那些事实。

4. 关于卖方知道或不可能不知道与不符合同情形有关的事实的要求：举证责任

一些判决指出买方应当承担举证责任，证明卖方知道或不可能不知道不符合同情形。然而，某些判决已经指出，第40条中“不可能不知道”的表述方式减轻了证明卖方实际知道不符合同情形的举证责任。一家仲裁庭宣称这种表述方式的结果是转移了举证责任：“如果[买方所举出的]证据和无争议的事实表明卖方极有可能意识到与不符合同情形有关的事实，那么就必须由卖方证明自己没有达到必要的知悉状态”。根据另外一项判决，买方必须证明卖方不仅注意到可能存在着不符合同情形的事实，而且还注意到了造成货物不符合同规定的那些事实。

5. 关于卖方知道或不可能不知道不符合同情形有关的事实的要求：适用(证据)

尽管提供充足的证据证明卖方知道或有理由知道不符合同情形可能是一项艰巨的任务，但是仍有一些判例说明买方还是成功地履行了举证责任。在卖方承认自己知悉存在缺陷的情况下，很明显，法院判定第40条规定的要件得到满足。即使卖方没有承认上述情况，买方仍然成功地证明卖方知悉。在制造一套综合工业机械（铁轨压榨机）的时候，卖方用此前没有用于铁轨压榨机的零件替换了一个关键的安全部件（锁盘）：卖方在钻了几个新的试验孔以便将经过替换的锁盘安装在铁轨压榨机上，这一事实不仅证明了卖方意识到自己在使用并不合适的零件进行拼凑，还证明了卖方了解正确地安装经过替换的锁盘是至关重要的，虽然卖方从未试图确定买方正确地安装了锁盘；因此，多数意见得出的结论是，卖方已经“有意识地无视明显地与不符合同情形有关的事实”，而且根据第40条的规定，买方未能及时注意到缺陷是有理由的。法院还指出相同或者类似货物不符合同情形此前已经造成了事故，而这些事故已经呈报给卖方或者卖方行业的“有关机构”，在此种情况下，第40条中“知道或不可能不知道”的规定将得到满足。在另外一项判决中，法院判定卖方“不可能不知道”自己所销售的葡萄酒掺了水，因为这种不符合同情形是出于故意的行为。另外一家法院认定，由于不符合同情形的性质（卖方所发运的部分外套并非买方所订购的型号），因此卖方必定知道货物不符合同。在另外一项判决中，法院对诉讼程序予以延期以允许买方证明卖方知道或不可能不知道他所销售的乳酪滋生了大量的蛆虫：法院指出买方应履行举证责任，证明乳酪在装运前冷冻时就已经滋生了蛆虫。

然而，在其他几项判决中，法院判定第40条关于卖方知道不符合同情形的要件没有得到满足。买方未能提供证据证明卖方知道或理应知道不符合同约定情形，即属于此种情况。在卖方销售了一种适合在现代化设备上使用的标准产品，而买方在极度陈旧的机械上使用该产品时，该产品却不起作用的情况下，法院认定买方没有证明卖方知道或不可能不知道这一问题，因为买方并没有通知卖方自己准备使用过时的加工设备。在另外一项判决中，法院援引了买方将货物转售给自己的客户这一事实来判定买方所控诉的缺陷并不明显；因此，买方未能证明卖方不可能不知道不符合同情形。另外一家法院认定，尽管卖方所提供的某些画框模板不符合同规定，但是数量是否超过该行业所容许的瑕疵模板的正常额度，这一点是不明确的，而且判定卖方知道或理应知道存在缺陷的证据并不充分。仲裁庭做出的另外一项判决对于买方的主张不予支持，该买方主张货物缺陷的性质与数量以及卖方检验自身产品的程序证明第40条关于卖方知道不符合同情形的先决条件得到了满足。

6. 关于卖方知道或不可能不知道与不符合同情形有关的事实的要求：确定卖方知悉的时间

第40条并没有明确规定卖方是否知道或不可能不知道不符合同情形的时间。一项判决指出这一时间的确定应当为交付货物之时。

7. 卖方告知不符合同情形

第40条规定如果卖方告知买方不符合同情形，而买方未能履行第38条和（或）第39条所规定的义务，那么第40条提供给买方的补救办法将不予适用。卖方依照第40条有义务披露已知的不符合同情形，否则将丧失第38条和第39条赋予其的抗辩权利。这种情况仅在少量判决中进行了讨论，而付诸实际的则更少。在一起仲裁程序中，多数仲裁员的意见是，“第40条意义上的告知就是将不符合同情形所能造成的各种风险通知买方”。因此，在卖方制造一种综合工业机械时，采用了一种需要仔细安装才能够正常运转的不同的零件来替换一个关键的安全部件（锁盘），这种情况下，仲裁庭裁定卖方并没有遵照第40条的规定充分地告知不符合同情形。他向买方进行的披露仅限于在替换锁盘和服务手册上所出现的零件数量的不同：“即使[卖方]已经通知[买方]自己进行了此类替换（不过没有提供其他任何有关正确安装或者部件替换所涉及的风险等信息），这仍然是不充分的……”。仲裁庭还裁定，货物装船时买方代表在场，这一事实构不成第40条意义上的充分披露，因为货物不符合同对观察者来说并不是十分明显的。不过，在另外一起仲裁程序中，仲裁庭裁定卖方已经将不符合同情形予以充分披露，因此，买方不能援引第40条，尽管这项裁决所依据的特定事实并不明确。另外一项判决指出，尽管买方承担举证责任证明卖方“知道或不可能不知道”第40条意义上的不符合同情形，但是证明已经向买方进行了充分披露的举证责任在于卖方。

8. 减损和放弃

《销售公约》的任何条款均未明确规定各方当事人根据第6条“减损[本公约的]任何规定或改变其效力”时不包括第40条。不过，一个仲裁小组得出结论是，由于第40条表达了基本的“公平交易的原则”，这项原则体现在很多国家的国内法中并且构成了《销售公约》本身诸多条款的基础，因此减损第40条不应当由减损第35条、第38条和第39条的合同保证条款予以默示，——即使这些被明确减损的条款与第40条密切关联而且大体上配合适用。实际上，多数人的意见是，尽管有第6条的规定，“即使是明示减损——这是施展想象力的草拟工作和讨论的结果——按照各国国内法或者国际贸易的任何普遍原则，这种减损是否有效或者可以执行仍然非常值得怀疑”。在另一方面，当买方就货物存在的某些缺陷与卖方协商减低价格，而此时买方又没有就自己所知悉的其他缺陷寻求减低价格时，买方被认定为已经放弃了其援引第40条的权利。

9. 第40条体现《销售公约》的一般原则

依照《销售公约》第7条第(2)款的规定，凡本公约未明确解决的属于本公约范围的问题，应“按照[本公约]所依据的一般原则”来解决。一些判决已经确定第40条体现了本公约的一项一般原则，这项原则适用于解决依照《销售公约》未得到解决的问题。根据仲裁小组的意见，“第40条表达了公平交易的原则，公平交易原则还构成了《销售公约》其他诸多条款的基础，而且第40条实质上是对一般原则的法规编纂”。因此，判决宣称，即使第40条并没有直接地适用于合同保证条款所规定的不符合同情形，但构成第40条基础的一般原则将通过第7条第(2)款间接地适用于这种情况。在另外一项判决中，法院根据第40条推导出《销售公约》的一项一般原则，该原则内容是即使是非常粗心大意的买方也比蓄意欺诈的卖方更加值得保护，而且法院适用这一原则判定卖方由于虚假陈述汽车的车龄和行驶里程数，其不可能逃避第35条第(3)款所规定的责任，即使买方不可能不知道不符合同情形。

判例讨论 40-1

◉ 关联条款：第39条，第40条
◉ 案件参考：Clout Case No. 1058
◉ 案件分类：Austria, Supreme Court, 「No. 9 Ob 75/07 f」，2007.12.19

在长期业务关系的背景下，被告（奥地利卖方）向买方（一家德国公司）的瑞士子公司交付多层玻璃，而买方的瑞士子公司将多层玻璃进一步加工成隔热玻璃。在生产隔热玻璃过程中发现瑕疵（所谓"蛀洞"），而买方没有在交货后两年内将此情况通知卖方。买方的瑞士子公司将索赔权利转让给买方，最终买方/原告针对卖方提起诉讼，要求卖方赔偿损失，因为买方的子公司不得不代表作为终端客户的买方拆除和更换存在瑕疵的玻璃板。

一审法院适用《销售公约》驳回买方的诉讼请求，指出损害是由买方子公司采用的工艺造成的。而且，一审法院指出，买方的子公司并未及时通知货物存在瑕疵，因此买方不得要求卖方赔偿损失。

上诉法院认为，根据《销售公约》第39(2)条，最迟在货物实际交付买方之日起两年内，如果买方没有将货物不合格的情形及时通知卖方，买方丧失以货物不合格为依据索赔的权利。但是，法院允许就这个问题进一步提出上诉，因为最高法院尚未裁决《销售公约》第39(2)条规定的时限是否适用于以契约关系和隐蔽瑕疵为根据的损害赔偿请求。

最高法院认为，买方未能证明卖方知晓或者本可能不知晓导致玻璃存在瑕疵的情况。因此《销售公约》第40条不适用于本案，卖方有权以《销售公约》第39条作为依据。最高法院参照首要原则，认定如果买方没有在两年内发出通知，即使两年之后显示出瑕疵，买方也不能以货物不合格作为索赔依据。《销售公约》以这种方式周详地解决这个问题，诉诸国内法无法解决这个问题。顺带提及的是，最高法院指出，双方当事人可以约定延长或者缩短《销售公约》第39条规定的两年时效期限或者排除该条的适用。

最高法院驳回买方的上诉。

判例讨论 40-2

◉ 关联条款：第4条，第36条，第38条，第39条，第40条，第44条
◉ 案件参考：Clout Case No. 773
◉ 案件分类：Germany, Bundesgerichtshof,「No. VIII ZR 321/03」，2004.06.30.

裁决涉及根据《销售公约》第40 条允许转移举证责任的条件。

原告是一家设在西班牙的公司，原告向被告出售了辣椒粉和辣椒油。被告以此抵销了据称的以前交付货物不符合同所造成损害赔偿的要求。

以前的交货包括甜辣椒，按照双方协议辣椒不应经过照射。买方只检查了货物的纯度但没有进行辐射暴露检查，因为这种检查昂贵且耗时。只是在一份检测杂志刊登的一篇文章提示如何检测辐射暴露之后，被告才对已交付货物的四份样品进行了检测，以证明是否经过辐射暴露。按照检测报告，被告写信抱怨说已交付货物经过辐射暴露。随后要求损害赔偿。原告对货物经过辐射暴露的说法提出争议。

地区法院准予卖方取得全部购货价款，地区高等法院驳回了买方的上诉。买方上诉至联邦法院。

联邦法院发现，根据地区高等法院的判决，买方因为没有在合理时间内发出货物不符合同通知而

丧失了根据《销售公约》第39(1)条援引货物不符合同的权利。联邦法院指出，通知期从收到检测报告起算，因为以前的辣椒粉辐射暴露例行检测对买方是不合理的，这种措施涉及很高费用。不过，联邦法院认为，在买方知悉第一份检测报告与提出抱怨通知之间超过两个月，这不能被认为是《销售公约》第39(1)条规定的合理时间。

在地区高等法院的判决中，假定买方没有为未能及时发出通知提出合理的理由（《销售公约》第44条），也没有提供卖方知悉或者不可能不知悉辣椒粉经过照射相关事实的证据（《销售公约》第40条）。但是，就《销售公约》第40条而言，联邦法院不同意下级法院的意见。虽然因为《销售公约》第40条属于《销售公约》第39条的例外情形，原则上买方必须提供第40条所要求的事实，但联邦法院指出，地区高等法院没有充分考虑到哪一方当事人可以更容易地提供所要求事实的证据的问题（举证就近）。法院指出，如果出示证据对买方意味着不合理的举证困难，则举证责任可以转移给卖方，指出这一原则已在《销售公约》中获得接受，并且《销售公约》第40条已考虑到这一原则。该条不仅提到卖方实际知悉违反合同所依据的事实，而且还涵盖卖方因疏忽而不知道的情形。而且，如果货物普遍与合同要求不一致，并且货物不符合源自卖方管辖范围内的事实，则应当推定严重疏忽。

不过，在本案中，联邦法院没有确认推定严重疏忽，因为检测辐射暴露比较困难，但认定本案适用“举证就近”原则。虽然买方应证明卖方交付的货物未经过照射，但卖方应证明自身行为不存在严重疏忽。如果买方的指控正确的话，还应当进一步证明照射发生在卖方的设施内还是卖方供应商的设施内。在此情况下，应由卖方解释自身行为不存在严重疏忽，因为违反合同一事发生在其管辖范围之内。

联邦法院推翻了地区高等法院的判决，将此事发回地区高等法院重新审理和判决。

041. 第三方对货物的请求权

Art. 41 The seller must deliver goods which are free from any right or claim of a third party, unless the buyer agreed to take the goods subject to that right or claim. However, if such right or claim is based on industrial property or other intellectual property, the seller's obligation is governed by Art. 42.
제41조 매수인이 제3자의 권리 또는 클레임이 부착된 물품을 인수하기로 동의하지 않은 한, 매도인은 제3자의 권리 또는 클레임으로부터 자유로운 물품을 인도하여야 한다. 그러나 그러한 권리 또는 클레임이 공업소유권 또는 기타의 지적재산권에 기초하는 경우 매도인의 의무는 제42조에 의하여 규율된다.
第41条 卖方所交付的货物，必须是第三方不能提出任何权利或要求的货物，除非买方同意在这种权利或要求的条件下，收取货物。但是，如果这种权利或要求是以工业产权或其它知识产权为基础的，卖方的义务应依照第42 条的规定。

第41条规定了卖方确保第三方不能对所交付货物提出任何权利或要求的职责。没有这种权利或要求使得买方能够享有货物的不受干扰的占有权和所有权。《公约》第4条(b)项规定，关于“合同对所售货物所有权可能产生的影响”的问题不属于《销售公

约》的范围，但是，第41条明确指出，卖方向买方提供明确的货物所有权的义务——以便买方不受第三方权利或要求约束——是受本公约支配的一个事项：如果卖方不满足本公约规定的要求，他将违反他的职责。卖方义务的基本说明见于第41条第一句：卖方所交付的货物，必须是"第三方不能提出任何权利或要求的货物……"。不过，如果买方"同意在这种权利或要求的条件下，收取货物"，就产生这种义务的例外。第41条第二句规定区分"以工业产权或其他知识产权为基础的"第三方权利或要求与第三方的其他权利或要求。唯有后者属于第41条的范围，而前者受本公约第42条支配。

适用第41条的判决相对较少；它们往往专注于构成卖方违反根据规定承担的义务的情况。在一项裁决中法院指出，如果卖方交付的货物受到卖方自己的供应商规定的条件的限制，限制买方可以转售货物的国家，卖方就违反了第41条，除非买方先前已同意该项限制。在另一项裁决中，一个仲裁小组指出，第41条要求卖方安排它的全资附属机构——它已获得了要求扣留装上货物的船只的法院命令——避免或取消命令的效力。

042. 卖方对所售出货物的知识产权的担保及其限制

Art. 42

(1) The seller must deliver goods which are free from any right or claim of a third party based on industrial property or other intellectual property, of which at the time of the conclusion of the contract the seller knew or could not have been unaware, provided that the right or claim is based on industrial property or other intellectual property:

(a) under the law of the State where the goods will be resold or otherwise used, if it was contemplated by the parties at the time of the conclusion of the contract that the goods would be resold or otherwise used in that State; or

(b) in any other case, under the law of the State where the buyer has his place of business.

(2) The obligation of the seller under the preceding paragraph does not extend to cases where:

(a) at the time of the conclusion of the contract the buyer knew or could not have been unaware of the right or claim; or

(b) the right or claim results from the seller's compliance with technical drawings, designs, formulae or other such specifications furnished by the buyer.

제42조
(1) 매도인은 계약의 체결 시에 자신이 알았거나 또는 모를 수가 없었던 공업소유권 또는 기타의 지적재산권에 기초한 제3자의 권리 또는 클레임으로부터 자유로운 물품을 인도하여야 한다. 다만, 이러한 권리 또는 클레임은 다음과 같은 국가의 법에 의한 공업소유권 또는 기타의 지적재산권에 기초하여야 한다.
(a) 물품이 어느 국가에서 전매되거나 또는 기타의 방법으로 사용될 것임을 당사자 쌍방이 계약 체결 시에 예상한 경우에는, 그 물품이 전매되거나 또는 기타의 방법으로 사용될 그 국가의 법, 또는
(b) 기타의 모든 경우에는, 매수인이 그의 영업소를 가지고 있는 국가의 법.
(2) 전항에 따른 매도인의 의무는 다음의 경우에는 적용되지 아니한다.
(a) 계약의 체결 시에 매수인이 이러한 권리 또는 클레임을 알았거나 또는 모를 수가 없었던 경우, 또는
(b) 이러한 권리 또는 클레임이 매수인에 의하여 제공된 기술적 설계, 디자인, 공식 또는 기타의 명세를 매도인이 따른 결과로 발생한 경우.

第42条
(1) 卖方所交付的货物，必须是第三方不能根据工业产权或其它知识产权主张任何权利或要求的货物，但以卖方在订立合同时已知道或不可能不知道的权利或要求为限，而且这种权利或要求根据以下国家的法律规定是以工业产权或其它知识产权为基础的：
(a) 如果双方当事人在订立合同时预期货物将在某一国境内转售或做其它使用，则根据货物将在其境内转售或做其它使用的国家的法律；或者
(b) 在任何其它情况下，根据买方营业地所在国家的法律。
(2) 卖方在上一款中的义务不适用于以下情况：
(a) 买方在订立合同时已知道或不可能不知道此项权利或要求；或者
(b) 此项权利或要求的发生，是由于卖方要遵照买方所提供的技术图样、图案、程式或其它规格。

第42条指出了卖方交付没有第三方知识产权或要求的货物的职责。如果卖方违反第42条规定交付货物，就属违约行为，但卖方交付没有基于知识产权的第三方权利或要求的货物的义务，受制于三项重大的限制规定。首先，只有第三方的权利或要求是“订立合同时卖方知道或不可能不知道的权利或要求”，卖方才负有第42条规定的责任。其次，只有第三方的权利或要求基于第41条第(1)款(a)项或(b)项指定的国家的法律，卖方才负有责任，不管哪项替代规定可适用。对第42条规定的卖方义务的第三项限制规定在第42条第(2)款，似乎基于风险承担的原则：如果第三方的权利或要求为买方在订立合同时“知道或不可能不知道”的权利或要求，或如果权利或要求因卖方依从买方本身向卖方提供的技术规格（“技术图纸、设计、配方或其他此类规格”）而产生，卖方不应负责。

适用第42条的裁决为数很少。在一起案件中，下级法院和上诉法院都强调，由买

方承担举证责任，证明在订立合同时卖方知道或不可能不知道买方指称违反了第42条的第三方知识产权或要求。另一项判决涉及，虽然交易受1964年《关于统一国际销售法海牙公约》（《海牙公约》）支配，法院却援引《销售公约》第42条第(2)款裁定案件：虽然卖方交付的货物带有侵犯第三方驰名商标的标志，但由于买方不可能不知道侵犯情况，而且买方本身在他向卖方提供的设计方案中规定附上该标志，因而法院认定卖方不应对买方负责。同样，法院认定，买方作为该领域的专业人士，不可能不知道卖方所交付的鞋上的鞋带侵犯了第三方的商标，买方在采取行动时实际上“完全知道”这些商标权；法院因此判定，根据第42条第(2)款(a) 项，买方不能向卖方追回买方为了赔偿该商标占有者的损失而支付的款项。

判例讨论 42-1

◉ 关联条款：第42条(2)
◉ 案件参考：Clout Case No. 479
◉ 案件分类：France, Court of Cassation, 「No. T 00-14.414」, 2002.03.19

卖方（一家西班牙公司）向买方（一家法国公司）交付了带有伪冒缎带的鞋货。知识产权权利持有人收到买方给付的赔偿金。买方对西班牙公司提出起诉，要求向伪冒产品受害人支付总额为300,000法郎的偿付金以及支付损害赔偿金。鲁昂上诉法院驳回了买方的索赔要求。

最高上诉法院驳回了对上诉法院的裁决提出的上诉。最高上诉法院引证了审判法官的自主酌处权，法官认定买方作为专业机构，不可能不知道什么是伪冒产品；因此买方的行动是知道所援用的产权权利的。最高上诉法院认定，上诉法院正确地适用了《销售公约》第42（2）（a）条，并适当地得出结论，认定卖方的义务不涉及到交付没有任何知识产权权利的货物。

判例讨论 42-2

◉ 关联条款：第42条
◉ 案件参考：Clout Case No. 491
◉ 案件分类：France, Court of Appeal of Colmar, 「No. 1 B 98/01776」, SA HM v. AG K, 2002.11.13

H.M.公司在法国东部经营六家服装商店，该公司在1994年从德国的K公司购买了一批衬衫。制作这批衬衫所用的面料同D.-M.&Cie纺织工业集团拥有专属权的两款布匹具有同样的特征。在被D.-M.&Cie纺织工业集团指责为假冒的情况下，H.M.公司要求K供货商给予担保。

1998年3月5日科尔马终审法庭判决H.M.公司假冒，判决K公司要为对H.M.公司的判决提供担保。

2001年3月7日上诉法院做出判决，确认H.M.公司对D.-M.&Cie纺织工业集团犯有假冒罪的判决，但同时降低了H.M.公司对D.-M.&Cie 纺织工业集团的损害赔偿金额。此外，法院还指令就担保要求重新进行法庭辩论。法院请当事人就执行1980年4月11日《维也纳公约》关于纠纷的条款特别是其第42 条表示意见。双方一致认同《维也纳公约》适用的原则。

科尔马上诉法院执行《维也纳公约》，并参考和大段引用该公约第42条的内容。

科尔马上诉法院认定，作为买主的H.M.公司"身为专业公司，不可能不知道这是假冒行为，因而，H.M.公司是在知晓所提到的知识产权法的情况下采取行动的，根据1980年4月11日《维也纳公约》第42-2-a条，K公司（卖主）不再有义务一定要提供不受知识产权法约束的商品（Cass.civ.第一2002年3月19日）"。

因此，上诉法院宣告终审法庭判决无效并驳回H.M.公司的担保诉求。

043. 买方面临第三方权利要求的通知义务

Art. 43 (1) The buyer loses the right to rely on the provisions of Art. 41 or Art. 42 if he does not give notice to the seller specifying the nature of the right or claim of the third party within a reasonable time after he has become aware or ought to have become aware of the right or claim. (2) The seller is not entitled to rely on the provisions of the preceding paragraph if he knew of the right or claim of the third party and the nature of it.
제43조 (1) 매수인이 제3자의 권리 또는 클레임을 알았거나 또는 알았어야 했던 때로부터 상당한 기간 내에 그 제3자의 권리 또는 클레임의 내용을 명세하여 통지하지 아니한 경우에는 매수인은 제41조 또는 제42조의 규정을 원용할 권리를 상실한다. (2) 매도인이 제3자의 권리 또는 클레임 및 그 내용을 알고 있었던 경우에는 매도인은 전항의 규정을 원용할 권리가 없다.
第43条 (1) 买方如果不在已知道或理应知道第三方的权利或要求后一段合理时间内，将此一权利或要求的性质通知卖方，就丧失援引第41 条或第42 条规定的权利。 (2) 卖方如果知道第三方的权利或要求以及此一权利或要求的性质，就无权援引上一款的规定。

第43条第(1)款就声称卖方违反了第41条或第42条给买方规定了一项通知要求。在某些情况下，如果买方未能按第43条第(1)款的要求给出通知，第43条第(2)款规定可以抗辩。第43条的规定在很多方面都类似于第39条和第40条对于第35条的违反所确立的通知要求及其辩护。

判例讨论 43-1

◉ 关联条款 : 第41条, 第43条, 第44条
◉ 案件参考 : Clout Case No. 822
◉ 案件分类 : Germany, Bundesgerichtshof, 「VIII ZR 268/04」, 2006.01.11

原告是一家设在荷兰的汽车经销商, 被告是德国一家汽车经销商, 原告于1999年4 月从被告那里购买了一辆二手车。1999年8月, 警方从原告那里扣押了这辆汽车, 怀疑在订立销售合同之前这辆车曾被盗窃。原车主的保险公司在2000年5月的一封信中要求原告交还这辆车。

与此同时, 1999年10月, 原告要求被告退还购车款, 称由于汽车系赃车, 合同没有效力。在卖方拒绝该要求之后, 买方提起诉讼, 要求归还购车款, 并对据称从卖方那里取车发生的相关费用给予损害赔偿。

尽管原告一审胜诉, 但在上诉中其要求被驳回。联邦法院支持上诉裁决。该法院认定, 如果买方由于没有在《销售公约》第43(1)条规定的合理期限内发出法律方面缺陷的通知, 而丧失了援引《销售公约》第41条的权利, 则买方就没有按照《销售公约》第45条得到补救的权利。法院指出, 第43(1)条规定的"合理时间"的长度根据每个具体案件的情况来确定。因此, 应排除对这一概念的严格解释。但是, 必须给买方留出一段时间, 使其能够对法律情况有大致了解, 这也取决于法律方面缺陷的类型。在这些标准的基础上, 法院确认了上诉法院的意见, 即在汽车被扣押两个多月之后, 才在1999年10月的信中通知卖方, 超过了《销售公约》第43(1)条所设想的合理时间。

此外, 联邦法院认定, 买方不能因为保险公司要求交还汽车而取得任何权利, 因为它没有在收到此信的合理时间内将保险公司的要求通知卖方。法院指出就第三方的要求发出通知须包括有关信息, 说明是谁提出要求及其采取了哪些措施, 因为这样的通知应当使卖方能够与第三方联系并阻止对买方提出的要求。原告在警方扣押汽车之后于1999年10月向卖方发出一封信, 但只是告知卖方警察因怀疑汽车系赃车而予以扣押。在卖方于2000年10月收到保险公司的信之后, 似乎没有给卖方发信。

最后, 联邦法院指出,《销售公约》第44条所载《销售公约》第43条的例外情形的要求没有得到满足, 因为买方未在"合理时间"内发出所要求的通知, 因而不具备合理的理由。

044. 买方有理由未发通知的情况

Art. 44 Notwithstanding the provisions of paragraph (1) of Art. 39 and paragraph (1) of Art. 43, the buyer may reduce the price in accordance with Art. 50 or claim damages, except for loss of profit, if he has a reasonable excuse for his failure to give the required notice.
제44조 제39조 (1)항 및 제43조 (1)항의 규정에도 불구하고 매수인이 요구된 통지를 하지 못한데 대한 정당한 사유가 있는 경우 그는 제50조에 따라 대금을 감액하거나 또는 이익의 손실을 제외한 손해배상을 청구할 수 있다.
第44条 尽管有第39 条第(1) 款和第43 条第(1) 款的规定, 买方如果对他未发出所需的通知具备合理的理由, 仍可按照第50 条规定减低价格, 或要求利润损失以外的损害赔偿。

如果适用，第44条减轻——但不是消除——买方因未能给出第39条第(1)款或第43条第(1)款要求的通知而遭受的后果，第39条第(1)款要求通知所交货物不符合同情形，而第43条第(1)款要求通知第三方有关货物的要求。通常，买方如果不遵守这些通知规定，就丧失因据称货物不符合同或第三方要求构成的违反而要求卖方补救的机会。不过，根据第44条规定，如果买方对它未能给出第39条第(1)款或第43条第(1)款规定的恰当的通知具备“合理的理由”，买方的部分补救办法得以恢复：“买方仍可按照第50条规定减低价格，或要求利润损失以外的损害赔偿……”。不过，如果买方满足了通知要求，他所拥有的其他补救办法得不到恢复，例如与宣告合同无效联系起来的补救办法。这样，在根据第44条买方对他未能根据第39条第(1)款给出恰当通知具备“合理的理由”的一项判决中，仲裁小组允许买方因不符合同情形取得损害赔偿，不过仲裁庭依照第44条拒绝了对利润损失的任何损害赔偿。在另一项仲裁裁决中，买方虽然未能在合同允许的时间内将不符合同情形通知卖方，但仍被允许依据第50条减价，不过小组指出，将不给予买方以宣告合同无效为前提的补救办法。

1. 第44 条的范围

第44条给予的补救限于未能遵守第39条第(1)款或第43条第(1)款的通知要求。第44条凭其措辞并不准许买方可不遵守第39条第(2)款规定的不符合同情形通知的两年截止期。买方如果未能遵守第39条第(2)款规定的通知最后期限，就不能适用第44条规避后果，即使买方对未能遵守具备“合理的理由”。此外，一家法院还裁定，因为第44条未提及买方根据第38条承担的检验货物的义务，如果它未能遵守第39条第(1)款通知要求的理由是因为它未及时检验货物，买方就不能援引第44条，即使买方为推迟验货找到合理的理由。不过，经上诉后，这项判决基于其他理由被撤销了，而且至少另有两项判决似乎是相抵触的：它们在买方由于拖延检验货物但具备拖延的合理理由而通知不及时的情况下适用了第44条。很显然，从扩展的视角来看第44条的范围，后面的判决之一将该规定适用于买方是因为他未能满足不是由第39条第(1)款而是由合同条款规定的不符合同情形通知的最后期限。

2. “合理的理由”要求：一般适用情况

如果买方“具备合理的理由”为未能给出第39条第(1)款或第43条第(1)款要求的通知的行为辩护，第44条适用。这些通知规定收入了灵活的标准，以适用于《销售公约》适用的各种各样交易的不同情况。只有第39条第(1)款和第43条第(1)款灵活的通知标准未予满足时，第44条才起作用。因此，“合理的理由”标准对买方的情况必须采取甚至更加具体化和"主观的"方法，有几项判决似乎就采取了这种观点。这样，虽然一项判决表示第44条规定的合理的理由要求买方"以情况要求的注意和谨慎"行事，但法院强调应当参照买方"具体的可能性"评估这种情况。另一项判决强调了买方特定的情况，它声称与从事要求快速决策和及时行动的快节奏经营活动的企业实体相比，从事经营活动的个人（独立的交易商、手艺人或专业人员）更有可能为未能按要求给出通知找到合理的理由。然而另一项判决暗示买方经营规模小——这不允许他安排专职雇员检验货物——可以成为拖延通知有合理的理由的依据，不过法院裁定买方声称的理由不是它在理应验货后3个多月还未能开始检验货物的原因。

3．"合理的理由"要求：举证责任

法院已明确声称，由买方承担举证责任来证明第44条的可适用性——特别是有责任证明买方未能遵守第39条第(1)款或第43条第(1)款通知要求存在着"合理的理由"。另有几项判决也暗示了同一规则，它们判定，缺乏合理的理由的充分证据，意味着买方关于第44条应适用的论点应遭到否决。

4．"合理的理由"要求：适用

若干项裁决都援引了第44条，但成功的不多：在相当多数的判决中，法庭都裁定"合理的理由"要求未得到满足。例如，在一个判例中，买方说他未能及时通知不符合同情形是有合理的理由，因为货物运抵买方国入海关时被耽搁，而且货物试运行所需的机器安装拖延了。不过，法院裁定买方未能证明它无法接近货物以便在货物刚运抵目的港时即着手验货；此外，买方也未能证明加工机械安装的拖延不是由他自身的疏忽造成的。在另一个案子中，买方称卖方交货的鱼的种类与买方订购的不符。买方还说鱼货还有其他不符合同情形，而且未及时通知补充不符合同情形的合理的理由是他认为合同已宣告无效，因为卖方交付了的鱼的类型不对。然而，法院裁定，买方默认了卖方对交付的鱼的书面说明；因此买方不能对所供鱼的类型提出异议，而且根据第44条规定，他未通知其他不符合同情形的理由也不成立。另一项判决声称，由于买方的业务一般属于快节奏业务，需要快速决策和立即行动，因此买方未能及时通知不符合同情形没有合理的理由。另一家法院裁定，买方在第三方加工前未检验皮革，因而未能及时通知皮革不符合同的情况，因此，买方通知过迟没有合理的理由，因为在交货时本可派一名专家检验货样，而且双方当事人之间存在着通信手段可以迅速发出通知。法院还裁定，买方决定在货物安装之前再储存几年，延误了不符合同情形的发现，这种决定不属于第44条规定的"合理的理由"，因

为买方在合同谈判期间没有提出这些情形，因此它们没有成为双方当事人之间的法律关系基础的一部分。法院还裁定，通知一种不符合同情形并没有给予买方不通知卖方其他不符合同情形的合理的理由。

不过，在至少两个仲裁案中，买方为未能满足第39条第(1)款通知要求申辩的合理的理由获得了认可，因此能够援引第44条为买方保留的补救办法。在一项裁决中，在焦炭燃料装上运载工具时由双方当事人共同指定的一名独立验收员检验了货物，而且验收员签发了分析证明书。但在货物运到时，买方发现所交货物的数量和质量均与分析证明书不符，买方因此将问题通知了卖方。仲裁庭裁决，根据第39条第(1)款规定，买方的通知不及时，但分析证明书有误给了买方拖延通知的合理的理由：由于证明是双方当事人指定的一个独立机构的产物，买方不受它约束或对它的错误负责，因此它可援引第44条。在另一项仲裁诉讼中，合同的一项规定要求自发货时签发的提货单上盖印的日期起50天内提出货物不符合同的权利要求。在装船港检验货物是不可行的而且买方在货物抵达目的地前未检验货物。因此，买方未在50天的最后期限内给出货物不符合同情形通知，但法院裁定买方的拖延有合理的理由，并适用了第44条以允许买方依照本公约第50条减低货物的价格。

判例讨论 44-1

- 关联条款 : 第38条(1)，第39条(1)，第40条，第44条
- 案件参考 : Clout Case No. 285
- 案件分类 : Germany, Oberlandesgericht Koblenz,「No. 2 U 580/96」, 1998.09.11

摩洛哥买方(原告)向德国卖方(被告)购买用以制造聚氯乙烯塑料管的原料(干混料)。当买方发现所提供的干混料并不适宜用于其制造设施事，买方声称质量不合格，提出索赔诉讼。

法院驳回该索赔要求，法院认为，按照《销售公约》第39条(1)条，买方丧失了声称不符合同的权利。交货之后三个星期才通知卖方被认为太晚。法院指出。如果需要试加工来检验货物质量，那么，一个星期的检验时间，另一个星期发出通知应是合理的时间。买方声称它不能再提前检验货物，因生产设施尚在建造之中，但法律认为，这并不构成合理的理由(《销售公约》第44条)。合理的理由要求买方认真作出迅速检验货物的安排，其中包括及时提供用以试加工的必要机器。买方未能提供它认真做出此种安排的细节。而且，买方的安排失当不能作为确定当时情况下合理期限的一个考虑方面(《销售公约》第38条(1)条)。

由于买方并未告知卖方，它使用的是何种设备，卖方被认为并不知道那种干混料并不适宜在买方的生产设施中制造塑料管，因此，卖方并未丧失其声称对方不及时发出通知的权利(《销售公约》第40条)。法院指出，假如卖方有义务向买方发出警告或有义务对提交的货物提供更多的信息，则会丧失声称通知不及时的权利，但在这个案件中，卖方没有此种义务。

判例讨论 44-2

◉ 关联条款：第44条
◉ 案件参考：Clout Case No. 542
◉ 案件分类：Austria, Oberster Gerichtshof, 「No. 7Ob 54/02w」, 2002.04.17

该争端涉及能否依据《销售公约》第44条免除买方未能在《销售公约》第39（1）条中指出的时限内向卖方发出不符合规定通知的责任。

买方声称，如果卖方明示或暗示放弃其依据《销售公约》第39条的权利，合理的理由便产生了。暗示放弃权利可以从当事人双方签订的保证协议中衍生出来。此外，买方声称，卖方在其交易过程没有反对不适时地提出损害赔偿金。

上诉法院否认《销售公约》第44条适用于本案，最高法院赞成该裁决。根据后者，只有买方未向卖方发出不符合规定通知是由于在诚信交易的正常过程中免除了普通买方责任的情况下，《销售公约》第44条意义中的合理理由才能得到承认，但条件是他的行为尽责尽力，达到在当时的情形下他主观上的期望。这种例外规定必须做出严格的解释。关于买方有合理理由的裁决取决于本案案情，上述法院关于这一问题的判决没有任何错误，因此，最高法院不能更改。

据最高法院称，在本案中，保证协议中没有任何内容可能导致得出这一结论：卖方已经放弃了其依赖《销售公约》第39条的权利，如果没有任何补充内容，放弃这种权利也不能从没有明确提及及时通知要求的保证协议中衍生出来。此外，法院补充说，原则上，放弃权利只能从明确指明这是当事人的意图的具体情形中推断出来。最高法院对本案不予受理。

第3节　卖方违反合同的补救办法

区分及内容	
第 4 篇　货物的销售	第25条~第88条
第1章　总　则	第25条~第29条
第2章　卖方义务	第30条~第52条
第1节　交付货物和移交单据	第31条~第34条
第2节　货物相符与第三方要求	第35条~第44条
第3节　卖方违反合同的补救方法	第45条~第52条
第45条　卖方违约买方可采取的救济措施	
第46条　买方要求卖方实际履行合同	
第47条　给予履行宽限期	
第48条　卖方交货后对不履行义务的补救	
第49条　买方宣告合同无效的权利	
第50条　卖方交货不符时买方行使减价救济	
第51条　卖方部分不履行时买方的救济	
第52条　买方拒绝提前交货或超量交货的权利	
第3章　买方义务	第53条~第65条
第4章　风险转移	第66条~第70条
第5章　卖方和买方义务的一般规定	第71条~第88条

《公约》第三部分第二章第三节的条款介绍了买方在遭遇卖方违约时可采取的补救办法的各个方面：这些条款逐一列举了补救办法并授权其适用（第45条第(1)款）；规定了其可用性和实施（第45条第(2)款和第(3)款，以及第46条、第48条和第50条）；规定权利遭到侵害的买方有权宣告合同无效（第47条和第49条），并由此规定了买方对其他各种补救办法的选择；此外，还规定了买方补救办法在某些特殊情况下的实施（第51条和第52条）。

1. 与《公约》其他部分的关系

本节涉及的买方补救办法，与《公约》关于卖方补救办法的章节（第三部分第三章第三节，第61条至第65条）相呼应。这些章节中的许多个别条款彼此对应。例如，第45条列举了买方的补救办法，而相应的第61条则列举了卖方的补救办法；第

46条授权买方要求卖方履行义务，与之对应的第62条授权卖方要求买方履行义务；第47条允许买方可以规定一段合理时限的额外时间，让卖方履行其义务，与之对应的第63条允许卖方可以规定一段合理时限的额外时间，让买方履行其义务；第49条规定了买方宣告合同无效的权利，相应的第64条规定了卖方宣告合同无效的权利。

鉴于补救办法在任何有关交易的法律规则体系中的关键作用，第三节各项条款与《公约》其他许多部分和个别条款有着重要联系也就不足为奇了。例如，第46条规定的买方要求履行义务的权利须遵守第28条的规定，即法院没有义务做出判决，要求具体履行此一义务，除非法院依照其本身的法律愿意这么做。第48条规定卖方有权在要求的交货日期之后对任何不履行义务进行补救，与之密切相关的是第37条的规定，即允许卖方在要求的交货日期前进行补救。第三节关于买方有权宣告合同无效的条款与《公约》其他许多条款存在密切的关联，除其他外，包括根本违约的定义（第25条)、必须发出通知以宣告合同无效的要求（第26条)、在某些特殊情况下授权宣布合同无效的规定（第72条和第73条)、规定了因宣告合同无效所造成损害的条款（第75条和第76条)，关于买方如有意“退货”，那么他有义务保全其所拥有货物的规定（第86条至第88条，当然，还有第三部分第五章第五节关于“宣告合同无效的影响”的条款。第45条第(1)款(a)项授权权利遭到侵害的买方要求获得损害赔偿，而第三部分第五章第二节的条款（第74条至第17条）则规定了损害的计算方法，这两者的关系尤其紧密。

045. 卖方违约买方可采取的救济措施

<table>
<tr><td>
Art. 45
(1) If the seller fails to perform any of his obligations under the contract or this Convention, the buyer may:
(a) exercise the rights provided in Art.s 46 to 52;
(b) claim damages as provided in Art.s 74 to 77.
(2) The buyer is not deprived of any right he may have to claim damages by exercising his right to other remedies.
(3) No period of grace may be granted to the seller by a court or arbitral tribunal when the buyer resorts to a remedy for breach of contract.
</td></tr>
<tr><td>
제45조
(1) 매도인이 계약 또는 본 협약에 따른 어떠한 의무를 이행하지 아니하는 경우 매수인은
(a) 제46조 내지 제52조에 규정된 권리를 행사할 수 있고,
(b) 제74조 내지 제77조에서 규정된 바의 손해배상을 청구할 수 있다.
(2) 매수인은 다른 구제를 구하는 권리를 행사함으로써 손해배상을 청구할 수 있는 권리를 박탈당하지 아니한다.
</td></tr>
</table>

<table>
<tr><td>(3) 매수인이 계약위반에 대한 구제를 구하는 경우에 법원 또는 중재판정부는 매도인에게 그 어떠한 유예기간도 허여하여서는 아니 된다.</td></tr>
<tr><td>第45条
(1) 如果卖方不履行他在合同和本公约中的任何义务，买方可以：
(a) 行使第46条至第52条所规定的权利；
(b) 按照第74条至第77条的规定，要求损害赔偿。
(2) 买方可能享有的要求损害赔偿的任何权利，不因他行使采取其它补救办法的权利而丧失。
(3) 如果买方对违反合同采取某种补救办法，法院或仲裁庭不得给予卖方宽限期。</td></tr>
</table>

本条款概述了卖方因不履行其任何合同或本公约规定的职责而违反合同时买方可加利用的补救办法。在本条款第(1)款(a)项中，只是提及其他的条款即第46条至第52条，这些条款具体订定可行使这些规定提供的权利的条件。另一方面，第45条第(1)款(b)项构成买方要求损害赔偿权利的基础，并因此具有重大的实际意义。就损害赔偿的金额而言，应按照第74条至第76条的规定判决。第45条第(2)款允许将损害赔偿享有权与其他补救办法结合在一起。第45条第(3)款限制法院和仲裁庭准予宽限期的能力，因为此种宽限期将会妨碍本公约的补救制度。

第45条没有详尽列举买方的补救办法。本公约规定了进一步的补救办法，例如在第71条至第73条或第84条第(1)款中。不过，第45条预先阻止买方能够援引根据适用的国内法可以其他方法利用的违反合同的补救办法，从这一意义上看，该条是详尽无遗的，因为本公约在提供解决办法的情况下排除诉诸国内法的可能性。

1. 不履行义务作为补救办法的一个先决条件

买方可否利用任何补救办法，其先决条件是卖方未能履行产生于合同、产生于贸易习惯、产生于双方当事人之间的惯例做法或产生于本公约的义务。即使一项本公约并未具体涉及的额外责任——例如，延长以买方为抬头的银行担保书的职责——受到违反，买方也有权得到根据本公约可加利用的补救办法。卖方未能履约的严重程度，对于裁决买方是否有权采用补救办法的目的无关紧要。当然，只有在根本违反的情况下，有些补救办法才可为买方利用。一般说，卖方违约的原因也不相关，但属于第79条第(5)款规定范围内的卖方可主张免责的情况除外。特别是，第45条第(1)款不要求在卖方有过失、错误或意图时买方才能主张条款中提到的补救措施。

不过，如果卖方的违约补救责任取决于进一步的条件——特别是买方及时和适当的通知（见第38条、第39条、第43条）——那么附加条件必须满足以便买方保留其享有可利用补救办法的权利。

2. 第46条至第52条规定的权利

第45条第(1)款(a)项只是提及第46条至第52条。虽然所有这些条款规定的补救办法均要求义务的违反已经发生，但这些条款区分违约类型。这样，第46条第(2)款、第49条第(1)款(a)项和第51条第(2)款要求根本违反合同。第49条第(1)款(b)项只是适用于不交货的情况；第50条的适用范围是否也适用于交货不符合同以外的其他情形，尚不能确定。第51条涉及部分履约；第52条处理提早交货和超量交货问题。

3. 损害赔偿要求

第45条第(1)款(b)项规定了买方要求损害赔偿的实质性条件。在卖方违反任何种类合同义务的情况下，由于这种违反行为遭受损失的买方可要求损害赔偿。如，因交付次品造成的损害，买方可要求损害赔偿。如果卖方事先宣布它将不可能及时交货从而发生第71条意义上的预期违反合同，买方也能对于所遭受的任何损失要求损害赔偿。不过，如果合同或本公约对买方要求赔偿的权利规定了其他条件——像第38条、第39条和第43条规定的通知要求——这些条件也必须加以满足。

与许多国家制度形成对照，本公约规定的要求损害赔偿的权利不取决于任何类型的过失，不取决于对任何明示保证之类的违反，它只是预先假定客观未能履约。只有根据第79条所说明的条件或属于第80条范围的情况下，卖方才可免于赔偿责任。

第45条第(1)款(b)项提及的第74条至第77条，提供了计算损害赔偿金额的规则，但这些条款并不构成要求损害赔偿的依据。

适用了第45条第(1)款(b)项的裁决表明如此适用本条款没有困难。对于卖方义务的存在和范围或损害赔偿的金额可能发生问题，但是由于这两个方面由其他条款处理（分别为第30条至第44条和第74条至第77条），第45条第(1)款(b)项只是提一提，未作详尽的讨论。

4. 补救办法的累积（第45条第(2)款）

如果违反合同给买方造成任何损害，索赔权是买方始终可利用的补救办法。这一权利可与其他任何补救办法一起行使，以补偿在采取了其他补救措施的情况下仍遭到的任何损害。不过，损害赔偿的金额取决于买方诉诸的其他补救办法。

5. 无宽限期（第45条第(3)款）

第45条第(3)款限制法院和仲裁庭在买方坚持认为卖方应对违反合同负责时给予宽限期和延长履约时间的能力。虽然此种可能性可被视为一个程序法事项，因而不属于本公约的适用范围，但第45条第(3)款仍明确将其排除。该条款只涉及法院和仲裁法庭。不过，双方当事人自身可在任何时候随意延长或另行修改履约期。

6. 进一步的问题

第45条规定的所有权利和要求的履行地跟随所违反的主要义务的履行地——交货、移交单据等的地点。因此，重要的是应确定主要义务的履行地。本公约未处理时效法规。因而第45条所规定的权利和要求所适用的时效期必须参照适用的国内法或在适用的情况下按照1980年修正的《联合国国际货物销售时效期限公约》确定。

6. 举证责任

由于第45条的其他部分不给予买方据以起诉的具体权利，举证责任问题只同第45条第(1)款(b)项规定的损害赔偿要求相关。对于损害赔偿要求而言，举证责任在买方，他必须证明卖方违反了义务以及此种违反造成的损害。按照第79条规定，证明任何免责情况的责任在卖方。

判例讨论 45-1

- 关联条款：第23条，第30条，第35条，第45条
- 案件参考：Clout Case No. 796
- 案件分类：Spain, Juzgado de Primera Instancia, no. 3 de Badalona, 2006.05.22

该判例涉及西班牙一家公司（卖方/被告）与德国一家公司（买方/原告）之间的一份合同，该合同的内容是将百慕大的衬衫销往埃及和伊朗；运输由卖方负责，卖方有义务把货物发送到迪拜。双方当事人早先已有商业关系。合同规定预先付款，德国买方满足了这一要求。但卖方未交付货物，并进而宣布合同失效，声称买方违反了只在中东国家出售货物的义务，因为在日本发现了前几份销售合同所涵盖的衣物。

法院首先认定，该合同是由双方当事人经交换载有要约和承诺的电子邮件而订立的（《销售公约》第23条）。

法院其次认定，该销售合同有一个基本前提，即货物应在中东国家转售，但没有任何条文规定，买方有义务核实其在中东的客户只在中东国家出售这些产品。因此，买方没有义务对其向中东客户出售这些产品之后的出售链实施监督。

诉讼情况充分证明，买方履行了向中东国家出售货物的义务。因此，卖方宣布合同失效毫无依据，法院由此断定，卖方未交付合同规定的货物即为违反合同（《销售合同》第40条），卖方违约的主要原因是，所涉合同并非分销合同，而是出售合同，该合同规定，货物并非分期交付，而是一次性交付，即便还有其他合同的话也应一次性交付。因此，不得以预计买方今后可能违约—这一尚未发生的事件—为理由宣布合同无效。公约只在分批交付货物的情况下才允许这类宣告无效的行为（《销售公约》第73(2)条），而对本案个别单独交货的情况不予允许。

第三，鉴于上述情况，法院认定，买方根据《销售公约》第45条有权主张依照《销售公约》第74至77条进行损害赔偿，并根据《销售公约》第49(1)(a)条宣布合同失效。

关于退还价款问题，买方声称卖方以扣抵银行转账费为由尚未退还一小部分价款。法院认定，这部分价款也必须退还，因为相关情形未有证明，此外，从《销售公约》第81(2)条可以推断，退还价款是指退还所有货物的价款。

法院还根据《销售公约》第84(1)条判定，应当向买方支付利息。

关于损害赔偿费，法院判定，在间接损害赔偿费的题目下，应向买方支付就在西班牙境外向原告提出庭外索赔所涉律师费。在收入丧失的题目下，法院下令卖方向买方支付违约价款与买方本可从客户获得的价款之间的差额。

046. 买方要求卖方实际履行合同

Art. 46

(1) The buyer may require performance by the seller of his obligations unless the buyer has resorted to a remedy which is inconsistent with this requirement.

(2) If the goods do not conform with the contract, the buyer may require delivery of substitute goods only if the lack of conformity constitutes a fundamental breach of contract and a request for substitute goods is made either in conunction with notice given under Art. 39 or within a reasonable time thereafter.

(3) If the goods do not conform with the contract, the buyer may require the seller to remedy the lack of conformity by repair, unless this is unreasonable having regard to all the circumstances. A request for repair must be made either in conunction with notice given under Art. 39 or within a reasonable time thereafter.

제46조

(1) 매수인은 매도인에게 그 의무의 이행을 청구할 수 있다. 다만 매수인이 이러한 청구와 양립하지 아니하는 구제를 구한 경우에는 그러하지 아니하다.

(2) 물품이 계약과 일치하지 아니하는 경우에는 매수인은 대체품의 인도를 청구할 수 있다. 다만 불일치로 인하여 중대한 계약위반이 되고 또한 대체품의 청구가 제39조하에서 행하여지는 통지와 연계하여 또는 그 후 상당한 기간 내에 행하여지는 경우에 한한다.

(3) 물품이 계약과 일치하지 아니하는 경우 매수인은 모든 사정으로 보아 불합리하지 아니하

는 한, 매도인에 관하여 수리에 의한 불일치의 시정을 청구할 수 있다. 수리청구는 제39조하에서 행하여지는 통지와 연계하여 또는 그 후 상당한 기간 내에 행하여져야 한다.

第46条

(1) 买方可以要求卖方履行义务，除非买方已采取与此一要求相抵触的某种补救办法。

(2) 如果货物不符合同，买方只有在此种不符合同情形构成根本违反合同时，才可以要求交付替代货物，而且关于替代货物的要求，必须与依照第39条发出的通知同时提出，或者在该项通知发出后一段合理时间内提出。

(3) 如果货物不符合同，买方可以要求卖方通过修理对不符合同之处做出补救，除非他考虑了所有情况之后，认为这样做是不合理的。修理的要求必须与依照第39条发出的通知同时提出，或者在该项通知发出后一段合理时间内提出。

第46条给予买方要求卖方原样履行合同义务的一般权利。第2款和第3款处理（第35条意义上）不符合同货物的替换和修理问题和阐明这些具体补救办法的某些限制，而第1款适用于其他所有情况。

要求履行义务的权利受限于关于第28条阐明的具体履行义务的限制。如果受理法院不按照过去的案件事实根据本国法律准予此种补救办法，它将无义务根据本公约这样做。因此，限制具体履行义务的那些管辖区的法院可拒绝准予具体履行有争议的义务，除非该法院将根据其国内法准予该补救措施，并可只判给损害赔偿。

要求履行义务的权利在第46条至第52条规定的补救办法中居首位，这反映出根据本公约规定，应尽量保留合同约束，而宣告合同无效只有在由于卖方严重违反合同，而合同的继续不再能够容忍时才应作为最后手段（最后道理）加以利用（见第49条)。在买方违反合同时适用同一方法（第62条和第64条)。

尽管要求履行义务的权利很重要，但该权利并未作为许多案例法的标的。实际上权力受侵害方更倾向于其他的补救办法，特别是要求损害赔偿的权利。

1. 一般要求

要求履行义务的权利预先假定义务有争议而且迄今为止尚未履行。此外，买方若要行使其在第46条下所规定的权利，必须“要求”履行义务。这就意味着要明确要求应履行有争议的义务。第46条第(2)款和第(3)款规定，“要求”采取这些条款所述补救措施的通知必须在一般合理时间内给出。买方还有权按照第47条确定一段额外时间，让卖方履行其义务。

2. 要求履行义务的一般权利（第46条第(1)款）

第46条第(2)款和第(3)款所述的情况除外，买方根据第46条第(1)款拥有一项要求卖方原样履行任何应履行之义务的一般权利。这样，买方有权要求交付货物，要求卖方获得规定的银行担保期或遵守独家销售义务。买方可要求和在不违反第28条规定的限制下利用法院的协助使卖方履行这些义务和其他义务。

如果原样履行义务不可能，例如，合同涉及的一个独一无二的货物在交付前被毁坏，那么买方要求履行义务的权利也就灭失了。

第46条第(1)款限制买方在已经诉诸于与要求履行义务不相符的补救办法时强迫履行义务的权利。当买方宣告合同无效，或根据第50条降低了价格，即存在此种不相符情况。不过，买方可以将它的履行义务请求与任何遗留损害（例如迟延履行义务所引起）的赔偿要求结合起来。曾经要求履行义务的买方仍能选择一种不同的补救办法，例如，如果宣告合同无效的所有要求得到满足就宣告合同无效。只有买方确定了额外时间让卖方履行第47条所规定的义务，在该期间买方才不得要求其他补救办法（尽管买方对卖方延迟履行义务的做法仍有追回损失赔偿的权利）——见第47条第(2)款。

第46条第(1)款要求履行义务的一般权利，除了适用的国内法规定的正常时效期限或在《联合国国际货物销售时效期限公约》适用情况下所规定的正常时效期限外，不需要在某个时期内对之提出要求。相比之下，第46条第(2)款和第(3)款对买方根据这些条款要求补救的时间予以限制；第46条第(1)款要求明确宣布买方要求履行合同义务，并未就此提出时间限制。

3. 替代货物的交付（第46 条第(2) 款）

当(a) 卖方交付了不符合同的货物；(b) 货物不符合同构成了根本违反合同；而且(c) 买方要求"与依照第39条发出的通知同时提出，或者在该项通知发出后一段合理时间内提出"替换不符合同的货物，则适用第46条第(2)款。根据第46条第(2)款，如符合这些条件，买方有权要求交付替代货物。

货物是否不符合同必须根据第35条来确定，若货物是次品、与合同要求的货物不同（其他情况)、包装不当或数量不足，则属于不符合同。

如果次品的交付实际上剥夺了买方根据合同规定有权期待得到的东西，那么卖方交付不符合同的货物的行为属于根本违反合同（第25条）。第46条第(2)款规定的根本违反合同必须按照与第49条第(1)款(a)项对宣布合同无效规定的方法相同的方法和第25条给出的一般定义来确定。关于何种情况构成根本违反合同的主要法院判决（虽然针对

第49条做出）裁定，只要买方能够在不造成不合理的不便的情况下使用货物或甚至打折转售，质量上的不符合同仍然不属于根本违反合同。这样，举例来说，交付的冻肉如果含有过多脂肪和水，因此据专家意见其价值比合同规定质量的肉的价值降低25.5%，但这并不被认为构成根本违反合同，因为买方还有机会减价转售冻肉或采用其他办法进行加工。但是，如果经过合理的努力仍不能使用或转售不符合同的货物，这就构成根本违反合同。如果货物出现严重缺陷，尽管仍可部分使用（例如，鲜花本应在整个夏季盛开但只开了很短的时间）或如果货物存在重大缺陷而且买方需要货物用于制造。也属根本违反合同。同样，如果货物不符合同系增加了物质所造成，而此类物质的添加在卖方国和买方国均属非法，也构成根本违反合同。

在货物有缺陷——甚至严重缺陷——但可修理时，就会产生关于根本违反标准的特殊问题。几家法院裁定，易于修补的缺陷不构成任何根本违反合同。至少当卖方主动提出并实施快速修理而又未给买方造成任何不便时，法院将不会裁定其为根本违反合同。这符合本公约第48条规定的卖方的补救权利。

第46条第(2)款要求买方在一定的时间内通知卖方要求替代货物。关于提供替代货物的要求可与第39条规定的不符合同情形通知一起给出，对此适用该条款规定的时限。不过，它也可在发出第39条通知以后一段合理时间内给出。

根据第82条第(1)款，买方有义务按实际收到货物的原状归还交付的货物，只有履行了该义务，才能行使要求交付替代货物的权利。第82条第(2)款对此归还义务规定了大量免责情况。

4. 修理（第46条第(3)款）

第46条第(3)款规定，根据第35条标准，如果交付的货物不符合同规定，买方有权进行修理。不过，只有在从各种情况来考虑都合理的情况下才可利用这一补救措施。买方提出修理要求的时限必须与第46条第(2)款下的告知行为所适用的时限相同——即“与依照第39条发出的通知同时提出，或者在该项通知发出后一段合理时间内提出”。

不符合同的情况可以通过修理来补救的情况下方可适用第46条第(3)款。不过，如果买方能够轻易自行修理货物，则修理的请求将是不合理的，但是此种修理的任何费用，仍应由卖方负担。

当货物经修理后能如商定的那样使用，就有效地实施了修理。如果货物经修理后又出毛病，买方必须给出缺陷通知。有判决裁定，对于这种通知，适用第39条的时限。不过，修理新缺陷的请求可在之后一段合理时间内发出。

判例讨论 46-1

◉ 关联条款：第2条(d), 第6条, 第46条
◉ 案件参考：Clout Case No. 988
◉ 案件分类：China, CIETA, 「No.CISG/2000/17」, 2000

本案主要涉及根据《销售公约》根本违反合同和损害赔偿限制。

当事人双方签订了分批销售纪念币的合同。卖方交付了一枚样币。合同中有一项条款将卖方的赔偿责任限定在一定数额之内，并要求买方如提出任何索偿，须在货物运达40天内以书面形式提出。卖方将纪念币运达。后来，买方顾客抱怨这些纪念币与证书中的说明不符，他们怀疑这些纪念币的真实性。因此，买方请求仲裁庭命令卖方收回未售出的货物，并退还已付货款，赔偿买方的其他损失。未售出货物约占货物总量的四分之一。

当事人双方在合同中规定适用《销售公约》，因此适用了该公约。不考虑《销售公约》第2(d)条的规定，仲裁庭将《销售公约》适用于纪念币销售，尽管这些纪念币可以当作货币使用。

仲裁庭裁定，这些纪念币与样币一致。仲裁庭还裁定，即使合同不包含相关条款，货物也应该与说明书和证书相一致。所以，卖方违反了合同，但由于买方售出了该批货物的四分之三，卖方没有完全剥夺合同赋予买方的权利，因此卖方并没有构成根本违反合同。根据《销售公约》第46条，由于未构成根本违反合同，买方无权退货。

仲裁庭裁定，损害赔偿限制条款是双方当事人的自愿规定，没有违背可适用法律，因此是合理的也是有效的。销售合同还规定了检验货物和提出索赔的时间，这取代了《销售公约》中的相关条款。仲裁庭裁决，由于双方当事人商定将货物分批交付，因此合理的检验和提出索赔的时间也应该针对各批货物分别计算。仲裁庭裁定，买方只对最后三批货物有权提出索赔。

由于卖方没有根本违反合同，仲裁庭驳回了买方提出退货和退货款的要求。相反，仲裁庭根据合同中的损害赔偿限制条款，命令卖方赔偿买方损失。

047. 给予履行宽限期

Art. 47

(1) The buyer may fix an additional period of time of reasonable length for performance by the seller of his obligations.

(2) Unless the buyer has received notice from the seller that he will not perform within the period so fixed, the buyer may not, during that period, resort to any remedy for breach of contract. However, the buyer is not deprived thereby of any right he may have to claim damages for delay in performance.

제47조

(1) 매수인은 매도인에 의한 의무의 이행을 위한 상당한 기간의 추가기간을 지정할 수 있다.

(2) 매수인이 매도인으로부터 이렇게 지정된 추가기간 내에 이행하지 아니하겠다는 통지를 수령하지 아니하는 한 매수인은 그 기간 중에는 계약위반에 대한 어떠한 구제도 구할 수 없다. 그러나 매수인은 이로 인하여 이행지연에 대한 손해배상을 청구할 수 있는 권

리를 박탈당하지 아니한다.
第47条 (1) 买方可以规定一段合理时限的额外时间，让卖方履行其义务。 (2) 除非买方收到卖方的通知，声称他将不在所规定的时间内履行义务，买方在这段时间内不得对违反合同采取任何补救办法。但是，买方并不因此丧失他对迟延履行义务可能享有的要求损害赔偿的任何权利。

第47条第(1)款使买方有权规定除合同中规定的时间之外卖方必须履行其义务的额外时间。由此本条款补充了第46条规定的要求履行义务的权利，但是它同第49条规定的宣告合同无效的权利特别相关。实际上，第47条规定主要跟后一项条款联系才具有实际意义，因为第49条第(1)款(b)项规定，一旦根据第47条确定的额外时间期满之时卖方未能交货，买方就能宣告合同无效。这样，额外时间的确定为宣告合同无效铺平了道路。不过，还必须指出，宣告合同无效的机制只适用于不交货的情况。

第47条第(2)款指出，买方如果根据条款确定了额外时间，他就有义务在此期间不得诉诸其他补救办法，尽管其对在此期间内发生履行义务拖延所造成的损害仍保留索赔权利。这种约束效力意在保护这样的卖方，他可能应买方规定额外履行义务期限的通知，为履行义务做了准备——甚至不惜花费相当大的费用，因此应有权期望买方将接受要求的履行义务，如果它无其他缺陷的话。只有卖方通知买方在额外时间内他将不履行义务，买方在此期间才可以自由地采取其他任何可利用的补救办法，因为在这种情况下卖方不需要保护。

第47条允许买方为卖方尚未履行的任何义务确定一段额外时间。因此本条款可适用于卖方已同意履行的所有义务。但是，只有在卖方已经违反了交付货物的义务时，第47条所规定的准予额外时间的做法方可作为为宣告合同无效而采取的步骤。

1. 确定额外时间（第47条第(1)款）

买方有权而不是有义务确定卖方根据第47条第(1)款履行义务的额外时间。然而在卖方未按时交货的情况下，买方确定卖方履行交货义务的额外时间也有益于买方：卖方未能在如此规定的适当时间内交货，买方就可以在无需证明卖方的延迟是根本性违约的情况下宣告合同无效。有案例表明，若买方在交货延迟的情况下未确定额外时间，则无权宣告合同无效。

买方确定的额外时间必须是合理时限，以满足第47条第(1)款的要求。就德国方面向埃及一方交付3台印刷机来说，2周的额外交货期被认为太短，而7周的交货期被视为是合理的。在丹麦与德国的一起汽车买卖中，3至4周的额外交货期被裁定是合理的。如果确定一个短得不合理的交货期，则法院以合理的交货期替代。法院还裁定，如果先前确定了一个过短交货期的买方在发出宣告合同无效通知之前等待交货，直到合理的时期期满，则合理性要求就得到了满足。

买方必须表明卖方必须在额外期限内履行义务，方能行使第47条，在卖方未能在额外期限内交货的情况下有权宣告合同无效。买方给予一个最后截止期限的表示必须是明确的（例如，“最后交货日期：2002年9月30日”）因此有判决裁定仅仅要求立即交货的催询是不够的，因为没有确定额外时间的交货期。相反，为了第47条第(1)款的目的，如果买方接受卖方提议的新的交货日期并同时表明在此日期前履行义务至关重要，法院裁定这就足够了。在买方接受了卖方延长交货时间的数次请求的案例中，得出了同样的结果。在买方容忍分期销售的数次分期交货迟延的情况下，法院裁定买方的行为无异于准予一个额外时间。

对于买方必须采取的准予额外时间的形式一般不作要求——与第11条的做法一致；不过，如果第96条的保留可适用，可能得满足形式要求。若此种保留不适用，买方延长时间是以书面或口头通报还是默示地做出的问题无关紧要。

2. 确定额外时间的效力（第47 条第(2) 款)

根据第47条第(1)款确定履行义务的额外时间首先有助于获得履行义务时间延长的卖方。第47条第(2)款规定，在额外时间存续的情况下，买方不得宣告合同无效或降低价格（见第50条)，除非卖方已经宣布他不能够或不愿意在额外时期内履行义务或以合同未规定的条件作为他履行义务的条件。如果卖方在额外时间内履行义务，买方必须认可此种履行义务。不过买方仍可保留要求赔偿迟延履行义务造成的损害的权利。如果卖方不在额外时期内履行义务，买方可诉诸任何可利用的补救办法包括宣告合同无效。

判例讨论 47-1

- ◉ 关联条款：第35条，第38条，第39条，第46条，第47条，第49条，第74条，第81条，第84条
- ◉ 案件参考：Clout Case No. 892
- ◉ 案件分类：Switzerland, Kantonsgericht Schaffhausen (Cantonal Court of Schaffhausen), 「No. 11/1999/99」，2004.01.27

《销售公约》第38条和第39条对买方检验货物是否与合同相符以及通知卖方货物与合同不符做出了详细规定，本判决就此规定的义务范围做了详细解释。本案例根据《卢加诺公约》第17条提交给相关职能法院，涉及营业地位于德国的被告向营业地位于瑞士沙夫豪森州的原告出售中型机车模型。买方早在收到样品以及收到大规模生产前的一件模型时，就已通知卖方货物存在缺陷。法院认为，买方对所收到的货物不仅进行了深入检查，而且还将货物缺陷通知了卖方，此做法完全有理有据。鉴于检验货物所需时间（75-150小时），法院认为买方自收到货物三个星期后通知卖方货物存在缺陷，此期限是合理的。

随后，法院注意到，根据《销售公约》第35条，原告提及的货物确实与合同不符。根据《销售公约》第25条，货物的缺陷如此之严重，足以从根本上违反合约。根据《销售公约》第49(1)(a)条，原则上来说，原告有权宣告合同无效。但是，原告首先应等到其规定的缺陷补救期限结束（《销售公约》第49(2)(b)㈡条和第47(2)条）。这样的话，《销售公约》第46(3)条规定的条件才得以满足。

原告确定了好几个额外期限，给被告的最后通知中表明如果还不做出补救措施，原告将宣布合同无效。法院认为此通知可以接受。法院裁定被告退还原告的价款。根据《销售公约》第84(1)条，被告还须支付违约利息。利息额根据瑞士国际私法指定的相关国家法律（具体到本案即德国法律）确定。

为了弥补原告因货物运输和报关所遭受的损失，以及订立合同之前的广告费用和垫款，法院还根据《销售公约》第81条和第74条裁定原告有权获得损害赔偿。法院对此的解释是：原告可以对全部损失索要赔偿，即由宣告合同无效本身导致的损失，以及后来多次提供服务造成的损失，还包括因宣告合同无效而导致的不必要的开支。

048. 卖方交货后对不履行义务的补救

Art. 48

(1) Subject to Art. 49, the seller may, even after the date for delivery, remedy at his own expense any failure to perform his obligations, if he can do so without unreasonable delay and without causing the buyer unreasonable inconvenience or uncertainty of reimbursement by the seller of expenses advanced by the buyer. However, the buyer retains any right to claim damages as provided for in this Convention.

(2) If the seller requests the buyer to make known whether he will accept performance and the buyer does not comply with the request within a reasonable time, the seller may perform within the time indicated in his request. The buyer may not, during that period of time, resort to any remedy which is inconsistent with performance by the seller.

(3) A notice by the seller that he will perform within a specified period of time is assumed to include a request, under the preceding paragraph, that the buyer make known his decision.

(4) A request or notice by the seller under paragraph (2) or (3) of this Art. is not effective unless received by the buyer.

제48조

(1) 제49조의 경우를 제외하고 매도인은 인도기일 이후에도 불합리하게 지체하지 아니하고 또한 매수인에게 불합리한 불편을 주거나 또는 매수인이 선지급한 비용을 매도인으로부터 보상받는데 대한 불안을 야기하지 아니하는 경우에는 자신의 비용으로 그 의무의 불이행을 보완할 수 있다. 그러나 매수인은 본 협약에 규정된 바의 손해배상을 청구할 권리를 보유한다. (2) 매도인이 매수인에게 그 이행을 인수할지 여부를 알려주도록 요구하였으나 매수인이 상당한 기간 내에 그 요구에 응하지 아니하는 경우 매도인은 자신의 요구에서 제시한 기간 내에 이행할 수 있다. 매수인은 그 기간 중에는 매도인의 이행과 양립하지 아니하는 구제를 구할 수 없다. (3) 특정한 기간 내에 이행하겠다는 매도인의 통지는 매수인이 그의 결정을 알려주어야 한다는 전항의 요구를 포함하는 것으로 추정한다. (4) 본 조 (2)항 또는 (3)항에 따른 매도인의 요구 또는 통지는 매수인에 의하여 수령되지 아니하는 한, 그 효력이 발생하지 아니한다.
第48条 (1) 在第49条的条件下，卖方即使在交货日期之后，仍可自付费用，对任何不履行义务做出补救，但这种补救不得造成不合理的迟延，也不得使买方遭受不合理的不便，或无法确定卖方是否将偿付买方预付的费用。但是，买方保留本公约所规定的要求损害赔偿的任何权利。 (2) 如果卖方要求买方表明他是否接受卖方履行义务，而买方不在一段合理时间内对此一要求做出答复，则卖方可以按其要求中所指明的时间履行义务。买方不得在该段时间内采取与卖方履行义务相抵触的任何补救办法。 (3) 卖方表明他将在某一特定时间内履行义务的通知，应视为包括根据上一款规定要买方表明决定的要求在内。 (4) 卖方按照本条第(2) 和第(3) 款做出的要求或通知，必须在买方收到后，始生效力。

第48条第(1)款给予卖方所谓的补救权，它允许卖方甚至在合同规定的履行义务日期过后纠正任何未能履行合同或本公约所规定的义务的情况，假定此种权利的行使不给买方造成不合理的不便。相比之下，若卖方提早做了不符合合同的交货，第37条允许卖方在规定交付日之前进行补救。

1. 对不履行义务做出补救的权利（第48条第(1)款）

第48条第(1)款允许卖方对任何不履行合同的义务做出补救。不过，该补救权受“第49条制约”——第49条是支配买方宣告合同无效的一般权利的条款。因此宣告合同无效排除卖方的补救权。一般说，现由买方决定是否应宣告合同无效。买方在行使时可不受卖方补救权的限制。这种解决方案也得到第48条第(2)款支持，根据该条款，卖方可询问买方是否接受补救。因此，有权宣告合同无效的买方不必先看卖方是否做出补救，在其遭受根本性违反合同行为时可以立即宣告合同无效（但也见下文第2至9段规定的通知程序），不过，有的法院也认为，买方必须首先允许卖方对任何违反合同的行为做出补救（即使是根本性地违反合同），而且有的法院在买方未给卖方机会来补救不履行义务行为的情况下否认根本违反合同。不过，必须指出，当不履行义务能够易于补救时，违约很少是根本违约。但是这项规则不应被误解为意指在任何情况下买方都必须首先给卖方以补救的机会才能宣告合同无效。

补救权仅在某些情况下给予，特别是当卖方不履行义务的行为能够得到补救而不会造成不合理的迟延，不给买方造成不合理的不便及能肯定卖方将对买方可能不得不预支的任何费用做出补偿之时。有判决裁定，例如，次品发动机很容易在短期内以很少的费用调整好，这些条件就得到了满足。

从第46条和第48条得出结论，卖方必须承担买方发生的与卖方补救所交付货物缺陷有关的费用。卖方愿意对不履行义务做出补救，这在确定质量欠佳是否构成根本违反合同时被作为一个因素加以考虑。

2. 要求损害赔偿的权利

即使卖方对任何不履行义务做出补救，第48条第(1)款最后一句话规定，对在采取补救措施的情况下遭受的损失，买方仍保留要求损害赔偿的权利。因此，有判决裁定，由于交货迟延，买方不得不安排货物的运输，买方有权获得买卖总价值10%的款项作为估计的损害赔偿。

3. 对不履行义务做出补救的请求（第48条第(2)款至第(4)款）

根据第48条第(2)款，卖方可通知买方，愿意在一定的时间内补救其未能履行的义务，并可要求买方“表明是否愿意接受”补救措施。根据第48条第(3)款，表明卖方愿意补救的通知被视为已包括这种请求。如果买方在一段合理时间内对此要求不作反应（或假设同意此要求），卖方可在表明的时间内补救；根据第48条第(2)款，买方在这段时间内不得诉诸与卖方履行补救义务相抵触的补救办法。

卖方根据第48条第(2)款和第(3)款所作的要求买方对拟议的补救办法做出回应的请求必须具体说明卖方将履行义务的时间。如果没有说明此类时限，该请求不具有第48条第(2)款所说明的效力。

作为第27条中发送原则的一个例外，根据第48条第(4)款，买方必须收到卖方要求买方对拟议补救办法做出回应的请求（或根据第48条第(3)款被认为包括此类请求的补救意向通知)，否则请求或通知将不具有第48条第(2)款所说明的效力。但是第27条适用于买方的答复，如果以适当手段发送，不论是否收到，买方的答复均有效。

判例讨论 48-1

◉ 关联条款：第35条，第39条，第47-49条
◉ 案件参考：Clout Case No. 339
◉ 案件分类：Germany, Landgericht Regensburg,「No. 6 O 107/98」, 1998.09.24

在一次纺织品交易会上，德国买方即被告向卖方即原告订购了生产裙子和女装的布料。交货后，买方对布料的质量和尺寸提出异议，因为这些布料无法用经济节省的方式来剪裁。买方请卖方在14天之内交付"无可非议的货物"。卖方寄出另一种布料的样品，并请买方进一步说明其在制作裙子和女装时遇到的问题。买方拒绝接受，卖方提起诉讼，要求支付货款。

法院准许索赔要求，法院认为，买方无权拒绝支付货款，因为布料与合同的规格相符。在对布料的数量、质量和尺寸作出考虑后，法院认为布料适合生产裙子和女装（《销售公约》第35(2)(a)条）。买方并未向卖方提供关于如何按经济节省方式剪裁布料的资料。另外，从情况来看，这种要求并不明显（《销售公约》第35(2)(b)条)。布料的质地和质量与卖方在交易会上出示的样品相符，因此，根据《销售公约》第35(2)(c)条的规定，布料是符合合同规格的。

关于布料的质量，法院认为，买方未能具体说明不合规格的性质，即使非要承认不合规格，买方也未能按《销售公约》第39(1)条的要求及时通知卖方。

法院判定，买方无论如何都已丧失其宣布合同无效的权利。因为买方无视《销售公约》第49(2)(b)和条的规定。法院认为。这些规定意味着买方只有在给予卖方履行合同的机会之后，方可宣布合同无效。法院认为，买方妨碍卖方按《销售公约》第48条的规定履行其采取补救行动的权利，因为买方在未具体说明"无可非议的货物"的性质的情况下要求重新发货，而且拒绝接受已寄去样品的另一种布料。卖方有权寄送样品而不是整批替代货物，因为卖方无法确知买方是否接受这种替代货物。样品的交付是及时的，因为当事双方并未商定交付样品的具体日期。鉴于此，买方并未满足依照《销售公约》第49条宣布合同无效的条件。

049. 买方宣告合同无效的权利

Art. 49

(1) The buyer may declare the contract avoided:

(a) if the failure by the seller to perform any of his obligations under the contract or this Convention amounts to a fundamental breach of contract; or

(b) in case of non-delivery, if the seller does not deliver the goods within the additional period of time fixed by the buyer in accordance with paragraph (1) of Art. 47 or declares that he will not deliver within the period so fixed.

(2) However, in cases where the seller has delivered the goods, the buyer loses the right to declare the contract avoided unless he does so:

(a) in respect of late delivery, within a reasonable time after he has become aware that delivery has been made;

(b) in respect of any breach other than late delivery, within a reasonable time:

i) after he knew or ought to have known of the breach;

ii) after the expiration of any additional period of time fixed by the buyer in accordance with paragraph (1) of Art. 47, or after the seller has declared that he will not perform his obligations within such an additional period; or

iii) after the expiration of any additional period of time indicated by the seller in accordance with paragraph (2) of Art. 48, or after the buyer has declared that he will not accept performances.

제49조

(1) 매수인은 다음의 경우에 계약의 해제를 선언할 수 있다.

(a) 계약 또는 본 협약에 따른 매도인의 어떠한 의무의 불이행이 중대한 계약위반에 이르게 되는 경우, 또는

(b) 불인도의 경우 매도인이 제47조 (1)항에 따라 매수인이 지정한 추가기간 내에 물품을 인도하지 아니하거나 또는 매도인이 그 지정된 기간 내에 인도하지 아니하겠다고 선언하는 경우.

(2) 그러나 매도인이 물품을 이미 인도한 경우 매수인은 다음의 시기에 계약의 해제를 선언하지 아니하는 한, 해제를 선언할 권리를 상실한다.

(a) 지연된 인도와 관련해서는 매수인이 인도가 이루어진 사실을 알게 된 때로부터 상당한 기간 내,

(b) 지연된 인도 이외의 모든 위반과 관련해서는 다음의 때로부터 상당한 기간 내,

i) 매수인이 그 위반을 알았거나 또는 알았어야 했던 때,

ii) 제47조 (1)항에 따라 매수인이 지정한 추가기간이 경과한 때, 또는 매도인이 그러한 추가기간 내에 의무를 이행하지 아니하겠다고 선언한 때, 또는 iii) 제48조 (2)항에 따라 매도인이 제시한 추가기간이 경과한 때, 또는 매수인이 이행을 인수하지 아니하겠다고 선언한 때.
第49条 (1) 买方在以下情况下可以宣告合同无效： (a) 卖方不履行其在合同或本公约中的任何义务，等于根本违反合同；或 (b) 如果发生不交货的情况，卖方不在买方按照第47条第(1)款规定的额外时间内交付货物，或卖方声明他将不在所规定的时间内交付货物。 (2) 但是，如果卖方已交付货物，买方就丧失宣告合同无效的权利，除非： (a) 对于迟延交货，他在知道交货后一段合理时间内这样做； (b) 对于迟延交货以外的任何违反合同事情： (i) 他在已知道或理应知道这种违反合同后一段合理时间内这样做；或 (ii) 他在买方按照第47 条第(1) 款规定的任何额外时间满期后，或在卖方声明他将不在这一额外时间履行义务后一段合理时间内这样做，或 (iii) 他在卖方按照第48 条第(2) 款指明的任何额外时间满期后，或在买方声明他将不接受卖方履行义务后一段合理时间内这样做。

第49条具体规定买方有权宣告合同无效的条件。在两种情况下可根据第49条规定宣告合同无效：1）卖方未能履行其合同义务的情况属于第25条界定的根本违反合同（第49条第(1)款(a)项）或2）在根据第47条确定的额外时间内卖方不交货（第49条第(1)款(b)项）。

宣告合同无效这种补救办法可作为一种最后手段，在不可能再期望买方继续执行合同时适用，而且只有在买方做出宣告合同无效的通知时才宣告合同无效（第26条）。在未交货的情况下，假定买方终止合同的所有先决条件都得到满足，买方有权在任何时候宣布合同无效。不过，如果卖方交付了货物，如果买方不在第49条第(2)款所规定的一段合理时间内行使这种权利，则丧失宣告合同无效的权利。

1. 一般性宣告合同无效

买方必须以通知手段宣告合同无效（第26条）。未为此种通知规定具体的形式，但在第12条和第96条规定的保留适用时可能有形式要求。通知必须明确表示现在买方将合同作终止处理。仅仅宣告合同即将终止，声明敦促交货或退货而不作评论是不够的。启动要求宣布合同无效的法律诉讼也被作为宣告合同无效的通知处理。

因交付的货物与合同不符或交付带有第三方要求的货物而导致买方宣告合同无

效，除了卖方的违约必须构成根本违反合同外，还要求买方按照第39条和第43条第(1)款给出不符合同情形或有第三方要求的通知（除非按照第40条或第43条第(2)款发出此类通知)。若买方未能遵守通知要求，买方不能宣告合同无效。

2. 因根本违反合同宣告合同无效（第49条第(1)款(a))

根据第49条第(1)款(a)项规定，第25条界定的任何根本违反合同均可以成为宣告合同无效的根据。买方要有合理的理由根据第49条第(1)款(a)项宣布合同无效，则卖方必须未能履行一项义务（即违反义务)，卖方不履行其任何义务必须造成买方实质上失去根据合同其客观上有权期望得到的东西。如果属于此种情况，必须根据案例的所有情况来断定卖方不履行义务的后果。

根本违反合同首先要求卖方已经违反了其根据合同、贸易习惯、双方当事人间确立的惯例做法或根据本公约必须履行的职责。卖方不履行交付符合合同的货物的核心职责之外的议定责任（见第30条）也可能足以构成根本违反合同，例如，违反了独家经销合同规定的职责。违反了额外商定的职责，如果是根本违反合同，即使买方丧失了合同的主要好处，买方也有权宣告合同无效。要具有“根本性”，违约必须使买方丧失或基本上丧失它对合同合理的期望；何为合理的期望，这一问题取决于具体的合同和合同条款所设想的风险分配，取决于习惯，双方之间的既成惯例（若存在这样的惯例)，以及取决于本公约额外的规定。例如，买方通常不能预期所交付货物符合买方本国的条例和官方标准。除非另行商定，一般由卖方国的标准确定货物是否适合其通常使用的目的（第35条第(2)款(a)项)。因此，例如交付镉含量超过买方国家标准的贻贝不被视为违反合同，更不用说根本违反合同，因为买方不能期望卖方达到买方国的标准（若这些标准在卖方国家不适用)，也因为贻贝的少量消费并不危及消费者的健康。

只有当违约方可合理预见到违反合同使买方实质性丧失所期望的货物时（第25条)，方构成根本违反合同。即使卖方事实上未预见到违反合同将会使买方丧失合同的大部分或全部好处，但是当有理性的人处于相同情况中预知会发生此种结果时，仍为根本违反合同。第25条未说明何时可确定违反合同的结果的可预知性。曾有一个判决裁定合同的订立时间是相关时间。

3. 根本违反合同的具体事例

判例法已提出了有关指导原则，它们可在某种程度上帮助断定违反合同的行为是否属于根本违反合同。现有多项判决裁定，卖方最后不交货构成根本违反合同，除非卖方有正当理由不履行义务。不过，如果最后只是合同的一小部分没有得到履行，例如在分批交货中有一批货物未予交付，这就不是根本违反合同，除非缺乏未交付的部分使得交付的部分本身对买方无用。另一方面，卖方最后严重、明确且无正当理由地拒绝履行其合同义务，即等于根本违反合同。法院还裁定，分批买卖中头一批货物最终完全不交货，买方就有理由相信下几批货物也将不会交付，因而可以预期根本违反合同。

通常，迟延交货本身不构成根本违反合同。只有当履行义务时间至关重要——由于双方当事人之间如此规定或由于在某些情况下及时履行责任至关重要（例如季节性货物）——时，迟延交货才能构成根本违反合同。

在迟延履行义务的时间长度实际上几乎等于不履行义务的情况下也构成根本违反合同，例如，商定的交货日期为一周，而卖方过了两个月才只交付了三分之一的货。但是，即使延迟交货没有根本违反合同，本公约第47条也允许买方为合同规定的到期日之后的交货确定一段合理的额外时间，在额外时间之后如果卖方依然不履行义务，买方可根据第49条第(1)款(b)项宣告合同无效。因此，若卖方未在根据第47条规定的额外时间内交货，相当于根本违反合同。

在确定一个违反合同行为是否是根本性违反时，最大的挑战在于次品的交付方面。法院在这个问题上的裁决认为，只要买方在没有不合理的不便情况下能够使用货物或甚至打折转售货物，质量方面的任何不符合同情形仍只是非根本违反合同。这样，例如交付的冻肉脂肪或水含量过高，因此按专家意见，与合同规定质量的肉相比，价值降低了25.5%，但因为买方还有机会对冻肉降价转售或另行使用，这种情况不被认为根本违反合同。相反，如果经合理的努力与合同不符的货物不能使用或转售，这种交货行为就构成根本违反合同，因而买方有权宣告合同无效。另外，如果货物缺陷严重，不能修理，即使在某种程度上仍可使用（例如，本应一夏天都盛开的鲜花只在这个季节开了很短的时间），买方也能宣告合同无效。当货物具有重大缺陷而买方又需要用该货物生产自己的产品时，法院裁定存在根本违反合同，不论买方是否可以另行使用货物或转售货物。在下述情况下结果是一样的：货物与合同不符是因为卖方给货物增加了物质，而此种物质的增添在卖方国和买方国均属非法。如果卖方交付的货物不对，关于次品交货的规则同样适用（即其他情况）。

在货物有缺陷甚至是严重缺陷但可修理时，问题就比较特殊。有的法院裁定，如果与合同不符的货物易于修理，那么就不存在根本违反合同。至少在卖方主动提出并实施快速修理或更换并且不给买方造成任何不便时，若干裁决否认这是根本违反合同的行为。这符合本公约第48条规定的卖方补救权。但如果修理迟延或给买方造成不合理的不便，那么本是根本违反合同仍为根本违反合同。另外，不能只是因为买方未首先要求卖方对任何有缺陷的履行义务做出补救而否定根本违反合同。

与货物有关的单据的缺陷如果从根本上损害买方转售或以其他方法处理货物的可能性，则构成根本违反合同。不过，如果买方本身能够很容易地补救单据方面的任何缺陷，例如请求提供新单据，违反合同将不被视为根本违反合同。

除了上述几种情形违约外，对合同义务的违反也能视同根本违反合同。如果违反合同使买方失去合同的主要好处，而且结果本可以为卖方合理地预见，就属于根本违反合同。这样，一家法院裁定，交付虚假原产地证明书，如果货物仍有销路或买方能轻易得到正确的证明书，则不构成根本违反合同。同样，没有正当理由否认另一方当事人的合同权利——例如否认保留所有权条款的有效性和卖方对货物的占有权或在占有货物后没有正当理由就否认一项有效的合同——可视同为根本违反合同。严重违反转售限制时也允许宣布合同无效。

4．因额外时间内不交付货物而宣告合同无效（第49条第(1)款(b)项）

第49条第(1)款(b)项规定了仅在不交付货物情况下适用的宣告合同无效的第二个理由：卖方没有在买方按照第47条第(1)款规定的额外时间内交付货物，买方可以宣布合同无效。如果卖方宣称他将不在规定的额外时间内交付货物，买方也可宣布合同无效。

5．货物交付后宣告合同无效的时间（第49条第(2)款）

一般说，买方不一定非要在某个时期内宣告合同无效；如果存在着宣告合同无效的理由，他可在任何时候这样做。不过，如果货物已经交付，这一原则受制于第49条第(2)款规定的时限。在这种情况下，买方必须在一段合理时间内宣告合同无效。合理时间何时起算取决于违反合同行为是否涉及迟延交货，还是其他类型的违反合同。在迟延交货的情况下，从买方已知交货时起算该时间（第49条第(2)款(a)项）。在其他违反合同的情况下，在买方知道违反合同或应当知道违反合同时起算宣告合同无效的合理时期；不过，如果买方按照第47条第(1)款确定了额外交货时间，或卖方根据第48条第(2)款确定了一个补救时间，买方宣布合同无效的合理时间从确定时间到期起开始起算。获悉违反合同后5个月时间未被裁定为构成第49条第(2)款(b)项规定的宣告合同无效的合理时期；买方得知发生违反合同情形后8周宣告合同无效也被裁定过晚；买方得知或应该得知卖方据称的违反合同行为8个月后宣布合同无效被认为是不及时的。另一方面，5周被视为根据第49条第(2)款(b)项宣告合同无效的合理时期。在准予数次延长履行合同时间后宣告合同无效也被裁定是及时的，在分批交货的一批货物迟交48小时内宣告合同无效也是及时的。另外，在根据第39条通知不符合同情形后3周宣告合同无效也被认为是及时的。

6. 举证责任

评论说，要为宣告合同无效提供依据，证明卖方的违约是根本违反合同而且确实实际上剥夺了买方根据合同规定有权期待得到的东西，其举证责任在买方。

判例讨论 49-1

- ◉ 关联条款：第1条，第6条，第25条，第49条
- ◉ 案件参考：Clout Case No. 887
- ◉ 案件分类：Switzerland, Appellationsgericht des Kantons Basel-Stadt (Court of Appeal of the Canton of Basel-Stadt), 「No, 33/2002/SAS/so」, 2003.08.22

瑞士一家公司向比利时一家供应商购买了一些制作素食肉片用的食品模具，打算将模具独家销售给一家食品厂。后来这家瑞士公司宣布解除合同，理由是所购买货物违反了合同规定的保证条款，含有转基因成分。案件初审时，该公司索要损害赔偿。

巴塞尔城市州上诉法院对该案件进行二审，宣布根据《销售公约》第1(1)(b)条，《公约》适用于本案。法院认为：根据第6条，双方选择瑞士法律并不排除《销售公约》的适用性。合同双方如果不援引《销售公约》，应明确协商一致。

法院证实根据《销售公约》第25条，双方交易中确有根本违约，裁定买方有权根据《销售公约》第49(1)(a)条宣布合同无效，其索要损害赔偿的要求也有理有据。尽管合同保证所售货物不含转基因成分，但合同有一条规定卖方对于货物缺陷应承担的责任仅限于已经付款的那部分货物。根据《销售公约》第6条，法院认为这项条款可以接受。

卖方辩驳说只是对货物样品进行了检测，并不能说明整批货物都有缺陷。法院没有采纳卖方的这一辩称：买方确实有权宣布整个合同无效，而其所要求的损害赔偿额应以此为据来确定。

判例讨论 49-2

- ◉ 关联条款：第3条(1)，第49条(1)
- ◉ 案件参考：Clout Case No. 481
- ◉ 案件分类：France, Court of Appeal of Paris, 「No. 1998/38724」, 2001.06.14

买方是一家总部设在阿拉伯联合酋长国的公司，它向卖方——一家法国公司定购了128件装饰性层压玻璃嵌板，用于埃及一家饭店圆屋顶的装修。1997年2月货物运抵迪拜港口后，买方注意到其中有35件嵌板不能使用，因为装饰性薄膜脱落并出现折痕。买方逐于1997年2月26日向卖方发出一份传真，说明“产品不符合所要求的标准”。买方请有关部门进行了几次友善的专家评价，以期查明货物不符是制造方面的问题，还是运输问题所致，但几次的评价报告结果却有矛盾。1998年5月6日，买方对买方提出起诉，要求撤消合同以及恢复含利息的价格和支付损害赔偿金。

巴黎商事法庭驳回了买方提出的索赔要求，理由是买方未肯定地证实玻璃嵌板上瑕疵的由来。

巴黎上诉法院不同意商事法庭的推理，但仍然裁定买方的索赔要求不可受理。法院首先指出，

《销售公约》适用本合同，因为合同的特征是销售合同而不是服务合同。法院认为，制造装饰性层压玻璃所需的工作不能被视为是提供《销售公约》第3（2）条项下的劳动或服务”。

但法院仍决定，撤消合同的索赔要求和恢复价格及支付损害赔偿金的次级索赔要求不可受理，因为撤消合同没有在《销售公约》第49（2）条所要求的合理时间范围内进行。法院也认定对损害赔偿金的索赔要求是不可受理的。法院在确定宣布撤消合同的时间是否在第49（2）条规定的合理时间范围之内时，提到向法院提出起诉的日期——1998年5月6日，而发出货物不符的通知则是在1997年2月26日。关于以哪一个时间来计算的问题上，法院引证了发出瑕疵通知的日期；以后考虑到为准确确定瑕疵由来而进行的友善的专家评价，法院引证了1997年8月22日提交的最后一份评价报告，得出的结论是，“撤消合同的索赔要求是在事件发生八个月以后才提出的，因而不能视为在合理时间范围内”。

法院在裁决的最后一部分中还指出，就案情而言，由于不可能肯定地确定货物上瑕疵的由来，买方的索赔要求不可受理，因为瑕疵也有可能完全或部分地因运输或存储条件而造成，这种情况则应由买方负责。

050. 卖方交货不符时买方行使减价救济

Art. 50 If the goods do not conform with the contract and whether or not the price has already been paid, the buyer may reduce the price in the same proportion as the value that the goods actually delivered had at the time of the delivery bears to the value that conforming goods would have had at that time. However, if the seller remedies any failure to perform his obligations in accordance with Art. 37 or Art. 48 or if the buyer refuses to accept performance by the seller in accordance with those Art.s, the buyer may not reduce the price.
제50조 물품이 계약과 일치하지 아니하는 경우에 대금이 이미 지급되었는지 여부에 관계없이 매수인은 실제로 인도된 물품이 인도 시에 가지고 있던 가액이 계약에 일치하는 물품이 그 당시에 가지고 있었을 가액에 관하여 가지는 비율에 따라 대금을 감액할 수 있다. 그러나 매도인이 제37조 또는 제48조에 따라 그 의무의 어떠한 불이행을 보완하거나 또는 매수인이 그러한 조항들에 따라 매도인의 이행의 인수를 거절하는 경우에는 매수인은 대금을 감액할 수 없다.
第50条 如果货物不符合同，不论价款是否已付，买方都可以减低价格，减价按实际交付的货物在交货时的价值与符合合同的货物在当时的价值两者之间的比例计算。但是，如果卖方按照第37条或第48条的规定对任何不履行义务做出补救，或者买方拒绝接受卖方按照该两条规定履行义务，则买方不得减低价格。

第50条对卖方交付与不符合同的货物造成的减价规定了补救办法。在这种情况下，买方可按货物价值降低的比例减价。不过，如果卖方已根据第37条或第48条规

定对货物的任何缺陷做出补救或者如果买方拒绝给卖方以进行这种补救的机会，则买方不得利用这一补救办法。

1. 减价的前提

当所售货物与合同不符时第50条适用。不符合同应按第35条的含义理解，即数量、质量、规格(其他情况)和包装方面有缺陷。此外，有关货物单据的缺陷也可视为不符合同。不过，如果违反合同是基于迟延交货或卖方违反其任何交付符合合同的义务之外的其他义务时，不得利用减价的补救办法。

不管不符合同情形是构成根本违反合同还是一般违反合同，　不管卖方是否有过失行为，也不管卖方是否应按照第79条规定免除责任，减价都适用。补救办法也不取决于买方是否已经付款。不过，减价预先假定买方已按照第39条（或第43条）给出了货物不符合同的通知。如未给出适当的通知，买方就不得依赖货物不符合同，而且他丧失了所有的补救办法。第44条确立一个例外，即买方可为未能给出缺陷通知提供合理的理由，在这种情况下，买方保留根据第50条减价的权利（或要求利润损失赔偿之外的赔偿）。

第50条第二句说明了基本上不言自明的规则，即在卖方根据第37条（提早交货情况下的补救）或根据第48条（交货日期后的补救）对任何不相符情况做出补救时，就不能再利用减价这一补救办法。如果在卖方按照第37条或第48条规定主动提出予以补救时买方拒绝接受履行义务，结果是同样的。

如第45条第(2)款规定，权利受侵犯的买方可将数种补救办法结合在一起使用；因此，买方也能将减价与损害赔偿要求结合起来。不过，如果结合减价要求损害赔偿，只能对于货物价值降低部分以外的任何损失判给损害赔偿，因为这种损失已由减价所体现。

2. 减价的计算

减价金额必须按比例计算。合同价格应按所交付不符合同货物的价值与符合合同规定的货物将具有的价值的比例削减。确定相关价值的日期是交货地实际交货的日期。

3. 履约地

减价补救办法的履约地为货物交付地。

判例讨论 50-1

◉ 关联条款：第39条，第45条，第50条，第74条
◉ 案件参考：Clout Case No. 825
◉ 案件分类：Germany, Oberlandesgericht Köln,「No. 16 U 57/05」. 2006.08.14

原告是西班牙一家农产品出口商，被告是德国一家农产品经销商，双方订立了向德国销售和交付马铃薯的合同。按照协议，原告分五批发送了马铃薯。各批次的马铃薯均在不同程度上与合同不符，即损坏、外观难看和腐烂。每次交完货，在对货物进行质量检验之后，被告都将货物不符合同情况电话通知原告。由于货物不符合同，双方商定被告尽量按照尽可能高的价格转售这些马铃薯。按照达成的一致意见，被告分别将每批货物的价格降低12%以上，一批完全不能销售的货物降到了零，并用与马铃薯不符合同有关的额外费用和运费抵销了货款。但是，随后原告提起诉讼，要求支付全额货款，否认货物不符合同。

法院认可了原告的索偿要求。在被告提出上诉之后，上诉法院推翻了下级法院的判决，驳回了卖方的索偿要求。

上诉法院指出，按照《销售公约》第39(1)条，对于易腐烂货物，必须在24小时内发出不符合同通知。法院还认为，按照《销售公约》第50条，如果当事双方商定按照尽可能高的价格转售货物，买方可以按照转售所承受损失额相应地降低货款。而且，在与买方达成协议之后，如果已交付货物变得完全不可销售，卖方丧失了要求得到货款的权利。最后，由于被告有权降低货款，法院还认为它有权按照《销售公约》第45(1)(b)条和第74条，以索要损害赔偿的要求抵销货款。

判例讨论 50-2

◉ 关联条款：第9条，第50条，第74条，第78条
◉ 案件参考：Clout Case No. 771
◉ 案件分类：China, CIETAC, 1999.05.21

本案涉及货物与合同相符、以货物不符合同为由要求降价和衡量损害赔偿的一般规则。

韩国一家卖方与中国一家买方订立了买卖挖掘机合同。付款条件包括货物价款和利息。买方在收到货物之后向卖方支付了部分款项，随后将挖掘机转售。卖方在多次要求买方支付剩余款项都没有结果并承受严重经济损失之后，对买方提起仲裁程序。

买方辩称，卖方交付的挖掘机并非合同规定的挖掘机，而与以前的安排有关，因为提货单显示运输时间是1994年9月。由于卖方改变了合同内容，买方只是帮卖方处理挖掘机。此外，两台挖掘机的宽度与合同规定不符，其他挖掘机有各种质量缺陷。据买方雇请的专家说，因为存在这些缺陷，买方有权要求降价（《销售公约》第50条）。

卖方声称，交货日期与合同规定日期不同或早于订立合同日期不妨碍交付的货物是合同规定的货物（《销售公约》第9条）。因此，买方无权在检查并接受货物之后以货物不符合同为由要求降价。降价要求应在接受货物之前提出。买方也无权就货物有缺陷要求给予损害赔偿，因为买方没有出示有关商品检验局出具的检验证明。

仲裁庭裁决允许在合同价格基础上降价10%。买方应向卖方支付尚未支付的合同价款以及已支付和未支付价款的利息（《销售公约》第78条）。仲裁庭认定，挖掘机在合同订立日期之前已经交付确

实并不重要，问题是交付的货物是否合同规定的货物。仲裁庭指出，卖方已尽到从所交付货物中将挖掘机分出的义务，因为买方接受了卖方提交的提货单并且取走了挖掘机。买方接受交货并转售挖掘机，即失去主张挖掘机非合同规定的挖掘机的权利。仲裁庭同意买方有关其有权就不符合同规格的两台挖掘机要求损害赔偿的观点（《销售公约》第74条)。买方也有权就保证期内提出的质量缺陷要求损害赔偿，尽管没有检验证明。仲裁庭认为由于卖方没有对买方有关货物有缺陷的说法提出质疑，这将导致买方认为不需要出具检验证明来证明其说法。

051．卖方部分不履行时买方的救济

Art. 51 (1) If the seller delivers only a part of the goods or if only a part of the goods delivered is in conformity with the contract, Art.s 46 to 50 apply in respect of the part which is missing or which does not conform. (2) The buyer may declare the contract avoided in its entirety only if the failure to make delivery completely or in conformity with the contract amounts to a fundamental breach of the contract.
제51조 (1) 매도인이 물품의 일부만을 인도하거나, 또는 인도된 물품의 일부만이 계약과 일치하는 경우에는 부족 또는 불일치한 부분과 관련하여 제46조 내지 제50조의 규정을 적용한다. (2) 인도가 완전하게 또는 계약에 일치하게 이행되지 아니한 것이 중대적 계약위반에 해당하는 경우에 한하여 매수인은 계약전체의 해제를 선언할 수 있다.
第51条 (1) 如果卖方只交付一部分货物，或者交付的货物中只有一部分符合合同规定，第46条至第 50 条的规定适用于缺漏部分及不符合同规定部分的货物。 (2) 买方只有在完全不交付货物或不按照合同规定交付货物等于根本违反合同时，才可以宣告整个合同无效。

第51条处理只交付部分货物和部分货物与合同不符的情况。一般规则是买方采取的全部补救措施适用于未履行的合同部分。合同的其他部分不受影响。特别是整个合同一般是不能宣告无效的。除非部分未履行构成对整个合同的根本违约。

1．前提

第51条的前提条件是根据第35条的规定，卖方违反合同是由于交货数量比合同规定的少或由于部分交货与合同不符造成的。适用第51条要求交付的货物均由可分割的部分组成，例如，若干吨黄瓜、一船瓷砖、纺织品、大量的不锈钢丝、脚手架配件或甚至合同备件有缺漏的一整套电池自动装配线等。如果机器部件有缺陷，该部件又是合同规定货物的独立组成部分，第51条应适用。

根据第51条提供的补救措施的前提条件是买方已按照第39条的要求就不符合同情形发出了通知。在卖方仅交付部分货物的情况下，适用该通知要求。

2. 部分不履行合同的补救办法

对于交货中的不符合同规定的部分，第50条规定买方有权采取第46条至第50条中述及的补救办法。但是，无论在什么情况下，应用这些条款的具体要求都必须得到满足。因此如果买方想要对与合同不符的部分货物宣布无效，那么质量不合格应构成根本违反合同——即不符合同规定的货物对买方应无合理的用途。另一方面，为交付符合合同规定的货物另外确定一个额外期间，无助于确立宣告合同无效权，因为第49条第(1)款(b)项只适用于未交付货物情况，而不适用于交付货物有缺陷的情况。在确定的日期，交付的部分延迟一般不构成部分根本违反合同，因此买方就无权宣告与延迟部分有关的部分合同无效。但是，买方可为缺漏的部分货物确定一个额外交货期间，如果在确定的期间内卖方仍未交货，买方可以宣告合同部分无效（第49条第(1)款(b)项）。在合同确定的交货日期，部分未交货构成根本违反合同——对于缺漏部分而言——只有在买方对准时交货特别重视的情况下，以及在卖方可以预见买方更倾向于不交货而不是愈期交货时。

第51条第(1)款仅指第46条至第50条规定的补救办法。这并不意味着将第45条第(1)款(b)项规定的损害赔偿的补救排除在外。相反，该补救依然没有减少，除了或代替第51条第(1)款中述及的补救外，该补救仍然可以执行。即使随着时间的推移，买方丧失了宣告部分合同无效的权利，买方仍可根据第74条要求损害赔偿。

3. 整个合同无效（第51条第(2)款)

第51条第(2)款规定，若出现部分未交付或交付货物部分不符合同，只有在卖方的违反合同行为构成对整个合同的根本违反的情况下，买方才可宣告整个合同无效。因此要正当宣布整个合同无效，部分违反合同应是使买方不能享受到整个合同的主要利益（第25条)。但是，对部分违反合同行为而言，这种情况属于例外，而不是惯例。

判例讨论 51-1

◉ 关联条款：第1条，第3条，第45条，第46-51条，第71条，第73条，第74-78条
◉ 案件参考：Clout Case No. 630
◉ 案件分类：Switzerland, Court of Arbitration of the International Chamber of Commerce, Zurich,「ICC Arbitration Case No. 9448」，1999.07

在本判例中，卖方要求根据分期履行的合同支付货款，买方则主张因卖方所述违约行为应当允许抵消损害。

卖方作为滚柱轴承制造商签署了一份框架合同，通过独家代理人——买方向美国市场供应货物。前两年合同的执行情况尚令人满意，之后买方开始拖欠付款，后来则停止付款。卖方启动了仲裁程序，目的是要求支付已交付货物的未兑现发票及利息。此外，卖方还想对逾期支付的单独发票收取利息。买方称，已交付的货物与合同不符，而且送货时有延误或数量不足的情况，并辩称，其所受到的损害应当可以抵消卖方索要的金额。

买方没有支付国际商会国际仲裁庭为其反索赔确定的预付费用。因此，仲裁庭决定不考虑买方的抵消主张本身，只将其视为对卖方索赔的辩护。

合同规定，瑞士的法律适用于"签订、解释和执行该合同时涉及到的所有事项。"仲裁庭裁定，买方和卖方间的合同属于《销售公约》第3（1）条所述的货物销售合同，根据《销售公约》第1（1）（a）条，《销售公约》适用于本案，因为瑞士是一个缔约国。

基于《销售公约》第50条，仲裁庭驳回了买方因货物与合同不符而降低售价的主张，因为不符主张指的是1995年交付的货物，而卖方据以提出索赔的发票涉及的是1996年交付的货物。另外，买方主张抵消，是因为以各批货物没有按时送到，或者所交付的滚柱轴承数不足规定数量。买方称，由于存在这些缺陷，他们有权扣留所述货物的价款。仲裁庭裁定，买方无权扣留部分或晚到货物的价款。它指出，根据《销售公约》第45（1）条，如果卖方不履行他在合同和本公约中的任何义务，买方可以行使《销售公约》第46至第52条规定的权利，或按照《销售公约》第74至第77条的规定要求损害赔偿。根据《销售公约》第51条，如果卖方只交付一部分货物，或者交付的货物中只有一部分符合合同规定，那么，《销售公约》第46至第50条适用于此。对于分期履行的合同，如果某几批货物没有按时交付，可适用《销售公约》第73（1）条来确定此类延误行为的结果。与所有这些条款中的规定相反，买方没有采取《销售公约》提供的补救办法，而是扣留了根据合同应支付的、已收到货物的价款。《公约》并未授权这样做。

仲裁庭还考虑了对该争端适用《销售公约》第71条的问题。该条规定，如果预见到另一方当事人将违反合同，一方当事人有权中止履行相应的义务。仲裁庭认为《销售公约》第71条不适用于本案，因为买方并不是因将来的违约而中止履行义务，而是在试图扣留已收到货物的价款。

最后，根据《销售公约》第78条，如果一方当事人没有支付拖欠的任何其他金额价款，另一方当事人有权对这些款额收取利息。不过，适用利息要根据国内法确定。因此，仲裁庭适用瑞士法律来确定买方应支付的利率。

判例讨论 51-2

◉ 关联条款：第3条，第6条，第7条，第39条，第49条，第51条，第74条，第78条，第84条

◉ 案件参考：Clout Case No. 302

◉ 案件分类：France, International Chamber of Commerce, International Court of Arbitration,「No. 7660」, 1994

申请人捷克买方和被申请人意大利卖方签订了一项生产、交付和安装全自动化电池装配线的合同，这条装配线将交付给捷克的X公司。买方起诉被告，要求宣告合同部分无效、支付由于未交付零部件造成的损害赔偿并赔偿待决的第三方索偿。

仲裁庭认为，当事双方对他们选择的法律--奥地利发--包括适用《销售公约》这一点没有争议。仲裁庭援引《销售公约》第3条第(1)款的规定裁定，合同属于《销售公约》的适用范围。

仲裁庭支持了买方关于未交付的零部件的请求，并根据《销售公约》第84条第(1)款裁决了给予买方《销售公约》第78条和第84条项下到期应付的利息额，从最初的本票到期之日起开始计算。仲裁庭裁定，由于《销售公约》(第78条和第84条)对利息额未作规定，因此，就必须使用奥地利发来裁决争议。考虑到合同尽管以里拉计价但到期时以当事双方议定的汇率按德国马克支付，仲裁庭裁定，任何退款，包括利息在内，亦应以同样的汇率按德国马克到期应付。

仲裁庭未支持买方关于宣告合同部分无效的请求。仲裁庭指出，《销售公约》第51条第(1)款规定了买方宣称的合同部分无效，而且根据《销售公约》第51条第(2)款的规定，这种部分无效时部分不履行未达到根本违反合同(《销售公约》第49条第(1)款(a)项)时的规则，而不是例外。鉴于此，仲裁庭裁定，《销售公约》第51条第(1)款规定的部分无效在机器的瑕疵部分构成如本案情形的合同货物的一个独立部件时时可以允许的。然而，仲裁庭进一步裁定，买方宣告合同部分无效却由于合同所载的18个月实现而受到阻碍。仲裁庭进一步支持，根据《销售公约》第6条的规定，当事双方通过议定一个18个月的保证期也将《销售公约》第39条第(2)款规定的两年时限减少到一年半的时限。仲裁庭指出，《销售公约》对"时效期间"未作规定，因此，不得不适用奥地利法来结局这一问题。

仲裁庭驳回了买方关于对X公司在布拉格法院提出的未决诉讼进行赔偿的请求，因为买方并未遭受《销售公约》第74条规定的任何损失。

052. 买方拒绝提前交货或超量交货的权利

Art. 52 (1) If the seller delivers the goods before the date fixed, the buyer may take delivery or refuse to take delivery. (2) If the seller delivers a quantity of goods greater than that provided for in the contract, the buyer may take delivery or refuse to take delivery of the excess quantity. If the buyer takes delivery of all or part of the excess quantity, he must pay for it at the contract rate.
제52조

(1) 매도인이 지정된 기일 전에 물품을 인도하는 경우에는 매수인은 인도를 수령하거나 또는 이를 수령거절할 수 있다. (2) 매도인이 계약에서 정해진 수량보다 많은 양의 물품을 인도하는 경우 매수인은 초과된 수량의 인도를 수령하거나 또는 이를 수령거절할 수 있다. 매수인이 초과된 수량의 전부 또는 일부의 인도를 수령하는 경우에는 매수인은 계약의 비율에 따라 그 대금을 지급하여야 한다.
第52条 (1) 如果卖方在规定的日期前交付货物，买方可以收取货物，也可以拒绝收取货物。 (2) 如果卖方交付的货物数量大于合同规定的数量，买方可以收取也可以拒绝收取多交部分的货物。如果买方收取多交部分货物的全部或一部分，他必须按合同价格付款。

即使在卖方所做的超出合同所要求的情况下，也会存在不履行义务的问题。第52条指两种情况：即卖方交货过早（第52条第(1)款或卖方交货过多（第52条第(2)款)。第52条规定，在两种情况下，买方都有权拒绝收取货物。如果买方收取了超过合同规定数量的货物，第52条第(2)款规定，买方必须对多余的数量按合同价格付款。

1. 提早交货（第52条第(1)款)

如果卖方在合同规定的交货期前交付货物，买方可以拒绝收取货物。当合同规定在某一天或某一时期必须交货时（例如，“在当年的第36周交货”)，而交货又在该日期之前，就构成提早交货。在其他情况下，例如，“9月1日前交货”，该天之前的交货都是符合合同要求的。如果买方因卖方提早交货而合理地拒绝收取货物，则卖方应在正确的时间重新交货。根据第86条，买方如果有意拒绝提早交付的货物，在这期间仍应对货物负责。

但是，如果买方收取了提早交付的货物，则有义务支付合同价格。根据第45条第(1)款(b)项，除非（提早）收取货物构成修改交货日期的协定，否则可对其余损失（追加的存储费用及类似的费用）要求损害赔偿。如果有关货物的单据过早提交，提早交付货物的规则也应适用。

2. 超额交货（第52条第(2)款)

如果卖方交付的货物数量大于合同规定的数量，买方有权拒绝收取多交部分的货物。根据《判例法》，在合同允许交货的溢短装数量为+/-10%的情况下，而且交货数量又在此限度内，就不能说是超额交货。另外，如果买方不愿接受超额货物并为其支付合同价格，应就错误的数量发出通知，因为交货数量不对即属于第39条通知要求所适用的不符合同情形。根据第86条，在合理地拒收多交部分货物后，买方应保全多交部分的货物。但是，如果买方收取多交部分货物的全部或一部分，则有义务对多交部分按合同价格付款。如果买方不能单独拒绝收取多交部分货物，在多交部分货物构成根本违反合同的情况下，买方可以宣告整个合同无效；如果买方无法宣布合同无效，不得不接收多交部分货物，买方就必须支付价款（前提是第39条的通知要求得到满足），但可对此违反合同的行为造成的任何损失要求损害赔偿。

判例讨论 52-1

- ◉ 关联条款：第1条，第39条，第40条，第52条
- ◉ 案件参考：Clout Case No. 341
- ◉ 案件分类：Canada, Ontario Superior Court of Justice, 1999.08.31

原告是意大利卖方，把在其意大利工厂制造的镜框模件卖给加拿大买方，即被告。当事双方之间未订立书面协定，但1989年到1996年期间作过几笔交易。买方难以满足最后付款期限，卖方一再放宽付款期限后，对买方提起诉讼。买方提出赔偿损失的反诉，声称一些货物不符合规格，而且运货数量过多。

由于《销售公约》是1992年和1988年分别在加拿大和意大利生效的，法院认为，《销售公约》只适用于1993年以后的运货，其中每一笔运货据说都与一项单独的合同有关。

关于是否合乎规格的问题，法院驳回了索赔要求，因为并未按《销售公约》第39条的要求及时发出通知。另外，买方并未就不合规格问题提出任何书面申诉。法院还拒绝援用《销售公约》第40条，因为并无证据支持所谓卖方知道缺陷或本应知道缺陷的结论。

关于运货数量过大的指称，法院认为，当事双方曾商定订购货物的数量可有10%的差异；以往数量较多时，买方均已接受并付款，因此，根据《销售公约》第52(2)条，驳回了这一要求。

法院判卖方胜诉，应收到被拖欠的货款，并加上根据国内法计算所得的利息。

第3章　卖方义务

区分及内容	
第 4 篇　货物销售	第25条~第88条
第1章　总　则	第25条~第29条
第2章　卖方义务	第30条~第52条
第3章　买方义务	第53条~第65条
第1节　支付价款	第53条~第59条
第2节　收取货物	第60条
第3节　买方违反合同的补救办法	第61条~第65条
第4章　风险转移	第66条~第70条
第5章　卖方和卖方义务的一般规定	第71条~第88条

第1节 支付价款

区分及内容	
第 4 　篇　货物销售	第25条~第88条
第1章　总　则	第25条~第29条
第2章　卖方义务	第30条~第52条
第3章　买方义务	第53条~第65条
第1节　支付价款	第53条~第59条
第53条　买方的基本义务	
第54条　买方的付款义务	
第55条　“价格待定合同”的价格确定	
第56条　按净重确定价格	
第57条　付款地点	
第58条　付款时间	
第59条　付款无需催告	
第2节　收取货物	第60条
第3节　买方违反合同的补救方法	第61条~第65条

	第4章　风险转移	第66条~第70条
	第5章　卖方和卖方义务的一般规定	第71条~第88条

本公约第三部分（“货物销售”）第三章（“买方的义务”）第一节包括六项条款，涉及《销售公约》第53条中所描述的买方基本义务之一：支付价款的义务。虽然买方必须支付的价款通常在合同中已有规定，但第一节中的两个条款载有支配特定特殊环境中价款数量问题的规则：第55条说明了在合同中未确定或规定价格时的价格问题，第56条说明了“按货物的重量规定”价款时确定价款的方法。第一节其他四项条款与支付价款的方式有关：它们包括买方为支付价款采取相应准备步骤和遵守必要手续的义务（第54条）；关于支付地的条款（第57条）及支付时间（第58条）和免除卖方提出正式支付要求的条款（第59条）。

在一般性主题事项方面，第三章第一节的各项条款与第二章（“卖方的义务”）第一节（“交付货物和移交单据”，第31条至第34条）相对应。正如前一个章节的第31条和第33条解决卖方应履行其交付义务的地点和时间，本节的第五十七和五十八条支配买方应履行其支付义务的地点和时间。如《摘要汇编》中对第55条的讨论，本节第55条与第十四章第(1)款（解决什么构成签订销售合同报价的问题）有着特殊联系。另外，在某些判决中，第57条（支付地）与宣告合同无效的各项条款，特别是规定宣布合同无效后归还义务的第81条第(2)款相关。本节中的某些条款与本公约范围外的事项有着特别联系。因此，责成买方采取实现付款所需的初步措施的第54条与关于信用证、抵押、银行担保、汇票等的非公约规则相关。支配买方支付价款地问题的第57条，与某些管辖规则有着特殊联系。

053. 买方的基本义务

Art. 53 The buyer must pay the price for the goods and take delivery of them as required by the contract and this Convention.
제53조 매수인은 계약 및 본 협약에 의하여 요구되는 바에 따라 물품의 대금을 지급하고 물품의 인도를 수령하여야 한다.
第53条 买方必须按照合同和本公约规定支付货物价款和收取货物。

第53条说明买方的主要义务并作为第三章提出的规定的导言。由于本公约未界定"货物销售"的要件，第53条与第30条结合在一起说明这点。买方的主要义务是"按照合同和本公约规定"支付货物价款和收取货物。从这句话和本公约第6条可以看出，如果合同规定以不同于本公约提出的方式履约，以双方当事人达成的协议为准。

按照本公约的规定，合同可规定买方承担支付价款和收取货物以外的义务，例如设定保证支付价款的担保的义务，提供货物制造或生产所需的原料的义务（见第3条第(1)款）或提供关于货物的形状、大小和其他特征的规格的义务（第65条)。

判例讨论 53-1

- 关联条款：第53条
- 案件参考：Clout Case No. 465
- 案件分类：Russian, Tribunal of International Commercial Arbitration at the Russian Federation Chamber of Commerce and Industry,「No. 128/1996」, 1997.12.15

卖方——一家俄罗斯公司起诉买方——一家英国公司，要求全额支付其根据合同交付的货物货款及逾期付款的罚息。买方反驳称，所收到的货物未达到所要求的质量标准。因此，买方主张其有权根据货物质量扣除10%的应付余额。

仲裁庭在审议此案时指出，买方未能在合同规定的期限内就货物质量提出异议。因此买方丧失了就货物质量不能令人满意提出要求的权利，根据《销售公约》第53条，买方有义务向卖方支付待结款项。仲裁庭还裁定，买方必须支付逾期付款的罚息。

判例讨论 53-2

- 关联条款：第1条，第53条
- 案件参考：Clout Case No. 497
- 案件分类：Belarus, Economic Court of the Vitebsk region,「No. 52-11」, Marko SOOO v. R. V. Saitadze, 2003.04.17

本案涉及《销售公约》在买方未履行付款义务情况下的适用。

Marko SOOO（卖方）是一家白俄罗斯公司，于2002年2月7日与一位住在俄罗斯的企业家R.V. Saitadze（买方）就一批鞋子的销售签订了合同。货物已交付给买方，然而，买方未支付合同约定的618,104.5卢布。卖方因此起诉买方，要求支付拖欠货款。被告未出庭。

法院注意到合同包含有以维帖布斯克法院为管辖法院并适用白俄罗斯法律的规定。由于白俄罗斯和俄罗斯联邦均为《销售公约》的缔约国，《销售公约》适用于本合同。

法院还指出，根据《销售公约》第53条，买方有义务支付货物的价款，由于买方未能在合同规定的时间内支付货款，法院判决买方支付卖方要求的全部款项618,104.5卢布。

054. 买方的付款义务

Art. 54 The buyer's obligation to pay the price includes taking such steps and complying with such formalities as may be required under the contract or any laws and regulations to enable payment to be made.
제54조 매수인의 대금지급의무는 지급을 가능하게 하기 위하여 계약이나 또는 관련 법규에서 요구되는 그러한 조치를 취하고 또한 그러한 절차를 준수하는 것을 포함한다.
第54条 买方支付价款的义务包括根据合同或任何有关法律和规章规定的步骤和手续，以便支付价款。

本条款涉及为筹备支付合同或可适用的法律和规章所确定的价款所采取的行动。例如，合同可能规定要开具信用证，为付款设立保证金或银行担保，或者接受汇票。筹备性行动须遵循可适用的法律或规章，其中可能包括诸如资金转账所需的行政授权。

第54条具有两大重要作用。首先，除非合同另有规定，第54条将其所提到的任务责任赋予买方，因此买方需承担费用。确有一份法院裁决表明，与付款有关的费用通常由买方承担。此外，第54条规定由买方负责的步骤属于强制性义务，如若违反这些义务，则卖方可以采取第61条以及以下诸项规定的补救措施；这些步骤不仅是第71条第(1)款规定的"在准备履行合同或履行合同中的行为"。因此，未履行这些步骤即构成违约，而不仅仅是作为可能的预期违约的一个要素。

1. 买方义务的范围

该问题涉及第54条是否只规定买方履行必要步骤以满足付款的前提，而没有要求买方对结果负责，也没有规定若没有获得必要结果买方是否违反了其义务。许多裁决遵循了这样的原则，即如果买方没有提供代表卖方开具的信用证，则买方违反了其提供信用证的义务，而无须调查买方所做的工作。

关于第54条所提出的问题涉及可适用的法律或规章为实现有效付款而可能规定的行政措施。根据对第54条的一种可能解释，应当区分商业性措施和行政措施，前者是买方承诺实现所需的结果，而后者是买方只承担采取最佳做法的义务。这种区分的基本原理是买方无法保证比如行政当局会批准资金转账，因此只能强制买方采取必要步骤以获得相关的行政授权。反对这种区分的观点是，在能够享受《公约》第

79条规定的豁免可能的情况下，根据第54条的规定，如果付款的前提条件，不论其性质为何，没有得到满足的话，买方都承担法律责任。

2. 支付货币

第54条没有提及支付货币。在这一问题上，首先考虑的是双方当事人的意愿（第6条），以及商业惯例（第9条第(2)款）和双方当事人之间已经确立的任何习惯做法（第9条第(1)款）。在支付货币无法根据上述因素确定的情况下，没有明确的适当做法。

绝大多数裁决提及卖方营业地或付款地的货币。这些裁决通常根据《公约》所依据的一般原则（第7条第(2)款）做出，因此确定卖方营业地的货币为支付货币，理由是通常卖方营业地是有义务支付价款的地点（第57条），也是交付货物的地点（第31条(c)款）。然而，有一家法院认为，支付货币应由适用于《公约》范围以外事项的法律来决定。

判例讨论 54-1

- ◉ 关联条款：第7条，第54条，第62条
- ◉ 案件参考：Clout Case No. 333
- ◉ 案件分类：Switzerland, Handelsgericht des Kantons Aargau,「OR.98.00010」, 1999.06.11

被告是PAG及其子公司KAG，多年来向法国卖方即原告购买粒状塑料。后来PAG 全盘接收KAG的塑料业务，KAG改名为IAG。但是，公司结构调整之后，PAG的原KAG雇员继续用有KAG抬头的信笺和KAG印章向买方订购粒状塑料。有关发票上的帐款一直没有付清。卖方对IAG公司即原来的KAG提起诉讼，要求付款。IAG声称，材料是以PAG的名义定购的；因此，IAG对拖欠款项不负责。

根据《销售公约》第7条，法院对谁是销售合同的当事方的问题作出判决。对合同的解释必须适用诚信原则，并须考虑到诉案的一切有关情形。尽管《销售公约》未载明任何具体的解释方法，但从原则上来说此种解释必须以《销售公约》为依据。只有在此种做法行不通的情况下，才可适用有关的国内法。事实上，法院适用了瑞士法律，认为IAG必须对这一索赔要求作出响应。

法院认为，根据《销售公约》第54条，IAG有义务支付货款；根据销售公约第62条，卖方有权要求将这种付款作为对买方未履行其付款义务的补救。

对于买方的降价请求，法院认为，买方未满足《销售公约》第50条对此种降价规定的条件。

判例讨论 54-2

◉ 关联条款：第25条，第53条，第54条，第59条，第61条，第63条，第64条，第74条，第75条
◉ 案件参考：Clout Case No. 986
◉ 案件分类：China, CIETAC,「No. CISG/2002/03」，2002.02.14

本案主要涉及未能在额外延长时间内及时开立信用证而违反合同以及卖方在根本违反合同的情况下撤销合同的权利。

当事人双方根据CFR条款（成本加运费）签订了一份销售苯乙烯单体的合同。合同规定，在发出提货单后的90天内，将以不可撤销的信用证议付而对货款进行支付。货物定在2001年2月开始装运，必须在2001年2月18日前签发信用证。合同规定，如果买方未能签发信用证，卖方可以延长信用证签发时间或者是索取损害赔偿。买方拒绝签发信用证，指出市场行情已经发生了变化。随后，卖方同意延迟运货，并且推迟信用证签发时间，但买方还是主张解决价格以及其他问题。由于货物长期在高温条件贮存容易变质，卖方为减少损失，将货物转售给另一个买方并申请仲裁。卖方声称买方构成了根本违反合同，要求赔偿经济损失和利息损失。

买方辩称，买方并没有拒发信用证，只是要求推迟签发信用证，这样做并没有构成根本违反合同，因为买方没有剥夺合同赋予卖方的权利。买方还辩称，买方并不知道卖方已经向另一个买方转售货物；而且买方深信能够履行合同，已经将货物转售给自己的客户。买方反诉，要求卖方赔偿其根本违反与第三方客户的合同的损失，并要求卖方支付在履行与第三方合同过程中产生的费用。

仲裁庭认定，买方没有按照合同的要求在规定的时间内开立信用证，构成了根本违反合同。仲裁庭证实买方必须支付CFR条款（2001年通则）下的货款，并援引《销售公约》第53、第54和第59条，指出买方有责任支付货款并遵守付款手续的要求。仲裁庭还提到《销售公约》第25、第63(1)和第64条，指出买方构成了根本违反合同，并指出卖方有权撤销合同。

最后，仲裁庭认定，即使在卖方确定的延长时间结束后买方仍然拒不履行义务，因此卖方有权撤销合同。根据《销售公约》第61、第74和第75条，仲裁庭下令，买方赔偿卖方的损失并支付卖方的利息损失。

055. “价格待定合同”的价格确定

Art. 55
Where a contract has been validly concluded but does not expressly or implicitly fix or make provision for determining the price, the parties are considered, in the absence of any indication to the contrary, to have impliedly made reference to the price generally charged at the time of the conclusion of the contract for such goods sold under comparable circumstances in the trade concerned.

제55조
계약이 유효하게 성립하였으나, 그 대금을 명시적 또는 묵시적으로 정하지 아니하거나 또는 이를 정하기 위한 규정을 두지 아니한 경우에, 당사자는 어떠한 반대의 표시가 없는 한, 계

약의 성립 시에 당해 거래와 유사한 상황에서 매매되는 그러한 물품에 관하여 일반적으로 징구되는 대금을 묵시적으로 원용한 것으로 본다.
第55条 如果合同已有效地订立，但没有明示或暗示地规定价格或规定如何确定价格，在没有任何相反表示的情况下，双方当事人应视为已默示地引用订立合同时此种货物在有关贸易的类似情况下销售的通常价格。

第14条和第55 条的相互影响是本公约提出的最困难的问题之一。

1. 双方当事人意向优先

法院和仲裁裁决一致裁定，在确定第55条的适用性时，(与本公约其他条款的情况一样)，必须首先参照双方当事人的意向。在双方当事人已经确定价格或使之可确定的时候，第55条不赋予法官或仲裁人确定价格的权力。在双方当事人已经决定它们的合同以随后的价格协议为准的时候，本公约第55条同样不能适用。

2. 未订定价格合同的救助

一家法院裁定，销售飞机发动机的提案没有满足《公约》第14条的规定，因为该提案没有载列买方可从中选择的所有种类飞机发动机的价格，因此，据称由该提案产生的合同无效。这项裁决表明，第55条并不维护因缺乏价格条款而无效的合同，因此以本公约第14条为准。根据第55条的这个解释，只有销售合同在无价格情况下有效地订立，本规定才可适用，而根据本公约的第14条，合同需要有价格条款方为有效。

另一方面，一家法院援引第55条确定双方当事人事先未商定的原材料的售价。面对第14条和第55条所带来的困难，仲裁人优先采纳了第55条，并指出愿意确定遗漏的价格以期使合同变得有效。

3. 根据第55条定价

在第55条适用的情况下，假设当事方倾向的价格是“订立合同时此种货物在有关贸易的类似情况下销售的通常价格”。在货物为原材料或半成品时，本规定的执行不应特别困难，但当合同涉及制成品时就另当别论了。因此，某国最高法院裁定，认为飞机发动机的价格不能根据第55条确定，因为没有此类产品的市场价格。法院还裁定，可以适用第55条对未明示或暗示价格或做出定价规定的合同规定的定价方法来确定第76条规定的追偿损害赔偿所用的现价。

判例讨论 55-1

◉ 关联条款 : 第14条, 第55条
◉ 案件参考 : Clout Case No. 139
◉ 案件分类 : Russian, Tribunal of International Commercial Arbitration at the Russian Federation Chamber of Commerce and Industry, 「No. 309/1993」, 1995.03.03

一家奥地利公司(申诉人)对一家乌克兰公司(被诉人)提出要求，要求赔偿后者拒绝交付一定数量货物所造成的损害。被诉人否认有赔偿责任，其理由是它本身与申诉人并未达成任何此种协议。

在解决这一争端时，仲裁庭指出，根据《销售公约》第14条，一项缔结合同的建议应当足够确定。如果建议中写明了货物，而且明示或默示低规定了货物的数量和价格，或者规定如何确定其数量和价格，就被认为属于此种情况，被诉人关于在规定期限内交货的一份电传表明了货物的性质及其数量。不过，它未指明货物的价格或任何确定其价格的方法。电传表示，有关货物的价格将在新年开始前10天商定，这种表示不能被解释为规定如何确定货物价格，而仅仅是一种同意的表示，即同意在未来的一个日期由双方通过协议确定货物的价格。申诉人确认了电传的内容，因而便是它同意货物价格有待双方进一步协议确定。

仲裁庭还指出，在这种特殊情况下，《销售公约》第55条--该条在合同中为明示或默示地确定货物价格或合同未作出确定价格的规定的情况下，允许确定货物的价格--不适用，因为双方已默示需要在今后就价格问题达成协议。

后来双方为就价格达成协议。被诉人向申诉人表示，为规定数量的货物缔结一项合同是不可能的。由于议定双方为缔结合同，仲裁庭驳回了索赔要求。

056. 按净重确定价格

Art. 56 If the price is fixed according to the weight of the goods, in case of doubt it is to be determined by the net weight.
제56조 대금이 물품의 중량에 따라 정해지는 경우 의심이 있을 때에는 그 대금은 순중량에 의하여 결정된다.
第56条 如果价格是按货物的重量规定的，如有疑问，应按净重确定。

第56条规定，如果各方根据货物的重量确定价格，若不明确价格是指毛重价格还是净重价格，则支配价格的是净重——扣除包装重量后余下的重量。这是在双方当事人之间就此问题没有合同规定、习惯或惯例做法的情况下，适用的一项解释规则。

057. 付款地点

Art. 57 (1) If the buyer is not bound to pay the price at any other particular place, he must pay it to the seller: (a) at the seller's place of business; or (b) if the payment is to be made against the handing over of the goods or of documents, at the place where the handing over takes place. (2) The seller must bear any increase in the expenses incidental to payment which is caused by a change in his place of business subsequent to the conclusion of the contract.
제57조 (1) 매수인이 다른 어떤 특정한 장소에서 대금을 지급하여야 할 의무가 없는 경우 매수인은 다음과 같은 장소에서 매도인에게 이를 지급하여야 한다. (a) 매도인의 영업소, 또는 (b) 대금이 물품 또는 서류의 인도와의 상환으로 지급되어야 하는 경우 그 인도가 행하여지는 장소. (2) 매도인은 계약 성립 후 그의 영업소의 변경으로 인하여 발생하는 대금지급에 부수하는 비용의 모든 증가액을 부담하여야 한다.
第57条 (1) 如果买方没有义务在任何其它特定地点支付价款，他必须在以下地点向卖方支付价款： (a) 卖方的营业地；或者 (b) 如凭移交货物或单据支付价款，则为移交货物或单据的地点。 (2) 卖方必须承担因其营业地在订立合同后发生变动而增加的支付方面的有关费用。

第57条第(1)款界定了应作支付的地点（第(1)款)。在双方当事人未另行商定的情况下，价款应在卖方营业地支付（第57条第(1)款(a)　项)，或者，双方当事人业已商定在移交地移交货物或单据后即应支付价款（第57条第(1)款(b)项)。若干判决裁定，支付价款的举证责任在买方。

在订立合同后，卖方有可能变动其营业地，根据第57条第(1)款(a)项，该营业地可能是支付地)，在这种情况下，第57条第(2)款规定，变动造成付款附带费用的任何增加应由卖方承担。

1. 价款支付地的确定

第57条第(1)款引起案例法方面大量的评论。例如，法官在确定支付货币时提及了本项规定。但是首先，第57条第(1)款在法律体系规定管辖权在履行义务地的国家的做法中起着重要的作用。例如，欧洲就属于这种情况。实际上，1968年《布鲁塞尔公约》——它对欧洲联盟国家具有约束力并有关民商事裁判管辖权及判决执行——第5.1条允许原告“在有关义务履行地法院就有关合同的事项”起诉被告。这项规定收入了1988年9月16日《卢加诺公约》，该公约对欧洲自由贸易联盟（小自由贸易区）国家具有约束力。《布鲁塞尔公约》和《卢加诺公约》第5.1条及《销售公约》第57条合并的效力是，在本公约支配的国际货物销售方面，卖方能够在卖方营业地向拥有管辖权的法院起诉违约的买方。这种做法在欧洲联盟国家盛行，因为欧洲共同体法院消除了对其有效性的疑虑，它确认应当履行支付价款义务的地点“必须按照提起诉讼的管辖权冲突规则根据支配有关义务的实体法规定予以确定，即使这些规则表明，统一的实体法，如1964年《关于国际货物买卖统一法的海牙公约》，必须适用于合同”。有关联系《销售公约》第57条的执行适用《布鲁塞尔公约》和《卢加诺公约》第5.1条的判决很多。

2002年3月1日，在欧洲联盟各国（丹麦除外），2000年12月22日关于管辖权和民商事判决的承认和执行问题的第44/2001号理事会条例开始生效，它取代《布鲁塞尔公约》。对于这些欧洲国家，《联合国国际货物销售合同公约》第57条因此将不再发挥它适合为止在确定管辖权方面的作用。实际上，新的条文对合同事项方面的特殊权限问题作了实质性的修订。虽然在前的基本规则得以保留（第5.1(a)条），但条例实质性规定了供两类合同考虑的履约地，即货物销售合同和服务提供合同——除非双方当事人另有协议（第5.1(b)条)。就货物销售而言，有关地点是“会员国国内根据合同交货或理应交货的地点。该规则拟订者的目的是重新归并此类行动，不论争议的义务是什么，并使卖方不能太容易地向卖方居住地或营业地的法院起诉买方。如果交货地不在会员国国内，第5.1(b)条不适用，在这种情况下，理事会条例基本规则第5.1(a)条可适用，而且《销售公约》第57条在这种情况下重新具有其全部的重要性。每当被告居住在某个会员国（第2条）或在某个会员国拥有法定场所、中央行政部门或主要营业地（第60条），不论其国籍是什么，2000年12月22日第44/2001号理事会条例都适用。在1968年《布鲁塞尔公约》(第2条和第53条）和小自由贸易区成员国通过的1988年《卢加诺公约》(第2条和第53条）中，也有类似的规则。

2. 第57条第(1)款对价款以外款项的适用

第57条第(1)款规则将在卖方营业地支付价款定为一项缺省原则，对于该规则是否也应该适用于产生于《销售公约》所支配的销售合同的其他货币债务（例如合同违反方的补偿义务，或宣告合同无效后卖方退还销售价款的义务）的问题，案例法没有统一的规定。

某些关于这个问题的判决提到了支配合同的国内法。某国的最高法院就曾判决本公约第57条不可适用于友好宣告合同无效后返还销售价款的权利主张，并指出提起此种主张的地点应由适用于已宣告无效的合同的法律来确定。按照另一项判决，对于宣告合同无效后销货价款的归还地点，第57条不确定一般原则，因为该条款可被诠释为体现在卖方居住地付款的原则或在债权人居住地支付的原则。这些判决似乎基于这样的想法，即解决方案取决于法律选择规则确定的国内适用法律。

通过发现和适用本公约的一般原则解决问题的裁决（见第7条第(2)款）则更多。这样，在确定不符合同货物的补偿款的支付地时，一家法院声称，根据本公约第57条第(1)款，“如果购买价款应在卖方营业地支付”，那么“这表明了对其他货币要求同样有效的一项一般原则”。在类似的情况下，另一家法院在审理要求归还卖方收取的价款超过部分的诉讼时声称，存在着一项一般原则，根据该原则“支付应在债权人居住地做出，这项原则应根据《国际统一私法协会》原则第6.1.6条扩大到其他国际贸易合同”。另一国最高法院先前曾采取不同的方法，裁定本公约在关于履行归还义务方面的缺口，应借助于本公约的一项一般原则来填补。根据此项原则，“归还义务的履行地应通过将初级义务——借助于镜面效应——转变为归还义务来确定”。

3. 卖方营业地的变动

第57条第(2)款规定，卖方在订立合同后必须承担因其营业地发生变动而增加支付方面的有关费用，这明确说明，买方要承担在卖方新地址支付价款的义务。因此，卖方必然理应将变动情况及时通知买方。根据本公约第80条的规定，如因地址变更通知延误而引起价款支付的任何迟延，卖方无权声称买方不履行支付义务。

在卖方将收取购买价款的权利转让给另一方当事人时，第57条第(2)款是否仍然可以适用？根据一家法院的裁定，收取购买价款权利的转让将导致付款地从转让人营业房舍转至受让人房舍。

判例讨论 57-1

- 关联条款 : 第57条
- 案件参考 : Clout Case No. 725
- 案件分类 : Italy, Corte di Cassazione, Sezioni Unite,「No. 6/1999」, 1999.02.01

原告意大利一公司起诉法国买方，要求支付已向对方出售和交付的货物的购货价款及利息。由于被告称意大利法官无管辖权，于是卖方根据意大利管辖权规则，请求意大利最高法院说明意大利对本案的管辖权。本案唯一有待确定的有关义务是关于支付购货价款的义务，该款项预期应通过电汇付至原告在意大利的银行账户。买方反诉称，双方已约定合同受法国法律管辖，根据法国法律，履行金钱债务的地点为债务人的住所所在地，在本案中即为法国。

在对管辖权问题的评审中，最高法院首先适用了1968年布鲁塞尔《关于民商事案件管辖权和外国判决执行的公约》第5(1)条。根据这一条的规定，住所位于缔约国的人（即买方）可被诉至履行相关义务所在地（即支付价款所在地）的法院。接下来便是履行义务地点的问题：这应当根据国内的国际私法所规定适用于本案的实体法进行确定。至于支付购货价款的义务，意大利立法参照了1980年罗马《契约债务法律适用公约》。《罗马公约》第4条规定，若合同双方未选择合同适用法律，合同应受其最紧密关联的国家的法律管辖；应可推定，合同与其关系最为紧密的国家是必须履行合同特征性义务的一方在合同签订时的惯常居所所在国。在本案中，意大利是卖方的主要营业地，因此，应适用意大利实体法。

法院认为，这也是根据意大利参与缔结的其他国际公约，包括维也纳《货物销售合同公约》，所能得出的结论：根据《销售公约》第57条，如未达成相反协议，买方必须在卖方营业地支付价款。因此，最高法院作出结论，根据《销售公约》，意大利法院也具有对本案的管辖权。

判例讨论 57-2

- 关联条款：第57条
- 案件参考：Clout Case No. 644
- 案件分类：Italy, Corte Suprema di Cassazione, Sezioni Unite,「No. 7759/98」, AMC di Ariotti e Giacomini s.n.c. vs. A. Zimm & Söhne GmbH, 1998.08.07

争端起因于一份销售女袜的合同。意大利卖方向意大利法院起诉了奥地利买方，要求追回合同价款的未付余额。买方对管辖权提出质疑，声称根据双方当事人遵循的惯例，应在奥地利支付价款。该案例就有关管辖权问题提交了意大利最高法院。

意大利最高法院（在全体出席的情况下）根据在提起该诉讼时有效的《意大利民事诉讼法典》第4（2）条，宣称对该诉讼拥有管辖权，如果权利主张尤其与在意大利履行的义务相关，可以依据该法在意大利法院起诉国外被告。

为确定买方履行支付价款义务的地点，最高法院适用了《销售公约》第57（1）条。法院指出，《销售公约》第57（1）条规定了买方必须在卖方营业地向卖方支付价款的一般规则。然而，买方也可有义务在“其他任何特定地点”支付价款，但这种义务必须有一个明显的某种缘由；如果最终是凭移交货物或单据付款，付款地点则为移交所在地点。

最高法院认为，规定的措辞是“如果买方没有义务要在其他任何特定地点付款”，履行支付价款义务的地点则为卖方营业地，这明显表明买方可以“有义务”在其他地点付款，也就是说，有义务是因法律或合同规定之权利而非仅仅出于一种惯例。惯例可以只是卖方宽容的结果，因此不能确定不同于法律规定的义务履行地点。

在本案中，由于缺少无可争议的事实来证明对履行义务地点的法律规则的减损是有道理的，最高法院指出，应根据《销售公约》第57（1）条规定的一般规则来确定此种地点，即卖方营业地，意大利。

判例讨论 57-3

◉ 关联条款：第57条
◉ 案件参考：Clout Case No. 649
◉ 案件分类：Italy, Corte Suprema di Cassazione, Sezioni Unite, 「No. 7503/04」, Tekna S.r.l. vs. Eberhardt Freres S., 2004.04.20

意大利卖方（原告）与法国买方（被告）签订了销售由卖方制造的货物（冰箱组件）的合同。在原告向意大利法院提出诉讼要求支付已交付货物价款时，被告声称法院没有管辖权，并辩称合同包括的法庭选择条款使得法国法庭有管辖权。在初级法院支持被告的主张后，原告请求意大利最高法院表明意大利就该判例的管辖权。最高法院驳回了被告的主张，认为意大利法院有管辖权。

在评估管辖权问题的过程中，法院评价了合同中法庭选择条款的适用性。意大利法律规定，如果是民商争端，1968年《关于民商事案件管辖权及判决执行的布鲁塞尔公约》则适用。该《公约》第17（1）条规定法庭选择条款必须是书面形式。由于原告即未签署也未默许包含该条款的合同（至少就该条款而言），因此法院认为合同对双方当事人没有约束力。

法院提到《布鲁塞尔公约》第5（1）条，该条规定了在义务履行地国家的管辖权。为评估义务履行的地点（即付款地点），法院认为《销售公约》适用，因此替代了国内法和1980年《罗马契约债务法律适用公约》（意大利已批准）。根据《销售公约》第57（1）（a）条并且在没有相反的协议的情况下，买方应在卖方营业地支付价款：因为营业地在意大利，因此根据上述《布鲁塞尔公约》第5（1）条，最高法院确认意大利法院有管辖权。

058. 付款时间

Art. 58

(1) If the buyer is not bound to pay the price at any other specific time, he must pay it when the seller places either the goods or documents controlling their disposition at the buyer's disposal in accordance with the contract and this Convention. The seller may make such payment a condition for handing over the goods or documents.

(2) If the contract involves carriage of the goods, the seller may dispatch the goods on terms whereby the goods, or documents controlling their disposition, will not be handed over to the buyer except against payment of the price.

(3) The buyer is not bound to pay the price until he has had an opportunity to examine the goods, unless the procedures for delivery or payment agreed upon by the parties are inconsistent with his having such an opportunity.

제58조 (1) 매수인이 다른 어떤 특정한 시기에 대금을 지급하여야 할 의무가 없는 경우 매수인은 매도인이 계약 및 본 협약에 따라 물품이나 또는 물품의 처분을 지배하는 서류를 매수인의 처분에 두는 때에 대금을 지급하여야 한다. 매도인은 이러한 대금지급을 물품 또는 서류의 인도에 대한 조건으로 할 수 있다. (2) 계약이 물품의 운송을 포함하는 경우 매도인은 대금의 지급과 상환하지 아니하면 물품이나 또는 물품의 처분을 지배하는 서류가 매수인에게 인도되지 아니할 것이라는 조건으로 물품을 발송할 수 있다. (3) 매수인은 그가 물품을 검사할 기회를 가질 때까지는 대금을 지급하여야 할 의무가 없다. 다만 당사자 간에 합의된 인도절차 또는 지급절차가 매수인이 이러한 기회를 가지는 것과 양립하지 아니하는 경우에는 그러하지 아니하다.
第58条 (1) 如果买方没有义务在任何其它特定时间内支付价款，他必须于卖方按照合同和本公约规定将货物或控制货物处置权的单据交给买方处置时支付价款。卖方可以支付价款作为移交货物或单据的条件。 (2) 如果合同涉及到货物的运输，卖方可以在支付价款后方可把货物或控制货物处置权的单据移交给买方作为发运货物的条件。 (3) 买方在未有机会检验货物前，无义务支付价款，除非这种机会与双方当事人议定的交货或支付程序相抵触。

第58条明确规定了在无特定相关合同规定的情况下应付价款的时间。在确定了可要求支付价款的时间时，第58条还确定基于本公约第78条的利息开始累计的时点，如若干法院判决中所指出的那样。

1. 价款支付和货物与单据移交同时进行（第58条第(1)款）

本公约不要求卖方在未就这个问题达成特定协议的情况下听信买方。第58条第(1)款确定了货物（或控制货物处置权的单据）的移交与价款支付同时进行的缺省原则：当卖方将货物或控制货物处置权的单据交由买方处置时，买方必须支付价款。正如第58条第(1)款第二句所指出，如果买方当时不支付价款，卖方可拒绝向后者移交货物或控制货物处置权的单据。因此，卖方享有在这类情况下保留货物（或控制货物处置权的单据）的权利。

第58条第(1)款确立的原则反过来也适用：除非另行规定，在货物或控制货物处置权的单据移交前，买方没有义务支付价款。第58条第(3)款给予买方付款前检验货物的补充权利，不过关于移交和支付方式的合同规定要与该权利相一致。

合同条款以及国际习惯和双方当事人之间确立的惯例做法可以减损同时移交货物

和支付价款的规则，(按照第58条第(1)款)，这项原则“只在买方没有义务在任何其他特定时间内支付价款”时适用。一家法院确认，如果双方当事人同意订购货物时支付30%的价款，30%在装配开始时支付，30%在安装完成时支付，最后10%应在设备成功起动后支付，则双方当事人减损了同时履约的原则。

货物或单据的移交地取决于合同的相关条款，在无此种条款存在的情况下，取决于本公约确定的规则（第31条)。对于在第31条(b)项和例如，见(c)项规定地点的货物销售，当卖方在商定的地点或卖方的营业地将货物交由买方处置和向买方提供了验货机会时，就应支付价款。第58条第(2)款覆盖涉及运送合同的销售案例。

像第58条第(2)款一样，第58条第(1)款将货物的交付和控制货物处置权的单据的移交置于相等的水平之上，原因是它们将具有相同的效力。一家法院裁定，如第58条第(1)款所规定，将控制货物处置权的单据移交买方促使价款到期。不过，困难在于知道“控制货物处置权的单据”的确切含义是什么。现已裁定原产地和质量证明7　还有海关单据8　不构成第58条第(1)款含义范围内的控制货物处置权的单据，因此不能将单据的不交付用来证明买方有正当理由拒付价款。

2. 涉及运送合同的销售（第58条第(2)款)

第58条第(2)款处理涉及第三方运输货物合同的销售。根据本条款规定，卖方可根据这样的条款发运货物，即如不支付价款，将不把货物或控制货物处置权的单据移交买方。这样，在无特定的有关合同规定的情况下，第58条第(2)款不使卖方有资格将买方预付价款作为将货物移交承运人的条件。因此，除非另行约定，不要求买方在承运人将货物或控制货物处置权的单据移交他的时刻前支付价款。

3. 买方预先检验货物的权利（第58条第(3)款)

原则上，除非买方同意提前付款，否则买方没有义务在有机会检验货物前支付价款。事先验货权可由一项相关的合同规定或由与此种验货相抵触的交货或支付程序加以排除，例如涉及“凭单据移交付款”或“凭交货传票移交付款”的条款。第58条第(3)款未说明验货时如发现货物与合同不符，买方是否有权中止支付价款的问题。

判例讨论 58-1

◉ 关联条款：第1条，第7条，第53条，第57条，第58条
◉ 案件参考：Clout Case No. 842
◉ 案件分类：Italy, Modena District Court, No. 138, 2005.12.09

该判例涉及尼日利亚买方和意大利卖方关于出售尼日利亚监狱部门所用专业烹调设备的合同。在合同签署后，买方几次推迟付款和交货，仅在数次请求后才最终交付押金。随后不久又拒付未缴欠款，也未采取任何步骤接受交货。卖方因此保留押金，通知买方他将终止合同，然后在摩德纳地区法院起诉买方未履行合同，并且还要求提供损害赔偿。

法院根据意大利1995年5月31日第218/1995号法律确认其享有管辖权，该法律提及1998年《关于民商事裁判管辖权及判决执行的布鲁塞尔公约》（以下简称"布鲁塞尔公约"）。根据第218/1995号法律的反致原则，法院认为尽管尼日利亚并非缔约国但《布鲁塞尔公约》的标准仍可予以适用。根据《布鲁塞尔公约》，相关义务履行地的法院对该案件享有管辖权。履行地将根据国际私法的规则加以确定。在本案中，国际私法的规则是指适用意大利的法律，此处即指《销售公约》（第1(1)(b)条)。

该法院还提及《销售公约》第57条，该条称："如果买方没有义务在任何其它特定地点支付价款，他必须在以下地点向卖方支付价款：(a)卖方的营业地"。在该案中，卖方主要办公地点设在意大利，因此，意大利法官享有案件审理管辖权。

该法院称，根据《销售公约》第53和58条，买方支付价款的义务是交货的一个先决条件。它还承认，依照《销售公约》第63条，卖方设定了履约追加期限。根据对证据的分析，法院认为，买方未履行合同，其原因是，买方未及时交款，而卖方有权终止合同。

但在该特定案件中，卖方不仅宣布合同无效，而且还保留了买方支付的押金。由于《销售公约》不予适用，该问题需要确定适用法律。因此，法院提及《销售公约》第7 条，该条称，所涉问题系《公约》管辖的问题，如果未加明确阐述，便应依照《公约》所依据的一般性原则加以解决，如果没有这类原则，就应根据国际私法规则所应适用的法律加以解决。依照这些规定，法院诉诸《罗马公约》第4条，根据该条的规定，合同由联系最为密切的国家的法律管辖。在该案中，意大利是与合同联系最为密切的国家，意大利国内法即为适用法律。法院提及最高法院以前审议的意大利案例法，认为卖方享有保留押金的权利。

判例讨论 58-2

◉ 关联条款：第1条，第53条
◉ 案件参考：Clout Case No. 498
◉ 案件分类：Belarus, Supreme Economic Court of the Republic of Belarus, 「No. 30-10/2002」, Belparquet LLC v. STEMAU Srl, 2003.06.04

本案涉及《销售公约》在买方未履行付款义务情况下的适用。

Belparquet有限责任公司（卖方），是一家白俄罗斯公司，其于2001年5月14和21 日与一家意大利公司STEMAU Srl（买方）就镶木地板的销售签订了两份合同。货物已交付给买方，然而，买方仅支付了合同价款105,753.60德国马克的一部分。卖方起诉买方，要求支付拖欠的9,006.68欧元。被告未出庭。

法院注意到双方当事人未在其合同中选择适用的法律。因此，法院认为，根据《白俄罗斯宪法》第8条，国际条约是白俄罗斯法律的一部分。因此，由于白俄罗斯和意大利均为《销售公约》的缔约国，法院裁定《销售公约》适用于本合同。

法院还指出，根据《销售公约》第53条，买方有义务支付货物价款。由于买方未能全额支付合同价款，法院判决买方应支付卖方要求的全部款项9,006.68欧元。

059. 付款无需催告

Art. 59 The buyer must pay the price on the date fixed by or determinable from the contract and this Convention without the need for any request or compliance with any formality on the part of the seller.
제59조 매수인은 계약과 본 협약에 의하여 지정되거나 또는 이로부터 결정될 수 있는 기일에 대금을 지급하여야 하며, 이 때 매도인의 입장에서는 어떠한 요구를 하거나 어떠한 의식을 준수할 필요가 없다
第59条 买方必须按合同和本公约规定的日期或从合同和本公约可以确定的日期支付价款，而无需卖方提出任何要求或办理任何手续。

根据第五十九条，一俟到期应付，买方就应立即支付价款，无须通知或遵守卖方的任何其他手续。因此，一项法院裁决曾指出，在买方违反其支付价款的义务的情况下，卖方可以诉诸本公约规定的所有补救办法，无须预先要求付款。此外，一俟价款到期应付，第七十八条规定的利息即开始累计。

判例讨论 59-1

◉ 关联条款：第38条，第39条，第59条，第61条，第74条，第78条

◉ 案件参考：Clout Case No. 634

◉ 案件分类：Germany, Landgericht Berlin, 「103 O 213/02」, 2003.03.21.

意大利的一家上市公司与一德国买方签订了一项销售织物的合同。在货物交付给买方将近七周后，买方通知卖方，货物与合同不符，同时买方表示，由于货物与合同不符，他打算降低买价。

卖方拒绝承认货物与合同不符，并称不符通知不够及时。然而，买方提出了一个潜在缺点，称这种不符的特性只有在对织物进行染色以后才会表露出来。

法院认为，根据《销售公约》第53条，卖方有权索要价款。法院表示，根据《销售公约》第39条，买方已丧失声称货物与合同不符的权利，因为他没有及时通知卖方与合同不符的情形。审查买方通知与合同不符情形的时间限制时，法院强调，必须同时考虑《销售公约》第38（1）条规定的

检验货物的时间、以及第39（1）条规定的通知卖方各种缺陷或与合同不符情形的时间。法院指出，如果买方没有遵守《销售公约》第38（1）条规定的最短检验时间，那么，即使他在检查出缺陷之后立即报告卖方，他也会失去声称货物与合同不符的权利。

根据法院的意见，即使假设只有在对织物进行加工以后其与合同不符的情形才会显露出来，买方应当也已随机对织物样品进行了染色，以履行其检验货物的义务。此外，由于买方要求立即交付货物，他就应当在按情况实际可行的最短时间内、以及卖方合理预期的时间内检验货物。因此，交付货物近七周后才发出的通知不能被视为及时。

法院指出，根据《销售公约》第59条，证明买方拖欠时，卖方无须提出正式的付款要求。根据《销售公约》第61条和第74条，法院裁定买方向卖方偿付提醒买方时发生的律师费。法院根据《销售公约》第78条裁定支付拖欠利息。关于利率，法院指出，在这个问题上存在分歧意见，因为《销售公约》第78条明确表示允许判定利息，但却并没有写明利率。为此，法院决定采用债务人即买方长期居留地、住所或公司所在国的法律，即德国法律。

第2节　收取货物

区分及内容		
第 4 篇　货物销售		第25条~第88条
	第1章　总　则	第25条~第29条
	第2章　卖方义务	第30条~第52条
	第3章　买方义务	第53条~第65条
	第1节　支付价款	第53条~第59条
	第2节　收取货物	第60条
	第60条　买方收取货物的义务	
	第3节　买方违反合同的补救办法	第61条~第65条
	第4章　风险转移	第66条~第70条
	第5章　卖方和买方义务的一般规定	第71条~第88条

第三部分第三章第二节（"收取货物"）只有一项条款（第60条），其中规定了第53条所述的买方其余基本义务的组成部分——收取货物。与《公约》其他部分的关系。

关于买方收取货物的义务的若干方面内容在第二节中没有论述，而是受到关于卖方交付货物的条款的管辖。因此，可以推定，规定卖方交付货物地点和卖方交付货物时间的第31条和第33条也适用于买方收取货物的义务。

060. 买方收取货物的义务

Art. 60 The buyer's obligation to take delivery consists: (a) in doing all the acts which could reasonably be expected of him in order to enable the seller to make delivery; and (b) in taking over the goods.
제60조 매수인의 인도수령의무는 다음과 같다. (a) 매도인이 인도할 수 있도록 하기 위하여 매수인에게 합리적으로 기대될 수 있는 모든 행위를 하는 것, 및 (b) 물품을 수령하는 것.
第60条 买方收取货物的义务如下： (a) 采取一切理应采取的行动，以期卖方能交付货物；和

(b) 接收货物。

第60条明确界定买方收取货物的义务，这是第53条阐明的买方两项基本义务之一。收取货物的义务涉及规定中描述的两个要素。

1. 合作的职责

第60条(a)项规定买方应承担合作的职责。买方必须“采取一切理应采取的行动，以期卖方能交付货物”。本项合作职责的具体内容将随合同条款差异而变动。通过第60条(a)项的说明可以指出，如果交货地是买方营业地，他必须确保卖方能够进入这些场地，而且在要求卖方安装设备等的情况下，必须为此目的适当准备好场所。

2.买方收取货物的职责

第6条(b)项阐明买方收取货物义务的第二个要素，即买方在卖方应交货的地点接管货物的职责。接管货物的安排取决于双方当事人商定的交货形式。例如，当交货义务为在卖方营业地将货物交由买方处置时（第31条(c)项），买方必须搬走或责成他自己选择的第三方搬走货物。

3. 拒绝收货的权利

对于买方有权拒收货物的情况，第60条未作任何规定。本公约其他条款规定了两种具体情况，即确定日期前的交货（第52条第(1)款）和数量超过合同规定的交货（第52条第(2)款）。还必须指出，如果卖方违反合同属于根本违约，则买方有权拒收货物（第25条规定），这使买方有权宣告合同无效（第49条第(1)款(a)项）或要求交付替代货物（第46条第(2)款）。如果卖方不在买方按照第47条第(1)款规定的额外时间内交付货物，则买方有权宣告合同无效（即有权拒收货物）（第49条第(1)款(b)项）。但是，正如一项裁定所指出的，在卖方未履行其义务但不符合同情形未构成根本违约时，买方必须收取货物。如果买方有意拒收货物，他必须采取合理措施保全货物，甚至可能需要收取货物以保全货物，但他有权要求偿还因保全而产生的费用（第86条）。

判例讨论 60-1

◉ 关联条款：第60条，第64条，第74条，第75条，第77条，第78条
◉ 案件参考：Clout Case No. 714
◉ 案件分类：China, CIETAC, 1997.04.30

本案涉及合同撤销的理由以及对合同撤销后替代交易所产生的损害获得赔偿的权利。

中国卖方与瑞士买方签署了一份钼合金销售确认书。后来，买方声称，由于可供检验的时间太紧，卖方缺乏按时履行合同的意向，因此买方未开具信用证，且拒绝采取补救措施。卖方将货物重新出售并蒙受了损失，因此请求损害赔偿。卖方声称，由于钼合金的国际市场价格下降，买方不愿意履行合同，并故意违反了合同。

根据《销售公约》第60条，仲裁庭认定，买方不接受交货构成了对合同的根本性违反，并宣布买方应承担违反合同的全部赔偿责任。仲裁庭注意到，承运人提供了卖方申请装载货物的证据，而买方则缺乏证据表明货物未在到期日装运。因此，根据《销售公约》第64条，买方无理由撤销合同。仲裁庭宣布，买方的行为显示其缺乏按合同约定付款的意向，根据《销售公约》第74条，买方应对由于其违约行为导致的卖方损失进行赔偿。仲裁庭根据《销售公约》第77条，驳回了买方关于卖方未在合理时间内采取合理措施减轻损害的辩称，支持卖方对于差价的索赔请求。另外，根据《销售公约》第75条和第78条，仲裁庭将差价利息判给卖方。

第3节　买方违反合同的补救办法

区分和内容	
第 4 篇　货物销售	第25条～第88条
第1章　总　则	第25条～第29条
第2章　卖方义务	第30条～第52条
第3章　买方义务	第53条～第65条
第1节　支付价款	第53条～第59条
第2节　收取货物	第60条
第3节　买方违反合同的补救方法	第61条～第65条
第61条　卖方的救济方法综述	
第62条　卖方要求买方实际履行合同	
第63条　规定额外的履约期限	
第64条　卖方宣告合同无效的权利	
第65条　卖方订明货物规格的权利	
第4章　风险转移	第66条～第70条
第5章　卖方和卖方义务的一般规定	第71条～第88条

第三部分第三章第三节述及卖方在遇到买方违反合同的情况时可采取的补救办法。本节的第1条，即第61条，列出了授权蒙受损害的卖方可采取的补救方法。本节的其他条款涉及特殊补救措施或补救措施的前提条件：卖方有权要求买方履行义务（第62条），卖方有权规定一段额外时间让买方履行义务（第63条），卖方有权宣告合同无效（第64条），以及如果买方没有及时订明规格，卖方有权自己订明这些规格（第65条）。

1. 与《公约》其他部分的关系

本节的主题——“买方违反合同的补救办法”——与第三部分第二章第三节——“卖方违反合同的补救办法”（第45条至第52条）——是相对的。这些章节中的许多个别条款都是两两相对的。因此，规定卖方补救方法的第61条与规定买方补救方法的第45条密切相关。本节中与关于买方补救方法的章节有相似之处的其他规定包括第62条，卖方有权要求买方履行义务（与第46条相对）；第63条，卖方有权规定一段额外时间让买方履行义务（与第47条相对）；第64条，卖方有权宣告合同无效（与第49条相对）。

与关于买方补救方法的规定类似，关于卖方补救方法的各项条款与本节之外的各种规定共同发挥作用。因此，卖方有权要求买方履行义务，但须遵循第28条的规定，即在法院根据本国法律不会这样做的情况下，它没有义务做出判决，要求具体履行此义务。第61条第(1)款(b)项与第74条至第76条（特别提及）共同规定，授权卖方就因买方违约而造成的损害要求赔偿，而后者具体规定了如何估量损失。规定蒙受损害的卖方有权宣告合同无效的第49条是关于宣告合同无效的一系列规定的一部分，其中还包括根本违约的定义（第25条）、对宣告合同无效的通知的要求（第26条）、关于在特殊情况下宣告合同无效的规定（第72条和第73条）、在合同被宣告无效时可用于估算损失的方法（第75条和第76条），以及关于"宣告合同无效的效果"的第三部分第五章第五节中的规定。

061．卖方的救济方法综述

Art. 61 (1) If the buyer fails to perform any of his obligations under the contract or this Convention, the seller may: (a) exercise the rights provided in Art.s 62 to 65; (b) claim damages as provided in Art.s 74 to 77. (2) The seller is not deprived of any right he may have to claim damages by exercising his right to other remedies. (3) No period of grace may be granted to the buyer by a court or arbitral tribunal when the seller resorts to a remedy for breach of contract.
제61조 (1) 매수인이 계약 또는 본 협약에 따른 어떠한 의무를 이행하지 아니하는 경우 매도인은, (a) 제62조 내지 제65조에 규정된 권리를 행사할 수 있고, (b) 제74조 내지 제77조에 규정된 바에 따라 손해배상을 청구할 수 있다. (2) 매도인은 다른 구제를 구하는 권리를 행사함으로써 손해배상을 청구할 수 있는 권리를 박탈당하지 아니한다. (3) 매도인이 계약위반에 대한 구제를 구하는 경우 법원 또는 중재판정부는 매수인에게 어떠한 유예기간도 허여하여서는 아니 된다.
第61条 (1) 如果买方不履行他在合同和本公约中的任何义务，卖方可以： (a) 行使第62条至第65条所规定的权利； (b) 按照第74条至第77条的规定，要求损害赔偿。 (2) 卖方可能享有的要求损害赔偿的任何权利，不因他行使采取其它补救办法的权利而丧失。 (3) 如果卖方对违反合同采取某种补救办法，法院或仲裁庭不得给予买方宽限期。

1. 卖方所能采取的补救办法（第61条第(1)款）

第61条第(1)款泛泛说明在买方不履行其义务时卖方所能采取的各种补救办法。在指出卖方可以“行使第62条至第65条所规定的权利”时，第61条第(1)款(a)项只是提及这些条款，而没有独立赋予它们任何法律效力：所提及的各项条款本身已经授权蒙受损害的卖方行使其中规定的权利，因此即使未提及第61条第(1)款(a)项，卖方仍然享有这些权利。另一方面，第61条第(1)款(b)项规定卖方可以“按照第74条至第77条的规定，要求损害赔偿”，为卖方这种索赔的权利提供了法律依据；第74条至第77条只是规定了一旦发现可裁定蒙受损害，应以什么方式估量损害。因此，正如一些法院和仲裁裁决书裁定的那样，正确的方式是援引第61条第(1)款(b)项作为卖方要求损害赔偿权的来源，而不只是援引本公约第74条。

买方不履行其任何一项义务是采取第61条第(1)款提及的补救办法的唯一前提。因此，正如一项判决所裁定的，蒙受损害的卖方所能采取的补救办法并不以要求卖方证明买方违约为条件。

第61条第(1)款只提及蒙受损害的卖方所能采取的主要补救办法。除该条款中提及的这些补救办法外，卖方在因买方违反合同而遭受损害时也可以采取其他补救办法。本公约第71条、第72条、第73条、第78条和第88条中规定了这些补救办法。

正如判例法所体现的，适用第61条第(1)款给判例法带来的主要困难涉及销售合同给买方规定了本公约未规定义务的情况。正如包含了第61条的公约该节标题所表明的（第三部分第三章第三节——“买方违反合同的补救办法”），如果买方不履行合同规定的任何义务，即使是与合同义务有关的违约是由一方当事人意思自治造成的，那么卖方就可以采取本公约规定的补救办法。因此，正如许多判决所采纳的方法明确的，无需参照有关合同的国家法律来决定卖方的补救方法。不过，在一项判决中，法院诉诸了国家法律。

2. 结合其他补救办法要求损害赔偿（第61条第(2)款）

第61条第(2)款规定，卖方可能享有的要求损害赔偿的任何权利，不因他选择行使采取其他补救办法的权利而丧失。这项规定正好与某些国家的法律传统相反，包括德国，其在2002年1月1日生效的、授权采用综合补救办法的义务法改革之前就是这样。

3. 拒绝给予宽限期（第61条第(3)款）

根据第61条第(3)款，法官或仲裁员无权给予买方履行义务的宽限期，包括支付价款的义务。这种禁止措施被认为与国际贸易的最高利益相悖。只有卖方能够允许买方这种延期履约。还有一个要解决的问题是，第61条第(3)款是否在适用给予违约买方付款宽限期的破产法方面造成障碍。

判例讨论 61-1

- ◉ 关联条款：第25条，第26条，第53条，第54条，第60条，第61条，第64条，第74条，第75条，第77条，第78条
- ◉ 案件参考：Clout Case No. 717
- ◉ 案件分类：China, CIETAC, 1999.01.06

本案涉及根本性违约、损害的计算和减轻措施。

1998年5月，一澳大利亚公司（卖方）与一中国公司（买方）签订了原毛销售合同。合同提到在某具体日期前以信用证形式支付一笔款项。卖方备好了待交付货物并通知了买方。然而，买方直到卖方发出催付款通知并宣称否则羊毛将被另行出售之后，仍未开出信用证。卖方将货物另行出售，并开始了仲裁程序，请求获得对差价损失和额外费用的赔偿。

由于双方未指明合同的管辖法律，仲裁庭认定鉴于中国和澳大利亚均为《销售公约》缔约国，因此本案应适用《销售公约》。另外，仲裁庭认定，由双方写入合同的《中国纺织行业羊毛及羊毛条进口一般贸易条款》（下称"《一般条款》"）中的规定，是合同的一个合法组成部分，对双方具有约束力。

双方争议的一个主要问题是，买方是否应该开具信用证，以及开具信用证的条件是什么。仲裁庭认定，根据合同，买方有义务开具信用证，且这一义务不以卖方的履行情况为条件。除非买方能够证明卖方可能无法交付货物，否则买方不能被免除开具信用证的义务。仲裁庭注意到，合同规定装运期为1997年6月，而买方应不迟于1997年5　月31日开出信用证。仲裁庭确认，根据《销售公约》第64条，买方根本性地违反了合同，根据《销售公约》第61条和第75条，卖方有权请求损害赔偿。

卖方请求获得差价损失、利息损失、额外仓储费用以及预期利润的赔偿。仲裁庭确认了差价损失按合同价款和货物实际转售价款的差额计算。仲裁庭注意到卖方曾宣称买方违反合同，并将转售货物。根据《销售公约》第64条，这被看成是卖方宣布撤销合同。在这种情况下，根据《销售公约》第77条，卖方应采取一切合理措施减轻损失。仲裁庭裁定，宣布撤销合同之后所产生的损失部分，系由卖方未能减轻损失所引起，卖方无权请求损害赔偿。因此，对于利息损失和额外仓储费用的赔偿，应仅计至合同宣布撤销和货物转售之日。至于卖方对远期外汇合同终止所导致的损失的赔偿请求，仲裁庭指出，该损失是由一项为羊毛销售合同的预期派生利润而签订的新合同所引起的。仲裁庭认定，这一损失超出了合同签订时买方所预见或所应预见的范围。根据《销售公约》第74条，卖方无权请求对这一损失的赔偿。

062. 卖方要求买方实际履行合同

Art. 62 The seller may require the buyer to pay the price, take delivery or perform his other obligations, unless the seller has resorted to a remedy which is inconsistent with this requirement.
제62조 매도인은 매수인에게 대금의 지급, 인도의 수령 또는 기타 그의 의무의 이행을 청구할 수 있다. 다만 매도인이 이러한 청구와 양립하지 아니하는 구제를 구한 경우에는 그러하지 아니하다.
第62条 卖方可以要求买方支付价款、收取货物或履行他的其它义务，除非卖方已采取与此一要求相抵触的某种补救办法。

第62条规定卖方有权要求买方履行其义务，这是大陆法系普遍承认的一种补救办法，而普通法系只允许在有限的情况下运用这一补救办法（通常标明"具体履行义务"）。第62条是针对特别注重买方履行义务，尤其是履行收取货物的义务的卖方的补救办法。然而，在判例法中有关在买方拒绝收取货物的情况下采取这种补救办法的实例很少。另一方面，作为对买方未支付价款的补救办法而适用第62条的实例为数不少。

1. 对卖方要求履行义务的权利的限制

对根据第62条要求履行义务的权利有两种限制。一种限制在第62条中清楚表明：如果卖方已经采取了与其所要求的履约行为相抵触的某种补救办法，如在宣告合同无效（第64条）或规定一个履行义务的额外时限（第63条）的情况下，则卖方便丧失要求履行义务的权利。第二个限制与《公约》第28条有关，该条款规定，如果法院根据其本国法律将不会就不属于《公约》管辖的类似合同为卖方下令买方具体履行义务的话，则该法院就没有义务这样做，即使按第62条有此要求。

判例讨论 62-1

- ◉ 关联条款：第1条，第61条，第62条
- ◉ 案件参考：Clout Case No. 496
- ◉ 案件分类：Belarus, Economic Court of the Gomel region, 「No. 55/16」, Agropodderzhka Trade House LLC v. Sozh State farm complex, 2003.03.06

本案涉及《销售公约》在买方未履行付款义务的情况下的适用。

Agropodderzhka贸易公司（卖方）是一家俄国公司，2002年3月1日在白俄罗斯的戈梅利与一家白俄罗斯州农场联合体Sozh（买方）（совхоз-комбинат）就小麦饲料的销售签订了一份合同。发出的货物已被买方接受。然而，买方仅支付了全部合同价款175,293 美元的一部分。卖方起诉买方，要求支付剩余的117,293美元。

法院指出，在解决双方未确定适用的法律的由国际经济交易产生的争议时，法院应当根据国际条约或国内法中规定的冲突规则确定适用的法律。根据白俄罗斯的法律，除非当事方另有约定，交易双方的权利和义务应当根据缔约地的法律确定。

在本案中，当事方没有选择合同应适用的法律，而该合同是在白俄罗斯的戈梅利签订的，因此，法院基于有关法律冲突的规则，认为应适用白俄罗斯法律。法院指出，根据《与开展经济活动有关的争议解决程序协议》（1992年3月20日，基辅）第11（e）条，《销售公约》应当适用于本合同，白俄罗斯的法律应当适用于《销售公约》未做规定的方面。

根据《销售公约》第61条和第62条，如果买方未履行合同义务，卖方有权要求买方付款。由于买方未在合同规定的期限内支付货款，法院判决买方应支付卖方要求的全部款项117,293 美元。

判例讨论 62-2

- ◉ 关联条款：第11条，第14条，第53条，第62条，第92条
- ◉ 案件参考：Clout Case No. 134
- ◉ 案件分类：Germany, Oberlandesgericht Munchen,「No. 7 U 5460/94」, 1995.03.08

一家芬兰公司向德国被告出售3000吨阴极电解镍/铜，价款约为1700万美金，仅有被告签署了书面合同。该金属已经交货但未付款。芬兰公司随后将要求付款权利转让给了要求付款的原告。被告由于仲裁条款和已有效缔结售货合同而拒绝德国法院的管辖权。

法院就该仲裁条款判定，1958年《联合国承认和执行外国仲裁裁决的公约》第2(2)条适用条款的形式要求没有得到满足，因为双方并没有签署载有仲裁条款的协议，该芬兰公司也没有收到载有该条款的标准格式合同。

就要求付款权利而言，法院适用了《销售公约》，因为该售货合同双方的营业地在《销售公约》不同的缔约国即芬兰和德国。法院判定，被告和该芬兰公司之间已有效缔结了一项合同，根绝《销售公约》第53条和第62条，原告要求付款的权利是正当的。

即使芬兰已经宣布它不受《销售公约》第二部分“合同的订立”的约束，仍有可能缔结一项有效合同。根据《销售公约》，只要其他同意方式可被认为是一项具有相互约束力的协议，合同的标的与《销售公约》第14-24条相当，则其他同意方式也是可以的。在一项非主文附带判词中，法院明确排除使用支配的合同法。被告签署了一项合同，这就表明它同意该合同，同时在货物到达时也接受了货物。芬兰公司则通过其心行为，即通过交付货物表明它同意该合同。无须以书面合同协议来证明双方的同意(《销售公约》第11条)。

063. 规定额外的履约期限

Art. 63 (1) The seller may fix an additional period of time of reasonable length for performance by the buyer of his obligations. (2) Unless the seller has received notice from the buyer that he will not perform within the period so fixed, the seller may not, during that period, resort to any remedy for breach of contract. However, the seller is not deprived thereby of any right he may have to claim damages for delay in performance.
제63조 (1) 매도인은 매수인에 의한 의무의 이행을 위한 상당한 기간의 추가기간을 지정할 수 있다. (2) 매도인이 매수인으로부터 이렇게 지정된 추가기간 내에 이행하지 아니하겠다는 통지를 수령하지 아니하는 한, 매도인은 그 기간 중에는 계약위반에 대한 어떠한 구제도 구할 수 없다. 그러나 매도인은 이로 인하여 이행지체에 대한 손해배상을 청구할 수 있는 권리를 박탈당하지 아니한다.
第63条 (1) 卖方可以规定一段合理时限的额外时间，让买方履行义务。 (2) 除非卖方收到买方的通知，声称他将不在所规定的时间内履行义务，卖方不得在这段时间内对违反合同采取任何补救办法。但是，卖方并不因此丧失他对迟延履行义务可能享有的要求损害赔偿的任何权利。

在允许卖方规定一段额外时间让买方履行义务的权利方面，第63条实际上给予他与第47条所给予买方的同等的权利：这两个条款的样式、措辞和内容相似。与第47条一样，第63条的主要目的是说明当买方没有在规定时间内履行其根本义务之一——支付价款或按时收取货物的义务——时将发生的情形：如果卖方在遇到这种情况时根据第63条规定了一段额外时间让买方履行义务，而额外时间到期却无结果，则卖方有权宣告合同无效，并且无需证明买方迟延履行义务是对合同的根本违反（第64条第(1)款(b)项）。因此，第63条在不清楚买方的延迟是否构成根本违反合同的情况下特别有用。

第63条第(1)款规定，由卖方确定的额外时间必须是合理的时限。关于何为合理时限的判决很少。第63条第(2)款规定，在卖方确定的额外时间内，其不得对买方违反合同的行为采取任何补救办法（尽管卖方仍保留对因买方的迟延而造成的损害要求赔偿的权利）；但是，如果买方声称他将不在规定的时间内履行义务，则不适用这一限制。

判例讨论 63-1

◉ 关联条款：第8条，第11条，第14条，第18条，第25条，第29条，第61条，第63条，第64条

◉ 案件参考：Clout Case No. 308

◉ 案件分类：Australia, Federal Court of Australia,「1993 FED No. 275/95」, 1995.04.28

德国卖方即原告是大型帐篷和遮篷销售公司，向澳大利亚买方即被告出售帐篷。合同规定，买方必须分期支付帐篷款。然而，买方由于发生严重财务困难，拖欠了卖方的货款。随后，根据《澳大利亚公司法》，买方被实施破产管理。卖方对买方和管理人提出诉讼，声称根据合同中的保留所有权条款，它保留对帐篷的所有权，并要求签发归还帐篷并支付损害赔偿的命令。

法院认为《销售公约》适用于本案，因为德国和澳大利亚都批准了《销售公约》(《销售公约》第1(1)(a)条)。

法院裁定，合同是否载有保留所有权条款是一个有待根据《销售公约》第8、11、15（1）、18（1）和29（1）条确定的事实问题，保留所有权条款是否有效须根据适当的国内法确定，因为《销售公约》与财产权无关(《销售公约》第4条)。法院进一步裁定，合同载有有利于卖方的有效保留所有权条款，依照适当的国内法，这一条款有效。

法院认为，买方指定管理人构成《销售公约》第25条所指的根本性违约，因此，卖方有权根据《销售公约》第61条和64条宣布合同无效。对买方实行破产管理损害了卖方的利益，实质上剥夺了卖方根据合同有权期望得到的东西。此外，法院还认为，管理人由于其所处地位而构成买方的代理人，卖方要求管理人归还帐篷，而管理人拒绝归还，否认合同载有任何保留所有权协议，这也相当于根本性违约。

法院注意到在指定管理人之前，买方已经违约，因为逾期未付利息款。但是，卖方既未要求付款，也为按《销售公约》第63条规定确定让买方履行义务的额外期限。因此，法院的结论是，买方此种违约行为未构成根本性违约，不得据此宣布合同无效。

法院认为，卖方因提交申诉书而满足了《销售公约》第26条规定的有效地宣布合同无效的条件，即向另一当事方发出宣告合同无效的通知。

法院裁定，合同载有有效的保留所有权条款，在支付全部价款之前，货物所有权并未转移给买方，卖方有权自买方债权人批准重组买方业务和偿还债务的公司和解协议之时起，立即收回帐篷。

判例讨论 63-2

◉ 关联条款：第1条，第7条，第63条，第64条，第74条，第75条，第78条

◉ 案件参考：Clout Case No. 645

◉ 案件分类：Italy, Corte di Appello di Milano,「Bielloni Castello v. EGO」, 1998.12.11

意大利卖方与法国买方签订了一份销售印刷设备的合同。首期付款后，买方未能补足差额，并无视卖方的几次通知未提取货物。在买方拒绝付款后，卖方对买方提出起诉，要求支付损害赔偿金。

买方声称，不能如最初商定提取货物是由于情况超出了其控制范围，即安装货物的厂房的修建工作延期。买方还辩称其曾请求延长交货期限，并认为卖方已接受此请求。因此买方请求法院宣布卖方违反了合同，并要求归还首期付款。

意大利初审法院在适用意大利国内法的情况下做出了支持买方的裁决。事实上，法庭没有承认对交货条款有任何尚定的修改。卖方就该裁决提出了上诉。

上诉法庭认为，《意大利民法典》的实质条款不适用，合同应受《销售公约》第1(1)(a)条的约束。法庭指出，因为卖方发出通知后买方没有履行其义务，因此违反了合同。

法庭认为卖方根据情况(《销售公约》第63(1)条）给予延期是合理的，此外，它承认"卖方的中间行为事实上也延长了已经批准的宽容期限"。因而，法庭拒绝接受买方的论点，即厂房修建的意外推迟可作为从根本上违反合同的理由。

关于买方援引的真诚原则，法庭指出，根据《销售公约》第7(1)条，不应考虑影响买方的情况。此外，由于在本案中适用《销售公约》第7(2)条，因此应根据意大利法律解决买方的指称。然而，根据意大利国内法这些指控又相互矛盾。

最后，法庭认定买方的一再推迟给卖方造成了巨大损失，并且在适用《销售公约》第75条的情况下，法庭认为后者有权就合同价格与替代交易价格间的差额获得损害赔偿金。事实上，法庭驳回了卖方根据《销售公约》第74条的标准追回损害赔偿金的主张，因为这一主张似乎不合理并且没有令人信服的证据支持。然而，法庭指出卖方有权按照意大利法定利率获得利息。

064. 卖方宣告合同无效的权利

Art. 64

(1) The seller may declare the contract avoided:

(a) if the failure by the buyer to perform any of his obligations under the contract or this Convention amounts to a fundamental breach of contract; or

(b) if the buyer does not, within the additional period of time fixed by the seller in accordance with paragraph (1) of Art. 63, perform his obligation to pay the price or take delivery of the goods, or if he declares that he will not do so within the period so fixed;

(2) However, in cases where the buyer has paid the price, the seller loses the right to declare the contract avoided unless he does so:

(a) in respect of late performance by the buyer, before the seller has become aware that performance has been rendered; or

(b) in respect of any breach other than late performance by the buyer, within a reasonable time:

(i) after the seller knew or ought to have known of the breach; or

(ii) after the expiration of any additional period of time fixed by the seller in accordance with paragraph (1) of Art. 63, or after the buyer has declared that he will not perform his obligations within

such an additional period.
제64조 (1) 매도인은 다음의 경우에 계약의 해제를 선언할 수 있다. (a) 계약 또는 본 협약에 따른 매수인의 어떠한 의무의 불이행이 중대한 계약위반에 이르게 되는 경우, 또는 (b) 매수인이 제63조 (1)항에 따라 매도인이 지정한 추가기간 내에 대금을 지급하거나 물품의 인도를 수령할 의무를 이행하지 아니하거나, 또는 매수인이 이렇게 지정된 기간 내에 이를 이행하지 아니하겠다고 선언하는 경우. (2) 그러나 매수인이 대금을 이미 지급한 경우 매도인은 다음의 시기에 계약의 해제를 선언하지 않는 한, 해제를 선언할 권리를 상실한다. (a) 매수인의 지연된 이행과 관련해서는 매도인이 이행이 제공된 사실을 알기 전, 또는 (b) 매수인의 지연된 이행 이외의 모든 위반과 관련해서는 다음 때로부터 상당한 기간 내, i) 매도인이 그 위반을 알았거나 또는 알았어야 했던 때, 또는 ii) 제63조 (1)항에 따라 매도인이 지정한 추가기간이 경과한 때, 또는 매수인이 그러한 추가기간 내에 의무를 이행하지 아니하겠다고 선언한 때.
第64条 (1) 卖方在以下情况下可以宣告合同无效： (a) 买方不履行其在合同或本公约中的任何义务，等于根本违反合同；或 (b) 买方不在卖方按照第63条第(1)款规定的额外时间内履行支付价款的义务或收取货物，或买方声明他将不在所规定的时间内这样做。 (2) 但是，如果买方已支付价款，卖方就丧失宣告合同无效的权利，除非： (a) 对于买方迟延履行义务，他在知道买方履行义务前这样做；或者 (b) 对于买方迟延履行义务以外的任何违反合同事情： (i) 他在已知道或理应知道这种违反合同后一段合理时间内这样做；或 (ii) 他在卖方按照第63条第(1)款规定的任何额外时间满期后或在买方声明他将不在这一额外时间内履行义务后一段合理时间内这样做。

第64条规定的是当买方违反其一项或多项义务，卖方可以宣告合同无效的情况。这些规则与第49条的规则相似，第49条规定由于卖方违反合同义务，买方有权宣告合同无效。第81条至第84条阐述了宣告合同无效所产生的影响。在所有情况下，宣告合同无效需要卖方根据第26条的规定做出。

1. 关于宣告合同无效的权利（第(1)款）的要求

第64条第(1)款规定在两种情况下卖方有权宣告合同无效：买方根本违反合同，或买方没有在卖方按照第63条规定的额外时间内履行支付价款的义务或收取货物（或声称将不会这样做）。

2. 根本违反合同的情况（第64条第(1)款(a))项)

卖方可以根据第64条第(1款宣告合同无效的第一种情况是买方的行为属于第25条所定义的根本违反合同。这必须是违反合同的行为造成对卖方的损害，以致于实际上剥夺了卖方根据合同规定有权期待得到的东西。一项仲裁裁决认为，“依据本公约的一般框架和判例法中对它的解释，对‘根本违反’的概念的解释通常是狭义解释，以防止过分使用宣告合同无效这一办法”。判例法提供了许多根本违反合同实例，涉及到了可能的三种违反合同情况，即未能支付价款、未能收取货物和未能履行合同规定的其他义务。

于是，有判决裁定最终未能支付价款构成根本违反合同。另一项判决声明，迟延开立信用证本身并不构成根本违反合同。还有一项判决称买方拒绝开立信用证不构成违反合同。

在卖方没有根本违反合同的情况下，有判决裁定买方最后拒绝收取货物或将货物退回给卖方构成根本违反合同。一般来说，仅仅迟延几天收取货物将不被视为根本违约。

不履行合同规定的义务——违反本公约规定的义务——也可能构成根本违约，如涉及买方违反再出口禁令和卖方违反专有权条款的判决所显示的。

3. 买方不在卖方规定的额外时间内支付价款或收取货物（第64条第(1)款(b)项)

如果买方在卖方根据第63条第(1)款规定的额外时间内没有履行支付价款或收取货物的义务，或如果买方宣布他在如此规定的时间内将不这样做，卖方可根据第64条第(1)款(b)项宣告合同无效。

买方支付价款的义务包括根据第54条为此目的采取必要措施。因此有判决裁定买方在卖方根据第63条给予他的额外时间内未能采取必要措施，卖方便有权依据第64条第(1)款(b)项宣告合同无效。

4. 宣告合同无效的时间选择（第64条第(2)款)

第64条第(2)款述及卖方必须在一段时间内行使宣告合同无效的权利。该条款明确规定，只要买方未支付价款，卖方宣告合同无效的权利就不受任何时间限制。但是，一旦支付了价款，卖方须在规定时限内行使宣告合同无效的权利。在买方延迟履行其义务的情况下，卖方丧失宣告合同无效的权利，除非卖方在知道买方已（缓慢）履行义务之前这样做（第64条第(2)款(a)项)。就其他类型的违约而言，自卖方知道或理应知道这种违反合同之时起一段合理时间期满后（第64条第(2)款(b)项(i)目），或在根据第63条第(1)款规定了额外时间的情况下，在该额外时间期满后（第64条第(2)款(b)项(ii)目），便丧失了宣告合同无效的权利。截至目前，尚无适用了第64条第(2)款规定的判决。

判例讨论 64-1

- 关联条款：第1条，第8条，第25条，第61条，第64条，第74条，第75条，第78条
- 案件参考：Clout Case No. 629
- 案件分类：Switzerland, Kantonsgericht Zug,「No. A3 2001 34」，2002.12.12

本判例主要涉及到买方拒绝提货时卖方追回合同价格与替代交易价格间差额的权利。本判例还讨论了《销售公约》下的适用利率，以及排除反索赔权的合同条款的范围。

一家德国公司（卖方）与一家瑞士公司（买方）签订了一份购买甲基叔丁基醚的合同。合同规定了买方的提货时段。在这段时间结束之前，买方通知卖方，在其向卖方提出的索赔得到解决之前，买方不会去提货。卖方对买方的索赔提出质疑，并将买方的提货时段延长。当买方没有在延长期内提货时，卖方宣布合同无效。随后，卖方以较低价格（低于与买方在合同中商定的价格）将货物转卖给第三方公司，并向楚格州法院起诉了买方，要求赔偿价差和利息。在同一份诉讼中，买方试图通过提出抵消项目、或者以反索赔的方式，来执行其向卖方提出的索赔。

根据卖方的主张，法院认为，买方拒绝提货的行为从根本上违反了合同，卖方有权根据《销售公约》第61（1）条和第64(1)(a)条宣布合同无效。法院还认为，卖方有权根据《销售公约》第74条追回损害赔偿金，而且，根据《销售公约》第75条，卖方可以追回合同价格与替代交易价格间的差额。买方辩称，卖方在进行替代交易之前，等的时间过长，因此，它应当为甲基叔丁基醚的市场价格下跌负责，法院没有接受买方的论点。法院指出，买方起初并没有切实拒收这些货物，确切地说，是准备视索赔的解决情况来决定是否接收货物。在这种情况下，卖方有权等待及确定买方确实是拒收货物之后，再进入替代交易。法院评论说，一旦明白买方不会提货之后，卖方在两天之内即为货物找到了一个新买主。两天的时间不能被视为过长，因此，卖方无需为市场价格下跌负责。

关于卖方提出的有关利息的主张，法院声称，根据《销售公约》第78　条，卖方有权对价款和其他任何拖欠金额收取利息，而且，利息应从价款到期应付之时算起。法院认为，由于《销售公约》没有确定适用的利率，这就必须参照适用的国内法。因此，法院根据德国法律确定了利息。

关于买方的反索赔，法院评论说，在该销售合同中，买方同意支付价款并且“无抵消或反索赔”以及“无任何扣缴款、扣除额、抵消或反索赔”。法院指出，该条款的惟一目的就是确保支付价款，且该行为不会因为主张抵消或反索赔而出现延误。买方表示“无反索赔　”一词不够明确，其范围也无法预测，法院驳回了买方提出的这个意见。在说到“反索赔”一词的德语译文时，法院认为，很明显，双方当事人都打算排除提出反索赔的可能性。因此，法院没有考虑买方提出的反索赔的法律意义。

判例讨论 64-2

◉ 关联条款：第25条, 第54条, 第64条, 第72条, 第74条, 第75条, 第77条, 第78条,
◉ 案件参考：Clout Case No. 631
◉ 案件分类：Australia, Supreme Court of Queensland,「No. 10680 of 1996」, 2000.11.17

本判例涉及到许多问题：未能及时开立信用证是否构成根本违反合同；卖方是否有权以买方拒绝履约和/或不遵守合同某一重要条款的行为为由，宣布合同无效并向买方追回损失；以及卖方有无采取合理步骤来减轻损害。《销售公约》适用性没有争议。

一家澳大利亚公司Downs Investment（卖方）和一家马来西亚公司PerwajaSteel（买方）签订了一份从澳大利亚购买废钢并将其运至马来西亚的合同。根据该合同，买方应在运货之前开立一份受益人为卖方的不可撤销信用证。在提供信用证的截止日期前不久，买方的结构和管理层发生了变动。在这种新的管理结构下，买方在开立信用证之前，必须征得执行委员会的许可。由于执行委员会无法在短时间内做出任何指示，买方没有应卖方要求提供信用证。收到买方的信件后，卖方答复说接受买方拒绝履行其合同义务的行为，并终止了合同。

昆士兰州最高法院审理了该案件。法院认为，适于裁决该争端的相关立法是《1986　年货物销售法案》（《维也纳公约》），因为合同双方同意，布里斯班适用的法律可以界定他们的合同义务；而且，该法案要求适用《销售公约》。

根据《销售公约》第64条，法院裁定，如果买方不履行任何义务，构成根本违反合同，卖方可以宣布合同无效。之后，法院又适用了《销售公约》第25条界定的"根本违反"的定义。在法院看来，很显然，拒绝及时开立信用证就是《公约》第25条和第64(1)(a)条意义上的根本违反合同。

法院还考虑了适用《销售公约》第72条的问题，并得出结论，认为如果在履行合同之前，明显看出一方当事人将根本违反合同，另一方当事人可以宣告合同无效。如果时间许可，卖方须向买方发出合理的通知，使买方可以对履行义务提供充分保证。

法院认为，在本案中，没有开立信用证即为买方没有履行《销售公约》第54条意义上的"支付价款的义务"。实际上，该条规定，买方支付价款的义务包括根据合同或任何法律法规采取相应的步骤和办理必要的手续，以便支付价款。买方管理结构的改变要求执行管理委员会核准信用证，而委员会拒绝了该请求，从法律的角度讲，这不成其为理由。

确定买方违反合同的行为给卖方造成巨大的损失之后，法院立即研究了《销售公约》第74条和第75条，以确定相关损害。法院认为，在大批货物滞留货船，由卖方支付相关费用，但却并非意在将废钢运至买方的情况下，尽快转租原来的货物是卖方为把所引起的损失减到最低而采取的合理措施（符合《销售公约》第77条规定）。法院还表示，卖方在接受买方的拒绝履约行为之后两个月内将废钢转售给另一买方，此举显然符合《销售公约》第75条的要求，因为该行为是在合理时间内做出的。在法院看来，为减少买方拒绝履约行为所造成的损害，卖方迅速采取了一切合理的必要措施。

因此，法院判卖方胜诉，包括利息问题（《销售公约》第78条)。

065. 卖方订明货物规格的权利

Art. 65

(1) If under the contract the buyer is to specify the form, measurement or other features of the goods and he fails to make such specification either on the date agreed upon or within a reasonable time after receipt of a request from the seller, the seller may, without preudice to any other rights he may have, make the specification himself in accordance with the requirements of the buyer that may be known to him.

(2) If the seller makes the specification himself, he must inform the buyer of the details thereof and must fix a reasonable time within which the buyer may make a different specification. If, after receipt of such a communication, the buyer fails to do so within the time so fixed, the specification made by the seller is binding.

제65조

(1) 계약상 매수인이 물품의 형태, 용적 또는 기타의 특징을 명세하여야 하는 경우에 만약 매수인이 합의된 기일에 또는 매도인으로부터 요구를 수령한 후 상당한 기간 내에 그러한 물품명세를 확정하지 아니한 때에는 매도인은 자신이 보유하는 다른 어떤 권리를 해함이 없이 자신에게 알려진 매수인의 요구조건에 따라 스스로 물품명세를 확정할 수 있다.

(2) 매도인이 스스로 물품명세를 확정하는 경우에는 매도인은 매수인에게 이에 관한 세부사항을 통지하여야 하고 또한 매수인이 상이한 물품명세를 확정할 수 있는 상당한 기간을 지정하여야 한다. 매수인이 그러한 통지를 수령한 후, 지정된 기간 내에 상이한 물품명세를 확정하지 아니하는 경우에는 매도인이 확정한 물품명세가 구속력을 가진다.

第65条

(1) 如果买方应根据合同规定订明货物的形状、大小或其它特征，而他在议定的日期或在收到卖方的要求后一段合理时间内没有订明这些规格，则卖方在不损害其可能享有的任何其它权利的情况下，可以依照他所知的买方的要求，自己订明规格。

(2) 如果卖方自己订明规格，他必须把订明规格的细节通知买方，而且必须规定一段合理时间，让买方可以在该段时间内订出不同的规格。如果买方在收到这种通知后没有在该段时间内这样做，卖方所订的规格就具有约束力。

第65条适用于合同规定由买方订明所出售货物的某些特征，如尺寸、颜色或形状的情况。该条款述及当买方在商定的日期之前或在收到卖方的有关信息要求后一段合理时间内未提供所同意提供的规格时所产生的问题。

1. 卖方订明规格的权利

在买方没有及时提供有关货物的形状、尺寸或特征的必要信息时，第65条第(1)款赋予卖方依照他所知的买方的要求订明缺失规格的权利。不过，卖方没有义务订明规格。他可以优先采用在买方的行为构成违约的情况下所能得到的补救办法。

2. 订明规格权利的实施

第65条第(2)款规定了卖方行使其根据第65条第(1)款代表买方订明规格的权利。该条款要求卖方把订明规格的细节通知买方并给买方一段合理时间订出不同的规格。如果买方在收到卖方通知后的一段合理时间内没有利用这一权利提供不同的规格，则卖方所订的规格就具有约束力。已有判决裁定，当卖方所订规格未充分满足第65条第(2)款第一部分的要求时，买方保留自己订出规格的权利。

第4章　风险转移

区分及内容		
第 4　篇　货物销售		第25条~第88条
	第1章　总　则	第25条~第29条
	第2章　卖方义务	第30条~第52条
	第3章　买方义务	第53条~第65条
	第4章　风险转移	第66条~第70条
	第66条　风险转移的后果	
	第67条　涉及货物运输风险转移的时间	
	第68条　运输途中出售货物的风险转移	
	第69条　其它情况下的风险转移时间	
	第70条　卖方根本违反合同对风险转移的影响	
	第5章　卖方和买方义务的一般规定	第71条~第88条

《公约》第三部分第四章涉及货物遗失或损坏的风险转移到买方承担的问题。本章第1条（即第66条）指出了在货物遗失或损坏的风险转移到买方承担后对买方的影响。此后三条（即第67条至第69条）规定了风险转移到买方承担时的规则。本章最后一条（即第70条）说明当卖方根本违反合同时遗失或损坏风险的分配。

作为一般规则，履行交付货物或单据义务（见第三部分第二章第一节（第31条至第34条），题为“交付货物和移交单据”）的卖方将不再承担遗失或损坏的风险。通常，第四章以及第31条至第34条的用语是完全一致的。因此，有一项判决做出结论认为，对第31条和第67条中“承运人”一词应做出相同的解释。

第四章中的规定适用于货物的所有者，不论其是买方或卖方。因此，第四章取代了将风险交由货物“所有者”承担的国内销售法，尽管在某些特殊案例中，以《公约》和国内法为依据所取得的结果是相同的。

1. 风险的性质

第四章涉及所售货物的遗失或损坏问题。第66条第一句明示，其他各条默示说明了这一点。货物遗失包括货物找不到、被盗或被转让给另一个人等情况。货物损坏包括在运输或存储期间货物完全损毁、实际毁坏、变质和损耗。

许多法院已将第四章条款适用于货物遗失或损坏风险以外的风险转移。这些风险包括在卖方将货物移交给承运人后承运人迟延的风险8 和绘画作品归属标志不对的风险。

2. 双方当事人关于风险转移的协议

买卖双方可以商定遗失或损坏风险何时转移到买方承担。他们可不时商定，办法是将国际商会的《国际贸易术语解释通则》等明确纳入其商定的贸易术语。他们可以商定改变一个标准的贸易术语，通过一个属于当地的贸易术语，或者使用与价格而非交货相关的贸易术语。双方当事人还可以商定按照买方或卖方的标准条件或一般商业条件分配风险。依照第6条，将以双方当事人的约定为准，即使它减损了本将适用的第四章的规定。不过，尽管有第6 条的规定，一家德国法院还是依照德国法律解释了法国卖方的一般商业条件中列出的贸易术语，因为卖方使用了一条用德文起草的、在德国商业中常见的条款，而且买方是德国人。

《公约》第8条涉及对双方当事人声明和行为的解释，其中的规则适用于与风险有关的各种协议。因此，一家法院认定双方当事人已经约定，卖方将在买方的营业地交货，因为依照第8条第(2)款，一个通情达理的人在买方的那种情况下会理解使用德国的术语“frei Haus”（“免费送货”）指的是在买方的营业地交货。

3. 关于风险转移的其他具有约束力的规则

第9条第(1)款规定，双方当事人之间确立的任何惯例，包括分配遗失或损坏风险的那些惯例，对双方当事人均有约束力。法院偶尔会查看双方当事人先前的惯例，作为双方当事人有关遗失风险转移的意向的证明。不过，一家法院得出结论，认为一方当事人以前两次有关风险的习惯做法不足以确立一条具有约束力的惯例。

买卖双方也可以受有关遗失或损坏风险的贸易惯例的约束。根据第9条第(1)款，如果双方当事人同意一个国际或地方惯例，他们应受其约束。根据第9条第(2)款，除非另有协议，他们还应受其已知道或理应知道的、普遍遵守的国际惯例的约束。如果双方当事人将一种国际贸易术语解释通则明确纳入合同，则第9条第(1)款就使该条件具有约束力，但是如果该《国际贸易术语解释通则》的使用非常普遍，即使其没有明确纳入合同，法院亦将予以执行。

4. 确定风险转移的责任

第66条以及第四章的其他条款未规定由谁承担举证责任确定遗失或损坏风险已经转

移到买方承担。一家法院赞同以下意见，即该责任应由主张风险已经转移的一方当事人承担。不过，在依照本公约其他条款为强制执行卖方义务（例如交付合格货物）或买方义务（例如支付货款）提起诉讼的情况下，就产生了由谁承担风险的问题。

在若干判例中确定该责任由为收回价款依据第62条提起诉讼的卖方承担。有几个判例，卖方未能证实他们交付了货物，因此买方没有义务付款。在一个判例中，法院认定提单由于没有准确描述所售货物，也未说明作为收货人的买方的姓名，因此不足以作为证据。在另一个判例中，法院认定收据虽然加盖了印章但没有签名，因此不足以作为按销售合同的要求在买方营业地交货的证据。

在交付了货物，但是对于损坏是在遗失风险转移到买方承担之前还是之后发生的时间有争议时，买方有责任证明损坏是在遗失风险转移至买方承担之前发生的。因此，如若卖方出示了有船长的附注"已装船清洁"提单，而且买方没有出示证据证明损坏是在卖方将货物交给承运人之前发生的，则买方承担损坏风险。

5. 在宣告合同终止或无效后的遗失或损坏风险

有判决裁定，如果双方当事人同意在风险已经转移到买方承担之后终止合同，《公约》关于宣告合同无效的效果的条款（第三部分第五章第五节，第81条至第84条）所包含的风险规定，包括在宣告合同无效后归还货物的规定，取代第四章中的各项风险规定。在合同终止归还货物时，双方当事人归还货物的义务应与双方当事人履行已宣告无效的合同的义务对应。如卖方同意按"工厂交货价"交付货物，那么在合同终止归还货物时，当买方在其营业地将货物移交给承运人时，风险随之转移到卖方。还有判决裁定，在由卖方负责货物运输的情况下，关于买方向卖方退还不合格货物（已得到卖方同意）的问题，第31条(c)项的原则决定遗失风险何时转移到卖方；因此，当买方在其营业地将已妥善包装供装运的货物交由卖方处置时，风险将再次转移到卖方。

066. 风险转移的后果

Art. 66 Loss of or damage to the goods after the risk has passed to the buyer does not discharge him from his obligation to pay the price, unless the loss or damage is due to an act or omission of the seller.
제66조 위험이 매수인에게 이전된 이후에 물품이 멸실 또는 손상되더라도 매수인은 대금지급의무를 면하지 못한다. 다만 그 멸실 또는 손상이 매도인의 작위 또는 부작위에 기인한 경우에는 그러하지 아니하다.
第66条 货物在风险移转到买方承担后遗失或损坏，买方支付价款的义务并不因此解除，除非这种遗失或损坏是由于卖方的行为或不行为所造成。

第66条规定，在货物遗失或损坏风险转移到买方承担后，买方支付价款的义务并不因此解除，除非这种遗失或损坏是由于卖方所造成的。第66条并未设定支付购买价款的义务；该项义务在第53条中列明。第66条也未涉及遗失或损坏的风险何时转移的问题。双方当事人的合同以及第67条至第70条规定了确定风险转移的时间的规则。

1. 风险转移到买方承担的影响

一旦证实风险已经在货物遗失或损坏之前转移，法院判决通常要求买方支付价款，除非证实卖方对遗失或损坏负责。大部分但并不是所有判决都既援引第53条也援引第66条。一些判决援引第66条，主张如果卖方未能证实遗失风险已经转移，则买方没有义务支付遗失或损坏货物的价款。

其他条款都明示或暗示指出了承担风险对买方的影响。例如，如果买方接收了交货，但没有将不符合同的情形以及后来发现的货物不合格情况通知卖方，则买方承担证实在遗失风险转移时货物不符合同的责任。

2. 由于卖方的行为或不行为而发生的遗失或损坏的例外

如果货物在风险转移到买方承担后遗失或损坏，尽管买方支付价款的义务并不因此解除，但是，如果证实遗失或损坏是由于卖方的行为或不行为所造成的情况，第66条最后一句规定这属于不免责条款的例外情况。一家仲裁庭裁定，卖方未向承运人发出约定的有关运输途中货物储存温度的指示，致使货物因融化和渗漏而造成损失，因此买方不对损失承担责任。一些判例裁定证明这一免责的责任在买方，但是其中没有一个判例裁定由买方承担这一责任。

与对买方付款义务的这一免责规定截然不同的是，卖方对于遗失风险转移时所存在的任何不符合同情形（第36条第(1)款规定），即使这种不符合同情形在该时间后才显现出来，或对于在卖方保证货物没有潜在的不符合同情形后发生的不符合同情形（第36条第(2)款规定）承担持续赔偿责任。

判例讨论 66-1

- 关联条款：第9条，第25条，第30条，第49条，第53条，第60条，第66条，第67条，第74条，第78条，第79条
- 案件参考：Clout Case No. 864
- 案件分类：China, CIETAC, 1997.06.25

卖方是一家韩国公司，它与作为买方的一家中国公司订立了购置美术用纸的合同。在签发了信用证之后，装运货物的轮船沉船，货物全部被毁。卖方银行事后收到拒绝缴款的通知，该通知称，卖方提供的文件与信用证不符。

依照《销售公约》第67条，仲裁庭得出的结论是，卖方履行了交货义务，在货物逾越船只桅杆之后货物灭失风险也就相应地转给了买方。仲裁庭注意到，发证银行签发的信用证只是买方提供的一种缴款安排。即便在向卖方交款以前信用证已经过期不再有效，买方的缴款义务仍然不能因此而得以免除。

仲裁庭认为，依照《销售公约》第30和53条，从买方和发证银行之间的关系来看，买方必须在收到文件之前先行缴纳货款。因此，买方不得以尚未收到卖方提单为由而拒绝缴款。

仲裁庭还注意到，未有任何证据显示，损失是因卖方疏忽所致。因此，依照《销售公约》第66条，买方有义务在货物灭失或损失风险转给他以后支付货款。

仲裁庭还裁决，依照《销售公约》第49(1)(a)条，有关文件不尽一致并不构成严重违约。因此，仲裁庭认为，买方不得终止合同或自行免除其根据合同所承担的义务。

但仲裁庭并不接受卖方提出的关于由买方赔付卖方向银行支付的惩罚性利息的索赔要求，其原因是，由于相关文件不尽一致而造成的惩罚是因为卖方本人疏忽所致。

判例讨论 66-2

- 关联条款：第66条，第67条
- 案件参考：Clout Case No. 163
- 案件分类：Hungary, Arbitration Court attached to the Hungarian Chamber of Commerce and Industry Arbitral,「No. VB/96074」, 1996.12.10

一南斯拉夫公司向一匈牙利公司出售并发送了鱼子酱。根据合同，“卖方必须在卖方地址得到鱼

子，然后把货物运到自己匈牙利的工厂”。货物发送后两周应该支付货款，其时，联合国对南斯拉夫的禁运在匈牙利生效。原告吧货物债券转让于位于塞浦路斯的一家公司。被告人承认此种转让，但是根据联合国禁运是一不可抗力而不能支付。

仲裁法院认为，有不可抗力造成的损失须由承担了转移风险的一方，即被告人来承担。仲裁法院认为，有必要支出，货运的风险须由被告人承担，除非当事方的合同或适用法律另有规定(《销售公约》第67条)。被告人不能提供证据，说明损失系由原告行为或不行为所造成而开脱责任(《销售公约》第66条)。

因此，仲裁法院认为，被告人有义务支付已发运的货物的价款和利息。

判例讨论 66-3

◉ 关联条款：第1条，第4条，第8条，第25条，第46条，第47条，第49条，第53条，第66条，第69条

◉ 案件参考：Clout Case No. 340

◉ 案件分类：Germany, Oberlandesgerichts,「No. 12 U 54/98」, 1998.09.22

原告是挪威卖方，向一家丹麦公司出售生马哈鱼，后者将其加工成熏马哈鱼卖给德国买方即被告。公司陷入财政困境时，卖方向买方发出对订单的确认函。根据订单确认函，卖方须按国际贸易术语解释通则DDP向已具体指明的发货地址发送生马哈鱼，这个地址不是公司的营业地。收到订单确认函后，买方签署了确认函并通过公司将其寄回卖方。在此之后，卖方向公司发送生马哈鱼并把发票寄给买方。发票注明公司的营业地为交货地址。由于公司已破产，买方未收到生马哈鱼，因此拒绝支付货款。卖方于是对买方提起诉讼。

初审法院准许索赔要求，买方就宣布合同无效提出上诉。上诉法院维持初审法院的判决。

法院判定，根据《销售公约》第1(1)及《销售公约》第4条，可以适用《销售公约》。

法院认为，卖方的订单确认函构成了生马哈鱼的发货价；要求迅速确认的请求清楚地表明卖方打算与买方订立购货协定。买方签署订单确认函，即已接受发价，因此，当事方已订立购货协定。法院认为，无须根据《销售公约》第8条对订单确认函作出额外解释；卖方通过公司收到经签署的订单确认函，并没有什么特殊的相关性。

法院还认为，尽管交货是按国际贸易术语解释通则DDP在合同规定地点以外的某地发生的，但卖方还是履行了交货义务。这一点无足轻重，因为交货说明中已注明买方是生马哈鱼的接收方。

法院认为，卖方并没有《销售公约》第25条所说明的重大违约行为。尽管公司陷入财政困境，而且马哈鱼的交货地点是在公司的营业地，但合同的履行并未受到损害。法院进一步认为，即使有违约行为，买方也未能在《销售公约》第49(2)(b)条规定的合理期限内宣布合同无效。此外，买方未能根据《销售公约》第46和第47条要求在规定地点交货，而这就被解释为买方同意按公司的地址交货。

法院最后认为，卖方遵守了其义务；风险已转移给买方《销售公约》第69(2)条。因此，即使买方未收到生马哈鱼，但买方仍有义务支付货款（《销售公约》第66条)。

067. 涉及货物运输风险转移的时间

Art. 67

(1) If the contract of sale involves carriage of the goods and the seller is not bound to hand them over at a particular place, the risk passes to the buyer when the goods are handed over to the first carrier for transmission to the buyer in accordance with the contract of sale. If the seller is bound to hand the goods over to a carrier at a particular place, the risk does not pass to the buyer until the goods are handed over to the carrier at that place. The fact that the seller is authorized to retain documents controlling the disposition of the goods does not affect the passage of the risk.

(2) Nevertheless, the risk does not pass to the buyer until the goods are clearly identified to the contract, whether by markings on the goods, by shipping documents, by notice given to the buyer or otherwise.

제67조

(1) 매매계약이 물품의 운송을 포함하고 또한 매도인이 특정한 장소에서 이를 인도하여야 할 의무가 없는 경우에는 위험은 매매계약에 따라 매수인에게 송부되기 위해서 물품이 최초 운송인에게 인도되는 때에 매수인에게 이전한다. 만약 매도인이 물품을 특정한 장소에서 운송인에게 인도하여야 하는 경우에는 물품이 그러한 장소에서 운송인에게 인도되기 까지는 위험은 매수인에게 이전하지 아니한다. 매도인이 물품의 처분을 지배하는 서류를 보유할 권한을 가진다는 사실은 위험의 이전에 영향을 미치지 아니한다.

(2) 그럼에도 불구하고, 위험은 물품이 화인이나 선적서류, 매수인에 대한 통지 또는 기타의 방법에 의하여 계약에 명확히 특정되기 까지는 위험은 매수인에게 이전하지 아니한다.

第67条

(1) 如果销售合同涉及到货物的运输，但卖方没有义务在某一特定地点交付货物，自货物按照销售合同交付给第一承运人以转交给买方时起，风险就移转到买方承担。如果卖方有义务在某一特定地点把货物交付给承运人，在货物于该地点交付给承运人以前，风险不移转到买方承担。卖方受权保留控制货物处置权的单据，并不影响风险的移转。

(2) 但是，在货物以货物上加标记、或以装运单据、或向买方发出通知或其它方式清楚地注明有关合同以前，风险不移转到买方承担。

第67条规定了如果销售合同涉及到货物的运输，遗失或损坏风险何时转移到买方的规则。一般而言，当卖方将货物交付规定的承运人时，风险即转移到买方。风险转移无须顾及是卖方还是买方拥有货物的所有权，或者谁负责安排运输或保险事宜。风险转移对买方支付价款的义务的影响在第66条中涉及。在卖方根本违反合同的情况下对风险转移的影响在第70条中论述。

第67条规定了一条普遍接受的国际规则。一家宪法法院以与宪法的公平原则不符为由受理了对一条类似国内规则的质疑，它援引了本公约第31条和第67条作为普遍公认的证据。

根据第6条双方当事人可能同意减损第67条的规定，或者可能受减损该条的贸易惯例或交易方针约束（第9条）。如果双方当事人之间的协议与第67条相一致，法院通常会援引该条。当双方当事人商定了涉及风险转移的贸易条件时也是如此。判决书已经裁定“成本加保险费、运费”、“成本加运费”和“价目单出厂定价”等术语与第67条第(1)款相一致。如果贸易条件与第67条第(1)款不一致，按照第6条应以双方当事人的协议为准。因此，虽然该判例中的货物交付给了第三方承运人，但是在双方当事人约定货物将“*frei Haus*”（“免费送货”）送货的情况下，法院没有适用第67条，它将免费送货解释为卖方承诺将货物交付至买方的营业地。

1．涉及货物运输的合同

第67条并没有界定在何时销售合同涉及货物运输。第31条(a)项采用了一条类似的规则，它规定如果销售合同涉及到货物的运输，卖方在把货物交给第一承运人时，便履行了其交付货物的义务。鉴于这两项条款所用的语言一致，它们应解释为涵盖相同的交易。

第68条提出了货物在运输途中被销售时的风险转移特别规则。因此，在运输途中销售货物的合同不是第67条意义上的“涉及货物的运输”的合同。

一项销售合同明示或默示规定了以后的运输，就是涉及了货物的运输。合同可通过列入有关运输方式的详细要求，例如明示规定货物将要运输。而最有效的办法往往是纳入贸易术语，譬如国际商会的《国际贸易术语解释通则》(如成本加保险费、运费)，它规定了卖方由一承运人交付货物的义务。不过，其他合同条款可默示货物将要运输。当一项合同规定“买方应在卖方地址提取鱼卵并将货物运到其在匈牙利的工厂”并且价格被说成是“克拉多沃离岸价格”时，仲裁庭认定其涉及了运输。第67条提及“货物的运输”，但并没有明确要求货物由第三方承运人运输。一项判决书认为向运输代理人交货就等于是向“第一承运人”交货。

2．风险分配

第67条第(1)款分别就两种不同情况规定了规则，首先是当卖方没有义务在某一特定地点将货物交付给承运人时的规则（第67条第(1)款第一句），其次是当卖方有义务时的规则(第二句)。在这两种情况下，风险在卖方将货物交付给规定的承运人时转移到买方承担。

(1) 如果卖方没有义务在某一特定地点将货物交付给承运人

如果卖方没有义务在一特定地点将货物交付承运人，遗失或损坏风险在货物交付给第一承运人时转移。这一规则与卖方按照第31条(a)项的规定交付货物的义务相一致。在没有证据证明双方当事人约定在另一地点交货的情况下，一家法院认定当卖方将货物交付给承运人时，卖方交付货物后即风险转移。另一家法院认定当卖方及时将货物交付给承运人时风险已经转移，因此卖方对此后的交货延迟不负责任。

在双方当事人约定货物将“frei Haus”送货（“免费送货”）的情况下，一家法院将该术语解释为卖方承诺将货物送至买方的营业地点，即使该判例中货物的实际交付涉及到运输。因此，该法院没有适用第67条第(1) 款。

(2) 在卖方有义务在某一特定地点将货物交付承运人的情况下

第(1)款第二句规定，如果卖方有义务在某一特定地点把货物交付承运人，风险在货物于该地点交付给承运人时转移。营业地在内陆的卖方同意从一港口发运货物即属于第(1)款的范围内。目前没有报告说有判决书解释了这一条款。

3. 卖方保留单据

第(1)款第三句规定，卖方保留控制货物处置权的单据，并不影响第67条下风险的转移。目前没有报告说有判决书解释了这一条款。

4. 货物的标识

第67条第(2)款将货物清楚地注明有关销售合同作为风险转移的条件。制订这一规则是为了防止卖方在合同中标注已遭受意外损失的货物。一家法院认定，在货运单据中说明货物便达到了清楚地注明货物的要求。另一家法院指出，一项CIF 合同的双方当事人约定当清楚地注明该合同的可可豆于装运港交付给承运人时，损失风险便转移到买方承担。

判例讨论 67-1

- ◉ 关联条款 : 第1条，第7条，第9条，第31条，第53条，第66条，第67条，第78条
- ◉ 案件参考 : Clout Case No. 360
- ◉ 案件分类 : Germany, Amtsgericht Duisburg,「No. 49 C 502/00」, 2000.04.13

本争议涉及在当事方之间确立惯例所需的必要条件及分配对于所称的交货地点协议的举证责任。

被告是德国一家比萨饼店的店主，原告是意大利一家比萨饼纸箱制造商，被告从原告处订购90摞比萨饼纸箱。被告提前付了款。当纸箱于1998年7月交货时，被告注意到承运人损坏了纸箱，并通知了原告。在前两次类似事件中，原告将损失赔偿款记入被告的贷方。然而这次却没有这样做。

1998年10月，被告再次向原告订购了比萨饼纸箱。这批货到达时完好无损。被告拒绝支付货款，意欲以自己对7月份有缺陷货物的反诉抵销原告对支付10月份货物合同款的诉求。他称这种反诉的依据是当事方之间确立的惯例。或者，他主张由于当事方议定杜伊斯堡是交货地点，损失风险仅在杜伊斯堡移交，这样原告仍对承运人造成的损失负责。法院命令被告支付10月份货物的货款加1998年11月起的利息。

至于抵销问题，《销售公约》没有涉及，法院适用意大利法律，因为根据德国法律冲突法规则应当适用意大利法律。

然后法院驳回被告的第一个论点，称两次将损失赔偿款记入被告的贷方并不一般性地足以根据《销售公约》第9 (1) 条在当事方之间确立惯例。

被告的第二个论点也被驳回。法院认为，根据第31条，买方有义务就所谓的交货地点协议提出证明。由于被告不能出示这种协议的证据，则应适用第31(a)条规定的一般规则。根据第31(a)条，卖方(原告)仅有义务将货物交付承运人。根据第67(1)条,损失风险在货物交给承运人之时转移给买方（被告）。因此，不能让卖方负责后来由承运人造成的损失。

判例讨论 67-2

- 关联条款：第1条，第4条，第8条，第9条，第67条
- 案件参考：Clout Case No. 447
- 案件分类：United States, U.S. [Federal] District Court for the Southern District of New York,「No. 00 CIV. 9344(SHS)」, 2002.03.26

被告为一家德国公司，向美国一家公司出售了一个移动磁共振成像系统。交货条款规定“CIF纽约港，买方安排并支付结关和运至卡尔马特市（美国的最终目的地）的费用。”在付款条件之前有一项手写说明，“检验合格后接受”，其后是买方代表的首字母签名。买卖双方一致认为该设备在装运港装运时还处于运转良好状态，但在到达最终目的地时受损。两家美国保险公司对买方进行了赔偿，并作为买方索赔的代位人对卖方提起诉讼。

法院批准了被告提出的驳回诉讼的申请，原因在于未能提出诉讼事由。

双方在合同中指定德国法律为适用法律。法院将《销售公约》作为相关的德国法律应用。双方的营业地点位于两个不同的缔约国内，而且没有就排除《销售公约》的适用性达成一致意见。法院注意到，德国法院也出于类似原因将《销售公约》作为适用的德国法律应用。

法院的结论是，根据CIF交货条款，在货物移交装运港时，损失风险就已转移到买方。法院认定，国际商会1990年的CIF国际贸易术语解释通则受《销售公约》第9(2)条管辖。法院还注意到，德国法院将国际贸易术语解释通则作为一个具有法律效力的商业惯例使用。

法院驳回原告提出的理由，即由于被告保留对设备的所有权，因此损失风险不可能转移。援引《销售公约》第4(b)条和第67(1)条，法院指出，《销售公约》对损失风险和所有权转移做了区分，前者在第三部分的第四章有所论述，后者则超出了公约的范畴。

法院还驳回了以合同的印刷体和手写体条款为依据提出的理由。赋予结关责任的条款所涉及的问

题不在CIF国际贸易术语解释通则的处理范围内。规定设备到达目的地之后进行最后付款的条款与损失风险的转移并不矛盾。此外，一个通情达理的接受方对手写条款的理解将会是：接收设备并不等于承认设备没有缺陷，并根据合同说明书运转。

068. 运输途中出售货物的风险转移时间

Art. 68 The risk in respect of goods sold in transit passes to the buyer from the time of the conclusion of the contract. However, if the circumstances so indicate, the risk is assumed by the buyer from the time the goods were handed over to the carrier who issued the documents embodying the contract of carriage. Nevertheless, if at the time of the conclusion of the contract of sale the seller knew or ought to have known that the goods had been lost or damaged and did not disclose this to the buyer, the loss or damage is at the risk of the seller.
제68조 운송 중에 매각되는 물품에 관한 위험은 계약의 체결 시로부터 매수인에게 이전한다. 그러나 상황이 그렇게 가리키는 경우 운송계약을 구현하는 서류를 발행한 운송인에게 물품이 인도된 때로부터 매수인이 위험을 부담한다. 그럼에도 불구하고 매도인이 매매계약의 체결 시에 물품이 이미 멸실 또는 손상되었다는 사실을 알았거나 또는 알았어야 했고 또한 이를 매수인에게 밝히지 아니한 때에는 그 멸실 또는 손상은 매도인의 위험에 속한다.
第68条 对于在运输途中销售的货物，从订立合同时起，风险就移转到买方承担。但是，如果情况表明有此需要，从货物交付给签发载有运输合同单据的承运人时起，风险就由买方承担，尽管如此，如果卖方在订立合同时已知道或理应知道货物已经遗失或损坏，而他又不将这一事实告知买方，则这种遗失或损坏应由卖方负责。

第68条规定了如果货物在运输途中被销售风险何时转移的规则。总的规则是，风险从订立合同时起转移。不过，如果情况表明有此需要，当货物交付给承运人时就认为风险转移了。只要卖方在订立合同时已知道或理应知道货物已经遗失或损坏，而他又不将这一事实告知买方，这种风险就依然由卖方承担。尽管在报告的判决中援引过第68条，但这些判决并没有对其内容加以解释。

069. 其它情况下的风险转移时间

Art. 69 (1) In cases not within Art.s 67 and 68, the risk passes to the buyer when he takes over the goods or, if he does not do so in due time, from the time when the goods are placed at his disposal and he commits a breach of contract by failing to take delivery. (2) However, if the buyer is bound to take over the goods at a place other than a place of business of the seller, the risk passes when delivery is due and the buyer is aware of the fact that the goods are placed at his disposal at that place. (3) If the contract relates to goods not then identified, the goods are considered not to be placed at the disposal of the buyer until they are clearly identified to the contract.
제69조 (1) 제67조 및 제68조에 해당되지 아니하는 경우 위험은 매수인이 물품을 수령하는 때 또는 매수인이 적시에 이를 수령하지 아니한다면, 물품이 매수인의 처분하에 놓이고 또한 매수인이 인도를 수령하지 아니함으로써 계약위반을 범하게 된 때로부터 매수인에게 이전한다. (2) 그러나 매수인이 매도인의 영업소 이외의 장소에서 물품을 수령하여야 하는 경우에는 위험은 인도기일이 도래하고 또한 물품이 그 장소에서 매수인의 처분하에 놓인 사실을 매수인이 안 때에 이전한다. (3) 계약이 아직 특정되지 아니한 물품과 관련되어 있는 경우에는 물품이 계약에 명확히 특정되기 까지는 그 물품이 매수인의 처분하에 놓이지 아니한 것으로 본다.
第69条 (1) 在不属于第67条和第68条规定的情况下，从买方接收货物时起，或如果买方不在适当时间内这样做，则从货物交给他处置但他不收取货物从而违反合同时起，风险移转到买方承担。 (2) 但是，如果买方有义务在卖方营业地以外的某一地点接收货物，当交货时间已到而买方知道货物已在该地点交给他处置时，风险方始移转。 (3) 如果合同指的是当时未加识别的货物，则这些货物在未清楚注明有关合同以前，不得视为已交给买方处置。

第69条规定了在《公约》前两条未涵盖的情况下风险转移时间的规则。第(1)款涵盖在卖方的营业地交货的情况，第(2)款则涉及所有其他情况。风险转移对买方支付价款的义务的影响在第66条中涉及。在卖方根本违反合同的情况下对风险转移的影响在第70条中论述。

第69条只适用于《公约》前两条不适用的情况。第67条制约销售合同涉及货物运输的情况以及超出第69条而属于第67条规定范围内的情况。无论买方是安排由自己的车辆进行此后的货物运输，还是由第三方承运人运输，都是如此。在一特定案件中哪一条适用，往往要看如何解释双方当事人的协议。一家法院得出结论说，合同术语“价目单出厂定价”并非与第67条第(1)款的规定不一致，因为货物将由日本的第三方承运人运输。对于规定“买方应在卖方地址提取鱼卵并将货物运到其在匈牙利的工厂”并且价格是“克拉多沃离岸价格”的合同，一家仲裁庭还适用了第67条第(1)款。另一方面，对于卖方同意按《国际贸易术语解释通则》的“DAF”（“边境交货”）交付货物的合同，一家仲裁庭认定第69条第(2)款而不是第67条适用于风险转移时产生的问题。

1. 在卖方营业地接收货物

如果货物是在卖方营业地交付，第69条第(1)款规定，从买方接收货物时起，风险转移到买方承担。一家法院将该款适用于在一次拍卖中出售一幅画的风险转移。

如果买方未能接收货物，第(1)款规定从货物交给买方处置但买方并未收取货物从而违反合同时起，风险转移到买方承担。根据第(3)款规定，货物在清楚注明有关合同时，即是交给买方处置。目前没有报告说有适用该款的判例。

2. 在其他地点接收货物

第69条第(2)款规定了在买方有义务在卖方营业地以外的某一地点接收货物时风险的转移。在这种情况下，当交货时间已到而买方知道货物已在该地点交给他处置时，风险方始转移。根据第(3)款规定，货物在清楚地注明有关合同时即视为已交给买方处置。

第(2)款涵盖了各种情况，包括涉及交付储存在第三方仓库中的货物、在卖方或买方营业地以外的某一地点交货以及在买方营业地点交货的情况。在一个判例中，法院认定储存在一个仓库中的家具的遗失风险尚未转移到买方，因为尽管买方已经签发储存发票，但是交货的期限还未到，原因是根据双方当事人的协议，只有在买方要求交货时方为交货到期，而买方还没有提出要求。不过，另一个判例认定，当卖方向第三方加工商交付未经处理的大麻哈鱼时，遗失风险即已转移，因为买方默许了交货，且交货时间已到。在另一个判例中，一家仲裁庭裁定，卖方在买方未能开立约定的信用证之后将货物储存起来，因而应承担遗失风险，因为卖方未按照约定按“DAF”（“边境交货”）交付货物，或将货物交给买方处置。

070. 卖方根本违反合同是对风险转移的影响

Art. 70 If the seller has committed a fundamental breach of contract, Art.s 67, 68 and 69 do not impair the remedies available to the buyer on account of the breach.
제70조 매도인이 중대한 계약위반을 범한 경우에는 제67조, 제68조 및 제69조의 규정이 그 위반을 이유로 매수인이 이용할 수 있는 구제를 침해하지 아니한다.
第70条 如果卖方已根本违反合同，第67条、第68条和第69条的规定，不损害买方因此种违反合同而可以采取的各种补救办法。

根据第70条，即使如前面三条所规定的，货物遗失或损坏风险已转移到买方，但是如果卖方已根本违反合同，则买方仍可采取其各种补救办法。

第5章　卖方和买方义务的一般规定

区分及内容	
第 4　篇　货物销售	第25条~第88条
第1章　总　则	第25条~第29条
第2章　卖方义务	第30条~第52条
第3章　买方义务	第53条~第65条
第4章　风险转移	第66条~第70条
第5章　卖方和买方义务的一般规定	第71条~第88条
第1节　预期违反合同和分批交货合同	第71条~第73条
第2节　损害赔偿	第74条~第77条
第3节　利　息	第78条
第4节　免　责	第79条~第80条
第5节　宣布合同无效的效果	第81条~第84条
第6节　保全货物	第85条~第88条

第1节 预期违反合同和分批交货合同

区分及内容	
第 4　篇　货物销售	第25条~第88条
第1章　总　则	第25条~第29条
第2章　卖方义务	第30条~第52条
第3章　买方义务	第53条~第65条
第4章　风险转移	第66条~第70条
第5章　卖方和卖方义务的一般规定	第71条~第88条
第1节　预期违反合同和分批交货合同	第71条~第73条
第71条　中止履行义务	
第72条　在履行期满前宣告合同无效	
第73条　分批交货合同的宣告无效	
第2节　损害赔偿	第74条~第77条

	第3节　利　息	第78条
	第4节　免　责	第79条~第80条
	第5节　宣布合同无效的效果	第81条~第84条
	第6节　保全货物	第85条~第88条

《公约》第三部分第五章第一节包括三项同时适用于买方和卖方的条款，涉及宣告合同无效（或部分无效）或在某些特殊情况下中止履行合同义务——特别是当一方当事人显然将不履行其义务（第71条、第72条以及在某些方面第73条第(2)款）或根本违反分批交付合同（第73条）时。因此，根据本节的前两项条款，在合同履行期满前，如果这些条款的条件得到满足，受损害的一方当事人可以中止履行义务（第71条）或宣告合同无效(第72条)。如果双方当事人签订了分批交付货物合同，则受害方当事人可宣告合同对单批货物、今后分批交付的货物无效，或按第3条规定宣告整份合同无效(第73条)。

071. 中止履行义务

Art. 71

(1) A party may suspend the performance of his obligations if, after the conclusion of the contract, it becomes apparent that the other party will not perform a substantial part of his obligations as a result of:
  (a) a serious deficiency in his ability of perform or in his credit worthiness; or
  (b) his conduct in preparing to perform or in performing the contract.

(2) If the seller has already dispatched the goods before the grounds described in the preceding paragraph become evident, he may prevent the handing over of the goods to the buyer even though the buyer holds a document which entitles him to obtain them. The present paragraph relates only to the rights in the goods as between the buyer and the seller.

(3) A party suspending performance, whether before or after dispatch of the goods, must immediately give notice of the suspension to the other party and must continue with performance if the other party provides adequate assurance of his performance.

제71조

(1) 계약이 체결된 이후에 상대방이 다음과 같은 사유로 인해 그의 의무의 실질적 부분을 이행하지 아니할 것이 명백하게 되는 경우 당사자는 자신의 의무의 이행을 정지할 수 있다.

(a) 상대방의 이행능력 또는 신용도의 중대한 흠결, 또는 (b) 계약의 이행을 준비하거나 계약을 이행함에 있어 상대방의 행위. (2) 전항에 기술된 사유가 명백하여지기 전에 매도인이 이미 물품을 발송한 경우에는 비록 매수인이 물품을 취득할 수 있는 권한을 부여하는 서류를 소지하고 있다고 하더라도 매도인은 물품이 매수인에게 인도되지 못하도록 방지할 수 있다. 본 항은 매도인과 매수인 사이에서 물품에 대한 권리에만 적용한다. (3) 이행을 정지하는 당사자는 물품이 발송되기 전이냐 또는 후이냐를 불문하고 상대방에게 즉시 그 정지에 관한 통지를 보내야 하고 또한 상대방이 그의 이행에 관하여 적절한 보장을 제공하는 경우에는 이행을 계속하여야 한다.
第71条 (1) 如果订立合同后，另一方当事人由于下列原因显然将不履行其大部分重要义务，一方当事人可以中止履行义务： (a) 他履行义务的能力或他的信用有严重缺陷；或 (b) 他在准备履行合同或履行合同中的行为。 (2) 如果卖方在上一款所述的理由明显化以前已将货物发运，他可以阻止将货物交付给买方，即使买方持有其有权获得货物的单据。本款规定只与买方和卖方间对货物的权利有关。 (3) 中止履行义务的一方当事人不论是在货物发运前还是发运后，都必须立即通知另一方当事人，如经另一方当事人对履行义务提供充分保证，则他必须继续履行义务。

如果一方当事人不可能取得另一方当事人许诺的不履行义务的大部分内容，第71条准许卖方或买方中止履行销售合同规定的义务。如果该中止行为公正合理，中止履行义务的一方当事人就没有违反合同。但是，如果中止行为不属于第71条所准许的范围，则中止方未履行义务就违反了本合同。中止履行义务的权利存续至履行时间到期为止。但是，一旦过了履行日期，受损害的一方当事人必须寻求本公约规定的其他补救措施。此项权利延续至中止履行义务的条件不再存在时，该方当事人有权宣告合同无效，或另一方当事人根据第71条第(3)款对履行义务提供充分保证。本公约关于中止权的规则取代了允许一方当事人中止履行义务的国内销售法规则。

第71条规定的中止履行义务的权利与第72条规定的宣告合同无效的权利不同。宣告合同无效是终止双方当事人的义务（见第81条），而中止履行合同义务则是承认合同继续有效，但敦促双方当事人对履行义务相互做出保证。行使中止权和宣告合同无效的权利的前提条件不同，双方当事人相互联系的义务也不同。

第71条规定的中止履行义务的权利既适用于要求一次性发货的销售合同，也适用于第73条规定的分批交付货物合同。这两条的前提条件都满足时，受害方当事人可根据第71条选择中止履行义务或根据第73条第(2)款宣告今后的分批交付货物合同无效。一方当事人如果选择中止履行义务，必须根据第71条第(3)款发出通知。

根据第6条，双方当事人可同意不适用第71条或减损其规定。一项判决裁定，卖方既然同意收回设备，进行修理后再迅速予以交付，就等于已默示同意减损第71条的规定，因而不能以买方未偿还以往的债务为由中止其重新交付设备的义务。

1. 中止履行义务的前提条件

一方当事人显然将不履行其大部分义务，且不履行义务是出于项(a)或(b)项中所阐明的任何一种原因，则另一方当事人根据第71条第(1)款有权中止履行义务。没有履行义务未必就是根本性违约。

一方当事人在遇到以下情况时有权中止履行义务：卖方拒绝执行某些条款；卖方无法摆脱卖方供应商提出的限制条件交付货物；买方没有支付货款；买方未支付或拖延支付一份以上早期销售合同规定的价格；买方未能开立有效的银行担保。买方未开立信用证使卖方有权按第64条规定宣告合同无效，买方还可以采取第71条和第72条规定以外的补救方法。

买方在面临以下情况时无权中止履行义务：卖方交付的22,400公斤货物中，只有420公斤不符合同要求；卖方已交付部分货物；之前交付了不符合要求的货物，买方试图中止对当前交付的符合要求的货物支付价款。一些判决认为，买方向法院的起诉并未说明卖方将不履行其大部分义务。

在买方未支付两次交货的价款且已取消银行付款通知的情况下，卖方在以下无权中止履行义务。当卖方未确定买方是否将无法提货或支付货款，尽管货物可能不符合买方营业地所在政府颁布的卫生标准，中止履行义务也是不合理的。

2. 中止履行义务通知

第71条第(3)款要求中止履行义务的一方当事人立即通知另一方当事人。本款未规定通知详情。以下声明或行为应予以足够重视：买方拒绝支付仓库设备费用，虽然它早先已同意支付这些费用；买方在信函中拒绝接受不符合同的货物且提出退货。以下情况被认为不构成充分通知：买方未支付货价；买方致函抱怨根据不同合同而不是其声称将中止履行义务的合同交付的有缺陷的货物。

第(3)款未明确说明对未立即发出中止履行义务通知的制裁措施。有关判决一致认定，在未按规定发出通知的情况下，受害方当事人可不行使其中止履行义务的权利。一项判决的结论是，卖方中止交付货物却没有立即通知买方，是违反合同的行为；买方因此有权索取损害赔偿。

3. 履行义务的充分保证

第(3)款规定，若一方当事人对履行义务做出充分保证，则已中止履行义务的另一方当事人须结束其中止行为，并继续履行义务。本款未详细阐述此种保证的形式和方法，也未说明必须何时提供保证。所指告的判例均未述及根据本款提供充分保证的问题。

判例讨论 71-1

- 关联条款：第1条，第30条，第31条，第53条，第66条，第69条，第71条
- 案件参考：Clout Case No. 338
- 案件分类：Germany, Oberlandesgericht Hamm,「No. 19 U 127/97」, 1998.06.23

被告是两位奥地利卖方和一位德国买方，订立了交付制造的家具并将其存放在匈牙利仓库的协定。货物放入仓库时，卖方签发了入库单，入库单随后又发给买方。根据协定买方有权命令交付一部分这批家具，但家具须由卖方在仓库交割，然后装上运货车，或装上买方的卡车，转运给买方。交货时，买方须根据发货单支付货款。在签发了几份入库单之后，买方将其权利转让给第三方，即原告。买方收到第三方的转让通知后，以书面形式接受了这一转让。但是由于买方未收到入库单上列出的家具，买方并未支付货款。匈牙利的仓库公司宣布破产，仓库中的这些家具也随之消失。在此之后，原告状告买方，要求根据入库单支付所称的未付货款。

上诉法院维持下级法院作出的驳回索赔要求的判决。

法院认为应适用《销售公约》，因为当事各方的营业地是在《销售公约》的不同缔约国，而且均未根据《销售公约》第6条排除适用销售公约。法院驳回了原告提出的买方同意转让即相当于承认被转让的权利的说法。由于《销售公约》中没有关于承认问题的规定，法院适用了德国的国际私法规则，并因此而适用奥地利的法律根据这种法律。书面承认转让并不构成承认索赔要求，这样的要求必须予以拒绝。

法院认为，原告无权根据《销售公约》第53条要求支付货款，因为卖方显然已无法履行其义务的一个重要构成部分，即交付家具（《销售公约》第30条)。因此，根据销售公约第71(1)(a)，可以允许买方中止履行其义务。对于买方拒绝按入库单付款，法院解释为按《销售公约》第71(3)条的要求通知中止履行义务。

法院认为，买方没有义务根据《销售公约》第66条支付货款，因为原告未证明货物是在转移给买方之后遗失的。就本案而言，风险的转移要根据《销售公约》第69(2)条来确定，这是因为，按当事各方的协定，买方肯定要在卖方营业地以外的某一地点接收货物。但是《销售公约》第69(2)条对转移风险规定的条件并未得到满足，即交货时间已到而买方知道货物已交给其处置。根据当事方的协定，应按买方提出的日期交货(《销售公约》第33(a))，条而买方并未提出交货日期，卖方也就无法将家具交给买方处置(《销售公约》第31(b)条)。

072. 在履行期满前宣布合同无效

Art. 72 (1) If prior to the date for performance of the contract it is clear that one of the parties will commit a fundamental breach of contract, the other party may declare the contract avoided. (2) If time allows, the party intending to declare the contract avoided must give reasonable notice to the other party in order to permit him to provide adequate assurance of his performance. (3) The requirements of the preceding paragraph do not apply if the other party has declared that he will not perform his obligations.
제72조 (1) 계약의 이행기일전에 어느 일방이 중대한 계약위반을 범하리라는 것이 분명한 경우 상대방은 계약의 해제를 선언할 수 있다. (2) 시간이 허용하는 경우 계약의 해제를 선언하고자 하는 당사자는 상대방이 그 이행에 관하여 적절한 보장을 제공할 수 있도록 하기 위하여 그에게 합리적인 통지를 주어야 한다. (3) 전 항의 요건은 상대방이 그의 의무를 이행하지 아니하겠다고 선언한 경우에는 적용하지 아니한다.
第72条 (1) 如果在履行合同日期之前，明显看出一方当事人将根本违反合同，另一方当事人可以宣告合同无效。 (2) 如果时间许可，打算宣告合同无效的一方当事人必须向另一方当事人发出合理的通知，使他可以对履行义务提供充分保证。 (3) 如果另一方当事人已声明他将不履行其义务，则上一款的规定不适用。

如果在履行合同日期之前，明显看出另一方当事人将根本违反合同，第72 条赋予了卖方或买方宣告合同无效的权利。如果在履行合同之日或在此之后，一方当事人未能履行合同或未能遵照合同规定履约将构成根本违约行为，届时，第49条而不是第72条将适用于这种情况。因此，买方如未能在履行合同日期开始前宣布合同无效，根据第72条的规定，买方将不能宣告合同无效，而是必须按照第45条和第49条的规定行事。

受害方根据第72条所拥有的宣告合同无效的权利应与其根据第71条所拥有的中止履行义务的权利区别开来。两项条款都在探讨是否会出现违约行为，但是较之中止合同行为，宣布合同无效这一补救办法的前提条件更为严厉，无论在预计违约的严重性方面，还是违约行为是否将发生的可能性方面。两条规定的通知要求也有所不同。第72

条只要求在时间允许时，给予“合理”的事前通知，并且在另一方当事人明确宣布不再履行合同时，免去通知义务。而第71条则要求立即发出中止通知，无一例外。

如果合同（特别）为一次性交付销售合同，受害方根据第72条享有在履行合同日期之前宣告合同无效的权利。但如果合同为分批交付合同，第73条则对宣告未来各批货物合同无效的行为做出了明确规定。几项裁决都承认，在分批交付合同中，受害方可根据这两项条款中有关未来各批货物的规定行事。

1. 宣告合同无效的前提条件

第73条第(1)款规定了合理宣告合同无效的首要前提条件：在履行合同日期之前，有明显迹象表明，需要履约的一方当事人将根本违反合同。这只需要根本违反合同的可能性极大，而不需要完全肯定该行为一定会发生。一项裁决指出，关于事先声明拒不履行义务的主张必须宣布“(1)被告在合同规定的履行合同日期之前，有意违反合同，并且(2) 这种违约是根本性违约”。

一方当事人如宣称将不履行其义务即满足这项前提条件。如果卖方曾经宣称它“认为不再有义务”去履行合同，并将“把材料卖给其他人”，并且该指控得到了证实，那么买方有权宣告合同无效。规定交货以满足超出合同的新要求为条件就是一种事先声明拒不履行义务的行为。

第(1)款所规定的前提条件在以下几种情况也被认定得到了满足：买方未能支付先前的货款；买方未能开立信用证；卖方未能降低价格，并承诺按时送达时尚商品；卖方故意终止交付货物。

这些前提条件在以下几种情况下被认定未得到满足：卖方因双方之间的争执而不再发送货物；卖方表示了停止交付货物的意向，但也同意继续谈判；买方未能支付一批货物货款。

2. 宣告合同无效意向通知书

在满足了第72条第(1)款规定的情况下，第72条第(2)款要求受害方在时间许可时，事先向另一方当事人发出受害方有意宣告合同无效的通知，以便使另一方当事人有机会提供他将履行义务的充分保证。但是，只是在“如果时间允许”的情况下要求发出这样的通知。这份通知书不同于适用第26条的宣告合同无效声明，后者是在受害方在没有得到充分保证并决定宣布合同无效时也必须提供的。一项判决的结论是，如果受害方有赖于第72条来解决问题，那它必须在履行合同日期之前宣告合同无效。

3. 充足的履约保证

正如上文指出的，第72条第(2)款要求发出通知的目的是使收到通知的一方当事人有机会提供足够的履约保证。《公约》并没有规定保证必须采用的形式，也没有关于受害方必须寄交保证金的要求。

073. 分批交货合同的宣告无效

Art. 73

(1) In the case of a contract for delivery of goods by instalments, if the failure of one party to perform any of his obligations in respect of any instalment constitutes a fundamental breach of contract with respect to that instalment, the other party may declare the contract avoided with respect to that instalment.

(2) If one party's failure to perform any of his obligations in respect of any instalment gives the other party good grounds to conclude that a fundamental breach of contract will occur with respect to future installments, he may declare the contract avoided for the future, provided that he does so within a reasonable time.

(3) A buyer who declares the contract avoided in respect of any delivery may, at the same time, declare it avoided in respect of deliveries already made or of future deliveries if, by reason of their interdependence, those deliveries could not be used for the purpose contemplated by the parties at the time of the conclusion of the contract.

제73조

(1) 물품을 분할인도하는 계약의 경우에 있어 어느 분할분에 관한 일방의 어떠한 의무의 불이행이 그 분할분과 관련하여 중대한 계약위반이 되는 경우에 상대방은 그 분할분과 관련하여 계약의 해제를 선언할 수 있다.

(2) 어느 분할분에 관한 당사자 일방의 어떠한 의무의 불이행이 상대방으로 하여금 장래의 분할분과 관련하여 중대한 계약위반이 있으리라는 결론을 내리게 하는 충분한 근거가 되는 경우 상대방은 장래에 관하여 계약의 해제를 선언할 수 있다. 다만 그는 상당한 기간 내에 이를 선언하여야 한다.

(3) 어느 인도분에 관하여 계약의 해제를 선언하는 매수인은 이와 동시에 이미 행하여진 인도분 또는 장래의 인도분에 대해서도 계약의 해제를 선언할 수 있다. 다만 그러한 인도분들이 상호 의존관계로 인하여 계약 체결 시에 당사자 쌍방이 의도한 목적으로 사용될 수 없는 경우에 한한다.

第73条

(1) 对于分批交付货物的合同，如果一方当事人不履行对任何一批货物的义务，便对该批货物构成根本违反合同，则另一方当事人可以宣告合同对该批货物无效。

(2) 如果一方当事人不履行对任何一批货物的义务，使另一方当事人有充分理由断定对今后各批货物将会发生根本违反合同，该另一方当事人可以在一段合理时间内宣告合同今后无效。

(3) 买方宣告合同对任何一批货物的交付为无效时，可以同时宣告合同对已交付的或今后交付的各批货物均为无效，如果各批货物是互相依存的，不能单独用于双方当事人在订立合同时所设想的目的。

本条对分批交付合同规定了特别的规则。这些规则规定了买方或者卖方何时有权宣告单批货物、未来各批货物，或整个合同无效。根据第26条，无效声明只在受害方通知另一方当事人的情况下方才有效。

第73条并没有排除《公约》其他条款的适用。当卖方未能交付一批货物，或买方未能支付一批货物货款时，根据第47条或第64条，受害方有权额外延长违约方的交付时间，并在另一方当事人不能在额外延长的时间内履约时，宣告这批货物无效。当只交付了一些，但不是所有货物时，可以适用有关部分交付的第51条的规定和第73条的规定。受害方可以行使第71条第(1)款规定的中止履约的权利，或者根据第73条第(2)款宣告未来各批货物合同无效的权利。受害方还可以根据第72条或第73条宣布其继续交付货物的合同义务无效。

1. 什么是分批交付合同

分批交付合同就是规定分成不同批次交付货物的合同。货物不必是可替换的，这样分批交付合同就可以涵盖每批货物中不同种类货物的交付（例如，男士羊皮大衣和女士羊皮大衣)。一项判决表明，根据第73条的规定，分批交付合同不必像第51条的部分交付规定那样，精确地规定单批货物的数量。

好几项判决把有长期关系的当事方之间单独的合同定性为受第73条管辖的分批交付合同，或者已经断定，受害方可根据第73条或者另外的条款，例如第71条或者第72条行事。一项判决还将第73条适用于同一当事方之间签订的铝金属供应合同。但是，另一项判决将分批交付合同与分销或者框架协议区分开来，后者可能规定在某一地理区域独家代理等非销售事项或没有确定数量的协议。

2. 宣告合同对单批货物无效

如果另一方当事人对一批货物有根本违约行为（见第25条)，第(1)款赋予了一方当事人宣告合同对该批货物无效的权利。判定一方当事人是否有根本违约行为的同一标准，既适用于要求一次性交付的合同，也适用于要求分批交付的合同。经裁决，在以下情况下，受害方有权宣告合同对该批货物无效：卖方不能交付承诺的货物；卖方以满足新的要求为交付分批货物的条件。另一方面，在买方拖延支付分批货物的价款时，受害方被判定有权宣告合同对该批货物无效。

3. 宣告合同对未来各批货物无效

如果一方当事人有充分理由断定，另一方当事人对今后各批货物将会发生根本违反合同行为（见第25条），第73条第(2)款授予受害方宣告合同对未来各批货物无效的权利。

在以下情况下，受害方被判定有权宣告合同对未来各批货物无效：尽管卖方接受了货款，但没有交付货物；卖方未能交付第一批货物；卖方声明其不能继续交付货物；卖方因为樱桃市场价格的急剧上涨而拒绝继续交付樱桃；卖方三批货物的延迟交付给买方的生产造成极大破坏；交付货物质量很差；买方有充足理由相信，卖方不能交付符合食品安全规定的辣椒。

在以下情况下，判定卖方有充足理由宣告合同无效：买方未能开具信用证，使卖方有充分理由断定买方将不会付款；买方继续违反禁止买方向特定市场销售货物的合同条款。

根据第73条第(2)款宣布合同对未来各批货物无效，受害方必须在一段合理时间内宣布（通过通知另一方当事人——见第26条）合同无效。有权宣布合同对未来各批货物无效的买方，在卖方第三次延迟交付货物的48小时内向卖方发出通知之时，可有效地撤销该合同。

4. 宣告合同对互相依存的各批货物无效

如果一方当事人有意根据第73条第(1)款宣告合同无效，第(3)款授权额外宣告合同对过去或未来各批货物无效，这几批货物与宣告合同对其无效的一批货物互相依存，而后者致使双方当事人在订立合同时所设想的目的落空。如果一方当事人根据第(3)款规定宣告合同对这几批货物无效，它必须在根据第73条第(1)款宣告合同对当前这批货物无效的同时通知一方当事人。目前尚未有适用于该款的判例报告。

判例讨论 73-1

◉ 关联条款：第8条，第26条，第45条，第73条，第81条，第84条

◉ 案件参考：Clout Case No. 293

◉ 案件分类：Germany, Schiedsgericht der Hamburger freundschaftlichen Arbitrage, 1998.12.29

申请人为德国买方，起诉被申请人捷克卖方，要求归还被卖方取消的第二批(共15批)奶酪的预付款。

仲裁庭认为，根据当事双方达成的仲裁条款，仲裁庭对该案具有管辖权。在无明示选择法律的情况下，仲裁庭裁定，通过选择德国为仲裁地，当事双方已默示同意德国发为支配合同的法律，因此《销售公约》应予适用。

仲裁庭认为，根据《销售公约》第81条(2)款的规定，买方有权要求归还预付款。

鉴于双方商定买方分15次收到奶酪，该合同应解释为《销售公约》第73条规定的分批交货合同。

仲裁庭认为，买方有权根据《销售公约》第45条第(1)款(1)项和第49条(1)款(a)项宣告合同无效。谈到《销售公约》第8条，仲裁庭认为，预付款协议并不允许以诸如解决其它争议等理由中止随后交付有关货物。当以这样的理由拒绝交货时，卖方就会被认为是根本违反合同，而不论是否存在任何其它争议。因此，仲裁庭认为，买方有权宣告合同无效，甚至可以不用确定一个新的交货期间。尽管一方对一批货物的根本违反合同使对方有权仅对该批货物宣告合同无效(《销售公约》第73条(1)款)，但仲裁庭认为，买方有权宣告全部合同无效，因为卖方拒绝提供今后各批货物(《销售公约》第73条(2)款)。

仲裁庭进而认为，买方关于今后不再与卖方作生意的信符合《销售公约》第26条规定的宣告合同无效的条件。

最后，仲裁庭裁决根据《销售公约》第84条(1)款支付从预付款支付之日起的利息。根据国际私法的规定利率依照适用的德国法确定。

第2节　损害赔偿

区分及内容	
第4　篇　货物销售	第25条~第88条
第1章　总　则	第25条~第29条
第2章　卖方义务	第30条~第52条
第3章　买方义务	第53条~第65条
第4章　风险转移	第66条~第70条
第5章　卖方和买方义务的一般规定	第71条~第88条
第1节　预期违反合同和分批交货合同	第71条~第73条
第2节　损害赔偿	第74条~第77条
第74条　损害赔偿额的计算原则	
第75条　宣布合同无效后损害赔偿的计算方法--具体的赔偿方法	
第76条　宣布合同无效后损害赔偿的计算方法--抽象的赔偿方法	
第3节　利　息	第78条
第4节　免　责	第79条~第80条
第5节　宣布合同无效的效果	第81条~第84条
第6节　保全货物	第85条~第88条

第45条第(1)款(b)项和第61条第(1)款(b)项规定，如果另一方当事人“不履行他在合同和本公约中的任何义务”，那么受害买方和受害卖方可以按照第74条至第77条的规定要求损害赔偿。包含第三部分第五章第二节的第74条至第77条规定了适用于受害卖方和受害买方的权利主张的损害赔偿方法。这些损害赔偿规定是详尽的，排除了诉诸国内法的可能性。

第74条规定了在受害方有权获得损害赔偿的情况下适用于各种情况的一般规则。该条规定“违约造成的损害”包含一切损失，包括因违约而引起的利润损失，只要是在订立合同时这些损失是违约方可以预见的。即使受害方有权根据第75条或第76条规定提出权利主张，他也可以选择根据第74条规定提出赔偿要求。第75条和第76条明确规定受害方可以根据第74条规定取得额外的损害赔偿。

第75条和第76条只适用于合同被宣告无效的情况。第75 条参考替代货物交易的价格具体计算损害赔偿额，第76条则根据目前的市场价格抽象计算损害赔偿额。第76条第(1)款规定，如果受害方根据第75条规定已达成替代货物交易的话，则不得根据第76条规定计算损害赔偿额。但是，如果受害方达成的替代货物交易量低于合同约定数量，则第75条和第76条均可应用。

根据第77条规定，如果受害方未减轻损失的事实成立的话，第74条、第75条或第76条所规定的可追偿的损害赔偿将减少。减少的数额是本应减轻的损失的数额。

好几家法院从第二节的条款中推论出了一般原则。一项判决得出结论说，全额赔偿受害方是本公约所依据的一项一般原则。另一项判决则声称，本公约倾向于参考实际交易或损失来“具体”计算损害赔偿额，而不是参考市场价格抽象计算赔偿金。它指出，《公约》规定金钱赔偿的目的是使受害方回到其曾经的经济地位，它使合同得到了严格地执行（赔偿和预期利益的保护），或者作为替代，当受害方在履行合同时发生的合理支出因违约而变得无意义时给予其赔偿。

1. 与其他条款的关系

第6条规定双方当事人可以约定减损本公约的规定或改变其效力，包括第五章第二节所列出的损害赔偿规定。好几项判决在执行限制8 或清偿9 损害赔偿的合同条款时不言明地以第6条规定为依据。一项判决得出的结论是，在双方当事人约定在合同因另一方当事人的行为而被宣告无效时受害方有权得到“补偿费”的情况下，受害方有权根据第75条规定追偿补偿费和损害赔偿。另一项判决得出的结论是，就一方当事人不履约而引起的纠纷签订的违约后协议，可取代受害方根据本公约的损害赔偿条款追偿损害赔偿的权利。这些合同条款的效力由适用的国内法而不是本公约所支配（《销售公约第4条(a)项)。

如果违约方证明第79条或第80条规定的条件得到了满足，那么他可以不承担损害赔偿的责任。根据第79条规定，违约方必须证明“此种不履行义务，是由于某种非他所能控制的障碍”而且“对于这种障碍，没有理由预期他在订立合同时能考虑到或能避免或克服它或它的后果”。不过，对于另一方当事人因未收到第79条第(4)款规定的有关障碍及其影响的及时通知而导致的损害，违约方将负有责任（第79条第(4)款)。根据第80条规定，在违约是由受害方的行为或不行为所造成的情况下，受害方不得以另一方当事人的违约为依据。

第44条规定，未按第39条和第43条的规定就不符合同情形发出适当通知的当事人，如果证明未发出通知是有合理的理由，他仍可要求“利润损失以外”的损害赔偿。

第50条授权受害买方在接收和保留不符合同规定的货物时根据既定的办法减低价格。买方可以放弃第74条至第76条所规定的损害赔偿权，要求根据第50条规定减低价格。

如果合同被宣告无效，那么根据第75条或第76条规定要求损害赔偿的受害方也须遵守关于宣告合同无效的效果的第81条至第84条的规定。尽管宣告合同无效一般可以解除双方当事人的合同义务，但一方当事人应享的损害赔偿权在合同宣告无效后依然有效（第81条第(1)款）。

本公约其他条款也许要求一方当事人采取具体措施来避免损失。例如，第85条至第88条规定了买方或卖方必须在什么时间和以什么方式保全他们所持有的货物。采取这类措施的当事人有权根据这些条款追偿合理的费用。

2. 举证责任

尽管第74条、第75条和第76条规定的损害赔偿方法均未明确分配举证责任，仍有一家法院得出结论说本公约承认这样一项一般原则，即行使权利的一方当事人有责任证明享有这一权利的正当性，并且这一原则排除在举证责任上适用国内法的可能性。因此，根据第74条、第75条和第76条规定要求损害赔偿的受害方以及根据第77条规定要求减少损害赔偿额的违约方，将承担证明其权利或损害赔偿额或减少损害赔偿额的正当性的责任。不过，同一意见还认为，决定一名法官应如何得出意见的是国内法而不是本公约（例如，对证据的权衡），本公约不涉及这一事项。

3. 抵消

尽管本公约没有涉及反诉是否可以抵消根据本公约提起的诉讼的问题，但本公约的确明确了销售合同导致的反诉是否存在的问题。如果的确存在，那么反诉可以抵消根据本公约提起的诉讼。

4. 管辖权；损害赔偿金支付地

好几项判决的结论是，为明确管辖权起见，违反合同导致的损害赔偿应在索赔人营业地支付。这些判决的理由是，本公约所依据的一项一般原则是除非双方当事人另有约定，债权人应在其住所得到支付。

074. 损害赔偿额的计算原则

Art. 74 Damages for breach of contract by one party consist of a sum equal to the loss, including loss of profit, suffered by the other party as a consequence of the breach. Such damages may not exceed the loss which the party in breach foresaw or ought to have foreseen at the time of the conclusion of the contract, in the light of the facts and matters of which he then knew or ought to have known, as a possible consequence of the breach of contract.
제74조 당사자 일방의 계약위반으로 인한 손해액은, 이익의 상실을 포함하여 그 위반의 결과로서 상대방이 입은 손실과 동등한 금액으로 한다. 그러한 손해액은 위반당사자가 알았거나 또는 알았어야 했던 사실 및 사정에 비추어 보아 그 위반당사자가 계약 체결 시에 계약위반의 가능한 결과로서 예견하였거나 또는 예견하였어야 했던 손실을 초과할 수 없다.
第74条 一方当事人违反合同应负的损害赔偿额，应与另一方当事人因他违反合同而遭受的包括利润在内的损失额相等。这种损害赔偿不得超过违反合同一方在订立合同时，依照他当时已知道或理应知道的事实和情况，对违反合同预料到或理应预料到的可能损失。

第74条陈述了本公约计算损害赔偿额的一般办法。如果销售合同的一方当事人违反了合同或本公约规定其承担的义务，则适用该办法。第74条第一句规定追偿受害方因为另一方当事人违约而遭受的全部损失，包括利润损失。第二句将这些的损失追偿限制在违约方在订立合同时预见到或理应预见到的范围内。这一办法既适用于受害卖方的权利主张，也适用于受害买方的权利主张。

本公约明确了损害追偿的依据，但国内程序法可以适用于对损失证据的评价。适用的国内法还决定一方当事人是否可以根据本公约在诉讼中主张抵消权。国内实体法还可以支配确定损害赔偿额的有关问题，例如证据的权衡。

一家法庭从第74条的损害赔偿办法中得出了一项全额补偿的一般原则。根据第7条第(2)款，法庭利用这一一般原则来填补第78条中的空白，该条规定可在特定情况下追偿利息，但没有指出如何确定利率。

根据第6条的规定，卖方和买方可以约定减损第74条或改变其效力。好几项判决执行限制或清偿损害赔偿的合同条款。这些合同条款的效力，根据第4条(a)项规定，受适用的国内法而不是本公约所支配。

1. 与其他条款的关系

受害方可以选择根据第74条规定要求损害赔偿，即使其也有权根据第75条和第76条规定要求损害赔偿。第75条和第76条明确规定受害方可以根据第74条规定追偿其他损害赔偿。

如果受害方没有按照第77条的要求减轻这些损失的事实成立，那么根据第74条规定可追偿的损害赔偿额将减少。减少的数额是本应减轻的损失的数额。

第78条明确规定了在特定情况下的利息追偿，但指出其规定"不妨碍要求按照第74条规定可以取得的损害赔偿"。好几项判决根据第74条规定裁定支付利息。在第78条不涉及的情况下，法院裁定作为损害赔偿支付利息，因为利息追偿与拖欠金额无关。

受害卖方可以要求买方根据第62条规定支付价款。一份仲裁意见书的摘要表明，仲裁庭根据第74条规定裁定买方将价款作为损害赔偿金支付给卖方。

2. 损害赔偿权

第74条规定了计算损害赔偿额的一般办法。第45条第(1)款(b)项和第61条第(1)款(b)项规定了要求损害赔偿的权利。这些段落规定，如果另一方当事人"不履行他在合同和本公约中的任何义务"，那么受害买方和受害卖方可以按照第74条至第77条规定，要求损害赔偿。因此，第74条规定的办法可以用来计算违反本公约所规定的义务以及违反销售合同规定导致的损害赔偿额。

第74条指出可以因"违反合同"造成损失而判给损害赔偿，但没有给违约或造成损失的严重性定性。不过，一项仲裁裁决书摘要表明，对于"根本不履行义务"，可根据第74条规定获得损害赔偿。

根据第45条和第61条规定，受害方有权获得损害赔偿，不管违约方是否有"过错"。好几项判决考虑了基于一方当事人的疏忽的权利主张是否包含在本公约范围中。一项仲裁裁决书的结论是，受害买方未按照《公约》第39条的规定将不符合同情形及时通知卖方，因此仲裁庭适用国内民法，裁定由卖方和买方均摊损失，理由是本公约未对共同造成损害的问题做出规定。一家法院在判决中断定本公约未涉及被指控的卖方随便做出虚假陈述从而导致订立销售合同的权利主张。

如果受害买方无故未根据第39条或第43条规定向违约卖方给出及时通知，则受害买方在要求损害赔偿时即丧失以卖方违约为依据的权利。不过，根据第44条如果买方对未及时发出通知具备"合理的理由"，则受害买方可以要求除利润损失外的损害赔偿。

如果违约方证明导致其不能履行合同的障碍满足第79条第(1)款的条件，根据第79条规定，他有理由不支付损害赔偿金（但不包括不履行义务的其他补救办法）。不过，第79条第(4)款规定，违约方应对另一方未接到有关阻碍及其影响的及时通知所造成的损害承担责任。

第80条规定，受害方因其行为或不行为而使得另一方当事人违约，不得以另一方当事人违约为依据。

3. 损失类型

第74条第一句规定，受害方的损害赔偿额相当于弥补他“因……违反合同而遭受的包括利润在内的损失额”的数额。除了明确包含损失的利润以外，第74条没有列出其他的损失类型。有时判决提到根据国内法划分的损害类型。有裁决认为，已接收不符合合同的货物并且未宣布合同无效的买方有权根据第74条要求损害赔偿，赔偿金额根据买方合同约定的货物价值和实际交付的不符合合同的货物价值之间的差距而定。

(1) 死亡或人身伤害造成的损失

第5条规定死亡或人身伤害造成的损失不在本公约所涉范围内。不过，在就管辖权做出判决时，一家法院默示假定本公约包含买方对卖方提出的要求，赔偿对第二买方造成的人身伤害的权利主张。

(2) 对其他财产的损害造成的损失

第5条没有把对所购货物外的其他财产的损害造成的损失排除在外。

(3) 对非物质性权益的损害造成的损失

第74条没有把对非物质性权益的损害造成的损失排除在外，例如因另一方当事人违约而给受害方的名誉造成的损失。一些判决默示地承认获得名誉损失或商誉损失损害赔偿的权利，但至少有一项判决否认了根据本公约获得这样的损害赔偿的权利。一家法院认定既对营业额损失又对信誉损失提出权利主张是矛盾的。

(4) 币值变化造成的损失

第74条规定“损害赔偿额应与损失额相等”，但没有明确指出这一规则是否适用于币值变化造成的损失。好几家法院承认受害方可能因另一方当事人不付款或延迟付款而遭受损失。这些损失可能产生于货币汇率变动或支付用的货币贬值。关于适当的解决办法，各法庭意见不一。好几项判决裁定给予损害赔偿以反映货币贬值或生活费用方面的变化。另一方面，其他好几项判决拒绝对类似的损失判给损害赔偿。一项判决断定，原则上以其本国货币接受付款的索赔人无权获得货币贬值赔偿，不过，它又表示如果损害赔偿是以外币支付的并且索赔人在收到付款后立即将该货币兑换，那么索赔人可以就货币贬值要求赔偿。另一家法院声称，虽然支付价款所用的货币的贬值可能构成本公约所规定的可追偿的损害赔偿，但在其所审理的该案中不能裁定给予损害赔偿，因为只有在损失可以估计的情况下才能对未来的损失做出裁决。

(5) 受害方的支出

许多判决承认受害方有权追偿在起草被违反的合同过程中或由于合同被违反而发生的合理费用。第74条第二句把赔偿限制在违约方在订立合同时可以预见的损失总额的范围内。尽管本公约没有明确要求支出必须合理，但好几项判决都拒绝在支出不合理时判给损害赔偿。

判决对受害买方用于以下用途的合理支出判给附带损害赔偿：检查不符合同规定的货物；处理和储存不符合同规定的货物；保全货物；退回货物时发生的运费和海关费用；根据与第三方订立的现有合同紧急发运替代货物；安装替代货物；销售费用和营销费用；佣金；雇用第三方来处理货物； 获得贷款；向第二买方交付和收回不符合同规定的货物；由于不符合同规定的货物而给予第二买方赔偿；从库存中移走代用煤；转租租来运输卖方正当宣告无效的合同项下的货物的船舶而招致的损失。好几项判决裁定向接收了交付的不符合同规定的货物的买方支付合理的修理费作为损害赔偿。至少有一项判决默示地承认受害买方可以取得附带损害赔偿，尽管在具体判例中买方未证实损害情况。另有一项判决认为，本公约对买方因赔偿第二买方的雇员遭受的人身伤害而要求赔偿的情况做出了规定。

许多判决可能都承认受害买方可以追偿某些类型的支出，但在某个具体的判例中法院驳回了追偿请求。一些判决明确承认某种支出类型有可能追偿，但以未能证明这些支出、缺乏因果关系或违约方无法预见它们为由驳回追偿请求。例如，一项判决承认买方有可能追偿广告费用，但因为买方未承担其举证责任而未裁定给予损害赔偿。另有判决也许默示地假定对某些支出取得赔偿的权利。在就其管辖权做出裁定时，一家法院默示地假定本公约包含买方因赔偿第二买方受到的人身伤害而对卖方提出的权利主张。

受害卖方可以对以下从属费用取得损害赔偿：由于买方违约在先而在装运港发生的货物储存费；未交付机器的储存和维护；为了转卖而改动机器的费用；与买

方的支票不能兑现有关的费用。交付不符合同规定的货物后纠正不符合同之处的卖方无权追偿补救费用。

(6) 收债支出；律师费

在是否可以将追偿利用一个收债机构而不是律师的费用作为损害赔偿的问题上，各个判决意见不一。一项判决裁定向卖方支付该费用，但还有一些判决声称受害方不可以追偿为雇用收债机构而发生的费用，因为本公约没有包括这类费用。

一些法院和仲裁庭审议了受害方是否可以追偿雇用律师来收回销售合同引起的债务所发生的费用的问题。好几项判决裁定给予损害赔偿，以补偿司法程序外行为的法律费用，例如寄收款信的费用。一项判决对法院地律师的司法程序外费用和在另一管辖区内类似的律师费作了区分，包括在根据法院地规则分配诉讼费用中前者的费用以及根据《公约》第74条规定裁定作为损害赔偿支付后者的该项费用。

在是否可以根据第74条规定裁定作为损害赔偿支付诉讼律师费的问题上，各个判决意见不一。好几个仲裁庭援引第74条，裁定赔偿仲裁程序发生的律师费。在一个经过周密推论的裁决中，另一个仲裁庭的结论是，参照第74条和当地的程序法对仲裁条款做出的补充解释，允许判给在由律师组成的仲裁庭审理时发生的律师费。另一家法院声称，原则上可以追偿法律费用，尽管在特殊案件中法院没有裁定支付法律费用。许多判例都裁定了律师费，但没有指出是根据第74条规定计算的损害赔偿还是根据法庭有关律师费分配的规则。好几项判决限制或否定了追偿索赔人的律师费数额，理由是发生的费用是不可预见的或者受害方没有按照第77 条规定减少这些支出。美国的一家上诉法院推翻了下级法院根据第74条规定裁定支付律师费作为损害赔偿的一项判决，理由（尚有其他）是本公约没有默示地推翻“美国规则”，即诉讼双方当事人一般承担各自的法律费用，包括律师费。

4. 损失的利润

第74条第一句明确指出损害赔偿包括损失的利润。许多判决裁定向受害方支付损失的利润。在计算损失的利润时，不从销售价格中扣除固定成本（与履行特定合同时发生的变动成本有所区别)。一项判决裁定无法转卖货物的卖方可取得货物的合同价格与时价之间的差额。

第74条第二句将可以对违反合同造成的损失裁定的损害赔偿额限制在违约方在订立合同时预见到或应该预见到的损害范围内。一项判决减少了对利润的追偿，因为违约卖方不清楚买方与其第二买方的合同条款。

对损失的利润的损害赔偿常常需要预计未来的货物价格或者就实际的未来损失而言含有某种不确定性。第74条没有提到证明这些损失必须具有的确定性。一项判决要求索赔人根据有关损害赔偿额确定性的法院地的"程序"标准证实损失数额。

根据一项判决，利润损失的证据可以包括买方不能满足的客户订单证据、客户已经停止同买方做交易的证据、声誉损害证据以及违约卖方知道或应该知道这些损失的证据。

(1) 对"损失量"销售额的损害赔偿

原则上，转卖货物的受害卖方是在他有能力和市场来将类似的货物出售给其他人时遭受了一笔销售损失。因为在买方没有违约的情况下，他本可以卖出两笔货物。在这种情况下，一家法院的结论是，卖方有权追偿第一笔销售的利润损失。不过，另一家法院驳回了对"损失的销售"的权利主张，因为在谈判被违反的合同时，卖方似乎没有计划进行第二笔销售。受害买方可以对损害赔偿提出类似的权利主张。一家法院的结论是，买方可以追偿他因为卖方交付的不符合同规定的部件而无法满足市场对其产品需求所造成的损失。

5. 可预见性

第74条第二句将损害赔偿的追偿限制在违反合同一方在订立合同时对违反合同预料到或理应预见到的可能损失的范围内。有判决指出，第74条的可预见规定针对的是违反合同的可能后果，而不是是否出现违反合同的情形或违反合同的类型；并且有判决表示，第74条没有要求提供损害的具体细节或可预见损害的准确数额。

有判决认定，违约方无法预见以下损失：买方的第二买方的机械租赁；延迟交货后在另一个国家进行的货物处理；给发运代理人的付款过高；与发运代理人发生纠纷中的律师费；在费用超过要进行抛光的金属丝的价格时，对抛光机进行表面处理的费用；在违约卖方不知道与第二买方的合同条款的情况下损失的利润；在进口国而不是出口国进行货物检验的费用。

另一方面，好几项判决明确认定，要求的损害赔偿额是可预见的。一项判决声称将货物卖给零售商买主的卖方应该预见到买方会将货物转卖，而一个仲裁庭则认定违约卖方理应预见到买方的损失，因为双方就供应问题通过信件进行了广泛的交流。另一项判决的结论是，没有按照合同规定事先支付价款的违约买方可以预见到可代替的货物的受害卖方会损失其特有的利润幅度。另一家法院多数意见裁定向卖方支付价款的10%，作为卖方按照买方的特殊定单生产货物的损害赔偿，并且多数意见指出违约买方能够预见到卖方的这一利润幅度。有裁决指出，买方能够预见到其未按照销售合同规定开具信用证将使卖方本打算为运输货物而租赁的船舶毫无用处；因此，根据第74条，卖方在转租船舶中蒙受的损失是可追偿的。

6. 举证责任和证据标准

尽管第74条、第75条和第76条中的损害赔偿规定都没有明确分配举证责任，但那些涉及这一问题的判决或多或少地明确同意提出权利主张的一方当事人有责任证明其权利主张有理。一家法院执行国内法的规定，如果违约卖方承认交付的产品存在缺陷，证明货物符合合同规定的责任便转移到卖方承担。另一项判决明确规定证明损害赔偿的责任在索赔人。

好几项判决声称在裁定证据标准以及在确定损害赔偿额时证据所占的份量时，所依据的国内程序法和证据法而不是本公约。

7. 抵消

尽管本公约未解决反诉是否可以抵消根据本公约提起的权利主张的问题，但本公约的确明确了销售合同引起的反诉是否存在的问题以及，如果存在反诉，那么反诉是否可以抵消根据本公约提出的权利主张的问题。

8. 管辖权；支付损害赔偿金的地点

好几项判决的结论是，为确定管辖权起见，违反合同的损害赔偿金应在索赔人的营业地支付。

判例讨论 74-1

- 关联条款：第74条，第76条，第78条
- 案件参考：Clout Case No. 981
- 案件分类：China, CIETAC, 「No. CISG/1998/10」, 1998.12.25

本案涉及卖方不履行销售合同及买方有权要求卖方违约导致的损害赔偿额的事项。

一家中国卖方和一家瑞士买方订立了1万公吨生铁的买卖合同。买方在商定的交货日期之前出具了必要的信用证，随后应卖方的要求同意延长交货日期。在新的交货日期之前，卖方通知买方它的供应商拒绝按原先商定的价格交付货物，并将它们出售给另一个客户。在这之后，卖方通知买方不能交货，并且卖方将向买方赔偿不履行合同造成的损失。买方提交这起争端进行仲裁。

买方声称因卖方违约迫使买方从其他货源以较高的价格购买货物，以履行其对第三方负有的合同义务。买方与其他供应商订立了两份合同。买方声称蒙受利润损失。由于其中一份替代货物购买合同在卖方违约之前订立，买方主张计算损害赔偿的货物价格应是卖方违约后当月中国市场的时价（《销售公约》第76条）。此外，买方要求赔偿开具信用证和违约金产生的费用以及利息。

卖方未对赔偿责任提出异议，但对计算损害赔偿的方法提出异议。卖方还辩称，国际市场的时价是更适合这种情况的参照价。卖方又辩称买方提供的提单未指明其中一次替代货物交易的供应商，因此不足以证明买方购得替代货物的价格。

仲裁庭驳回卖方后一项争论点，认为根据《销售公约》第74条的规定，对有争议的替代货物交易计算利润损失必须是原合同价格与该交易的实际购入价格之间的差额。关于第二次替代货物交易，仲裁庭认同卖方关于《销售公约》第76条规定的“时价”应是国际市场价格的观点。

判例讨论 74-2

◉ 关联条款：第35条，第45条，第74条

◉ 案件参考：Clout Case No. 461

◉ 案件分类：Russian, Tribunal of International Commercial Arbitration at the Russian Federation Chamber of Commerce and Industry,「No. 166/1995, 1996.03.12

根据1993年10月达成的一项协议，卖方——一家俄罗斯公司按照成本加运费价向厄瓜多尔的买方交付了货物，但是几天以后发现有瑕疵，货物无法正常使用。卖方提出以合格的货物替换有瑕疵的货物，但是买方不予接受，并提起诉讼，要求退还有瑕疵货物的货款，并赔偿所引起的损失。卖方拒绝了这一要求，说制造商不接受将这些货物退回俄罗斯，并建议买方按照其认为适当的方式对货物进行处理。

仲裁庭认为协议对货物质量没有设立条件。因此，卖方有义务向买方提供适宜于特定情况下的实际使用的正常质量的货物。该案的事实很明显地表明，瑕疵出现在制造过程中，导致货物无法正常使用。仲裁庭因此裁决，根据《销售公约》第35(2)条，货物与合同要求不符。根据《销售公约》第45条，在卖方违约的情况下，买方有权选择其法律救济，因此买方有权拒绝卖方提出的替换有瑕疵货物的建议，并有权为其损失索取赔偿。仲裁庭认为，卖方的商业经验应使其不仅可以预见到给买方造成的实际损失，而且应预见到避免这种损失的可能性。因此根据《销售公约》第74条，因违约造成的损失必须赔偿。仲裁庭驳回了卖方的主张，即只有在其打算对制造商提起的诉讼圆满结束后，卖方才能向买方支付赔款，原因是所签订的销售合同仅仅在买卖双方之间建立了权利和义务关系。

根据上述情况，仲裁庭作出了有利于买方的裁决。

判例讨论 74-3

◉ 关联条款：第14-16条，第74条，第75条

◉ 案件参考：Clout Case No. 1033

◉ 案件分类：Spain, Murcia Provincial High Court, 2001.07.15

一台塔式起重机国际销售合同的当事双方对合同订立问题发生争议。初审法院认为合同已经订立，理由是西班牙卖方提出以优惠条件出售货物，德国买方也接受了对方提出的价格。上诉方（卖方）认为，该合同成立的条件是，在其他任何买方获得接受之前支付货款，如不满足该条件，合同便不存在。但省高等法院鉴于《销售公约》第14-16条，维持初审法院的判决，因为当事双方往来的电子邮件清楚表明，卖方给予买方进行交易的第一优先权，条件是在某一特定日期之前进行交易。买方满足了交易的条件，通过银行转账支付了商定的金额。但卖方的银行拒绝执行这项交易。因此是卖方发出了具约束力的实盘，但却无正当理由而未能兑现，因为卖方并未试图宽延支付交易费用的截止时间，而是转而将货物出售给第三方。因此，已有发价和接受，这意味着销售合同已经订立，未得到履行的原因在于卖方。

法院审议了是否适用《销售公约》第74条的问题，因为卖方违反合同导致买方损失了利润。在对下级法院判决的批注中，损失赔偿额被确定为转售价格与买方得到的塔式起重机价格之间的差额，再加上买方支付的杂项费用。最后，法院认为，没有违反《销售公约》第74、75和77条，因为卖方没有证实所提出的损害赔偿超过违约当事方所预料或理应预料到的损失，没有证实有可能购买替代货物，也没有证实买方并未按情况采取合理措施减轻损失。《民法》第1.203条所规定的行使裁量权不适用于本案。

075. 宣布合同无效后损害赔偿的计算方法-具体的赔偿方法

Art. 75 If the contract is avoided and if, in a reasonable manner and within a reasonable time after avoidance, the buyer has bought goods in replacement or the seller has resold the goods, the party claiming damages may recover the difference between the contract price and the price in the substitute transaction as well as any further damages recoverable under Art. 74.
제75조 계약이 해제되고 또한 계약해제 후 합리적인 방법으로 또한 상당한 기간 내에 매수인이 대체품을 구매하였거나 또는 매도인이 물품을 재매각한 경우에는 손해배상을 청구하는 당사자는 계약대금과 대체거래대금과의 차액과 이에 더하여 제74조에 따라 회복이 가능한 기타의 모든 손해액을 회복할 수 있다.
第75条 如果合同被宣告无效，而在宣告无效后一段合理时间内，买方已以合理方式购买替代货物，或者卖方已以合理方式把货物转卖，则要求损害赔偿的一方可以取得合同价格和替代货物交易价格之间的差额以及按照第74 条规定可以取得的任何其它损害赔偿。

第75条规定，如果原来的合同已被宣告无效并且如果在合同被宣告无效后的一段合理时间内以合理的方式达成替代交易，受害方可以按照合同价格和替代货物交易价格之间的差额提出追偿要求。第75条最后一款规定，受害方可按照第74条规定的一般损害赔偿办法提出进一步的追偿要求。第75条所列办法与之相近，国内销售法中亦有类似规定。

1. 与其他条款的关系

第75条列出了在合同被宣告无效时可适用的损害赔偿两种可供选择的办法中的第一个办法。第75条将损害赔偿定为合同价格与替代交易价格之间的差额，而第76条则将损害赔偿定为合同价格和受害方不参与替代货物交易时的当前（市场）价格之间的差额。第76条第(1)款规定，如果受害方已经达成一次替代货物交易，则不得按照第76条计算损失。但是，如果受害方达成的替代货物交易量低于合同约定数量，则第75条和第76条均可应用。因此，一项判决认定，鉴于受害的卖方只将合同货物的一部分转卖给了第三方，他可以按照第75条对这些转售的货物提出损失赔偿请求，同时按照第76条对未售出的货物提出损害赔偿请求。而在受害方未满足适用第75条的条件的判例中，法院则适用第76条中的"抽象"方法计算损失。

第75条最后一款规定，受害方可以根据第74条提出进一步的损害赔偿请求。此外，如果受害方未满足适用第75条的条件，受害方仍然可以根据第74条要求损害赔偿。即使可以根据第75条取得损害赔偿，有裁决认为受害方也可以选择按照第74条提出损害赔偿请求。有些裁决指出，根据第74条取得的损害赔偿可以按与第75条规定大致相同的方法进行计算。

如果受害方未按照第77条规定减轻损失的事实成立，那么根据第75条规定可以收取的损害赔偿数额将减少。减少的数额就是应当减轻的损失数额。

依照第6条，双方当事人可以约定减损或改变第75条规定的损害赔偿办法。很多判决在认定第75条不适用时都默示地援用第6条。一项判决认为，由于双方当事人已经约定，如果因为另一方当事人的行为导致合同被宣告无效，受害方有权获得"赔偿费"，所以受害方既有权要求约定的赔偿费同时可以按照第75条提出损害赔偿请求。判决做出结论，认为违约后以协议方式解决因一方当事人不履行义务而引起的纠纷，可取代受害方按照本公约的损害赔偿条款提出损害赔偿请求的权利。

2. 适用第75条的条件

第75条的应用条件是：如果合同被宣告无效并且受害方在合同被宣告无效后在合理的一段时间范围内以合理方式达成一次替代货物交易。

(1) 宣告合同无效

第75条所规定的损害赔偿只有在受害方已经有效宣告合同无效后方可提出。在合同被宣告无效以前达成的替代货物交易不属于第75条所规定的范围。虽然满足了宣告合同无效的规定，但一家法院却做出如下判决：鉴于有必要鼓励在国际贸易中遵守诚信原则，如果卖方已明确表示他将不履行义务，则受害买方可根据第75条追偿损害赔偿而无需表明其已经宣告合同无效。在卖方遵守了第88条关于转售货物的规定，包括关于打算转售的通知的规定的情况下，一家法院还判决给予受害卖方等同于第75条规定的损害赔偿（合同价格和卖方转售时的较低价格之间的差额），尽管卖方显然从未宣告合同无效。

(2) 替代货物交易

请求按照第75条计算损害赔偿的受害方必须达成一次替代货物交易。如果受害方为卖方，那么替代货物交易就是向其他买方销售被宣告无效的合同中指定的货物。受害的买方购买货物以取代被宣告无效的合同中所承诺支付的货物，即为达成一次替代货物交易。

第75条要求替代货物交易必须“在宣告无效后一段合理时间内，以合理方式”进行。没有明确要求替代货物交易中的价格必须合理。不过，有一项判决结果为，受害的卖方以合同价格1/4左右的价格将货物转售，不算作合理的替代货物交易；法院按照第76条规定而不是第75条规定对损害赔偿进行了计算。如果合同价格与替代货物交易的价格之间差距过大，则可以以受害方未能减轻损失为由依照第77条降低按照第75条可以取得的损害赔偿金额。

(3) 替代货物交易——合理方式

受害方必须以合理方式达成替代货物交易。一家仲裁庭裁定，为实现一次“合理的”替代货物交易，受害买方必须作为一位小心谨慎的商人，购买同类别同质量的货物，不管质量上有何细微差别。按货运条件大致相同的市场价格进行的销售被判作合理的替代货物销售。

(4) 替代货物交易——合理时间

受害方必须在宣告被违反的合同无效后的一段合理时间内达成替代货物交易。时间是否合理，取决于货物的性质和环境条件。一家法院指出合理时间只能从合同被宣告无效时开始，因此认定，鉴于到合同被宣告无效时大部分潜在顾客已经购买了冬鞋，受害卖方在两个月内将所制冬鞋转售属于在合理时间内发生的行为。在卖方宣告合同无效两个月内进行的轮胎转售也被认定是合理的。另一家法院裁定，在根据第63条给予买方一段额外时间以履行义务的期限到期后六个月内转售了一台印刷机的受害卖方已在合理时间内采取了行动。这些判决所依赖的假设是，受害方必须在合理时间内达成替代货物交易，但是有一项判决则明显地将对合理时间这一要求解释为在合同被宣告无效后替代货物交易可能达成之前必须有一段合理时间。

3．损害赔偿的计算

如果适用第75条的条件得到满足，受害方可以就“合同价格和替代货物交易价格之间的差额”取得赔偿。这一数额可以通过追加按照第74条规定可取得的进一步损害赔偿或者通过扣除受害方按照第77条规定减轻损害后所能避免的一部分损失进行调整。在适用第75条规定的损害赔偿办法时，大多数法院几乎没有什么问题。

若干判决按照第74条判定了额外损害赔偿，以赔偿由于违约所产生的附带损害。当然，如果进一步损害不成立，则不会有额外损害赔偿。

由于受害方未能减轻其损失，有些裁决降低了其依据第75条所要求的损害赔偿额。一受害的卖方以明显低于原来的购买价格和买方建议的修订价格将货物转售给第三方，因而未能减轻自己的损失，最终只获权追回购买价格和建议修订价格之间的差额。如果不存在无力减轻损害的情况，则不减少赔偿额。尤其是，受害的卖方有能力有市场卖掉相同的货物时，他可以将本来为违约的买方准备的货物转售给第三方，受害方也不必因为其转售属于第77条所规定的减轻损失行为而降低其所要求的损害赔偿额。

4．举证责任；对证据的考量

尽管第74条、第75条和第76条列出的损害赔偿办法并未明确分配举证责任，但有一家法院做出结论，认为本公约承认主张权利的一方负有证明该权利的责任这一一般原则，并认为该原则排除就举证责任适用国内法。但是，同一意见同时还认为，法官如何得出其意见（例如，重证据）是由国内法而非本公约所决定，因为本公约不涉及这一事项。

076. 宣布合同无效后损害赔偿的计算方法-抽象的赔偿方法

Art. 76

(1) If the contract is avoided and there is a current price for the goods, the party claiming damages may, if he has not made a purchase or resale under Art. 75, recover the difference between the price fixed by the contract and the current price at the time of avoidance as well as any further damages recoverable under Art. 74. If, however, the party claiming damages has avoided the contract after taking over the goods, the current price at the time of such taking over shall be applied instead of the current price at the time of avoidance.

(2) For the purposes of the preceding paragraph, the current price is the price prevailing at the place where delivery of the goods should have been made or, if there is no current price at that place, the price at such other place as serves as a reasonable substitute, making due allowance for differences in the cost of transporting the goods.

제76조

(1) 계약이 해제되고 또한 물품에 시가가 있는 경우에는 손해배상을 청구하는 당사자는 제75조에 따라 구매 또는 재매각을 행하지 아니하였다면, 계약에서 정해진 대금과 계약해제 시의 시가와의 차액 및 이에 더하여 제74조에 따라 회복이 가능한 기타의 모든 손해액을 회복할 수 있다. 그러나 손해배상을 청구하는 당사자가 물품을 수령한 이후에 계약을 해제한 경우에는 계약해제시의 시가에 대신하여 물품수령시의 시가를 적용한다.

(2) 전 항의 적용에 있어 시가라 함은 물품이 인도되었어야 했던 장소에서 지배적인 가격 또는 그 장소에서 아무런 시가가 없는 경우에는 물품운송비용의 차이를 적절히 감안하여 합리적인 대용으로 사용될 수 있는 그러한 다른 장소에서의 그 가격을 말한다.

第76条

(1) 如果合同被宣告无效，而货物又有时价，要求损害赔偿的一方，如果没有根据第75条规定进行购买或转卖，则可以取得合同规定的价格和宣告合同无效时的时价之间的差额以及按照第74条规定可以取得的任何其它损害赔偿。但是，如果要求损害赔偿的一方在接收货物之后宣告合同无效，则应适用接收货物时的时价，而不适用宣告合同无效时的时价。

(2) 为上一款的目的，时价指原应交付货物地点的现行价格，如果该地点没有时价，则指另一合理替代地点的价格，但应适当地考虑货物运费的差额。

第76条规定，如果合同宣告无效，而货物又有时价，并且受损害的一方没有进行替代交易，那么受损害的一方可以根据合同价格和货物时价之间的差额要求获得损害赔偿。本条指定了时价确定的时间和地点。第(1)款第一句最后一个分句还规定，受损害的一方可以取得第74 条规定的一般损害赔偿方法计算的其他损害赔偿。第76条的办法是一种常见的办法。

1. 与其他条款的关系

第76条是合同宣告无效时可适用的两个损害赔偿办法中的第二个。第75条按照实际替代交易中的价格具体地计算损害赔偿额，而第76条则参照时价从理论上计算损害赔偿额。《公约》倾向于具体计算损害赔偿额。第76条第(1)款规定，该损害赔偿办法不适用于受损害一方达成替代交易的情况。如果受损害卖方转售货物数量比合同规定数量少，一家法院按照第75条计算转售货物损害赔偿额，再按照第76条计算未销售货物损害赔偿额。如果受损害卖方以远远低于合同价格和时价的价格将货物转售给第三方，另一家法院按照第76条而不按第75条计算损害赔偿额。

第76条第(1)款第一句的最后一个分句规定，受损害的一方可以取得第74条规定的一般损害赔偿方法计算的其他损害赔偿。有法庭认为，即使在根据第76条可以取得赔偿的情况下，受损害的一方也可以选择按照第74条取得损害赔偿。如果第76条规定的赔偿条件得不到满足，可以按照第74条的规定取得损害赔偿。

如果经确定受损害的一方确实没有按照第77条规定减轻这些损失，将减少根据第76条可以取得的损害赔偿额。减少的数额是本应该避免的损失额。

根据第6条规定，买卖双方当事人可以协商一致，减损或变更第76条规定的办法。一个仲裁庭裁定，以解决合同一方不履约纠纷的违约处理协议取代受损害的一方根据《公约》的损害赔偿规定要求赔偿的权利。

2. 第76条的适用条件

第76条适用于合同宣告无效，货物又有时价，而且要求损害赔偿的一方没有达成替代交易的情况。

第76条不适用于合同未宣告无效的情况。因此，如果受损害的一方有权宣告合同无效，却没有这么做，或者受损害的一方没有有效行使其宣告合同无效的权利，则本条不适用。

只有在货物有时价时，第76条的办法才予以适用。时价指同类货物在同等条件下在市场上出售的一般价格。一个仲裁庭曾拒绝了采用一家贸易杂志刊登的报价，因为该报价适用的市场与合同规定的货物交付市场不一致，且不可能调和。同一仲裁庭将该时价认定为受损害卖方在一份终未达成的替代合同中议定的价格。另一仲裁庭却认为，由于买方要求不同，又没有商品交易所，受损害的一方根本无法确定煤炭的一般价格或者特定质量的煤炭的价格。另一法院认为，如果受损害卖方根据第76条要求赔偿，那么无偿付能力的买方所持有货物的“拍卖变现”价值可供参考。一家法院指出，卖方所损失的利润要根据第76条来确定。由于该货物（冻鹿肉）的市场正在萎缩，且卖方将其利润率定在10%，是最低的可能限度了，所以该法院确认并维持了受损害卖方的损害赔偿为合同价格的10%的裁决。也有法庭认为，在合同没有明示或暗示地规定价格或规定如何确定价格的情况下，依据第76条，可运用决定价格的第55条提出的方法确定时价。

如果受损害的一方购买了替代货物，就不能根据第76条取得损害赔偿。如果卖方未能交货，且受损害买方没有买到替代货物，买方损失将按第76 条计算。

3. 损害赔偿额的计算

受损害的一方有权要求取得合同价格和按第76条规定的时间和地点确定的时价之间的差额。确定时价的时间为宣告合同停止生效的当天。但是，如果受损害的一方在合同宣告无效前接收了货物，则以该较早时间为准。有法庭认为，如果因卖方已“明确和肯定地”宣布他将不履行其义务而使宣告合同无效的通知变得不必要，则根据第76条，宣告合同无效的日期由义务人宣布其无意履行义务的日期决定。

第76条第(2)款规定了确定时价的相关地点。没有诠释该规定的报告案例。

4. 举证责任

尽管第76条没有规定确定本条款的各个要素应当是哪一方的责任，但各种判决将该责任归与了索要损害赔偿的一方。

判例讨论 76-1

- 关联条款：第63条，第64条，第74条，第75条，第76条
- 案件参考：Clout Case No. 427
- 案件分类：Austria, Oberster Gerichtshof,「No. 1 Ob 292/99v」, 2000.04.28

德国原告(卖方)根据几份订单向两奥地利被告(买方)出售珠宝，订单载有一项条款，明文规定应预付购货款。卖方在三次提醒之后，最后在信中为买方确定一段额外的付款时间，称限期过后将拒绝接受付款并将随后要求损害赔偿或宣告合同无效。买方拒绝预付价款，称当事人已商定交货后付款。卖方的利润受到损失，要求买方支付违约赔偿金。

法院根据《德国民法典》第326条命令买方支付赔偿金。上诉法院确认这项裁决，但认为应适用《销售公约》，因为当事人没有排除适用该公约。卖方的一般商业条款和条件中有一项关于规定只适用德国法律的条款，但法院认为该条款并没有排除《销售公约》，因为该条款没有提到只适用德国国内法。即使原告依据《德国民法典》第326条有条件宣告合同无效，根据《销售公约》第63条

和第64条，这么做也是正当的。即使只是在诉讼过程中宣告合同无效也被认为是及时的。

最高法院确认了上诉法院的裁决，并强调根据《销售公约》第64条宣告合同无效不受任何形式要求或时限的制约，这种宣告对于合同失去效力应没有留下任何疑问。至于卖方信件中宣告合同无效的措辞可能对合同的状况留下疑问，随后的诉讼被认为代替了关于合同无效的宣告。根据《销售公约》第74条，一方当事人因违反合同而应支付的损害赔偿额，应与其因违反合同而使对方当事人遭受的包括利润损失在内的损失额相等。这种损害赔偿不得超过违反合同一方在订立合同时预料到或理应预料到的可能的损失。在本案中，买方可以预料到卖方遭受的利润损失。

为了计算损害赔偿额，卖方可选择适用《销售公约》第75条(替代交易)或第76条(时价)。但第75条或第76条都不妨碍卖方根据第74条要求损害赔偿金，即使已宣告合同无效。法院指出，如果要求损害赔偿的订约方定期订立类似的交易，只有在该订约方确定其中一项交易作为时价基准时，才将《销售公约》第76条规定的时价计算法排除在外。

判例讨论 76-2

- 关联条款：第18条，第25条，第29条，第49条，第73条，第75条，第76条，第77条，第79条
- 案件参考：Clout Case No. 861
- 案件分类：China, CIETAC, 1997.09.29

一家瑞士的买方和一家中国卖方订立了采购氧化铝的合同。买方将通过签发不可撤消的信用证交付货款，货物将分三批交付。由于在同银行方面出现的问题，第一份信用证尚未签发。卖方将部分货物转售给另一家公司。然后接着购买了第二批的氧化铝。但买方又未签发信用证。卖方将部分货物转售给另一家公司，并提出仲裁诉讼，要求赔偿损失：据卖方称，依照《销售公约》第25条，未签发信用证即构成严重违约。买方引用《销售公约》第79条表示，银行拒绝签发信用证超出其控制范围，因此，不应追究它的责任。

仲裁庭认为，银行拒绝向买方提供信用证是基于买方以往的商业交易屡次失败的事实。因此，法院拒绝提供信用证可以预料，并不构成不可抗力。根据《中华人民共和国经济合同法》关于外国利益的第22条和《销售公约》第77条，卖方有权得到损害赔偿。不过仲裁庭又认为，只有对第一批[未予成功]的货物，卖方有权获得合约价格与替代交易之间的价差。事实上，对于第二批[未予成功]的货物，尽管卖方认识到买方未履行合同，但它仍然购置了更多的材料以便向买方出售。这就违反了卖方所持有的减轻损害的义务。因此，依照《销售公约》第76条，仲裁庭认为，卖方应当得到合约价格与1996年7月上旬国际市场价格（考虑到买方于6月下旬写信告诉卖方它无意履行合同，所定期限合情合理）之间的差价。

判例讨论 76-3

- 关联条款：第9条，第18条，第19条，第76条
- 案件参考：Clout Case No. 807
- 案件分类：China, CIETAC, 1999.06.04

中国卖方把两集装箱薄荷油的销售合同文件传真发给英国买方。作为对接受要约的确认，买方把购货确认标准件寄给卖方，其中列出了卖方合同文件的所有主要条款。但是，卖方抱怨说买方的确认函过于复杂，请买方签署卖方最初寄去的合同文件后发回来。买方按请求做好后把文件传回卖方。

由于货物的市价不断上升，卖方于是请买方就提价进行谈判。第一箱薄荷油按原价发货后，买卖双方达成口头约定，提高其余薄荷油的价格。卖方向买方发了传真，确认这一约定。但卖方后来终止了这项新的约定，原因还是市价浮动，并且拒绝交付其余货物。买方提出仲裁申请。

由于双方没有就合同的适用法律作出任何规定，仲裁庭认定适用与合同关系最密切的国家的法律，即《中华人民共和国涉外经济合同法》。根据该法，对于该法未涉及的任何事项应适用国际惯例，因此而适用《销售公约》。

仲裁庭认定双方订立了有效合同。因此，仲裁庭驳回了卖方的指称，即买方是由于缺少足够证据而纯粹为了仲裁目的才签署合同文件。卖方发出的合同文件经买方正式签署后对双方具有约束力和效力。因此，卖方是否接受买方的标准确认函，不影响合同的有效性。仲裁庭进一步指出，双方已在订立合同后开始履行各自的义务，这一点相当于合同已经正式成立的进一步证据。

因此，卖方只部分履行交货义务，构成了违约。根据中国法律，买方有权要求赔偿损失并支付差额和利息。为了确定差额，应当适用《销售公约》第76(1)条。仲裁庭根据该条认定，违约未交付货物的价格差额应当参照合同价格与接收部分货物时的时价之间的差额确定。由于卖方和买方都没有向仲裁庭提交时价，为了确定这一差额，仲裁庭认定，合理的做法是将双方重新谈判原约定时所商定的新的价格视为时价。至于利息损失，仲裁庭认定，买方有权根据中国法律得到利息。

077. 减轻损失义务

Art. 77 A party who relies on a breach of contract must take such measures as are reasonable in the circumstances to mitigate the loss, including loss of profit, resulting from the breach. If he fails to take such measures, the party in breach may claim a reduction in the damages in the amount by which the loss should have been mitigated.
제77조 계약위반을 원용하는 당사자는 이익의 상실을 포함하여 계약위반으로 인한 손실을 경감하기 위하여 그 사정에 따라 합리적인 조치를 취하여야 한다. 당사자가 이러한 조치를 취하지 아니하는 경우에는 위반당사자는 경감되었어야 했던 손실만큼 그 금액을 손해액에서 감액하도록 청구할 수 있다.
第77条 声称另一方违反合同的一方，必须按情况采取合理措施，减轻由于该另一方违反合同而引起的损失，包括利润方面的损失。如果他不采取这种措施，违反合同一方可以要求从损害赔偿中扣除原可以减轻的损失数额。

第77条要求索要损害赔偿的受害方采取合理措施减轻损失，如果该方没有采取这种措施，违反合同一方可要求从损害赔偿中扣除原可以减轻的损失数额。如果受害方既没有通过积极的索赔也没有通过抵消要求损害赔偿，则第77条不适用。

1. 与其他条款的关系

第77条出现在第三部分第五章第二节(损害赔偿)，因此，该条并未明示适用于本公约提供的其他补救办法。本公约其他条款可要求双方当事人采取具体措施以避免损失，例如，第85条至第88条规定，买卖双方在发生违约之后均必须采取合理措施保全他们持有的货物。

按照第6条的规定，买卖双方可约定不遵循或更改第77条规定的规则。有一项判决得出结论认为：如果受害方欲执行合同中规定的处罚条款，第77条不要求受害方降低处罚，以减轻损失。

第77条并未说明法院或法庭必须从法律诉讼的什么角度考虑减轻损失问题。有一项判决得出结论认为，是在关于实质性问题的诉讼中还是在决定损害赔偿的另一项诉讼中考虑减轻损失问题是一个由国内法律而不是本公约决定的程序性问题。

2. 减轻损失的措施

要求损害赔偿的受害方必须采取在当时情况下一个诚实公道的债权人所应采取的减轻损失的措施。如果合同已废止，受害方向违反合同一方发出的建议其采取减轻损失措施的通知并不能撤销此类废止。在有些情况下，受害方不必采取这些措施。

第77条未明确规定受害方必须在何时采取减轻损失的措施。有几项判决指出，受害一方没有义务在合同废止前（即在双方仍可以要求对方履约时）采取减轻损失的措施。不过，如果受害方确实采取了减轻损失的措施，他必须根据当时情况在合理的期限内采取措施。一项判决认定，在时装行业，卖方在买方拒绝收货后两个月把货物转售给第三方是合理的。另一项判决认定，买方在卖方宣布将不履约后大约两周购买替代商品并非没有减轻损失，即使变化多端的市场价格已大幅上升。

(1) 受害买方采取的措施

有些判决认定，受害买方采取以下措施是合理的：付款给另一位供应商，以加速交付已订货的压缩机，用以替代有缺陷的压缩机；由于违反合同一方不能及时交付模具而与第三方供应商订约；当卖方拒绝退回其已售与买方并又取回进行调整的机器时，与第三方签订处理皮革商品的合同；尽管发现所购织物有问题，仍继续印染；要求得到政府当局的许可，允许货物在被证实不符合同时再出口，并提议进口之前在自由贸易区对奶粉进行检测；当卖方延迟交货时用买方的调节性库存煤；向下级买方提议以低于原定价格10%的价格接受卖方延迟交付的货物；

出售易腐烂货物，即使第85条至第88条未做此规定。

在以下情况下，受害买方被认定未能减轻损失：买方未能合理检验货物并提供列明不符合同之处的文件；买方在将所有氢氧化铝货物混合在一起之前没有对其进行检查；买方在发现藤蜡有缺陷之后没有停止使用；买方未能在本地区之外的市场上寻找替代商品；买方未能取消其与下级买方的销售合同或缔结替代品购买合同；买方没有提供证据证明在把与合同不符的货物出售给下级买方时其所得到的价款；买方没有提供证据证明他是否可以从卖方新近指定的批发商处买到相同产品。

几项判决驳回了受害买方有关偿还其花费的要求，因为这些花费未能发挥限制买方损失的作用。一项判决拒绝判予买方损害赔偿金，以补偿为加工卖方交付的有缺陷的金属线而改装机器的费用，因为改装费用与金属线的购买价不相称。一个受害买方还被拒绝支付其将要转售的货物所附手册的翻译费，因为受害买方没有通知卖方，而卖方是一家跨国公司，应已有所翻译成的那一文种的手册。有几项判决驳回了受害方有关通过托收人或律师执行其违约索赔的费用的索赔。

若干判决认定，买方不采取行动不能被视为违反减轻损失的原则。一个仲裁庭认定，在合同规定的交货时间短，而据说很难找到另一位供应商的情况下，买方没有从另一供应商购买替代商品是正当的。一家法院还得出结论认为：买方未能通知卖方其下级买方所需货物不能延迟，不能视为违反减轻损失的原则，因为没有证实买方知道下级买方的生产计划。

(2) 受害卖方采取的措施

若干判决认定，受害卖方采取以下措施为合理行为：招致未交付机器的运输、保存和维护费用；将货物转售给第三方。

在以下情况下受害卖方被认定未能减少损失：卖方在合同废止之前动用担保品；卖方在违反合同的买方修改合同的努力失败时，将货物以低于前者的报价转售。在一起案件中，买方因拒绝货物交付而违反合同，法庭在收到专家意见之前维持关于损害赔偿的判决，即如果卖方能够转售或再次利用货物，或如果卖方为生产货物而进行的投资以另一种方式估价或贬值，则卖方对损失的利益和生产货物所用原材料成本的索偿将会减扣。

在以下情况下，受害卖方可不采取措施减少损失：以在此期间转售货物将使卖方无法履行原订合同为由，卖方在违反合同一方有权要求履约期间没有转售货物；卖方未转售买方特定规格的长袜。

一家法院指出：在受害卖方有多方销售能力和市场的情况下，对他的损害赔偿并不根据第77条因转售货物所得到的收入而减少。法院推断，把转售视为第75条项下的替代货物交易就意味着卖方失去了一笔可带来收益的生意，而这笔收益等于买方未违反合同所能产生的收益。

3. 损害赔偿的扣减

违反合同一方可要求从给予受害方的损害赔偿中扣除采取合理的减轻损失措施会减少的受害一方的损失数额。有几项判决计算了扣除额，但没有具体提及可避免的损失。一项判决认定，未能减轻损失的受害买方只有权得到合同价格与将与合同不符的货物转售给客户的价格之间差价的50%。一个仲裁庭让受害买方和要求为交付的部分货物付款的违反合同的卖方分担因买方未能减轻损失而造成的损失。

4. 减轻损失措施的通知

第77条没有明确要求受害方通知另一方为减轻损失拟采取的措施。一项判决驳回了买方有关赔偿手册翻译费的要求，因为买方没有通知卖方它打算采取这一措施，如果买方通知了卖方，卖方本能提供现有的译文。

5. 提出理由；举证责任

对于未能减轻损失，第77条第二句指出，违反合同一方可以要求从损害赔偿中扣除原可以减轻的损失数额。各项判决对于哪一方承担为未能减轻损失提出理由的责任有分歧。一个仲裁庭指出，该庭应依职权审查受害方是否已遵循减轻损失的原则，但是违反合同一方有证实未履行义务的责任。另一方面，一项法院判决认定，如果违反合同一方未表明受害方应采取哪些措施减轻损失，将不调整损害赔偿额。不过，另一项判决要求受害方在要求违反合同一方承担证实由于未能采取适当措施减轻损失而发生的损失的责任之前说明其所招致的替代货物交易的报价。

关于由哪一方最终承担证实未能采取合理措施减轻损失的责任的判决书均规定由违反合同一方承担证实未能采取合理措施减轻损失和由此产生的损失数额的责任。

判例讨论 77-1

◉ 关联条款：第18条，第19条，第23条，第26条，第35条，第49条，第75条，第77条
◉ 案件参考：Clout Case No. 1029
◉ 案件分类：France, Rennes Court of Appeal,「Société M.C.S. v. Société H.D.」, 2008.05.27

一家总部设在法国的公司给一家总部设在意大利的公司下了一系列订单，订购胸罩衬里，用于生产游泳衣。买方以生产缺陷为由取消了订单，获得了替代货物，并且对意大利供应商提起了诉讼，要求获得损害赔偿及赔偿利息。

在审理对雷恩商业法院提起的上诉时，雷恩上诉法院裁定，按照《销售公约》第18条和第23条的规定，两份合同的确存在。然而，法院认为，第三份合同没有生效，因为意大利公司改变了订单中提到的价格。在法院看来，按照《销售公约》第19条，这构成反要约，其中包含了一个对要约条款做出重大改变的要素。

上诉法院裁定，根据《销售公约》第35条，货物不符合合同，因为织物上使用的粘合剂经不起触摸。商业法院认为买方取消订单就是一种意向声明，根据《销售公约》第49条，它认为该声明有效。它还认为通过传真告知是符合《销售公约》第26条的要求的。不过，在解释其推理时，它没有研究不符合合同是否构成重大违约，因而完全忽略了《销售公约》第25条的规定。

上诉法院部分驳回了原告的赔偿损失和利息的请求。它裁定，买方无权获得它所要求的合同价格和替代货物价格之间的差额，因为它没有根据《销售公约》第75条的规定以合理的方式采取行动，因为它为其替代货物支付了法官所认为的额外价格。

上诉法院还适用了《销售公约》第77条。在对不符合合同提出抱怨后，买方花了三天时间来停止游泳衣生产线，在法院看来，这与其将损失降至最低的义务不符。

判例讨论 77-2

◉ 关联条款：第25条，第60条，第74条，第75条，第77条
◉ 案件参考：Clout Case No. 987
◉ 案件分类：China, CIETAC,「No. CISG/2001/02」, 2001.03.22

本案主要涉及买方在FOB（离岸价格）合同条款下的义务和买方拒收不合格货物的权利。

当事人双方根据FOB条款签订了一份销售绿豆的合同。合同规定，将通过不可撤销的信用证（L/C）支付货款；货物将由卖方所在国的检验局进行检验。

随后，当事人双方商定修改合同价格，并明确规定了装船日期。卖方将货物运到装货港，并给买方发传真，告知货物已准备就绪，可以装船。检验局在港口对货物进行了检验并签发检验证书。直到过了装船日期，买方还是没有指定装运船只，也没有答复卖方将货物装船的要求。

一星期之后，买方致函卖方，告知由于发现部分货物"变色"，买方将请SGS检验货物。卖方在答复中表示，合同中并没有这样的规定，这样做令人无法接受；卖方继续要求买方派船将货物运走。买方答复说，SGS认定货物不符合合同要求，所以买方不会派船装运。就这样货物一直存放在港口，为了减少损失，在买方签发的信用证过期后，卖方将货物转售给新的买方。卖方向买方索取损害赔偿，赔

偿范围包括：价格差、货物损失、二次熏蒸费、工厂检验费、仓储费和银行贷款利息损失。

仲裁庭认定，尽管当事人双方未规定可适用的法律，但鉴于双方营业地的所在国都是《销售公约》的缔约国，所以《销售公约》仍然适用。

仲裁庭认定，合同并没有规定由SGS来检验货物，而且卖方已经履行了义务，提供卖方所在国检验局签发的检验证书，检验证书证明货物符合合同要求。此外，含有FOB装运条款的合同中规定买方有义务雇船，保证货物在规定日期指定港口装船。仲裁庭裁定，即使在卖方准予了额外延长时间之后，买方还是没有根据《销售公约》第60条履行义务，未能使卖方交付货物。

因此，仲裁庭认定，由于买方拒绝派船，导致卖方无法履行合同。根据《销售公约》第25条，买方的行为构成了根本违反合同。仲裁庭下令，买方向卖方支付合同价格与转售价格之间的差价、二次熏蒸费、仓储费及律师费。

判例讨论 77-3

◉ 关联条款 : 第77条

◉ 案件参考 : Clout Case No. 475

◉ 案件分类 : Russian, Tribunal of International Commercial Arbitration at the Russian Federation Chamber of Commerce and Industry, 「No. 71/1999」,2000.02.02

卖方——一家俄罗斯公司就买卖双方于1997年11月18日签订的合同项下所交付货物的应付余款以及卖方所支付的额外费用起诉买方——一家意大利公司。根据合同，货物应按积载费在内的离岸价运至一指定港口，货款的支付以买方开立一份信用证的方式进行。买方认为，由于其支付了本应由卖方承担的船只在装货港延期滞留所应付的滞期费，其只支付部分货款是正当的。卖方不同意，提出买方提供船只太晚，从而导致装货困难。这批货物装载了四分之三，其余留在了岸上，并被卖给第三方，从而造成卖方的额外费用。

仲裁庭裁定，根据合同，交付货物的付款是由信用证来执行的，而且货物已经被移交买方。仲裁庭指出，信用证项下的付款方/买方无权为以满足其对卖方的反要求而扣留交付货物的部分货款，扣留货款是非法的。因此，仲裁庭支持卖方有关非法扣款的主张。由于合同中没有充分规定或十分明确地规定有关积载费在内的离岸价条件，仲裁庭决定援引《销售公约》第77条将由于装货不全所导致的损失均摊给双方。

第3节　利息

区分及内容		
第 4 篇　货物销售		第25条~第88条
	第1章　总　则	第25条~第29条
	第2章　卖方义务	第30条~第52条
	第3章　买方义务	第53条~第65条
	第4章　风险转移	第66条~第70条
	第5章　卖方和买方义务的一般规定	第71条~第88条
	第1节　预期违反合同和分批交货合同	第71条~第73条
	第2节　损害赔偿	第74条~第77条
	第3节　利　息	第78条
	第78条　对应付款额收取利息	
	第4节　免　责	第79条~第80条
	第5节　宣布合同无效的效果	第81条~第84条
	第6节　保全货物	第85条~第88条

本公约第三部分第五章第三节题为“利息”，其中包括一项独立的(第78条)，该条款规定有权对未付价款（如果逾期）以及“任何其他拖欠金额”收取利息。虽然该节以此为名，但本公约另一节中的一项条款-第84条第(1)款（第三部分第五章第五节——“宣告合同无效的效果”）也规定了某些情况下收取利息的权利。根据第三部分第五章第二节第74条这一有关损害的条款，在遭受损失时也可获得利息。

078. 对应付款额收取利息

Art. 78 If a party fails to pay the price or any other sum that is in arrears, the other party is entitled to interest on it, without preudice to any claim for damages recoverable under Art. 74.
제78조 어느 일방이 대금이나 또는 기타 연체된 금액을 지급하지 아니하는 경우에는 상대방은 제74조에 따라 회복이 가능한 손해에 대한 배상청구권을 해함이 없이 그 금액에 대한 이자를 청구할 수 있다.
第78条

> 如果一方当事人没有支付价款或任何其它拖欠金额，另一方当事人有权对这些款额收取利息，但不妨碍要求按照第74条规定可以取得的损害赔偿。

第78条涉及的是"价款或任何其他拖欠金额"的利息权。但是，该条规定并不适用于卖方在合同宣布无效后必须退还购货款的情况，在此情况下，本公约第84条作为特别法适用。

第78条对当事人的"价款或任何其他拖欠金额"利息权做出了规定。根据判例法，第78条规定，当事人有权对损害赔偿收取利息。

1. 收取利息的权利的前提条件

收取利息的权利的唯一要求是应收取利息的金额到期应付且债务人未能按合同规定的时间或（若无这种规定）按本公约规定的时间遵守其支付金额的义务。按照若干判决，与一些国内法律制度的规定不同，本公约第78条中收取利息的权利不取决于是否向债务人发出正式通知。因此，债务一开始拖欠即开始计息。一家法院声称，从损害赔偿到期应付之日起开始计算其利息。

但一家仲裁庭和一家法院都声称，在债权人向违约的债务人发出要求付款的正式通知之后即开始计息。

第78条中收取利息的权利也不取决于债权人是否证明遭受了损失。因此，可以要求支付利息，不妨碍对因拖欠付款造成的损害提出索赔。

正如第78条所规定的那样，对拖欠金额收取利息的权利不影响债权人对第74条项下可收回损害赔偿的任何权利主张。此类损害赔偿可包括，因未获得拖欠资金债务人必须向银行贷款而产生的信贷费用；或本可从拖欠金额获得的投资收入。这导致一个仲裁庭声称，第78条的目的是对利息与损害赔偿加以区别。必须指出的是，为了使一方当事人对损害赔偿的权利主张（除了对拖欠金额利息的权利主张之外）能够成功，第74条规定的所有要求都必须予以满足，并且由债权人承担证明其受损失的责任，即受损害的一方当事人。

2. 利率

有几家法院指出，第78条只规定了收取利息的一般权利；并没有明确规定所要适用的利率，这就是一家法院为何认为第78条是一种"折衷办法"。据一家法院和一家仲裁庭称，之所以称之为折衷办法是由于维也纳外交会议期间出现了不可协调的分歧，本公约的案文在该次会议上获得了核准。

由于第78条没有具体的公式来计算利率，一些法院认为这个问题是受本公约支配的一个问题，尽管在本公约中没有做出明确规定。其他法院则认为这个问题不是受本公约支配的问题。在这一问题特征上的分歧导致就适用的利率问题出现了不同的解决办法。这些问题受本公约的支配，但本公约并未对其做出明确规定，因此必须以本公约规定之外的不同方式处理这些问题。根据《销售公约》第7条第(2)款规定，首先前面所述的问题必须按照本公约所依据的一般原则来解决；只有在没有这些原则的情况下，才应参考国际私法规则所适用的法律。相反，如果某个问题被认为不属于本公约范围之内，则必须根据国际私法规则所适用的法律予以解决，而不诉诸本公约的"一般原则"。

有若干判决根据本公约所依据的一般原则找到了解决利率问题的办法。一些法院和仲裁庭援引了本公约第9条，并且参照相关的贸易惯例确定了利率。根据两项仲裁裁决，"适用的利率将根据《公约》所依据的一般原则自动确定"。做出这些裁决的理由是诉诸国内法可能会导致与本公约宗旨相反的结果。在这些判例中，利率问题通过采用全额赔偿的一般原则来解决；这导致适用债权人的法律，因为是债权人为偿还其所欠的债务而不得不借的款。其他仲裁庭只涉及到"商业合理的"利率，例如伦敦银行同业拆放利率(LIBOR)。

绝大多数法院都认为，利率问题是本公约范围之外的一个问题，因此可根据国内法处理。大部分此类法院通过适用法院地的国际私法规则所确定的某一特定国家的国内法来解决这一问题，其他一些法院则适用债权人所在国的国内法，而不一定考虑国际私法规则是否适用该法律。也有少数判例是参照将支付拖欠金额的法定货币所在国的法律（货币法）来确定利率的；在其他判例中，法院适用将支付价款所在国的利率、债务人国家适用的利率33 或甚至法院地利率。

少数裁决适用《国际统一私法协会（私法协）国际商事合同通则》第7.4.9条所规定的利率。

尽管有上述多种解决办法，但法庭表明，明显的趋势还是根据国际私法适用合同适用的国内法律所规定的利率，也就是，如果不受本公约支配，则适用销售合同所适用的法律。但是，如果双方当事人对一利率做出了约定，则适用该约定的利率。

判例讨论 78-1

◉ 关联条款：第1条, 第7条, 第74条, 第78条
◉ 案件参考：Clout Case No. 945
◉ 案件分类：Slovakia, Okresný súd Galanta, 「No. 17Cb/7/2006」, 2006.12.15

法国卖方和斯洛伐克买方订立了一份口头协议，依照这份协议，卖方有义务将协议货物交付买方，而买方则有义务凭卖方出具的发票向卖方支付约定的货款。而买方在卖方交货后却未能履行其在协议项下的付款义务。

法院参照《斯洛伐克国际私法与程序法法案》这一国内法适用《销售公约》。斯洛伐克国内法第10条规定，在协议双方未选定适用法律的情况下，相关协议应受旨在确保合同纠纷得到妥善解决的相关法律的管辖。通常情况下，销售合同应受合同订立时卖方所在国法律的管辖。为此，法院认定协议双方之间的法律关系应受法兰西共和国（《销售公约》缔约国）法律的管辖。此外，法院还援引《销售公约》第1(1)(a)条认定，《销售公约》适用于注册地分别位于两个不同缔约国的协议双方。

鉴于斯洛伐克买方未能及时支付货款的事实，依照《销售公约》第78条的规定，卖方有权对所欠货款收取利息。由于《销售公约》没有明确规定具体利率，因此，法院认为应参照《销售公约》第7(2)条。根据第7(2)条的规定，《销售公约》中未决确规定的未尽事宜应适用国际私法的基本原则，依照适用法律予以解决。在本案中，利率问题应根据法国法律予以解决。

判例讨论 78-2

◉ 关联条款：第33条, 第47条, 第49条, 第50条, 第74条, 第78条
◉ 案件参考：Clout Case No. 935
◉ 案件分类：Switzerland, Commercial Court of the Canton of Zurich, 「HG050430」, 2007.06.25

提起诉讼的是维也纳一家印刷厂。该厂为被告生产印刷品，被告的营业地位于苏黎世州，在瑞士提供印刷服务。该诉讼的目的是取得最后一次交货后所欠的销售价款余额。

法院确认，如果卖方违反了《销售公约》第33(a)条，买方可按照第49(1)(b)条宣布合同废止，除非卖方在按照《销售公约》第47(1)条确定的额外期限内履约。如果是定期协议，卖方可宣布合同废止，而无须先确定履约的额外期限。合同废止的时间确定为发出撤销声明之时，即使卖方在收到声明时已将货物发出。

在本案中，被告由于迟延交货而取消了订单。不过，被告称愿意接受交货并转售货物，但卖方应承担风险。几天后，被告接受了卖方发出并开出账单的货物（当时卖方尚未收到上述通信），并将货物转售其客户。随后，被告支付了账单上的部分款项。鉴于上述情形，法院认为，销售合同仍然存在，支付价款的义务也随之存在，尽管被告已声明撤消合同。但法院允许被告依据《销售公约》第50条要求减低价格，或依据《销售公约》第74条索要损害赔偿，以抵销可能因迟延履约而造成的损失。

最终命令被告全额支付销售价款，因为虽然有法院令，但被告并未充分详细地说明其主张的损失。判决以欧元付款，因为双方当事人商定的销售价款是以欧元计算的。

按照《销售公约》第78条，法院还判决向原告支付从应付款之日起算的拖欠款利息。按照瑞士法院既有的先例，利率按奥地利法律确定，因为按照瑞士国际私法，适用于双方当事人之间合同的国

内法为奥地利法律。

判例讨论 78-3

◉ 关联条款：第25条，第53条，第74条，第78条
◉ 案件参考：Clout Case No. 983
◉ 案件分类：China, CIETAC, 「No. CISG/2002/08」, 2002.11.04

本案主要涉及购货价款的支付、根本违反合同和利息。

卖方与买方签订了14份销售帽子的合同。卖方通过第三方把产品销售给买方。第三方负责支付运费、关税以及处理其他相关事务。起初，买方把货款支付给第三方，第三方负责将其转交给卖方。但后来尽管卖方多次催款，买方仍然不履行付款义务。当事人签订了一份补充合同。但买方再次未能付款，因而该合同取消。于是，卖方与买方的客户直接签订合同，由买方的客户直接向卖方付款。卖方申请仲裁，以追回买方未付的货款。买方没有提出任何理由或证据。

卖方的第一个要求针对的是逾期未付货款。这笔货款有一部分应该支付给第三方，用来支付运费和佣金。仲裁庭认定，卖方根据销售合同交付了货物并且履行了合同义务，而买方在收到货物后没有按照《销售公约》第53条的要求按照合同价格及时支付货款。鉴于卖方与买方签订了销售合同，仲裁庭认为买方应该向卖方全额支付欠款，而不考虑部分货款应该付给第三方。仲裁庭裁决，根据《销售公约》第25条，买方未能支付货款，构成了根本违反合同。此外，仲裁庭裁定，按照《销售公约》第74和第78条，卖方有权得到未付货款。

卖方的第二个要求针对的是未付货款产生的利息。计算利息时，每份合同所涉及的金额都以美元计。利率是由卖方提出的。仲裁庭没有详细阐述，但裁决这样计算利息是符合《销售公约》规定的。

第4节　免责

区分及内容	
第 4 篇　货物销售	第25条~第88条
第1章　总　则	第25条~第29条
第2章　卖方义务	第30条~第52条
第3章　买方义务	第53条~第65条
第4章　风险转移	第66条~第70条
第5章　卖方和买方义务的一般规定	第71条~第88条
第1节　预期违反合同和分批交货合同	第71条~第73条
第2节　损害赔偿	第74条~第77条
第3节　利　息	第78条
第4节　免　责	第79条~第80条
第79条　不能控制的履行障碍的免责	
第80条　当事人原因造成另一方不履行的免责	
第5节　宣布合同无效的效果	第81条~第84条
第6节　保全货物	第85条~第88条

本公约第三部分第五章第四节包括两条规定，其中规定了可免除一方当事人因未履行合同或本公约规定的义务所应承担的部分或全部法律后果的具体情况。在性质上第79条属于不可抗力条款，该条规定，如果当事人由于符合某些要求的“障碍”而未履行义务，则可免除其损害赔偿责任。第80条规定一方当事人因其“行为或不行为”而使得另一方当事人不履行义务时，不得声称该另一方当事人不履行义务；因此，也可采用该条款来免除一方当事人因不履行义务所要承担的后果。

第79条中不履行义务的一方当事人可要求免除责任的规定，或第80条中不得声称另一方当事人不履行义务的规定实际上都可能对本公约规定的履行义务产生一定的限制。因此，必须根据本节的各项规定解读本公约第三部分第二章（“卖方的义务”）和第三章（“买方的义务”）规定的义务。根据第79条第(5)款的明文规定，第79条中的免除仅指解除免除方损害赔偿的责任。因此，本公约中关于损害赔偿的各项规定（第45条第(1)款(b)项、第61条第(1)款(b)项，以及第三部分第五章第二节（第74条至第77条））与第79条具有特殊的关系。

079. 不能控制的履行障碍的免责

Art. 79

(1) A party is not liable for a failure to perform any of his obligations if he proves that the failure was due to an impediment beyond his control and that he could not reasonably be expected to have taken the impediment into account at the time of the conclusion of the contract or to have avoided or overcome it or its consequences.

(2) If the party's failure is due to the failure by a third person whom he has engaged to perform the whole or a part of the contract, that party is exempt from liability only if:

(a) he is exempt under the preceding paragraph; and

(b) the person whom he has so engaged would be so exempt if the provisions of that paragraph were applied to him.

(3) The exemption provided by this Art. has effect for the period during which the impediment exists.

(4) The party who fails to perform must give notice to the other party of the impediment and its effect on his ability to perform. If the notice is not received by the other party within a reasonable time after the party who fails to perform knew or ought to have known of the impediment, he is liable for damages resulting from such nonreceipt.

(5) Nothing in this Art. prevents either party from exercising any right other than to claim damages under this Convention.

제79조

(1) 당사자가 그 의무의 불이행이 자신의 통제를 벗어난 장애에 기인하였다는 점과 계약체결 시에 그 장애를 고려하거나 또는 그 장애나 그 장애의 결과를 회피하거나 극복하는 것이 합리적으로 기대될 수 없었다는 점을 입증하는 경우에는 그는 자신의 어떠한 의무의 불이행에 관하여 책임이 없다.

(2) 당사자의 불이행이 계약의 전부 또는 일부를 이행하기 위하여 당사자가 사용한 제3자의 불이행에 기인하는 경우에는 그 당사자는 다음과 같은 경우에 한해 책임이 면제된다.

(a) 당사자가 전항의 규정에 따라 면책되고, 또한

(b) 당사자가 사용한 제3자가 전항의 규정이 그에게 적용된다면 역시 면책되는 경우.

(3) 본조에 규정된 면책은 장애가 존재하는 기간동안에만 효력을 가진다.

(4) 불이행당사자는 상대방에게 장애 및 그 장애가 그의 이행능력에 미치는 영향을 통지하여야 한다. 불이행당사자가 장애를 알았거나 또는 알았어야 했던 때로부터 상당한 기간 내에 그 통지가 상대방에게 도달하지 아니하는 경우에 그는 그러한 부도달에 기인하는 손해에 관하여 책임이 있다.

(5) 본 조의 규정은 어느 당사자에 대해서도 본 협약에 따른 손해배상청구권 이외의 모든

권리의 행사를 방해하지 아니한다.
第79条 (1) 当事人对不履行义务，不负责任，如果他能证明此种不履行义务，是由于某种非他所能控制的障碍，而且对于这种障碍，没有理由预期他在订立合同时能考虑到或能避免或克服它或它的后果。 (2) 如果当事人不履行义务是由于他所雇用履行合同的全部或一部分规定的第三方不履行义务所致，该当事人只有在以下情况下才能免除责任： (a) 他按照上一款的规定应免除责任；和 (b) 假如该款的规定也适用于他所雇用的人，这个人也同样会免除责任。 (3) 本条所规定的免责对障碍存在的期间有效。 (4) 不履行义务的一方必须将障碍及其对他履行义务能力的影响通知另一方。如果该项通知在不履行义务的一方已知道或理应知道此一障碍后一段合理时间内仍未为另一方收到，则他对由于另一方未收到通知而造成的损害应负赔偿责任。 (5) 本条规定不妨碍任一方行使本公约规定的要求损害赔偿以外的任何权利。

第79条具体规定了当事人对不履行义务“不负责任”的情形以及免除责任适用时的补救性后果。第(1)款则免除当事人“不履行义务”的责任，如果满足了以下条件：当事人不履行责任是“由于某种……障碍”；这种障碍是“非他所能控制的障碍”；对于这种障碍，“没有理由预期”当事人“在订立合同时能考虑到”；没有理由预期当事人能“避免”障碍；没有理由预期当事人能“克服”障碍“或它的后果”。

第79条第(2)款适用于当事人雇用第三方“履行合同的全部或一部分规定”和第三方不履行义务的情况。

第79条第(3)款在案例法中尚不是倍受关注的主题，该款将免除责任期限限制为一个障碍继续存在的期间。第79条第(4)款要求希望免除不履行义务责任的当事人“将障碍及其对他履行义务能力的影响通知另一方”。第79条第(4)款第二句规定，“如果……在不履行义务的一方已知道或理应知道此一障碍后一段合理时间内”仍没有给出此种通知，则没有适当通知的一方“对由于另一方未收到通知而造成的损害应负赔偿责任”。第79条第(4)款似乎在案例法中也没有受到重视，尽管一项判决也确实指出在该判例中要求免责的一方当事人满足了通知要求。

第(5)款阐明，第79条对因不履行义务一方享有免责的不履行义务而受害的一方当事人可获得的补救措施只产生有限的影响。具体地讲，第79条第(5)款宣布，免责只排除受害方要求损害赔偿的权利，而没有排除本公约规定的各方当事人的任何其他权利。

1. 第79条一般适用情况

几项判决表明，第79条规定的免责要求满足某种具有“不可能”标准。有一项判决比较了第79条规定的免责标准与不可抗力、财力不可能和负担过重等国家法律学说规定的原谅标准——尽管另一项判决主张，第79条与eccesiva onerosità sopravvenuta（过重负担突然出现）这一意大利国内艰难学说的性质有所不同。该判决还声称，在《销售公约》适用于一项交易的情况下，第79条具有优先权并且取代类似的国家学说，，如德国法律中的Wegfall der Geschaftsgrundlage（交易商业基础）的丧失和eccesiva onerosità sopravvenuta（过重负担突然出现）。另一项判决强调，第79条的解释方式不应该损害本公约的基本方法，即卖方若交付不符合同规定的货物，即应承担赔偿责任，不论不履行义务是否因卖方的错误而造成。法院将一方当事人根据第79条规定要求免责的权利与该方当事人没有欺诈行为挂钩。

许多判决都表明，对第79条的适用是将重点放在评估订立合同时要求免责一方当事人所承担的危险上。换言之，判决是要说明，根本问题是确定要求免责的一方当事人是否承担了致使该方当事人未能履行义务的事件的风险。在某一判例中，卖方未能交付货物的原因是，卖方供应商因没有立即注入大量现金而不能供货，而卖方也没有这笔资金，因为买方有正当理由（但未预料到）拒绝对先前的交货付款。卖方根据第79条规定提出的免责请求被驳回，因为买方根据合同已预付了遗失货物的货款，法庭认定这种安排显然把与采购货物有关的风险分配给卖方。在提出第79条与损失风险规则之间的关系问题的判例中，显然也采用了第79条规定的在免责问题上的风险分析法。因此，鉴于卖方交付了鱼子酱，损失风险就此转移到买方承担，但对卖方所在国的国际制裁阻止了买方立即占有和控制鱼子酱货物，这样货物就不得不销毁的这一事实，仲裁庭裁定，买方因其未支付价款，无权享有免责权利：仲裁庭强调，这种损失必须由不可抗力发生时承担这种风险的一方当事人来承受。而在卖方遵守了《销售公约》第31条规定的义务，向承运人及时交付货物（这样，损失风险可能已转移到买方承担）的情况下，法院认定，依据第79条规定，免除卖方承运人延迟交货造成的损害赔偿责任。

在诉讼中经常会援引第79条，但成功的例子并不多。在两个判例中，卖方成功地要求免除未履行义务的责任，但至少在另外九个判例中，法院驳回了卖方的免责要求。买方也两次被准予按照第79条规定免除责任，但至少在另六个判例中此种请求被驳回。

2. 可适用免责规定的违约行为：对交付不符合同规定的货物的免责

有人质疑，交付不符合同规定的货物的卖方是否有资格按照第79条规定免除责任。在明确主张这种卖方能够要求免责的判决上诉中（尽管该判决以判例中的具体事实驳回了免费请求），法院承认这种情形提出了一个有关第79条范围的问题。但是，法院保留了有关这个问题的判决，因为具体的上诉可以基于其他理由来处理。最近，法院再次指出，它还没有解决这一问题，尽管对该问题的讨论表明，当卖方交付不符合同规定的货物时，第79条也可以适用。但是，至少有一个判例实际上准予交付不符合同规定的货物的卖方根据第79条规定免除责任。

有判决准予免除下列违约行为责任：卖方延迟交货；卖方交付不符合同规定的货物；买方延迟支付价款；及买方在支付价款后没有接收交货。双方当事人还要求对下列违约行为免除责任，但法院根据该判例的具体情节驳回了这一请求：买方未支付价款；买方未开立信用证；卖方没有交付货物；及卖方交付的货物与合同不符。

3. 第79条第(1)款："障碍"要求

作为免责的先决条件，第79条第(1)款要求，一方当事人不履行义务是由于存在一种"障碍"，它符合某种补充要求（例如，这种障碍是当事人不能控制的，没有理由预期当事人在订立合同时能考虑到，等等……)。有一项判决使用的语言表明，"障碍"必须是"无法控制的风险或完全出乎意料的事件，如不可抗力、财力不可能或负担过重"。另一项判定主张，导致交付有缺陷货物的条件可能构成第79条规定的障碍；但是，在向高等法院上诉时，法院基于别的理由驳回了免责请求，而初级法院关于障碍要求的讨论被宣布为无实际意义。最近，有一家法院似乎是要表明，没有防止或查明货物不符合同情形的手段也可能构成卖方依据第79条免除责任的充足障碍。但是，另有一项判决指出，卖方所在国禁止出口构成了第79条意义上卖方未交付足量货物的"障碍"，不过法庭驳回了免责请求，因为订立合同时该障碍是可以预见的。

现有的其他判决显然没有把重点放在何谓第79条第(1)款意义上的"障碍"这一问题上。然而，在依据第79条认为一方当事人免责的情况下，法庭可能确信障碍要求得到了满足。在这些判例中，履行义务的障碍是：国家官员拒绝批准向买方所在国出口这些货物（认定免除已付货款的买方对不接收交货的应付赔偿责任)；卖方供应商制造的货物有缺陷（在没有证据证明卖方有欺诈行为的情况下，认定卖方免除交付不符合同规定的货物的赔偿责任)；承运人没有满足及时交货这一保证（在卖方履行了其义务，适时地排了承运并将货物移交给承运人的情况下，作为驳回买方的损害赔偿要求的另一个理由，认定免除卖方对延迟交货的损害赔偿责任)；卖方交付不符合同规定的货物（认定免除买方延迟支付价款产生的利息赔偿责任)。

在某些其他判例中，拒绝做出免责的裁决的法庭使用的语言表明，该案中不存在第79条第(1)款意义上的障碍，尽管判决结果实际上是基于未达到障碍要求还是基于具有必要障碍的特点的一种补充要素（例如，这种障碍是要求免责一方当事人所不能控制的），这一点通常并不清楚。涉及下列情形的判决便属于这一类：买方由于能够自由兑换成支付货币的任何货币储备不充足而未支付价款，因而要求免除责任，这种情形似乎未列在书面合同不可抗力条款中编列的免责情况的详尽清单中；卖方因制造货物的供应商的工厂紧急停产而未交货，因而要求免除责任；买方以市场发展态势不良、货物贮存有问题、支付货币重新定价以及买方行业贸易量减少为由，拒绝为已交付货物支付价款，为此要求免除责任；卖方未能交货的原因在于其供应商遇到严重的财政困难，致使其停止生产货物，除非卖方为它提供“金额可观”的资金，为此卖方要求免除责任。

汇编中驳回免责请求的大多数判决所依据的是障碍要求之外的要求，而且没有阐明法庭是否裁定障碍要求已经得到满足。这些判例中要求的障碍包括：买方的付款在其转账的外国银行中被盗；卖方不能满足有关食品放射性的进口管理条例；由于卖方所在国不利的天气造成的西红柿市场价格上涨；在订立合同后但在买方开立信用证前货物的市场价格大幅下跌；对卖方所在国实行国际禁运，使得买方无法使货物（鱼子酱）结关或以其他任何方式利用货物，直到货物有效期过后，不得不将货物销毁；货物的国际市场价格大幅上涨并且不可预测，破坏了合同的平衡但并未使卖方无法履行义务；卖方供应商未向卖方交付货物，但在合同订立后货物的市场价格增长了两倍；由于买方提供的运货袋（按照卖方提出的规格制造）不符合供应商政府的管理要求，卖方供应商因此未交付货物；买方向其支付价款的第三方（但不是卖方的指定托收代理人）未将该付款转给卖方；买方所在国政府下令暂停支付外债；货物（红辣椒）受到不明来源的化学污染；大幅降低买方客户愿意支付的产品（将货物纳入其中）价款。

4. 具体障碍的处理：供应商的违约行为

在汇编的判决中某些要求的障碍涉及次数较为频繁。其中一个障碍是卖方依赖其提供货物的第三方供应商未履行义务。在一些判例中，卖方将其供应商的违约行为援引为障碍，他们声称，这种障碍应免除卖方对由此造成的其自身未交付货物的赔偿责任或其交付不符合同规定的货物的赔偿责任。有几项判决表明，卖方一般承担其供应商违约将带来的风险，当卖方不履行义务是由其供应商违约所造成的时，卖方一般不享有这种免责权利。在详细讨论这一问题时，一家法院明确指出，依据《销售公约》，卖方承担“购置风险”——这种风险是其供应商不及时交付货物或交付的货物与合同不符——除非双方当事人在其合同中约定以不同方式分配风险，因此，卖方一般不能将其供应商违约援引为第79条规定的免责的依据。法院将其分析与本公约对违反合同的损害赔偿责任采用的无过错方法结合在一起，因此裁定，在所审理的这一案件中，卖方不能因交付第三方供应商供应的不符合同规定的货物而要求免责。法院不赞成初级法院的推理，即卖方无资格要求免责的唯一理由是因为如进行适当的货物检验，本能够检查出瑕疵。但是，另一家法院以第三方制造的机器有瑕疵为由，准予卖方免除因交付不符合同规定的货物而承担的赔偿责任，法院还认定只要卖方是诚信做事，这一障碍就可以免责。

5. 具体障碍的处理：履行义务的成本或商品价值的变化

在汇编的判决中也多次出现了这种要求，即合同财务方面的变化应该免除违约方对损害的赔偿责任。在这方面卖方声称，履行合同的成本若增加，就应该免除他们未交付货物的赔偿责任，同时买方还主张，出售货物的价值若降低，则应该免除他们拒绝接收交货和支付货款的损害赔偿责任。这些论据未获得认可，有几家法院明确指出，当事人应当承担市场波动和影响合同财务后果的其他成本因素带来的风险。因此，一家法院驳回了买方在货物的市场价格大幅下跌之后提出的免责请求，主张这种价格波动是国际贸易中可以预见的方面，由此产生的损失是“商业活动的正常风险”的一部分。另一家法院驳回了卖方在货物的市场价格增长两倍后提出的免责请求，它评论说：“承担市场价格增长的风险是卖方的务……”。另一项判决指出，第79条没有对意大利国内学说*eccesiva onerosità sopravvenuta*（“过重负担突然出现”）中所界定的困难作出免责的规定，因此，依据《销售公约》，在合同订立后货物的市场价格上涨“幅度很大且不可预料”的情况下，卖方不能要求免除不交货的赔偿责任。驳回因财务状况的变化而提出的免责请求的其他理由是，变化的后果是不可能克服的，而在订立合同时本应考虑到变化的可能性。

6. 要求免责的一方当事人不能控制的障碍要求

不履行义务的一方当事人要具有免责资格，第79条第(1)款要求，当事人不履行义务是由于“某种非他所能控制的障碍”。法院认为，在买方向外国银行支付了货款，但货款在该银行被盗，因而在从未向卖方提供该款的情况下，这一要求便没有得到满足，因此驳回免责请求是适当的。另一方面，一些判决认定，在政府的管理条例或政府官员的行为阻止了一方当事人履行义务，则这一障碍是当事人所不能控制的。因此，法院认定，在因官员不给予保证，致使货物不能进口到买方所在国的情况下，由于买方支付了货款，应免除其对不接收交货的损害的赔偿责任。同样，一家仲裁庭也裁定，卖方所在国禁止煤碳出口构成了非卖方所能控制的障碍，不过仲裁庭仍基于其他理由驳回了卖方的免责请求。有几项判决着眼于这一问题，即应向卖方供货的第三方不履行义务是否构成非卖方所能控制的障碍。一家法院认定，卖方的第三方供应商制造的货物有缺陷这一事实即满足了这一要求，条件是卖方没有欺诈行为。但是，在卖方的供应商不能继续生产货物，除非卖方预付其供应商“一笔金额可观的现金”的情况下，仲裁庭裁定卖方履行义务的障碍非他所能控制，并指出即使后来发生了不可预见的事件，卖方也必须保证其有财力履行义务，这一原则也适用于卖方与其供应商的关系。在卖方供应商以卖方的名义向买方直接发送了最后证明是有缺陷的、新开发的藤蜡的情况下，法院认定这种情形不涉及非卖方所能控制的障碍问题：一家初级法院裁定，如果卖方在向买方发货之前履行了检验藤蜡的义务，卖方就会发现这一问题，就此而言，免责要求没有得到满足；在上诉时，高等法院确认了该判决结果，但否决了初级法院的推理，指出无论卖方是否违反了货物检验的义务，他都不符合免除责任的资格。

7. 没有理由预期要求免责一方当事人在订立合同时能考虑到障碍的要求

为了满足第79条规定的免责要求，一方当事人不履行义务必须是由于“没有理由预期”该当事人“在订立合同时能考虑到……”的障碍。一个仲裁庭将未满足这一要求作为所援引的一个理由，驳回了卖方因制造货物的供应商的工厂紧急停产而无法交付货物后提出的免责请求。有几项判决也驳回了免责请求，因为即使障碍的确存在，但当事人在订立合同时理应知道这一点。因此，在卖方因为无法购置符合买方所在国的进口管理条例的奶粉而要求免责的情况下，法院裁定，卖方在订立合同时是知道有这种条例的，因此承担了找到适当货物的风险。同样，卖方基于禁止出口煤碳的出口管理条例而提出的免责请求和买方根据暂停支付外债的管理条例提出的免责请求都被法院驳回，因为在每种情况中，在订立合同时管理条例都已存在（因此本应考虑到）。双方当事人都有责任考虑到货物市场价值变化的可能性，因为订立合同时这种发展事态是可以预见的，因此，凡主张这种变化构成了应该免除受到不利影响一方的责任的障碍的要求，都被法院驳回。

8. 没有理由预期要求免责一方当事人在订立合同时能避免或克服障碍的要求

为了使不履行义务的一方当事人得以满足第79条第(1)款规定的免责的先决条件，不履行义务必须是由于没有理由预期该当事人能避免或克服的障碍。此外，必须是没有理由预期该当事人克服障碍或障碍的后果。有几家法庭在驳回据称不履行义务是由于其供应商违约造成的卖方所提出免责请求时，即援引了未满足这些要求的规定。因此，法庭裁定，对于其供应商（代表卖方）向买方直接发送有缺陷的藤蜡的卖方以及其供应商由于其工厂紧急停产而未生产出货物的卖方，应当有理由预期其能避免或克服这些障碍并因此履行其合同义务。同样，法庭裁定，当大雨毁坏了卖方所在国的西红柿作物，致使市场价格上涨时，卖方未交付货物不能免除责任：法庭裁定，卖方履行义务还是可能的，因为并非全部西红柿作物都已毁坏，而西红柿供应量减少及其价格上涨则是卖方能够克服的障碍。在卖方由于未采用合同规定的组件生产合同要求的旧设备而提出免责要求的情况下，法院驳回了该要求，因为卖方经常检修并整修旧设备，而且能够提供配备组件（并非由原始制造商提供）的货物。

9. 不履行义务是“由于”障碍的要求

为了使不履行义务的一方当事人具备第79条第(1)款规定的免责资格，不履行义务必须是“由于”一种满足上文若干段落所讨论的要求的障碍所致。在买方未能证实其违约（未开立跟单信用证）是其政府暂停支付外债引起的所致的情况下，法院援引了这种因果关系要求作为拒绝当事人免责要求的一个理由。要证实因果关系要求的作用，也可以通过一项诉讼上诉来说明，其中涉及到卖方要求依据第79条免除因交付藤蜡次品所造成的损害赔偿责任。卖方主张，提出免责请求是因为蜡是由给买方直接发货的第三方供应商生产的。初级法院驳回了卖方的请求，因为法院认定，作为一种新产品，卖方本应检验藤蜡，这样就会发现问题；因此，法院推理，供应商的产品有缺陷不是他不能控制的障碍。在向高等法院上诉时，卖方声称，其供应商当年生产的所有藤蜡都有缺陷，所以即使卖方销售的是传统产品（假定这种蜡不用检验），买方也将遭受同样的损失。法院驳回了这一论点，因为法院否决了初级法院的推理：按照高级法院的观点，卖方之所以对第三方供应的有缺陷的货物承担责任，并不在于其没有履行检验货物的义务；相反，卖方的赔偿责任是从这一事实中产生的，即除非另有约定，否则卖方承担“采购风险”，即使卖方没有义务在交货前检验货物，卖方也要对货物不符合同情形承担责任。因而，即使卖方出售了它没有义务检验的有缺陷的藤蜡，造成违约的原因也不是满足第79条要求的障碍。

10. 举证责任

好几项判决主张，第79条第(1)款——特别是指出当事人不负责任，“如果他能证明此种不履行义务是由于某种非他所能控制的障碍……”的语言——明确将免责要求的举证责任分配给要求免责的当事人，并且这也确定了举证责任一般是本公约范围内的事项。此外，这些判决主张，第79条第(1)款证明了本公约的一项一般原则：将举证责任分配给提出权利主张的当事人或援引一项规则、例外或反对意见的当事人，以及根据《销售公约》第7条第(2)款，这项一般原则可用来解决本公约中未明确涉及的举证责任问题。其他几项判决所用方法或语言有力地说明，证明存在免责要素的举证责任由要求免除责任的当事人承担。

11. 第79条第(2)款

第79条第(2)款就下列情形作出了特别规定，即当事人要求免除责任是因为当事人本身不履行义务是“由于他所雇用履行合同的全部或一部分规定的第三方不履行义务所致”。在该要求适用的情况下，第79条第(2)款规定，要求免除责任的当事人和第三方在应该准予免除责任之前都必须满足第7条第(1)款规定的免责要求。即使第三方可能没有卷入买卖双方的争端中（因此第三方没有要求免除责任)，以及即使第三方的义务不受《销售公约》的支配，也应满足该项要求。第79条第(2)款提出的特别要求增大了当事人要求免除责任的障碍，这样，就必须知道何时适用该要求。在这方面，一个关键问题是“他[即要求免除责任的当事人]所雇用履行合同的全部或一部分规定的第三方”这一短语的含义。几个判例涉及了这一问题：卖方请其采购或生产货物的供应商是否由该短语所涵盖，这样由于这种供应商违约而要求免除责任的卖方必须满足第79条第(2)款的要求。在一项判决中，一家地区上诉法院判决，卖方向其订购藤蜡并直接向买方发货的制造商不在第79条第(2)款范围内，卖方的免责要求仅受第79条第(1)款的支配。在上诉过程中，一家高级法院回避了这一问题，指出卖方不具有第7条第(1)款或第79条第(2)款规定的免责资格。一个仲裁庭指出，当卖方由于“分包商”或卖方“自己的工作人员”违约而要求免除责任时，第79条第(2)款适用，但当第三方是“制造商或分供应商”时，第79条第(2)款不适用。另一方面，一个仲裁庭已假定，卖方与其签订供货合同并指示买方向其发送运货所需的具体规格的运货袋的化肥制造商由第79条第(2)款所涵盖。仲裁庭还指出，卖方雇来运货的承运人也在第79条第(2) 款所述第三方范围内。

12. 第79条第(5)款：免责的后果

本公约第79条第(5)款具体规定，成功地要求免除责任，即可使当事人不承担损害的赔偿责任，但不妨碍另一方“行使……要求损害赔偿以外的任何权利”。在当事人拥有第79条规定的免责资格的判例中，对要求损害赔偿的一方当事人提出的权利主张都被法院驳回。对于卖方对合同价格未付部分的利息提出的权利主张，法院也以买方免除了不付款的责任为依据予以驳回。在一项判决中，买方提出的损害赔偿要求及其宣告合同无效的权利都被法院否定，似乎是因为买方交付不符合同规定的货物是“非他所能控制的障碍所致”，不过法院仍允许买方减低价格，说明有不符合同情形存在。

13. 第79条的减损：第79条与不可抗力条款之间的关系

第79条不是从授权双方当事人“减损”本公约的规定或“改变其效力”的第6条规则中节选出来的。法院判决将第79条同当事人合同中的不可抗力条款放在一起解释。一项判决认定，卖方没有根据第79条或不可抗力合同条款规定免除不交付货物的责任，也就表明双方当事人没有优先适用第79条，而是约定适用合同条款。在买方声称构成不可抗力的情形没有列在双方当事人合同中所列的不可抗力情况的详尽清单中的情况下，另一项判决驳回了买方的免责要求。

判例讨论 79-1

- 关联条款：第25条，第74条，第75条，第77条，第78条，第79条
- 案件参考：Clout Case No. 976
- 案件分类：China, CIETAC, 「No. CISG/2003/10」, 2003.06.26

一家中国买方与一家香港卖方订立了购买3万吨氧化铝的合同。卖方声称买方未出具所需的信用证而违反了合同。因此，卖方将货物削价转售给其他买方。卖方要求买方赔偿违约造成的损失，包括预期利润损失。卖方还要求赔偿利息、仲裁费用、律师费用及其他费用。

买方辩称，它在订立合同时受到经济胁迫，并提出不可抗力的抗辩理由，声称无法开具信用证的原因是条例出现变更，向中国输入氧化铝受到限制。买方声称基于这些原因它应当免予承担赔偿责任。

该合同于2001年9月19日订立，其中规定合同以香港法律为准，并且“双方当事人将《销售公约》第二部分和第三部分的规定纳入合同，但与合同的明文规定不符或违反适用法律的除外。”

仲裁庭裁定香港法律以及《销售公约》第二部分和第三部分是适用的，但与合同的明文规定不符或违反适用法律的除外。仲裁庭认为，买方并不能证明受到经济胁迫，并驳回买方提出的不可抗力的抗辩，认为新条例没有完全禁止向中国输入氧化铝。因此，该条例没有使买方无法履行合同规定的职责：它仍然可以提取货物。

仲裁庭裁定，根据香港销售法和《销售公约》，买方未开具信用证就是根本违反合同（《销售公约》第25条)。因此，卖方有权宣告合同无效并要求损害赔偿，包括预期利润损失（《销售公约》第74条和《香港货物销售条例》第52条)。仲裁庭根据《销售公约》第75条的规定，分别计算了全部三批的损害赔偿额，并认为卖方有义务根据《销售公约》第77条的规定减轻损害赔偿。

仲裁庭根据《销售公约》第78条的规定，驳回卖方关于赔偿利息的权利主张，这是因为卖方要求的数额是实际的损害赔偿额，不涉及任何拖欠款项，并且卖方没有蒙受任何利息损失。

判例讨论 79-2

◉ 关联条款：第1条，第30条，第53条，第61条，第77条，第79条

◉ 案件参考：Clout Case No. 480

◉ 案件分类：France, Court of Appeal of Colmar, 2001.06.12

法国一家汽车产业空调制造商（被告）于1991年4月26日与其供应商——一家瑞士公司（原告）订立了一项“合作协议”。原告承诺八年期间根据被告客户——一家卡车制造商的需求至少交付20,000个曲轴箱。在当事双方最初拟订的合同中，双方对货物做了精确的描述并确定了合同有效期间计算价格的方法。由于汽车市场的突然崩溃，导致卡车制造商大幅改变了其购买条件，硬性要求被告实行低于原告所售整体性部件价格50%的空调售价，为此被告在1993年12月6日的信中表示希望在空调器的生产中停止使用原告制造的曲柄轴箱。截至1993年12月31日，原告仅交付了20,000个曲轴箱壳中的8,495个。1996年6月19日，原告在科尔马地区法院对被告提出起诉，要求获得3,071 962瑞士法郎的损害赔偿金。

根据在《卢加诺公约》关于管辖权和执行民事和商业事件判决的第17条条款项下有效的一项管辖权条款，初审法院作为本案主管法院，驳回了原告提出的索赔要求。法院拒绝适用《销售公约》，理由是合作协议不可能具有销售合同的性质，因为协议中并未确定交付货物的数量。该协议是一个关于生产和经销的框架协议，应受《罗马公约》第4条的管辖，适用本案的法律是瑞士法律。初审法院的结论是，该协议没有明确确立被告方面的购货义务。

上诉法院撤消了该判决，认为《销售公约》应当适用“合作协议”。尽管该协议所用名称不同，但上诉法院明确说明它就是《销售公约》条款规定的销售合同。上诉法院指出，确定协议的实际内容以及核实协议双方是否订立了《销售公约》第30条和第53条所规定的买方和卖方义务，是考虑的重要因素。指明协议双方为制造商和买方、明确说明所要交付的货物和计算价格的方法，以及确定最低供货数量为20,000个曲轴箱，根据这种种要素可以得出结论，即该协议具有销售合同的一切特征。法院承认，该协议没有任何规定明确要求被告有购买的义务。不过，“根据合同的一般经济平衡和有关建立存货的义务的具体规定，可以认为[原告]通过立约明确承担了交货义务，[被告]也就因此承担了购买[原告]承诺交付的货物的默示义务”。此外，法院还指出，规定一方承担交付货物——而不仅仅是提供货物——的义务，就意味着对方事先同意按商定价格接受货物，因此，对方也就承诺支付所要交付的货物的货款。

上诉法院还指出，被告在合同关系终止时已收到交付的货物8,495个曲轴箱。由于被告事先已承诺接收20,000个装置并支付其货款，因而它没有履行自己所承担的义务。因此，根据《销售公约》第79条，原告有理由要求给予损害赔偿金，除非可以认定被告客户对购买条款所做的重大修改构成适用《销售公约》第79条项下的免责的理由。不过，法院仍然强调说，尽管由于此种修改，被告继续采用原告生产的部件会损失惨重，但在期限为八年的合同中，并未将其作为例外的或不能预料的

情况来处理。法院评论说，“作为在国际市场惯例方面富有经验的一个专业机构，[被告]应当制定保证[原告]履行义务的条款，或者作出修改此种义务的安排。由于被告没有这样做，它就必须承担与不履约相关的风险”。

因此，上诉法院的结论是，要求补偿损害赔偿金的索赔要求原则上有充足的根据。不过，法院认为有必要先进行一次专家评价，然后再就补偿数额作出裁定。根据《销售公约》第77条，原告有义务减轻损失。法院指出，如果把存货转卖掉以及如果投资协议执行的款额可以不同方式摊销的话，原告所声称的损失——利润损失和不能再使用的原材料的费用——也许并没有那么大。

判例讨论 79-3

- 关联条款：第1条，第8条，第57条，第79条
- 案件参考：Clout Case No. 890
- 案件分类：Switzerland, Court of Appeal of the Canton of Ticino,「No. 12.2002.181」, 2003.10.29

本争议涉及一家意大利供应商向一家营业地位于瑞士的公司出售移动隔板。初审时，卖方要求买方支付销售价格的尾款，并获得胜诉。买方就此判决提起上诉。

泰辛州上诉法院对此案进行二审，首先根据《销售公约》第1(1)(a)条（合同双方当事人营业地在不同的缔约国）认为《公约》适用于本案。法院注意到买方提出的货物缺陷问题与隔板质量无关，而是安装过程中造成的。根据《销售公约》第79(2)条，卖方是否应负责任主要取决于他所雇用的两个安装工是否是按照他的指示作业。法院认为举证责任在买方。随后，法院裁定买方没有举证，应该支付尾款。

根据《销售公约》第57(1)(a)条，法院决定把卖方的营业地设为支付价款的地点。卖方指定银行账户不会改变价款支付地点，只是可以让买方通过转账方式偿还债务。根据《销售公约》第8 条规定的原则，买方有权将上述两个安装工当作卖方代表，在通知卖方银行账户之前，应按售价给卖方付款。

080．当事人原因造成另一方不履行的免责

Art. 80 A party may not rely on a failure of the other party to perform, to the extent that such failure was caused by the first party's act or omission.
제80조 당사자는 상대방의 불이행이 자신의 작위 또는 부작위에 기인하는 한도 내에서는 상대방의 불이행을 원용할 수 없다.
第80条 一方当事人因其行为或不行为而使得另一方当事人不履行义务时，不得声称该另一方当事人不履行义务。

第80条剥夺了一方当事人声称另一方当事人不履行义务的权利，前提条件是第二方当事人的不履行是由第一方当事人的“行为或不行为”造成的。因此，第80条可免除一方当事人不履行义务时的至少部分法律责任。第80条是宽泛、公平的规则，即一方当事人因其自身的行为造成另一方当事人的违约行为时，该当事人不得以另一方当事人的违约行为为由主张法律补救，在证明《销售公约》下诚信原则适用时被引为例证。

1. 第80条适用的目的

双方当事人都涉嫌不履行义务时，第80条时常作为确定双方当事人权利的工具。一些判决涉及到卖方尝试对不符合同规定的货物进行补救的问题。在一个此类判例中，卖方未能履行承诺，对交付不符合同规定的货物一事作出补救，买方则从价款中抵消了补救缺陷的费用。卖方声称，根据第80条规定，买方无权索要（并抵消）不符合同情形造成的损害，因为是买方自己未把货物运回给卖方，才使得卖方无法作出补救。但是，法庭驳回了这一论点，裁定未作出补救要归因于指定负责将货物运回给卖方的承运人，而且卖方应对该承运人的行为负责。但是，在另一个判例中，卖方声称买方丧失了其要求对不符合同情形进行补救的权利，因为买方在无正当理由的情况下拒绝了卖方提出的补救请求。另一项判决涉及到卖方同意收回所交付货物并对其进行补救，这说明了第80条在确定买方在与卖方的其他交易中不支付货款产生的影响时的作用。买方把机器退给了卖方，卖方承诺会尽快调试好设备并把它运回给买方。但此后卖方又拒绝把货物归还买方，除非买方付清他欠卖方的一些其他债务。初审法院裁定，根据第80条规定，买方不得以延迟重新交货为由要求损害赔偿，因为卖方对货物的扣留是买方拖欠前期债务的行为造成的。上诉法院驳回了该判决，裁定卖方在归还货物之前无权坚持要求买方支付其他债务，因为在重新交货协议中未列入任何此类条件。同样，还有一家法院驳回了卖方以第80条为依据提出的抗辩，即由于买方不支付前期债务，卖方没有能力在经济方面资助困境中的供货商，致使卖方无法交付货物：法院认定，买方依据协议预付了该交付货物的货款，这就意味着卖方已承担所有与供货相关的一切风险。

在大量的判决中，第80条都被用来否决给予自身违约造成另一方拒绝履行义务的一方当事人以补救办法。例如，一个供应铝矿的长期合同中的卖方宣布他将不再发货。卖方在随后提起的诉讼中辩称，在他宣布将要停止发货以后，买方扣留了已交付货物的货款。仲裁小组驳回了卖方基于第80条提出的抗辩，裁定买方不支付货款是卖方拒绝履行继续发货义务造成的。一些判决适用第80条来确定哪一方当事人应被视为违约，可能会涉及到少见的或错综复杂的案情。在一个此类判例中，卖方按合同规定，出售一台由卖方与之有分销协议的制造商生产的机器，货物的所有权将在买方支付购买价的最后一期款项后转给买方（该款项在买方接收机器后支付)。但是在机器交付之初，制造商终止了它同卖方的分销协议，拒绝再向卖方发运机器。相反，制造商直接把货物发给了买方，买方也不再向卖方支付货款（而是对制造商进行支付)。买方还试图宣告与卖方的合同无效，理由是卖方不能履行把机器的所有权转让给买方的义务。初审法院根据第80条规定否决了买方宣告合同无效的权利，裁定买方在与卖方的合同期间接收货物，这一行为致使卖方认为它已尽到了自己的义务；因此，初审法院推定，卖方随后的不履约义务是买方的行为造成的。中级上诉法院确认了这部分的判决，裁定除非买方支付了价款，卖方无义务将所有权转让给买方；因此，根据第80条规定，买方不得宣告合同无效，因为造成卖方不履约的原因是买方自己扣留货款以及未按照第47条第(1)款的要求给卖方规定一段额外时间让卖方在价款支付后转让所有权。一家高级上诉法院确认买方无权以不涉及第80条规定的理由宣告合同无效。

2．另一方当事人不履行义务归因于第一方当事人的“行为或不行为”的要求

根据第80条规定，一方当事人的“行为或不行为”是致使另一方当事人不履行义务的原因。在涉及到下列行为或不行为的判例中，法庭裁定第80条的要求得到满足：买方违约未支付价款以及未按照第47条第(1)款的要求为卖方规定履行义务的截止日期；买方未支付已交付货物的价款；买方未接收交货；卖方未履行义务指定装运货物的港口；卖方拒绝履行继续交货的义务；买方在没有正当理由的情况下拒绝卖方提出的对货物不符合同情形进行补救的请求。在涉及到下列行为或不行为的判例中，法庭拒绝适用第80条，尽管不一定是因为“行为或不行为”的要求未得到满足：买方未能把货物发回卖方以进行补救（在未能装运要归因于承运人的情况下)；买方未支付与卖方的其他交易中产生的债务（在未规定此种支付为卖方履行将货物归还买方的义务的前提条件的情况下)；买方未支付之前所交付货物的价款（在买方已支付交付货物的预付款，而且卖方承担与供货相关的所有风险的情况下)。

3． 另一方当事人不履行义务是第一方当事人“造成的”要求

第80条规定，一方当事人不履行义务是由另一方当事人的行为或不行为“造成的”。在一个判例中，适用第80条时的主要问题是究竟是买方还是第三方的行为致使卖方不履行自己的义务。卖方同意收回不符合同规定的化学品并对其进行再加工，

以补救货物的缺陷，它还告诉买方应该让哪家承运人负责运回货物。在买方发现承运人已延迟向卖方发送货物之后，买方安排在本国对该化学品进行再加工，以满足其客户在时间上的要求。买方以再加工的费用来抵消购货价款。卖方起诉说，如果补救工作由它自己完成的话，成本会低得多，而且根据第80条规定，买方不得要求补偿这一较高的再加工费用，因为是买方没能把货物运回给卖方才使得卖方无法进行补救。法院不同意这一观点，裁定是承运人延迟运货最终造成买方的再加工费用增加，而且基于这些事实，承运人的行为应由卖方负责。在其他涉及到下列因果关系主张的判决里，法庭拒绝适用第80条，尽管这一结果不一定是未满足因果关系的要求造成的：买方未支付在与卖方的其他交易中产生的债务使得卖方拒绝将货物重新交付给买方；买方未支付之前所交付货物的价款使得卖方无法资助困境中的供货商，进而使得卖方也无法交货。

在涉及到下列因果关系主张的判例中，法庭裁定，第80条规定得到了满足：买方违约未支付价款，也未按照第47条第(1)款的要求为卖方规定履行义务的截止时间，致使卖方无法安排买方获得货物的所有权；买方未支付已交付货物的价款，致使卖方不能再交付其他货物；买方没有收取货物，致使卖方无法交付货物；卖方未履行指定货物装运港的义务，致使买方无法开立信用证；卖方拒绝履行继续交付货物的义务，致使买方不支付之前所交付部分货物的价款；买方在无正当理由的情况下拒绝接受卖方提出的对不符合同情形进行补救的请求，致使卖方无法进行补救。

4. 第80 条适用时的后果

第79条只是不允许受害方以不履行义务为由要求损害赔偿。与之不同的是，第80条则剥夺了受害方“声称”另一方当事人不履行义务的权利。因此，引用第80条不仅能够用于阻止一方当事人要求损害赔偿，而且也能被用于阻止一方当事人宣告合同无效30 或以另一方当事人不履行义务作为抗辩理由。

5. 看来适用了第80 条所含原则的判决

一些判决看起来适用第80条的原则，不过法庭实际上是否引用了该条款并不是很明确。例如，卖方为买方生产靴子，买方提供靴子的设计，而在交货之后，确定靴子上的一个标志侵犯了另一家公司的商标权，在这种情况下，买方不得向卖方追偿损害赔偿：作为这一裁定的一项替代理由说明，法庭认定，是买方自己指定的包含侵权标志的设计造成了侵权。虽然很明确法庭没有援引该条规定，但这一事实，从表面上看，应当是根据第80条规定使得买方无法以侵权作为依据。在另一项判决中，双方当事人之间的协定包含了一个条款，即如果买方管理层发生重大变动的话，允许卖方终止合同。买方解雇了他的总经理，卖方则以此为由，要求终止合同。仲裁庭裁定卖方无权终止合同，因为卖方涉足了导致总经理被解雇的活动，事实上，卖方已成为总经理的"同谋者"。法庭在论证卖方无权执行终止合同这一条款的裁定时，似乎援引了第80条的原则，法庭称"但凡涉及制裁的案例，对其据以终止合同的变动即使只承担部分责任的当事人，可能都不会要求适用第80条"。

判例讨论 80-1

◉ 关联条款：第8条，第39条，第44条，第50条，第53条，第57条，第59条，第62条，第80条

◉ 案件参考：Clout Case No. 273

◉ 案件分类：Germany, Oberlandesgericht München, No.「7 U 2070/97」, 1997.07.09

一个意大利的卖方(原告)向一个德国的买方(被告)连续几次供应皮革制品。卖方状告买方，要求支付全额、不打折扣的购货价款和偿付被拒付支票。买方对索偿金额提出争议，声称已经付了部分价款，两次发票未收到，而且货物有缺陷。买方还提出抵销反诉，理由是某些货物尚未发送给它的客户。下级法院批准卖方的索偿要求，买方提出上诉。

法院驳回上诉，认为卖方要求全额货款的索偿是正当的(《销售公约》第53和62条)。尽管按通常理解可以看出，双方曾商定了折扣付款安排(《销售公约》第8条)，但买方没有满足该安排的条件。因为买方减少付款的任何理由都是不能接受的。此外，法院还指出，买方有义务在卖方的营业地支付购货款并负有举证责任，证明它已经履行义务(《销售公约》第57(1)(a)条)。买方是否受到所有发票并不重要，因货款必须在应支付日期支付，无须进一步催付(《销售公约》第59条)。法院还认为，由于买方没有通知卖方，具体告知货物不符要求的性质(《销售公约》第39条)而且没有合理的理由不这样做(《销售公约》第44条)，因此，买方无权减低价格(《销售公约》第50条)。此外，法院裁定，买方必须为拒付支票而将费用偿还给卖方，并指出，《销售公约》第57条规定的付款义务还包括付款方式。

法院认可买方的抵销要求，因为双方的索偿要求都受《销售公约》管辖。然而，抵销要求被驳回，因买方没有支付货物价款，卖方并无履约义务(《销售公约》第80条)。

第5节　宣布合同无效的效果

区分及内容	
第 4 篇　货物销售	第25条~第88条
第1章　总　则	第25条~第29条
第2章　卖方义务	第30条~第52条
第3章　买方义务	第53条~第65条
第4章　风险转移	第66条~第70条
第5章　卖方和买方义务的一般规定	第71条~第88条
第1节　预期违反合同和分批交货合同	第71条~第73条
第2节　损害赔偿	第74条~第77条
第3节　利　息	第78条
第4节　免　责	第79条~第80条
第5节　宣告合同无效的效果	第81条~第84条
第81条　宣告合同无效对当事人各项义务的效果	
第82条　买方不能按原状归还货物的后果	
第83条　其他救济方法的保留	
第84条　利益的返还	
第6节　保全货物	第85条~第88条

虽然第三部分第五章第五节题为“宣告合同无效的效果”，但仅有第1条规定，第81条，专门针对这一主题。本节的另一条规定，第84条，也规定了宣布合同无效的一些情形（特别是，卖方支付其所获价款利息的义务，以及买方从货物中得到利益的义务），但在未宣布合同无效，以及买方要求根据第46条第(2)款交付替代货物的情况下，至少其中的一些情形也适用。本节的其他两条规定，第82条和第83条，成对适用，其根本未涉及宣告合同无效的效果：第82条限制了受害买方宣告合同无效的权利（第82条规定，如果不能按实际收到货物的原装归还交付的货物，或不能援引本条第(2)款规定的例外情况，买方就丧失宣告合同无效或要求交付替代货物的权利）；第83条仍为第82条所述丧失了宣告合同无效或要求交付替代货物的受害买方保留了其他补救办法。援引第五节是为了支持宣告合同无效是“买方的一项构成性权利，它将合同关系转变为一种归还关系”这一主张。

第五节的各项规定均涉及宣告合同无效的一些内容，并与本公约关于宣告合同无效的其他各项规定共同发挥作用，包括支配受害一方当事人宣告合同无效权利的规定（第49条和第64条)。在一份合同被宣告无效的情况下，第五节的各项准则还能解决第三部分四章（“风险转移”——第66条至第70条）支配的其他损失风险问题：一项裁决裁定，买方不应对货物在买方宣告合同无效之后由承运人运回卖方期间所发生的损害负责，法院宣称“《销售公约》第81条至第84条的核心内容是风险分配机制，该机制属在撤销合同的框架内（归还)，优先于《销售公约》第66条及以下条款中载明的承担风险的一般性规定”。第五节的一些规定涉及的事项与第46条第(2)款中受害买方要求卖方提供货物替代不符合同规定的货物的权利相关。

081. 宣告合同无效对当事人各项义务的效果

Art. 81

(1) Avoidance of the contract releases both parties from their obligations under it, subject to any damages which may be due. Avoidance does not affect any provision of the contract for the settlement of disputes or any other provision of the contract governing the rights and obligations of the parties consequent upon the avoidance of the contract.

(2) A party who has performed the contract either wholly or in part may claim restitution from the other party of whatever the first party has supplied or paid under the contract. If both parties are bound to make restitution, they must do so concurrently.

제81조

(1) 계약의 해제는 정당한 손해배상의무를 제외하고는 당사자 쌍방을 모두 계약상 의무로부터 해방시킨다. 해제는 분쟁의 해결을 위한 어떠한 계약조항이나 또는 계약의 해제에 따라 발생하는 당사자의 권리와 의무를 규율하는 기타 계약조항에는 영향을 미치지 아니한다.

(2) 계약의 전부 또는 일부를 이행한 당사자는 상대방에 관하여 그 계약하에서 자신이 이미 제공 또는 지급한 것에 대한 반환을 청구할 수 있다. 당사자 쌍방이 모두 반환의무가 있는 경우에는 이를 동시에 반환하여야 한다.

第81条

(1) 宣告合同无效解除了双方在合同中的义务，但应负责的任何损害赔偿仍应负责。宣告合同无效不影响合同中关于解决争端的任何规定，也不影响合同中关于双方在宣告合同无效后权利和义务的任何其它规定。

(2) 已全部或局部履行合同的一方，可以要求另一方归还他按照合同供应的货物或支付的价款，如果双方都须归还，他们必须同时这样做。

第81条适用于因一方当事人宣告合同无效或其中部分无效所引起的一般后果。第81条和第五章第五节关于“宣告合同无效的效果”的其他条款一直被称为确立了“撤销合同的框架”，其核心内容包含了在宣告合同无效时优先于《销售公约》其他风险分配条款的一种“风险分配机制”。法院还声称，根据第81条规定，被宣告无效的合同“并非因为宣告无效而被完全废止，而是‘变成’一种结束合同关系”有若干判决认为，第81条不适用于“双方同意的宣告合同无效”——即在双方当事人经双方同意，约定取消合同并相互解除合同义务的情况下所发生的合同终止——而不是完全限于一方当事人因另一方当事人违反合同规定而“单方面”宣告合同无效的情况。在这种“双方同意的宣告合同无效”的判例中，人们主张，双方当事人的权利和义务受双方当事人的终止协议的支配。因此，在双方当事人同意取消其合同并允许卖方在退还买方的预付款之前扣除其现金支出费用的情况下，法院允许卖方扣除上述款项，但不得扣除其利润损失，因为利润损失不是双方当事人协议中的一部分。在本判例中，所出现的问题未在双方当事人的终止协议明确涉及，但法院认为，根据第7条第(2)款规定，补足差额应适用于《销售公约》第81条及相关条款的原则而不是适用于国内法。

1. 第81条第(1)款项下宣告合同无效的后果：解除义务；宣告合同无效不产生影响

有若干判决都认识到，有效的宣告合同无效解除双方当事人根据合同承担的执行义务。因此，法院认为，宣告合同无效的买方被解除支付货物价款的义务。法院还认为，卖方宣告合同无效应解除买方的付款义务，并且解除卖方交付货物的义务。另一方面，未能有效地宣告合同无效意味着双方当事人仍然有义务履行其各自的合同义务。法院认定，如果一方当事人未能按照适当的宣告合同无效的程序（即没有发出适当通知）以及如果一方当事人没有宣告合同无效的实质理由（例如，没有根本违反合同），则宣告合同无效为无效行为。

2. 对损害赔偿权利和适用解决争端条款的保留和宣告合同无效的后果

正如一项判决所指出的那样，依据第81条规定，宣告无效的合同“并未因为宣告合同无效而完全废止，”某些合同义务即使在宣告无效后仍然应该履行。因此，第81条第(1)款第一句规定，宣告合同无效解除了双方在合同中的义务，“但应负责的任何损害赔偿仍应负责”。许多判决承认对违约损害赔偿的责任应在宣告合同无效后依然有效，并裁决因违约行为引起宣告合同无效的一方当事人向宣告合同无效的当事人提供损害赔偿。一家法院评论说，“在……合同被终止并根据《销售公约》第74条及以下条款的规定索赔未履约损害赔偿，则形成对损害赔偿的统一权利……并且优先于《销售公约》第81条至第84条所规定的终止合同的后果”。第81条第(1)款第二句规定“宣告合同无效不影响合同中关于解决争端的任何规定”。这一规定已被适用于一个书面合同中所载明的仲裁条款，并且其结果是制定能够从合同其余条款“分离出去”的仲裁条款。第81条第(2)款的同一句还规定，宣告合同无效不影响“合同中关于双方在宣告合同无效后权利和义务的任何其他规定”。这一规定已被适用于在宣告合同无效时保全合同中“处罚”条款的法律效力，即关于要求未能交付货物的卖方支付价款的条款。法院还声称，第81条第(1)款维护与撤销合同有关的合同条款，如要求退还依据合同所提供的货物或所收到的其他物品的条款。

3. 第81条第(2)款项下的归还

对于已经全部或部分履行其合同义务的双方当事人，第81条第(2)款第一句规定了可以要求另一方归还他“按照合同供应的货物或支付的价款”。根据建议，第81条对买方规定的归还义务的目的并不是要让卖方处于完全履行合同或根本就没有订立合同所应处于的状况，而是要求归还实际交付的货物，即使这些货物在归还期间被损坏。本公约其他各项规定也阐明了宣布合同无效后归还的义务。根据第82条规定，买方如果不可能“按实际收到货物的原状”归还货物，他就无权宣告合同无效（或要求卖方交付替代货物），一些重要的例外情况除外。根据第84条第(2)款，如果卖方必须向卖方归还货物，他还必须“向卖方说明”他在归还货物之前从货物中所得到的一切利益。同样，根据第84条第(1)款之规定，如果卖方必须向买方归还价款，他也必须支付价款利息，直到价款归还，不过法院认为，除了对利息享有的权利之外，卖方没有义务支付因其拒绝向买方归还价款而造成的损害赔偿。法院几乎普遍一致地认为，宣告合同无效是主张第81条第(2)款项下归还权利的一个前提条件。一项判决指出，只能在买方宣告销售合同无效之后，卖方才有义务根据《销售公约》第81条第(2)款退还购价款，因此，宣告合同无效是买方的构成性权利，它将合同关系转变为一种归还关系。

在买方适当宣告合同无效的许多判例中，法庭裁决卖方向受害买方归还买方已向卖方支付的价款（或其中部分）。卖方作为违约方有权要求买方在宣告合同无效后向卖方归还其向买方供应的货物，并且认定买方作为宣告合同无效的一方当事人，有权依据第81条第(2)款规定促使卖方收回其交付的货物。卖方作为适当宣告合同无效的一方当事人，也被裁定归还其交付的货物，裁决承认，如果卖方事后宣告合同无效，则买方作为违约方有权要求归还实际已支付部分的价款。不过，法庭认为，并非所有因终止销售合同引起的归还主张都受《销售公约》的支配。在一项判决中，双方当事人共同约定取消其合同且卖方为随后被拒收的付款支票向买方支付了退款。在卖方提起诉讼要求归还退款时，法院认定，卖方的权利主张不受第81条第(2)款的支配，因为该条款只适用于一方当事人“按照合同供应的货物或支付的价款”，而卖方要求归还的超额退款是在合同被取消之后支付的。相反，法院认为，卖方的权利主张是基于不正当得利原则之上，受适用的国内法所支配。

4. 归还地点；归还行为的司法管辖权；被退还货物的损失风险；归还价款的货币

有几项判决涉及到应该履行第81条第(2)款项下归还义务的问题。这一问题是直接作为一个问题或作为一个与法院的司法管辖权或由谁承担在买方退还货物过程中货物损失风险的问题相关的次要问题出现的。因此，在确定买方作为宣告合同无效的一方当事人是否在适当的地点向作为违约方的卖方当事人退还所供应的货物时，法院认为，《销售公约》没有对归还地点问题做出明确规定，《销售公约》中关于卖方交货地点的条款（第31条）也无法进行类推适用，因此，这一问题必须依据国内法解决——具体地讲（在本判例中），适用于上述命令归还的判决的执行的法律。一家法院在依据1968年布鲁塞尔《司法管辖权公约》第5条第(1)款规定确定其司法管辖权时使用了类似的推理，它认为《销售公约》没有明确涉及卖方必须根据第81条第(2)款归还价款的问题，并认为《销售公约》中关于买方支付价款地点的条款（第57条第(1)款）并未载明能够用于解决这一问题的本公约的一般原则，因此，法院认为这一问题必须依照适用的国内法解决。与前述判决的推理形成对比的是，前述判决的推理得出的结论是归还地点问题适用于国内法，而另一项判决认为，《布鲁塞尔公约》第5条第(1)款项下对买方的归还价款权利主张的司法管辖权应该参照《销售公约》第31 条规定的交货地点来确定。另一家法院认定，在涉及确定由谁承担损失风险的问题时，《销售公约》没有明确提及买方作为宣告合同无效的一方当事人通过第三方承运人应将被归还货物退回到哪里的问题，但法院依照《销售公约》解决了这一问题，而没有诉诸国内法：它根据第7条第(2)款规定填补了这个“空白”，确定了履行归还义务的地点应该参照履行主要合同义务的地点的一般原则；并且法院认定，买方在把货物交给承运人时即完成交货义务（因此，损失风险转移到卖方），因为在厂商把货物交给承运人时，合同风险是在首次交货时即转移到买方承担。法院还认定，这一结果与第82条的原则相符，该条为买方按原状归还货物的义务规定宽泛的例外，并由此表明通常由卖方承担货物状况将会变质的风险。最后，法庭得出结论，认为买方作为宣告合同失效的一方当事人，应当使用与适当支付价款相同的货币并按照合同中规定的汇率向卖方支付价款。

5. 关于相互归还应同时进行的要求

第81条第(2)款第二句规定，如果双方都须根据该条款第一句规定归还货物或价款（即如果双方已经根据宣告无效的合同“供应了货物或支付了价款”），则相互归还应“同时”进行。一个仲裁小组命令宣告合同无效的买方归还货物，同时命令作为违约方的卖方归还价款。与相互归还的原则一致，一家法院裁定，在买方实际向卖方退还其交付的货物之前，作为违约方的卖方并没有违反其向宣告合同无效的买方归还价款的义务，并且命令双方当事人同时归还货物或价款。另一项判决声称，宣告合同无效的卖方不必在交付的货物被退还之前向买方归还买方的付款。

6. 第81条第(2)款项下的归还权与国内法项下权利之间的相互作用

第81条第(2)款规定的宣告合同无效的卖方对归还所供应货物的权利可能与第三方（如买方的其他债权人）对货物的权利发生冲突。在买方资不抵债时，这种冲突尤其尖锐，因此收回货物本身要求买方给予货币补救（如托收价款或损害赔偿的权利）更具有吸引力。有几项判决已经涉及到这一冲突问题。在一项判决中，法院认定，买方的一个债权人已经根据国内法获得并完善对交付货物的担保物权，因此，该债权人的权利先于宣告合同无效的卖方在第81条第(2)款项下的归还权利：法院裁定，根据《销售公约》第4条规定，卖方和第三方债权人之间谁对货物拥有优先权的问题超出了本公约的范围，因此，受适用的国内法的支配，而根据有关国内法，第三方债权人的权利先于卖方的归还权。即使销售合同中载有卖方在买方完成付款之前保留货物的所有权条款（买方没有这样做），结果也一样：法院裁定，就非销售合同当事人而言，该条款的效力也受国内法支配，而不适用于《销售公约》，而根据适用的法律，第三方对货物的权利主张优先于卖方的权利。与之相对比的是，另一家法院认定，宣告合同无效的卖方可以在交付货物之后从经过破产程序的买方那里收回货物。但在该判例中，卖方援用保留所有权条款，该条款依据适用的国内法有效，并且在买方现已完成的破产程序之后依然有效，并且依据国内法，没有任何第三方对货物的权利主张明显优先于卖方的归还权。因此，在讨论中所描述的两个判例似乎并不一致。实际上，后一个判例援引了前一个判例来支持其分析。

判例讨论 81-1

◉ 关联条款 : 第25条, 第26条, 第35条, 第39条, 第45条, 第49条, 第74条, 第81条

◉ 案件参考 : Clout Case No. 905

◉ 案件分类 : Switzerland, Cantonal Court of the Canton of Valais, 「No. C1 04 162」, 2005.02.21

本裁决是缺席判决的, 其中涉及一家德国公司（被告）向瓦莱州一家有限公司（原告）出售一批制造设备。在2003年10月交付设备时, 原告发现所订货物已完全生锈。立即甚至在组装前向被告报告了这些缺陷。组装人员在摆开设备开始组装后, 发现该设备无法使用。向被告提出, 可提供保证金, 由被告自己组装设备。被告没有采纳这一提议, 且此后没有任何消息。原告在2003年11月25日的信函中请被告在2003年12月中旬之前取回设备。

法院认为, 根据《销售公约》第49条, 原告11月25日的信函已宣布合同作废。法院认为已经满足作废要求。法院认为, 按照《销售公约》第49(1)(a)条和第25条, 设备无法使用, 且被告违反自己的义务, 未能使设备运转, 这一事实构成了根本违约。法院认为, 根据《销售公约》第49(2)(b)㈠条, 宣布合同作废是及时的。无可否认, 很难确定实际交付日期是十月的哪一天, 但鉴于在发现缺陷后被告有可能自己组装设备, 而且原告在合同作废前已经取得了不同人编写的检验报告, 因此无论如何都遵守了时间限制规定。被告在货物交付后立即发送了通知, 因此也遵守了《销售公约》第39(1)条所规定的时间限制。

被告虽然收到进一步邀请, 但并未取回设备, 因此原告请求法院撤销为被告开设的银行担保并许可原告丢弃该设备。法院根据《销售公约》第81(2)条驳回了第二项请求。原告有义务将设备退还被告, 但被告有义务从原告的主要营业地取回设备。

还驳回了原告提出的损害赔偿, 因为原告对损失的说明不够详细。

判例讨论 81-2

◉ 关联条款 : 第25条, 第35条, 第45条, 第49条, 第74条, 第76条, 第81条, 第88条

◉ 案件参考 : Clout Case No. 348

◉ 案件分类 : Germany, Oberlandesgericht Hamburg, 「No. 1 U 31/99」, 1999.11.26

原告即巴西卖方向被告即德国买方交付了牛仔裤。在对收到的牛仔裤进行检查时, 买方发现数量不对。牛仔裤的标签也不对, 尺寸也错了。某些裤子还有霉点。买方宣布合同无效并要求卖方自行处理这些牛仔裤。在卖方拒绝收回牛仔裤之后, 买方出售了这些裤子。卖方向买方提出起诉, 要求支付最初的货款, 买方用损害赔偿要求在抵消支付原价的要求。初级法院判予卖方以减去买方利润损失后的专卖价格, 并驳回了反诉。

对于上诉, 法院予以完全驳回。

法院认为, 买方根据《销售公约》第49(1)条有权宣布合同无效, 他因此而解除了根据《销售公约》第81(1)条支付货物的义务。卖方由于交付的牛仔裤有缺陷而严重违约。买方在合理的期间内发出货物不符合通知, 具体说明了不符合同的性质, 而且其宣布合同无效(《销售公约》第49(1)条)是及时的(《销售公约》第49(2)条)。

法院称，买方由于抵销而免除了向卖方支付转售价格的义务。根据《销售公约》第45条和第74条，尽管合同无效，但买方仍有权索要损害赔偿(《销售公约》第81(1)条)。法院和初级法院的看法不一样，它认为，《销售公约》第74条规定的损害赔偿并不局限于利润的损失。由于损害赔偿包括有不履约造成的所有损失，买方有权索赔如履约他可获得的利益与他所保全的费用之间的差额。履约利益的计算是将利润总额出去最初的贷款。必须在具体计算中确定这种差额，这与《销售公约》第76条有关现行价格起决定作用的规定不同。法院认为，不得将固定费用(所谓一般性开支)视为保全的费用的一部分。卖方必须证明，履约所涉固定费用超过不履约所涉固定费用。履约利益必须扣除保全的增值税和交货费与货物转卖费(所谓的特别开支)。扣除了增值税和特别开支后的买方履约利益大大超过了转卖牛仔裤所得收益。

法院称，如果抵销涉及到属于《销售公约》管辖的索赔要求，则抵销问题应依照《销售公约》的规定(《销售公约》第7(2)条)。因此，买方有权援用抵销。然而，法院对以下问题未置可否；买方保留转卖收益的权利是可以从《销售公约》中直接推出，还是这个问题应依照可以适用的德国法律处理，根据德国法律，抵销也是可以接受的。

082. 买方不能按原状归还货物的后果

Art. 82

(1) The buyer loses the right to declare the contract avoided or to require the seller to deliver substitute goods if it is impossible for him to make restitution of the goods substantially in the condition in which he received them.

(2) The preceding paragraph does not apply:

(a) if the impossibility of making restitution of the goods or of making restitution of the goods substantially in the condition in which the buyer received them is not due to his act or omission;

(b) the goods or part of the goods have perished or deteriorated as a result of the examination provided for in Art. 38; or

(c) if the goods or part of the goods have been sold in the normal course of business or have been consumed or transformed by the buyer in the course of normal use before he discovered or ought to have discovered the lack of conformity.

제82조

(1) 매수인이 물품을 수령한 상태와 실질적으로 동일한 상태로 물품을 반환할 수 없는 경우에는 매수인은 계약의 해제를 선언하거나 또는 매도인에게 대체품의 인도를 청구할 권리를 상실한다.

(2) 전항의 규정은 다음의 경우에는 적용되지 아니한다.

(a) 물품을 반환할 수 없는 이유 또는 매수인이 물품을 수령한 상태와 실질적으로 동일한 상태로 반환할 수 없는 이유가 그의 작위 또는 부작위에 기인하지 아니한 경우,

(b) 제38조에 규정된 검사로 인하여 물품의 전부 또는 일부가 멸실 또는 변질된 경우,

또는 (c) 매수인이 불일치를 발견하였거나 또는 발견하였어야 했던 시점 이전에 물품의 전부 또는 일부가 매수인에 의하여 이미 통상적인 영업과정에서 매각되었거나 또는 통상적인 사용과정에서 소비 또는 변형된 경우.
第82条 (1) 买方如果不可能按实际收到货物的原状归还货物，他就丧失宣告合同无效或要求卖方交付替代货物的权利。 (2) 上一款的规定不适用于以下情况： (a) 如果不可能归还货物或不可能按实际收到货物的原状归还货物，并非由于买方的行为或不行为所造成；或者 (b) 如果货物或其中一部分的毁灭或变坏，是由于按照第三十八条规定进行检验所致；或者 (c) 如果货物或其中一部分，在买方发现或理应发现与合同不符以前，已为买方在正常营业过程中售出，或在正常使用过程中消费或改变。

本公约第81条第(2)款要求被宣告无效的合同的当事人可请求归还根据“合同供应的货物或支付的价款”；第82条则涉及到受损害的买方不能按实际交付的货物的原状归还货物时的影响。特别是，第82条第(1)款为受损害的买方宣告合同无效（或要求卖方交付替代货物的权利）设定了限制，即对于任何按照合同约定已交付的货物，买方有能力按其实际收到的货物的原状进行归还。但第82条第(2)款为第82条第(1)款设定了三个非常宽泛的例外情况：如果买方不能按实际收到货物的原状向卖方归还货物，并非由于买方的行为或不行为所造成（第82条第(2)款(a)项），如果是由于按照第38条规定进行检验所致（第82条第(2)款(b)项），或者如果“在[买方]发现或理应发现与合同不符以前”，已为买方在正常营业过程中售出，或在正常使用过程中消费或改变（第82条第(2)款(c))项），则买方宣告合同无效或要求交付替代货物的权利不受到妨碍。

1．第82条一般适用情况

《销售公约》第三部分第五章第五节的条款（包含第82条），被援引来支持以下论点，即宣告合同无效“是买方将合同关系转化为归还关系的一项基本权利”。第82条还被说成是《公约》关于被宣告无效合同的“风险分配机制”的一部分，根据这一机制，“卖方独立承担意外事外和不可抗力事件的风险”。本裁决认为买方对于合理宣告合同无效后，运输至卖方途中造成灭失或损坏的货物不承担任何责任。法庭推断，卖方由于违约导致了风险产生，这一事实可对“卖方对返还风险承担的单方或主要责任”做出解释。

2. 第82条第(1)款

为保护宣告合同无效或要求卖方交付替代货物的权利，第82条第(1)款指出，受损害的买方须有能力“ 按照其实际收到货物的原状”归还根据合同收到的货物。由于其不能满足此项要求，一些裁决否定了买方宣告合同无效的权利。因此，当买方声称交付的花卉在外观和色泽上有缺陷而试图宣告合同无效时，法庭指出根据第82条第(1)款，由于丢弃、出售了花卉，买方已丧失了此项权利。交付的纺织品式样与合同约定不一致时，买方也会因货物的售出而丧失宣告合同无效的权利。同样，买方在发现卖方交付的大理石板粘在一起并有损坏后，将石板切割加工的行为也将造成宣告合同无效的权利的丧失，因为买方不可能按实际收到货物的原状归还货物。

另外，一项裁决指出，如果卖方没有声称第82条的条件未得到满足，则第82条对买方宣告合同无效的权利无制约效力。——这表明拒绝宣告合同无效的卖方须承担责任，提供买方不能按实际收到货物的原状归还货物的证据。该裁决同时指出，第82条仅包含了宣告合同无效之前造成货物毁灭或变坏的情况。同时还认为，如果买方在案件审理前宣布其正在尝试转售该货物（这种尝试被法庭视为为减少损失所做的努力)，仅根据第82条不得认定买方丧失宣告合同无效的权利：法庭指出，只有买方在宣告合同无效前实际售出了货物，第82条才具有制约其宣告合同无效权利的效力。另一项裁决认定，如果已交付货物是在向卖方运回的过程中遭受的损害，则买方并未丧失第82条第(1)款中规定的宣告合同无效的权利，因为（卖方同意）规定在此类运输中买方不承担损失风险。他一些裁决否定了买方宣告合同无效权利的丧失——由于第82条第(2)款中列举的一种或几种例外情况的要求得到满足，买方在不能按实际收到货物的原状归还货物时也不会丧失宣告合同无效的权利。

3. 第82条第(2)款(a)项

尽管买方不能按之前实际收到的货物原状归还货物，但第82条第(2)款(a)项规定，如果不能归还货物并非由于买方的行为或不行为所造成，买方可保留宣告合同无效或要求卖方交付替代货物的权利。一家法院引用本条款裁定，在买方合理宣告合同失效后，货物在运回卖方途中遭到的损害不应由买方承担责任：卖方承认损害发生于货物由承运人掌管之中，而并非由于买方的行为或不行为造成。另外，对于买方在宣告合同无效之前切割加工不合尺寸的大理石板的行为，由于不能按照实际收到货物的原状归还货物是由买方自身的行为造成的，第82条第(2)款(a)项不能保全其宣告合同无效的权利。

4. 第82条第(2)款(b)项

如果不能按实际收到货物的原状归还货物是由于按照第38条规定进行检验所致，受损害买方可根据第82条第(2)款(b)项保留宣告合同无效或要求交付替代货物的权利。本条款被援用以保留买方在发现电线不符合同约定以前加工电线后宣告合同无效的权利：法庭认为只有将电线进行加工才能发现其缺陷。法庭还裁定，第82条第(2)款(b)项的规定适用于按照第38条规定进行检验导致货物"毁灭或变坏"的情况，同时适用于货物经过加工提高价值的情况。另外，法庭认为，对大理石板进行切割加工的行为造成了大理石板的实质改变并非按照第38条规定进行检验所致，因此买方不得根据第82条第(2)款(b)项保留其宣告合同无效的权利。

5. 第82条第(2)款(c)项

根据第82条第(2)款(c)项，如果货物"在买方发现或理应发现与合同不符以前，已为买方在正常营业过程中售出，或在正常使用过程中消费或改变"，那么即使买方不能按照实际交付的货物的原状归还货物，也能保留宣告合同无效或要求卖方交付替代货物的权利。根据本条款，在发现辣椒粉中乙撑氧含量超过国家法定限度之前，正常营业过程中将之转售的买方，应保留其宣告购辣椒粉合同无效的权利。另外，本项例外情况的要求不适用于买方已将部分不同于合同要求的纺织品转售的情况。由于不能按照第82条第(1)款的要求归还货物，买方丧失了宣告合同无效的权利。买方在发现大理石板不合尺寸后对其进行切割加工的行为不符合第82条第(2)款(c)项的要求，因此不享有宣告合同无效的权利。还须指出，买方在宣告合同无效后转售货物的行为不在第82条讨论范围内。

判例讨论 82-1

- 关联条款：第26条，第31条，第45条，第46条，第47条，第49条，第81条，第82条，第86条
- 案件参考：Clout Case No. 594
- 案件分类：Germany, Oberlandesgericht Karlsruhe,「No. 19 U 8/02」, 2002.12.19

原告与被告某瑞士公司签约，由被告按照原告的要求生产一台机器。在被告的营业地进行检查并在货物交付原告之后又进行一次检查之后，原告拒绝接受此机器。原告声称机器的时钟脉冲速度有缺陷，并且有不一致处，尽管不清楚事实上双方是否就特定时钟脉冲速度达成协议。不过，被告同意收回此机器并进行改进，以便机器能够满足被告报价中和原告订单中所述要求。在随后的一封信

中，原告确定了履约的最后期限，并澄清如果超过此期限，将不接受对方履约。但是，由于装卸中的疏忽，该机器在送回厂家的途中受到了损坏。被告拒绝接收货物并进行任何升级，原告据此在一封信中宣布拒绝接受对方履约并提出诉讼，要求偿还预先支付的货款（在上诉时放弃了对于损失赔偿的要求）。

地区法院驳回了该要求，主要原因是原告失去了按照《销售公约》第82条宣布合同无效的权利。地区上诉法院做出了相反的判决，命令被告偿还原告支付的货款预付定金。

法院注意到合同受《销售公约》第1(1)(a)条和第3(1)条管辖。在被告宣布拒绝对机器进行升级，原告因而宣布拒绝接受后面的履约行为之后，原告有权利按照《销售公约》第45(1)条、第46条，第47条和第49(1)条宣布合同无效。尽管原告没有按照《销售公约》第26条明确宣布合同无效，但是他在与要求还款相关的书面材料中拒绝后面的履约行为，被认为是宣布合同无效的一个充分的通知。

法院接着讨论了《销售公约》第82(1)、(2a)条，根据该条，如果买方不可能大体上按他收到的机器的状态归还机器，并且不能证明这种不可能性不是由于他自己的作为或不作为造成的，买方就不能享受《销售公约》第49条所规定的权利。法院认定，被告承认机器不一致，因此承担了在自己的营业地纠正这种不一致的义务。关于原告把机器运还被告的义务，法院指出，按照最初的合同，被告必须安排运输。因此，必须按照《销售公约》第31(c)条确定原告在关于送回机器和纠正不一致的协议下的义务。法院认定原告履行了以适合运输的方式将机器交由被告支配的义务，而不管包装或将机器放回其支架内是否提高运输的安全性。按照《销售公约》第31(c)条，装卸本身不属于原告义务的一部分。

此外，法院裁定，不管风险是否已经转给原告，原告都遵守了《销售公约》第86条所规定的保管机器的义务。记录在案的事实没有证明原告意识到或者能够意识到承运人的不当装卸。因此法院没有适用《销售公约》第82条，并裁定原告没有失去宣布合同无效的权利。

判例讨论 82-2

- ◉ 关联条款：第7条，第29条，第81条，第82条，第83条，第84条
- ◉ 案件参考：Clout Case No. 422
- ◉ 案件分类：Austria, Oberster Gerichtshof,「No. 1 Ob 74/99k」, 1999.06.29

德国卖方(原告)与奥地利买方有着持续的业务关系，卖方为一建筑工地提供经钻削和刨削处理的墙板。1992年10月，提供了未经处理的墙板。双方商定退还墙板，随后被告与一承运人签订运回货物的合同。在原告无保留地确认收货之后第二天，发现墙板遭严重损坏。原告要求赔偿。

最高法院指出，根据《销售公约》，交付不同于所订购货物的货物应视为交付不符合同货物，不管不符程度有多大。法院注意到对终止合同的形式没有要求，因此根据《销售公约》第29条，双方就终止合同达成一致意见。法院指出，根据《销售公约》第7(2)条，在没有关于合同终止的有效性的合同条款的情况下，应通过适用《销售公约》第81条及其后各条来填补空白。自宣告合同失效之时起，当事方即被解除相互义务。但是它们有义务归还按照合同收到的货物或价款(《销售公约》第81条)。法院认为关于宣告合同无效背景下的风险分配的《销售公约》第81至84条在适当情况下取代第66至70条的一般风险分配规则。

法院注意到《销售公约》中没有关于归还货物的地点的规定，合同中关于交货地点的规定也必须适用于归还事宜。被告的义务只是关照货物的退还事宜。《销售公约》第82条规定，除非由买方的行为或不行为造成，否则货物变坏的风险也由卖方承担。法院指出，根据《销售公约》第82条将归

还有缺陷货物所产生的损失风险分配给卖方的理由是正当的，因为损失风险是因据称卖方没有交付相符货物而引起的。法院得出结论说，对卖方要求买方赔偿被退还货物受到的损害不予支持，因为卖方没有证明这种损害系由买方的行为或不行为造成。

083. 其他救济方法的保留

Art. 83 A buyer who has lost the right to declare the contract avoided or to require the seller to deliver substitute goods in accordance with Art. 82 retains all other remedies under the contract and this Convention.
제83조 매수인은 그가 제82조하에서 계약의 해제를 선언하는 권리 또는 매도인에게 대체품의 인도를 요구하는 권리를 상실한 경우에도 계약 및 본 협약에 따른 기타의 모든 구제권을 보유한다.
第83条 买方虽然依第82条规定丧失宣言合同无效或要求卖方交付替代货物的权利，但是根据合同和本公约规定，他仍保有采取一切其它补救办法的权利。

第83条规定，尽管依第82条规定，买方可能丧失了宣告合同无效或要求卖方交付替代货物的权利，但他仍保有采取其他补救办法的权利，无论这些补救办法是源于合同条款，还是源于《销售公约》本身。法院判决都没有怎么注意到第83条的规定。《销售公约》第三部分第五章第五节的条款（“宣告合同无效的效果”，其中包括第83条，被引用来支持本公约项下关于宣告合同无效的某些广义主张。因此，法院主张，“宣告合同无效是买方的一项构成性权利，它将合同关系变成一种归还关系（《销售公约》第81条至第84条)”。法院在一项判决中裁定，买方不应对货物在买方宣告合同无效之后由承运人运回卖方期间所发生的损害负责，因而主张，“《销售公约》第81条至第84条的核心内容是风险分配机制，该机制在撤销合同的框架内（归还）优先于《销售公约》第66条及以下条款中所载明的关于承担风险的条款”。另外，一家仲裁庭主张，在合同宣告无效，且依据第74条提出损害赔偿要求的情况下，“则形成对损害赔偿一种统一的权利，该权利可以与[适用的国内法]规定的对不履行义务的损害赔偿权利相比较，并且优先于《销售公约》第81条至第84条所规定的终止合同的后果”。

在一项判决中，法院认定买方丧失了宣告合同无效的权利，因为他未能依据第47条规定确定履行义务的额外时间，并且因为他未能按照第82条的要求归还货物；法院注意到，买方仍然保有对违反合同要求损害赔偿的权利（尽管买方没有要求这种损害赔偿)，但法院没有援用第83 条规定来支持其主张。

084. 利益的返还

Art. 84

(1) If the seller is bound to refund the price, he must also pay interest on it, from the date on which the price was paid.

(2) The buyer must account to the seller for all benefits which he has derived from the goods or part of them:

(a) if he must make restitution of the goods or part of them; or

(b) if it is impossible for him to make restitution of all or part of the goods or to make restitution of all or part of the goods substantially in the condition in which he received them, but he has nevertheless declared the contract avoided or required the seller to deliver substitute goods.

제84조

(1) 매도인이 대금을 반환하여야 할 의무가 있는 경우 매도인은 대금이 지급된 날로부터 그에 대한 이자도 지급하여야 한다.

(2) 매수인은 다음과 같은 경우에는 물품의 전부 또는 일부로부터 취득한 이익을 매도인에게 반환하여야 한다.

(a) 매수인이 물품의 전부 또는 일부를 반환하여야 하는 경우, 또는

(b) 매수인이 물품의 전부 또는 일부를 반환할 수 없거나 또는 그가 물품을 수령한 상태와 실질적으로 동일한 상태로 물품의 전부 또는 일부를 반환할 수 없음에도 불구하고 매수인이 계약의 해제를 선언하였거나 또는 매도인에게 대체품의 인도를 청구한 경우.

第84条

(1) 如果卖方有义务归还价款，他必须同时从支付价款之日起支付价款利息。

(2) 在以下情况下，买方必须向卖方说明他从货物或其中一部分得到的一切利益：

(a) 如果他必须归还货物或其中一部分；或者

(b) 如果他不可能归还全部或一部分货物，或不可能按实际收到货物的原状归还全部或一部分货物，但他已宣告合同无效或已要求卖方交付替代货物。

第84条阐述了对已被有效宣告无效的合同的双方当事人规定的归还义务，以及对买方根据第46条第(2)款规定行使要求卖方交付替代货物之权利规定的归还义务。

1. 第84条第(1)款规定的开始支付利息的时间

许多判决都根据第84条第(1)款规定裁定卖方向买方支付其必须向买方退还价款的利息。法院经常对违约的卖方做出此种判决，宣告合同无效的买方胜诉。法院也曾在受损害的卖方宣告合同无效的情况下，根据第84条规定，裁定卖方向有权要求退还价款的违约方买方支付利息。法院还认定，第84条第(1)款适用于买方对退还卖方依据被取消合同所适用货物的部分价款的银行担保所获得价款的权利主张，即使买方的权利主张是基于适用的国内法的原则（因为它是由卖方与银行交涉，而不是与买方交涉所引起的），而不是基于本公约项下的归还义务：法院推理说，尽管买方的权利主张不是基于《销售公约》，但它仍然是《销售公约》所支配的交易中退还价款的权利主张，因此，属于第84条第(1)款规定的范围之内。一家法院还裁定，尽管买方没有在其诉状中对这种利息提出正式要求，但买方仍然有权依据第84条要求卖方支付利息。

2. 第84条第(1) 款规定的利率

与第78条一样，第84条第(1)款并没有明确规定依据其权限所做裁决适用的利率。许多判决根据国内法的规定确定了利率，结果是采用一种国内法定利率。这些判决经常援用法律选择原则来确定适用的国内法，并且经常引用第7条第(2)款中的规定，即凡《销售公约》范围内的问题，如果未以本公约明文规定的方式或以本公约所依据的一般原则来解决，“则应按照国际私法规则适用的法律”来解决。另一方面，法院按卖方营业地通行的利率裁定利息，因为这是卖方可能支付其必须退还付款所在的地方。一家仲裁庭根据有关交易货币（欧元）的国际贸易中使用的利率对第84条第(1)款项下的利息做出了裁决，从而导致适用伦敦银行同业拆放利率；尽管仲裁裁决的这一方面在上诉时被撤销，因为仲裁庭没有为双方当事人提供充分机会，使法庭能够审理有关适当利率的问题。为替代第84条所规定的利息，一些法院似乎根据第74条规定判决卖方向宣告合同无效的买方支付买方为了支付货款的筹资所发生的可预见的财务费用。

3. 依据第84条第(1)款裁决支付利息的时限；货币和汇率因素

第84条第(1)款规定，如果卖方必须归还买方所支付的价款，他必须“从支付价款之日起”支付价款利息。事实上，许多判决已经裁决从这一日期开始支付利息。如果价款是由担保银行代表买方支付，且买方已偿还银行，则应裁决卖方自担保人支付价款之日起向买方支付利息。法院裁定，在宣告部分合同无效的情况下，从买方支付被宣告无效合同部分所涉及的货物价款之时计算应付的利息。第84条第(1)款没有规定应该停止计息的日期，但法院裁定，计算利息的时间应到实际退还价款之时为止。法院还裁定，宣告合同无效的买方的退款，包括其利息在内，应按适当支付价款所使用的货币（即使合同价款是用不同货币计算价值的）、按合同中为向卖方支付价款规定的汇率支付。

4. 第84条第(2)款

第84条第(2)款要求买方向卖方说明他从依据被宣告无效的合同所交付的货物或从买方根据第46条第(2)款要求卖方替换的货物中得到的利益。在这两种情况下，买方都应该满足卖方要求归还所交付货物的权利主张。因此，根据第81条第(2)款之规定，买方作为被宣告无效的合同（无论是由买方还是由卖方宣告合同无效）的一方当事人，必须归还依据合同所收取的货物。另外，依据第82条规定，如果买方希望宣告合同无效或根据第46条第(2)款规定要求卖方交付替代货物，则买方必须“按实际收到货物的原状”归还他已经收到的货物，适用于第82条第(2)款项下所规定的例外除外。第84条第(2)款则要求，在以下两种情况下，买方必须“向卖方说明他从货物或其中一部分得到的一切利益”：即如果买方有义务归还货物（第84条第(2)款(a)项)，且如果买方尽管不可能按实际收到货物的原状归还，但他已成功宣告合同无效或已要求卖方交付替代货物（即如果适用于第82条第(2)款中规定的归还要求的任一例外情况)。

依据第84条第(2)款做出的判决比依据第84条第(1)款做出的判决要少多得多。第84条第(2)款的一般特征是要求买方在该条款适用的情况下，“向卖方说明买方从货物或其中一部分得到的一切利益的交换价值”。法院声称，买方必须依据第84条第(2)款规定向卖方说明其所得利益，这一举证责任由卖方承担。根据这一原则，法院认定卖方没有履行其举证职责，因此驳回下级法院依据第84条第(2)款对卖方做出的判决，在该判例中，卖方只说明买方自己的客户可能会在将来宣告所涉货物的购买（被证明不符合同规定的家具）合同无效：法院推理：关于买方可能从其客户解约中获得利益的可能性证据不充分，不足以产生第84条第(2)款项下说明所得利益的义务，尤其是在这种可能的利益数量也不能确定的时候。因此，法院认定，没有证据表明买方从货物中获利，“因为对有瑕疵家具的使用是不能用货币计量的利益，因此必须视为一种强制利益”。另外，还有一项判决表明，如果买方能够出售依据被宣告无效的合同所收到的鞋子，则买方“必须依据《销售公约》第84条第(2)款向卖方说明所得的一切利益”，这向法院表明，买方试图出售鞋子只是努力减轻鞋子不符合同情形“对双方的负面影响”，不应该视为“认可”鞋子符合合同规定。

第6节　保全货物

区分和内容	
第 4 篇　货物销售	第25条~第88条
第1章　总　则	第25条~第29条
第2章　卖方义务	第30条~第52条
第3章　买方义务	第53条~第65条
第4章　风险转移	第66条~第70条
第5章　卖方和买方义务的一般规定	第71条~第88条
第1节　预期违反合同和分批交货合同	第71条~第73条
第2节　损害赔偿	第74条~第77条
第3节　利　息	第78条
第4节　免　责	第79条~第80条
第5节　宣布合同无效的效果	第81条~第84条
第6节　保全货物	第85条~第88条
第85条　卖方保全货物的义务	
第86条　买方保全货物的义务	
第87条　寄放入仓库	
第88条　出售货物	

受本公约支配的合同当事方有时认为自己拥有或控制应属于另一当事方的货物很合理。卖方认为自己处于此种状况的情形为：买方拒绝支付价款，因而卖方停止交付货物，或如果买方只是拒绝收取货物。如果买方已收到货物，其可在此种情况下中止合同，也可宣告合同无效（这意味着应根据第81条第(2)款和第82条向卖方归还货物）或要求根据第45条第(2)款提供替代货物（这要求买方根据第82条的规定按原状归还货物)。第三部分第五章第六节的前两条规定（第85条和第86条）要求此类买方或卖方要采取合理措施，保全其所控制的货物，尽管这两条规定保全货物当事方有权保有货物，直至另一方把保全费用偿还为止。本节其他两条规定对保全货物做出了进一步说明，其明确规定，把货物寄放在第三方的仓库并由另一方当事人担负费用是一个较为合理的保全方法（第87条)，并规定在特定情况下，保全货物当事方有权甚至有义务出售货物，在所得收入中扣回为保全货物而付出的合理费用。

第六节的规定与本公约关于宣告合同无效的规定既密切联系又相互作用，特别是关于“宣告合同无效的效果”的第三部分第五章第三节（第81条至第84条)；由于适用于买方，第六章的规定与关于要求提供替代货物的权利方面的条款也存在密切关系（第46条第(2)款)。因而，因为宣告合同无效免除了卖方向买方交付货物的责任（见第81条第(1)款)，因此可假定宣告合同无效也免除了卖方根据第85条在买方收取货物后保全其所拥有货物的所有义务；因此，显然宣告合同无效的卖方也不能援引附有保全义务的第87条和第88条中的义务和权利。反过来，只有在买方打算把货物退回的情况下，他才有义务根据第86条保全货物，并且只有在买方宣告合同无效或根据第46条第(2)款要求卖方提供替代货物的情况下才会出现这一情况。因而对于买方而言，只有在买方宣告合同无效或要求提供替代货物的情况下，才会产生保全义务（以及第87条和第88条附有的权利和义务)。

根据第六节的一些规定，有义务保全货物的当事人有权向另一方（此类保全的受益方）追偿保全货物产生的各种费用。见第85条、第86条第(1)款和第88条第(3)款。在判例法中，追偿保全费用的权利与根据第74条追偿损害赔偿的权利相关。

085. 卖方保全货物的义务

Art. 85 If the buyer is in delay in taking delivery of the goods or, where payment of the price and delivery of the goods are to be made concurrently, if he fails to pay the price, and the seller is either in possession of the goods or otherwise able to control their disposition, the seller must take such steps as are reasonable in the circumstances to preserve them. He is entitled to retain them until he has been reimbursed his reasonable expenses by the buyer.
제85조 매수인이 물품인도의 수령을 지체한다면, 또는 대금의 지급과 물품의 인도가 동시에 이행되어야 하는 경우에 매수인이 대금을 지급하지 아니한다면, 또한 이때에 매도인이 물품을 점유하고 있거나, 아니면 기타의 방법으로 물품의 처분을 지배할 수 있는 있다면, 매도인은 물품을 보존하기 위하여 그 사정에 따라 합리적인 조치를 취하여야 한다. 매도인은 그의 합리적인 비용을 매수인으로부터 보상받을 때까지 물품을 보유할 권리가 있다.
第85条 如果买方推迟收取货物，或在支付价款和交付货物应同时履行时，买方没有支付价款，而卖方仍拥有这些货物或仍能控制这些货物的处置权，卖方必须按情况采取合理措施，以保全货物，他有权保有这些货物，直至买方把他所付的合理费用偿还给他为止。

第85条规定了在买方推迟收取货物，或在支付价款和交付货物应同时履行时，买方未能支付价款的情况下，卖方仍拥有这些货物或仍能控制这些货物的义务和权利。依

据第85条第一句，卖方必须“按情况采取合理措施”以保全货物。根据第85条第二句，卖方有权保有货物，直至买方把他所付的合理费用偿还给他为止。判决中引用第85条的情况相对较少，其中大多数判决都把重点放在偿还卖方保全货物费用的权利上。

1. 卖方保全货物的义务

涉及到卖方在第85条项下保全货物义务的判决为数不多。在一项判决中，仲裁庭援引这项义务来证明卖方在买方要求其停止交付销售合同所涉卡车的行动是正当的：仲裁庭认为，因为买方无理由拒绝卖方交货，卖方有权采取合理措施保全货物，包括将货物存仓库。在另一项诉讼程序中，买方寻求一种以命令为形式的临时救济，以防止卖方出售工业机器的关键组成部件。在买方未能全额支付机器的货款后，卖方扣留了机器的组成部件，并计划将机器转移到另一个仓库后再转售他人。因为这次诉讼程序的重点是临时救济，因此，法院适用的是法院地的国内法而不是《销售公约》，法院认为，卖方可以将货物搬到新的仓库，但（尽管有本公约第87条规定）它必须自己垫付仓储费用，且（尽管有本公约第88条规定）它不得出口或转售该机器组成部件。

2. 卖方在买方偿还其保全货物所花的合理费用之前保有货物的权利

许多判决认为，买方作为违约方应对受损害的卖方为保全货物所发生的费用负有责任。这些判决通常（尽管不是始终）援引第85条来支持所作裁决，但它们经常将这一裁决定性为《销售公约》第74条项下可收回的损害赔偿。一家法院声称，“在适用《销售公约》时，[买方]支付损害赔偿的职责是基于第74条，一部分还基于第85条规定”。卖方成功地主张偿还的保全费用一般是在买方无正当理由拒绝收货之后产生的，尽管在一个判例中，它们是在买方未能开立销售合同中要求的信用证之后所产生的。在几个判例中，只有在法庭明确确定费用合理之后，才做出买方应向卖方支付其保全货物所支出费用的裁决。但是，在卖方违约且买方正当地宣告合同无效的情况下，法院认定，卖方主张偿还第74条或第85条项下保管和转售费用的前提条件不符合，因为买方没有违反其支付价款或收取货物的义务；因此，卖方的主张被驳回。即使在买方被认定对卖方在仓库保管货物的费用负有责任的判例中，仲裁庭也驳回了卖方对因延长保管期而造成货物损坏的主张，因为损失风险未根据适用的规则转移到买方承担。最后，第85条第二句的原则，即在适当情况下，卖方可以保有货物直至买方把他所付的合理费用偿还给他为止，也被用以支持以下观点，即除非另有约定，在买方支付价款之前，卖方没有义务交付货物。

判例讨论 85-1

◉ 关联条款：第33条，第60条，第61条，第63条，第67条，第68条，第69条，第85条，第88条

◉ 案件参考：Clout Case No. 943

◉ 案件分类：The Netherlands, Court of Appeals of s'-Hertogenbosch, 「No.C0300064/HE」, 2005.12.20

原告是一家树木苗圃场，将树苗出售给买方（一家苗木贸易商），按照约定，这些苗木最迟必须在1993年12月21日（当年秋末）之前验收。但买方没有全部验收，只是在一段时间以后验收了其中部分苗木。为此，原告不得不砍掉这些树木，因为它们已经长得太大和/或因为其需要将栽种这些树木的土壤用于其他目的。原告蒙受的损失既包括这些树木的采购价损失，也包括处理这些树木的费用损失。

在临时判决中，上诉法院认定本案应适用《销售公约》。而在终审判决中，法院指出：原告认为一审法院认定荷兰法律适用于本案是正确的，而且对于判决书中的这部分裁定双方都没有上诉。然而，即使一审法院裁定荷兰法律适用于本案，也没有回答荷兰法律的哪些条款适用于本案的问题。在本判例中，《荷兰民法》和《销售公约》均可适用。上诉法院引用了1991年12月18日通过的《荷兰民法》第2条和第753号政府公报，这两份文书称，根据国际私法的规定，如果荷兰法律适用于《销售公约》所定义的动产的国际贸易，也应同时适用《销售公约》。由于一审法院没有在《民法》和《销售公约》之间做出选择，因此上诉法院为履行其职责必须做出选择。然而，双方似乎尤其不愿选择适用《民法》，而且本案（与原告的主张相反）恰好涉及动产的销售。这些苗木是为了在其他地方种植才购买的，因此，为了交货，必须将其从土壤中移出。

最初买卖双方约定于1993年秋季交付这些苗木。买方称（但没有充分的证据加以证明），买卖双方已同意延期交付（部分）苗木。而法院认为，由于其购销合同涉及土壤中栽种的苗木的交付，因此，实际上原告除了同意延期至1994年2月5日之前交货外没有其他选择。然而，这种行为并不构成对合同的变更，这也符合《销售公约》第63条的规定，延期交货并不意味着卖方将丧失对于延期履约的行为索取违约赔偿金的权利。对于没有明确规定交货日期的赔偿要求，一审法院根据《荷兰民法》认定，把"1993年秋季"作为交货期的规定未免太过宽泛，没有对有效的交货截止日期做出明确规定。上诉法院参照《销售公约》解决此问题。根据《销售公约》第60条的规定，买方有义务验收货物；《销售公约》第33条规定，卖方必须发货，同时买方有义务收货，这是《公约》明确规定的必然结果。根据《销售公约》第33条的规定，如果交货期业已约定或能够根据合同加以确定，则卖方必须在规定期限内交货。正因为如此，法院认定，传真所述"1993年秋季"的说法非常明确。卖方有义务最迟在1993年秋季的最后一日交货，而且买方有义务最迟在卖方交货日收货。由此可见，买方没有履行《销售公约》第60条规定的买方义务。根据《销售公约》第61条，原告可自当日起索要购货款。

至于买方有关这些苗木属散装货物，而且由于这些苗木未经鉴定，因而风险没有转移的观点，法院指出，买卖双方以书面形式约定以"FOB"方式交货。由于合同中不含有关货物运输费用的规定，因此《销售公约》第69条适用于风险转移的确定。在法院看来，买方明显没有收取部分苗木，其拒不收货的行为已构成违约。买方客户取消订单以及买方没有找到对这些苗木有需求的新客户等事实与上述规定并不矛盾。至于《销售公约》第69(3)条，这些苗木源自原告苗圃；其他地方也可能存在相同规格的苗木与本案毫不相干。买方参观了原告的苗圃，并且多次前往苗圃查验苗木，此后买方仅参照所验看苗木的尺寸和方位订购了这些苗木。由此可见，原告苗圃中的苗木规格已在合同中有明确规定（见《销售公约》第67(2)条）。正因为如此，第69(3)条不能适用于本案。买方所订购苗木

所属的批次仅为原告苗圃中现存苗木；这批苗木是为履行合同义务而确定的。当整批苗木腐烂后，相关风险将由收货为时已晚的买方承担。

法院最后审查了买方关于原告没有采取合理措施保存这些苗木（见《销售公约》第85条）以及原告没有将这些苗木以适当方式转售因而未能履行其在《销售公约》第88(2)条下的相关义务的主张。法院认可买方关于卖方必须在买方没有取货时视具体情况采取适当措施妥善保存这些苗木的观点。然而，买方却没有充分证据证明原告未能做到这一点，而且原告对此也予以驳斥。考虑到这些继续生长的苗木本应在长大之前即已售出，因此最初栽种时设定的株距非常小，正如原告所称，这些长大的苗木迟早会为市场所淘汰。买方1994年1月20日的信函表明，买方禁止原告"挖出这些苗木致使其贬值"；因此，买方也必须承认这些苗木继续生长所导致的后果。这些树木迟早会长大到无法移出，并且其枝桠已相互缠绕，这些事实对法院来说似乎已不言自明，而且买方对此也无任何异议。这些事实不能成为谴责苗圃没有照顾好这些苗木（原本应由买方在很久以前就取走）的理由（见《销售公约》第85条）。至于买方关于原告本应将这些苗木售出的观点，根据《销售公约》第88条，法院认为，原告（树木苗圃）不可能将买方（苗木贸易商）无法取走的苗木成功售出。在法院要求买卖双方提交的所有证据都已提交并做出裁定之前，法院将继续维持原判。

086. 买方保全货物的义务

Art. 86

(1) If the buyer has received the goods and intends to exercise any right under the contract or this Convention to reject them, he must take such steps to preserve them as are reasonable in the circumstances. He is entitled to retain them until he has been reimbursed his reasonable expenses by the seller.

(2) If goods dispatched to the buyer have been placed at his disposal at their destination and he exercises the right to reject them, he must take possession of them on behalf of the seller, provided that this can be done without payment of the price and without unreasonable inconvenience or unreasonable expense. This provision does not apply if the seller or a person authorized to take charge of the goods on his behalf is present at the destination. If the buyer takes possession of the goods under this paragraph, his rights and obligations are governed by the preceding paragraph.

제86조

(1) 매수인이 물품을 수령한 이후에 그 물품을 거절하기 위하여 계약 또는 본 협약에 따른 어떠한 권리를 행사하고자 할 때에는 매수인은 물품을 보존하기 위하여 그 사정에 따라 합리적인 조치를 취하여야 한다. 매수인은 그의 합리적인 비용을 매도인으로부터 보상받을 때까지 물품을 보유할 권리가 있다.

(2) 매수인에게 발송된 물품이 목적지에서 그의 처분하에 놓인 이후에 그가 물품을 거절하는 권리를 행사할 때에는 매수인은 매도인을 위하여 물품을 점유하여야 한다. 다만 이는 대금의 지급이 없이 또한 불합리한 불편이나 불합리한 비용이 없이 행하여질 수 있

는 경우에 한 한다. 이 규정은 매도인이나 또는 매도인을 위하여 물품을 관리하도록 수권된 자가 그 목적지에 소재하는 경우에는 적용되지 아니한다. 매수인이 본 항의 규정에 따라 물품을 점유하는 경우에 그의 권리와 의무는 전 항의 규정에 의하여 규율된다.
第86条 (1) 如果买方已收到货物，但打算行使合同或本公约规定的任何权利，把货物退回，他必须按情况采取合理措施，以保全货物。他有权保有这些货物，直至卖方把他所付的合理费用偿还给他为止。 (2) 如果发运给买方的货物已到达目的地，并交给买方处置，而买方行使退货权利，则买方必须代表卖方收取货物，除非他这样做需要支付价款而且会使他遭受不合理的不便或需承担不合理的费用。如果卖方或受权代表他掌管货物的人也在目的地，则此一规定不适用。如果买方根据本款规定收取货物，他的权利和义务与上一款所规定的相同。

第86条规范买方在拥有货物的控制权但打算退回货物的情况下由买方保全货物的义务。第86条第(1)款与第85条适用于卖方的条款密切相关：第86条第(1)款规定了买方在已经收到货物但打算退回货物时按情况采取合理措施以保全货物的义务。另外，第86条第(1)款规定退回货物的买方在卖方偿还合理的保全费用之前拥有保有被拒收货物的权利。如果打算退回货物的买方尚未“收到”第86条第(1)款意义上的货物，但货物仍然到达其目的地并交由买方处置，则第86条第(2)款要求买方“代表卖方”收取货物，且买方拥有与第86条第(1)款所规定的保全货物相关的权利和义务。

援引或涉及到第86条规定的判决为数不多。在这些判决中，大多数判决都把重点放在买方要求收回其希望拒收的货物的保全费用的权利主张上。因此，法院将第86条用作在买方正当地宣告合同无效后买方收回保全已交付货物费用的依据加以援引。另一方面，在没有援引第86条的情况下，宣告合同无效的买方在保管被拒收的空调压缩机时所支出的费用已被作为第74条项下可收回的损害赔偿处理。由于买方未能履行第86条第(1)款项下采取合理措施以保全不符合同规定的化学品货物的义务（以及未能按照第88条第(1)款要求出售该化学品），法院在很大程度上驳回了买方对将近三年保管货物所支出费用的权利主张。最后，法院认定，据称收到超出合同中约定数量的“多余”货物的买方有义务退还多余的货物或支付多余货物的价款；作为对买方的所谓第86条第(1)款允许买方保有其打算拒收的货物直到卖方偿还买方为保全这些货物所支出的费用为止的理由的答复，法院注意到，买方并没有提出其已经发生这种费用的主张。

判例讨论 86-1

◉ 关联条款 : 第35条, 第48条, 第86条
◉ 案件参考 : Clout Case No. 806
◉ 案件分类 : China, CIETAC, 1999.12.12

买方和卖方订立了印茄木 (Merbau)购货合同。合同对货物规格作了明确、详细说明。买方按合同要求用信用证付了款。货到目的港时买方验了货。但在验货时发现, 货物的数量、规格、数目和质量均不符合合同, 并且认定, 数目短缺是由于装船前未作准确测量, 装货时就存在严重的质量问题。

验货之后, 买方向卖方发出申请书, 声称数量不足质量有缺陷。卖方派出两名专家进行第二次检查, 以核实验货证明所反映的货物状况是否属实。卖方根据其专家收集的数据人物货物符合合同规格。卖方随后通知买方准备接受退货并退款。当双方还在讨论货物的状况时, 买方已将货物作了处理。尽管有卖方的建议, 买方还卖掉了一部分货物而未对卖方的提议给予答复。此后, 买方以货物短缺和暇疵为由提出仲裁申请, 要求赔偿损失并支付仲裁费及其他相关费用。

由于双方未选择合同的适用法律, 仲裁庭认定, 根据《中华人民共和国涉外经济合同法》应当适用中国法律, 因为订约地和履约地都在中国。此外, 仲裁庭还认定, 由于双方的营业地是在《销售公约》的两个缔约国, 双方也未选择不适用《销售公约》, 还应当适用该公约。

在对事实进行审查后, 仲裁庭认定, 买方在货物到达目的港后及时验货并立即将验货结果通知卖方, 是根据合同采取的适当、合理行动。但是, 买方应对未答复卖方的传真函负责。另外, 买方在答复卖方之前单方面处理了大部分原木。这一做法不但违反了《销售公约》第86(1)条的有关规定, 而且有悖国际惯例。因此, 应当认为买方接受了货物并放弃了损害求偿权。买方提出的要求于是一概被驳回。

087. 寄放入仓库

Art. 87 A party who is bound to take steps to preserve the goods may deposit them in a warehouse of a third person at the expense of the other party provided that the expense incurred is not unreasonable.
제87조 물품을 보존하기 위한 조치를 취하여야 할 의무가 있는 당사자는 물품을 상대방의 비용으로 제3자의 창고에 임치할 수 있다. 다만 그 비용은 불합리하지 아니하여야 한다.
第87条 有义务采取措施以保全货物的一方当事人, 可以把货物寄放在第三方的仓库, 由另一方当事人担负费用, 但该项费用必须合理。

在某些情况下,《销售公约》对卖方（第85条）和买方（第86条）规定了采取合理措施以保全属于该方当事人拥有或控制范围之内的货物的义务, 以及保有货物的权利, 直到另一方当事人向该方当事人偿还其保全货物所支出的费用为止。第87条具

体规定了一方当事人可以履行其保全货物之义务的一种手段：可以把货物寄放在第三方的仓库，“由另一方当事人担负费用，但该项费用必须合理”。

在一般涉及一方当事人要求偿还其在仓库中保管货物所发生费用的权利主张的判决中，只有少数判决适用第87条的规定。因此，在买方拒绝接收卡车且卖方将卡车存放在仓库（在最终将这些卡车转销给另一个买方之前）的判例中，仲裁庭认为，根据第85条和第87条的规定，卖方的行为属于正当行为；在确定仓库保管费用合理之后，仲裁庭裁决买方向卖方赔偿这一费用。同样，第87条被用作买方收回在买方正当地宣告合同无效后其在仓库中保管已供应货物费用的部分依据。在另一项判决中，仲裁庭认为，买方作为违约方应对卖方将货物存放在仓库中所发生费用负责，但仲裁庭驳回了卖方关于对由于延长保管期而造成对货物损坏的权利主张，因为损失风险未根据适用的规则转移到买方承担。在买方已适当宣告合同无效的判例中，一家法院驳回了卖方依据第87条（以及第85条）要求偿还其在仓库中保管货物的费用的主张，因为买方没有违反其义务。宣告合同无效的买方因拒收空调压缩机而发生的仓库保管费用也被作为第74条项下可收回的损害赔偿，但没有引用第87条。在买方寻求临时救济以防止把买方未能支付全部付款之后被卖方扣留的工业机器的关键部件转销出去的判例中，法院认为，卖方可以将部件搬到仓库中去，但因为该诉讼涉及到临时补救，卖方不能依据第87条，且其本身必须垫付在仓库中保管该部件所发生的费用。

088. 出售货物

Art. 88

(1) A party who is bound to preserve the goods in accordance with Art. 85 or 86 may sell them by any appropriate means if there has been an unreasonable delay by the other party in taking possession of the goods or in taking them back or in paying the price or the cost of preservation, provided that reasonable notice of the intention to sell has been given to the other party.

(2) If the goods are subject to rapid deterioration or their preservation would involve unreasonable expense, a party who is bound to preserve the goods in accordance with Art. 85 or 86 must take reasonable measures to sell them. To the extent possible he must give notice to the other party of his intention to sell.

(3) A party selling the goods has the right to retain out of the proceeds

of sale an amount equal to the reasonable expenses of preserving the goods and of selling them. He must account to the other party for the balance.
제88조 (1) 제85조 또는 제86조에 따라 물품을 보존하여야 할 의무가 있는 당사자는 상대방이 물품을 점유함에 있어 또는 이를 수거해감에 있어 또는 대금이나 보존비용을 지급함에 있어 불합리한 지체가 있는 경우 적절한 방법으로 물품을 매각할 수 있다. 다만 상대방에게 매각의사를 합리적으로 통지하여야 한다. (2) 물품이 급속하게 변질되기 쉽거나 또는 그 보존에 불합리한 비용이 요구되는 경우 제85조 또는 제86조에 따라 물품을 보존하여야 할 의무가 있는 당사자는 이를 매각하기 위한 합리적인 조치를 취하여야 한다. 그는 가능한 범위까지는 상대방에게 그 매각의사를 통지하여야 한다. (3) 물품을 매각하는 당사자는 그 매각대금으로부터 물품의 보존과 매각에 소요된 합리적인 비용에 상당하는 금액을 보유할 권리가 있다. 그러나 그는 상대방에게 잔액을 반환해야 한다.
第88条 (1) 如果另一方当事人在收取货物或收回货物或支付价款或保全货物费用方面有不合理的迟延，按照第85条或第86条规定有义务保全货物的一方当事人，可以采取任何适当办法，把货物出售，但必须事前向另一方当事人发出合理的意向通知。 (2) 如果货物易于迅速变坏，或者货物的保全牵涉到不合理的费用，则按照第85条或第86条规定有义务保全货物的一方当事人，必须采取合理措施，把货物出售。在可能的范围内，他必须把出售货物的打算通知另一方当事人。 (3) 出售货物的一方当事人，有权从销售所得收入中扣回为保全货物和销售货物而付的合理费用。他必须向另一方当事人说明所余款项。

根据第88条，一方当事人凡按第85条或第86条规定须为另一方保全货物者当有权或甚至必须向第三方出售货物。

1. 第88 条第(1) 款：保全方当事人选择向第三方出售货物

在若干判决中，法院根据第88条第(1)款规定，认定负有义务保全货物的一方当事人有权向第三方出售货物。在买方拒绝提取其订约购买的载重汽车而引发卖方根据第85条保全货物义务的情况下，如果买方继续拒绝收货，则卖方被认为有权按市场价格转售货物。而在买方于货物交付后合法宣告该脚手架配件销售合同无效，从而使买方根据第86条规定负有为卖方保全货物义务的情况下，如果此后卖方拒绝收回货物，则认定买方有权出售货物。在另一项判决中，买方在发现交付的货物有各种不符合同情形之后，合法宣告牛仔裤销售合同无效；由于买方可将牛仔裤于1993年9

月22日退还卖方而卖方未将货物取回，法院核准买方销售该批货物，此事发生于1995年4月至1996年11月之间。法院还核准了买方采取行动处置一部分感染真菌的牛仔裤，并以次等品“专售”方式转售剩余货物，同时指出，买方已通知卖方，告之他将开始销售货物以弥补其损失，除非卖方另行提出解决办法。另一项判决是根据适用的国内法作出而经法庭参照本公约第88条证明是正确的，其中，仲裁庭也核准了保全方当事人关于处置某些货物和同时转售其余部分的决定：卖方因买方拒绝付款而扣留了交付设备，法庭断定说，卖方“为减轻损失而出售未交付设备的权利符合公认的国际商事合同法。该判例符合本公约第88条的条件：买方无理迟延支付价款，而卖方则合理地提前通知其出售意向”。具体地说，法庭认定卖方通过表明其已从世界各地寻求买主并就货物为何卖不到原合同价格作出合理说明，证明了它已采取合理措施来转售货物；卖方还通过说明其决定报废的那部分设备无法转售，证实了它已竭尽全力转售货物；关于提前通知问题，卖方已将其转售意向通知买方，虽然它并未告知买方关于报废某些设备的打算，但买方从未答复卖方的通知——因此，显然买方对接收交货并无真正兴趣，因而并未受到损害。承运人声称第88条支持其对假定交付买方的货物拥有所有权这一主张，但法院根据未按照第88条第(1)款发出通知这一理由驳回了其论点。此外，一家法院裁决，如果卖方打算通过传真（和电话）告知买方其准备再次出售，则符合第88条第(1)款中的通知要求；因为发送传真的号码正确（并且根据第27条，即使传真未能到达，但仍然有效），根据第88条第(1)款，卖方向买方规定在14天内收取货物比较合理。

其他判决对第88条第(1)款所赋予的转售授权提出了限制。因此，对于下列情况下，即卖方因买方只支付了部分价款而扣留交付机械的一个组成部分，而买方则寻求以发布命令阻止卖方向任何第三方出售该组成部分为形式的临时补救办法，法院发出了命令；它承认，如果买方无理迟延支付价款，第88条第(1)款将授权卖方转售货物，但是法院认定，临时补救办法的诉讼不受第88条约束，法院仍然发出了不得转售的命令。某仲裁庭认定，只有在买方违反了支付销售价款或提取货物的义务的条件下，才根据第88条第(1)款授权卖方转售未交付货物（并从而收回保全和转售货物的费用）；在所述的这一判例中，根本违反义务的是卖方，而买方则合法宣告合同无效；因此，法庭得出结论，认为根据第88条第(1)款卖方无权如此做。

2. 第88条第(2)款：保全方当事人采取合理措施向第三方出售货物的义务

第88条第(2)款赋予根据第85条或第86条规定保全货物一方当事人以在货物易迅速变坏或货物保全涉及不合理费用的情况下采取措施转售货物的义务，而在受害买方将其所收到（并试图退还给卖方的）已宣告无效合同项下的货物存放入仓库将近三年，积累了储存费用的情况下，则应认为违反了上述义务：仲裁庭结论认为，当储存费（最后总计几近货物的合同价款）达到不合理水平时，买方未履行由此引发的其根据第88条第(2)款所负有的转售义务；由于买方违反了第88条第(2)款，法庭否定了买方向卖方索赔的大部分保全费用。另一方面，有若干判决涉及了被认为不引发第88条第(2)款关于设法转售货物义务的某些情况。因此，法庭在发布临时命令禁止受害卖方转售其因买方未全额支付合同价款而扣留的工业机械的主要组成部分时，指出第88条第(2)款并不要求卖方出售机械组成部分因为该货物不易迅速变坏。而一受害卖方当买方拒绝付款时合法扣留交付鹿肉，被认定根据第88条第(2)款不负有出售货物的义务，“因为所述肉类可以冷冻保存，因为这种保存费用不超过该肉类价值的10%，还因为所预期的圣诞节假期后鹿肉价格下降，并不构成”本公约第88条意义上的“变坏”。

3. 第88 条第(3) 款：销售所得收入的处置

有若干判决论及了第88条第(3)款中关于根据第88条授权进行销售所得收入如何由双方当事人分配的规则。依照第88条第(3)款规定，遵照第88条出售货物的一方当事人有权从销售所得收入中留存“为保全货物和销售货物而付的合理费用”的相等金额，但是必须“向另一方当事人说明所余款项”。在一个判例中，仲裁庭适用国内法，但也参照第88条第(3)款支持其判决，认定受害卖方有正当理由向第三方转售货物，因而可以从销售收入中扣回其进行销售所付费用，收入余额应贷记为买方在合同项下的债务；法庭认定卖方充分地记录和证明了这些费用，而买方没有证实其对记录的异议。类似的情况是，买方在卖方拒绝收回货物后合法宣告合同无效并以正当理由出售货物，法庭认定买方已充分记录了其从销售所得的全部利润，而卖方没有提出对该记录的明确的异议；但是法院仍否定了买方扣除某些其他费用（代理费和运费）的权利，因为买方未能证明它有权扣除此类费用。此外，在同一判决中，法院认定违约卖方根据第88条第(3)款索取销售收入余额的要求，应先与买方根据第45条和第74条主张损害赔偿的要求相抵消：虽然第88条第(3)款仅明文提及卖方当事人有权从销售收入中扣回保全货物和销售货物的合理费用，但是法院仍提出本公约载有在第7条第(2)款意义上的一般原则，即允许根据本公约提出的对等权利主张（此处系买方主张损害赔偿与卖方主张销售收入余额）相抵消；然而，法院拒绝宣布本案中买方将其主张损害赔偿的要求同其对收入余额的债务相抵消的权利，究竟是直接衍生自本公约还是基于导致相同结果的适用的国内法。

判例讨论 88-1

◉ 关联条款：第74条，第77条，第78条，第87条，第88条

◉ 案件参考：Clout Case No. 942

◉ 案件分类：The Netherlands, Court of Appeals of Arnhem, 「No. 2003/1021」, 2006.03.21

当事双方订立了一份关于一批标签纸的购销合同。第一批货物交货后，买方于2001年10月29日向卖方发出一份传真，通知卖方，由于买方客户取消订单，其不能接收第二批货物。买方在传真结尾说："我们将努力采取一切可能的补救措施，为我方仍然有需求的客户收下这批货物"。由于看到买方说的这句话，卖方将这批货物在仓库中存放了很长一段时间才最终售出。正如卖方向法院陈述的那样，考虑到2001年10月29日的传真，他们希望一段时间后买方仍会收下这批货物，因而没有在2001年10月后立即将其售出。而双方订立的购销合同到2002年8月才废止。

本案的问题在于有没有发生一种旨在将损失降至最低限度的替代交易。上诉法院在临时判决中指出，买方未能证明存在这样的交易。此外，如果卖方与第三方订立购销合同，即使买方兑现与卖方订立的合同并且完成第二次交货（这些标签纸便没有必要转售出去），替代交易也不可能发生。法院同时认为，如果卖方将第二批货物卖给礼品商店和书店等卖方已有的市场客户，替代交易也不会发生。

买方认为：卖方在2002年8月以后才将第二批货物卖给第三方的说法不成立；由于第二批货物的销售发生在2002年8月即双方订立的购销合同失效之前，因此，除货物保存费用之外，卖方没有权利得到《销售公约》第88(3)条规定的违约赔偿金。法院驳回了买方的这种观点，因为有充分证据证明，卖方在2002年8月之前一直将第二批交付的货物存放在仓库中并未出售。对于卖方声称自己因此而蒙受无法弥补的利润损失，买方表示反对，买方认为卖方所述的损失金额非常小。对于买方以其在订立合同时无法预计到卖方可能会蒙受的损失为由，认为卖方所声称的未实现利润损失金额非常有限的观点，法院予以驳斥（见《销售公约》第74条）。法院指出，买方没有举出而且也没有出现任何事实或情形来证明其在签订合同时无法预计到卖方可能会蒙受的这些损失。

在驳斥买方提出的观点时，法院认为，卖方在收到2001年10月的传真后等待一段时间再将这些标签纸转售出去是合情合理的。买方通过这份传真表示其以后可能仍然会收下第二批货物。买方没有证明，从哪一个时间点开始卖方知悉或应当已经明白买方不会再要第二批货物。买方仅凭卖方可能在2002年8月之前就已将这些标签纸卖给第三方的论点不足以证明卖方没有尽最大努力将其损失降至最低限度的结论（见《销售公约》第77条）。因此，法院驳回了上述观点。此外，由于没有适当的证据加以证明，法院驳回了买方关于货物保存费用不合理的主张（见《销售公约》第87条）。有鉴于此，法院勒令买方支付违约赔偿金。一审法院同时判定由买方支付诉讼费用。然而，上诉时，卖方只要求对相关费用收取法定利息，因此，法院没有理由将第一笔款项的任何法定利息判给卖方。对于卖方要求取得《销售公约》第78条所述利息的主张，法院最后判定本条款不适用于诉讼费用。

第 5 篇

最后条款

第5篇　最后条款

区分及内容		
第5　篇　最后条款		第89条~第101条
	第89条　公约的保管人	
	第90条　公约与其他国际协定的关系	
	第91条　公约的签字，批准，接受或核准	
	第92条　对公约第二部分或第三部分的保留	
	第93条　联邦条款	
	第94条　适用区域规则或国内法	
	第95条　对第1条(1)款(b)项的保留	
	第96条　书面保留	
	第97条　声明的确认，形式，通知，生效和撤回	
	第98条　不允许其他保留	
	第99条　公约的生效	
	第100条 公约适用于合同的时间	
	第101条 对公约的退出	

第四部分是《公约》的最后一个部分。它载有哪些可归为本公约的国际公法条款-即，主要针对本公约缔约国或可能成为本公约缔约国的主权国家的条款。第四部分的条款涉及以下事项：本公约的指定保管人（第89条）；公约与载有"与属于本公约范围内事项有关的条款"的其他任何国际协定之间的关系（第90条）；签署、批准、接受和核准，以及加入本公约（第91条）；关于缔约国不受本公约第二部分或第三部分约束的声明（第92条）；关于缔约国领土单位的声明（联邦国家条款）（第93条）；关于本公约不适用于"属于本公约范围的事项具有相同或非常近似的法律规则的"国家之间的销售合同的声明（第94条）；关于缔约国不受本公约第1条第(1)款(b)项的约束的声明（第95条）；关于如果一方当事人的营业地在做出声明的缔约国内，本公约规则中以书面以外形式做出的规定不适用的声明（第96条）；做出和撤回声明的过程，以及其生效日期（第97条）；仅限于本公约明文许可的声明（第98条）；本公约

在缔约国生效的日期（有效日期），以及其退出前一公约的日期（第99条）；销售合同及销售要约适用本公约的时限（第100条）；退出本公约（第101条）。

089. 公约的保管人

Art. 89 The Secretary-General of the United Nations is hereby designated as the depositary for this Convention.
제89조 본 협약에 의거하여 UN 사무총장을 본 협약의 수탁기관으로 임명한다.
第89条 兹指定联合国秘书长为本公约保管人。

090. 公约与其他国际协定的关系

Art. 90 This Convention does not prevail over any international agreement which has already been or may be entered into and which contains provisions concerning the matters governed by this Convention, provided that the parties have their places of business in States parties, to such agreement.
제90조 본 협약은 이미 발효되었거나 또는 앞으로 발효될 어떤 국제협약이 본 협약에 의하여 규율되는 사항에 관한 규정을 포함하고 있는 경우에는 이에 우선하지 아니한다. 다만 계약 당사자 쌍방이 그러한 협약의 당사국에 영업소를 가지고 있어야 한다.
第90条 本公约不优于业已缔结或可能缔结并载有与属于本公约范围内事项有关的条款的任何国际协定，但以双方当事人的营业地均在这种协定的缔约国内为限。

判例讨论 90-1

◉ 关联条款：第6条, 第31条, 第57条, 第90条

◉ 案件参考：Clout Case No. 647

◉ 案件分类：Italy, Corte Suprema di Cassazione, Sezioni Unite, 「No. 448/00」, 2000.06.19

意大利公司Oscam S.p.A.（卖方）与马来西亚公司Premier Steel ServiceSdn.Bhd.（买方）签订了一份购买、装配并交付为工业目的而制造钢铁的设备配件。合同规定为意大利北部港口船上交货价格，但是必须在马来西亚由卖方员工监督进行设备装配及安装。

意大利卖方向都灵初审法院起诉了马来西亚买方，主张首先支付供应商定设备的价款，然后声明与买方所要求交付的设备相符。买方提交了一项初步动议，对意大利法院的管辖权提出质疑，它辩称，根据合同卖方的义务包括装配、安装及交付设备。这些义务必须在马来西亚履行。根据买方所述，由于履行义务的地点为马来西亚，意大利法院对此争端没有管辖权。卖方反诉应在意大利（卖方的厂房在此）支付商定价款，因此，履行义务的地点为意大利。

根据《意大利民事诉讼规则》，应由意大利最高法院就对管辖权提出质疑的初步动议做出裁决。法院认为买方的初步动议可以受理，并最终宣称初审法院没有管辖权。法院做出了逐步解决的合理裁定：

a) 根据《意大利国际私法》，可适用1968年《关于民商事案件管辖权及判决执行的布鲁塞尔公约》第5(1)条。该条规定，有义务或义务履行地法院有管辖权；
b) 因此根据国内的国际私法，履行义务的地点必须按照适用于争端的实体法决定；
c) 关于国际销售可移动货物，意大利私法以1955年6月15日的《关于国际货物销售适用法律的海牙公约》为依据。根据《海牙公约》第3条，卖方目前居住地的法律为管辖法律，除非双方在合同中另有规定。在本案中，卖方的居住地为意大利，因此意大利实体法适用于本案。

由于意大利为《销售公约》缔约国，因此《公约》为管辖本案的实体法。根据《销售公约》第6条，缔约国可能会违反《公约》的规定。因此，就确定履行地点而言，首先为界定双方当事人的意图，提及合同规定非常重要。

关于合同规定（即装配及安装责任，包括卖方参与装配并启动设备责任的保证条款等等），法院认为，即使根据《销售公约》第57条，关于履行支付价款的地点应在意大利，但是相关合同范围内的主要义务为装配、安装并交付工业设备。由于这些业务都必须在马来西亚进行，因此马来西亚为履行地点，意大利法院对此争端没有管辖权。

091. 公约的签字，批准，接受或核准

Art. 91

(1) This Convention is open for signature at the concluding meeting of the United Nations Conference on Contracts for the International Sale of Goods and will remain open for signature by all States at the Headquarters of the United Nations, New York until 30 September 1981.

(2) This Convention is subject to ratification, acceptance or approval by the signatory States.

(3) This Convention is open for accession by all States which are not signatory States as from the date it is open for signature.

(4) Instruments of ratification, acceptance, approval and accession are to be deposited with the Secretary-General of the United Nations.

제91조
(1) 본 협약은 국제물품매매계약에 관한 국제연합회의의 최종회의에서 서명을 위하여 개방되며 또한 1981년9월 30일까지 뉴욕의 국제연합본부에서 모든 국가의 서명을 위하여 개방된다.
(2) 본 협약은 서명국의 비준 · 수락 또는 승인을 조건으로 한다.
(3) 본 협약은 서명을 위하여 개방된 날로부터 서명국이 아닌 모든 국가의 가입을 위하여 개방된다.
(4) 비준서 · 수락서 · 승인서 및 가입서는 국제연합 사무총장에게 기탁되어야 한다.

第91条
(1) 本公约在联合国国际货物销售合同会议闭幕会议上开放签字，并在纽约联合国总部继续开放签字，直至1981 年9 月30 日为止。
(2) 本公约须经签字国批准、接受或核准。
(3) 本公约从开放签字之日起开放给所有非签字国加入。
(4) 批准书、接受书、核准书和加入书应送交联合国秘书长存放。

092. 对公约第二部分或第三部分的保留

Art. 92
(1) A Contracting State may declare at the time of signature, ratification, acceptance, approval or accession that it will not be bound by Part II of this Convention or that it will not be bound by Part III of this Convention.
(2) A Contracting State which makes a declaration in accordance with the preceding paragraph in respect of Part II or Part III of this Convention is not to be considered a Contracting State within paragraph (1) of Art. 1 of this Convention in respect of matters governed by the Part to which the declaration applies.

제92조
(1) 체약국은 서명 · 비준 · 수락 · 승인 또는 가입 시에 그 국가는 본 협약의 제2편에 구속되지 아니하겠다 또는 본 협약의 제3편에 구속되지 아니하겠다고 선언할 수 있다.
(2) 본 협약 제2편 또는 제3편과 관련하여 전항의 규정에 따라 선언하는 체약국은 그 선언이 적용되는 각 편에 의하여 규율되는 사항과 관련해서는 본 협약 제1조 (1)항에서 규정하는 체약국으로 보지 아니한다.

第92条
(1) 缔约国可在签字、批准、接受、核准或加入时声明它不受本公约第二部分的约束或不受本公约第三部分的约束。
(2) 按照上一款规定就本公约第二部分或第三部分做出声明的缔约国，在该声明适用的部分所规定事项上，不得视为本公约第1条第(1)款范围内的缔约国。

判例讨论 92-1

◉ 关联条款：第6条, 第7条, 第8条, 第16条, 第25条, 第46条, 第49条, 第74条, 第92条

◉ 案件参考：Clout Case No. 999

◉ 案件分类：Denmark, Ad hoc Arbitral Tribunal, 2000.11.10

一家加拿大买方对一家丹麦卖方提起了特别仲裁程序。双方买卖的标的物是一台用于生产猪圈水泥板条的大型砌块制造机和模具。卖方将到加拿大安装该机器并帮助买方启动生产。因为买方需要生产的猪圈板条一般供加拿大的猪农使用，所以买方向卖方详细说明该模具须大于卖方以前生产并用于丹麦的类似机器上的模具。关于这一点，合同中的一项明示条款如下："卖方保证该机器能正常运行，但卖方不保证该机器生产的产品质量。"该销售合同也包括《北欧交付标准条款》。《北欧交付标准条款》规定，如出现废止合同的情况，除卖方因重大过失违约的情况外，卖方的责任限制在合同价的15%。根据"卖方国家法律"的规定,《北欧交付标准条款》还可作为合同纠纷仲裁的依据。

该机器安装在买方处所后，买方开始进行生产。不久后，买方投诉产出的板条质量有问题，并要求卖方修理或修改该机器。尽管卖方提议帮助买方生产质量较好的板条，但卖方坚持认为买方遇到板条质量问题是因为买方提供的模具尺寸和（或）买方用的混凝土配料有问题。多次尝试解决问题失败之后，买方称卖方严重违约，未能交付一台符合合同要求的猪圈板条制造机，因此宣布合同废止并要求卖方返还购买价款。当卖方拒绝接受买方废止合同的行为时，买方撤销了该行为并开始让加拿大的第三方对机器进行必要的修理和修改。后来，买方在丹麦对卖方提起了仲裁，要求卖方赔偿其维修费和生产损失。卖方以否认该机器不符合合同要求作为回应，并以合同条款中不保证产出的产品质量一项和《北欧交付标准条款》规定的责任范围一项为依据。

至于适用的法律，仲裁法院指出，《销售公约》是"卖方国家法律"（丹麦）的一个组成部分，因此《销售公约》适用于该纠纷的实质内容。但由于丹麦根据《销售公约》第92条作出声明，丹麦国内法将适用于合同订立的相关问题以及《北欧交付标准条款》责任限制合理性的相关问题（《销售公约》第4条）。

考虑到专家的证词，仲裁法院裁定，卖方所交付的机器和模具与合同的要求不符，因为其无法生产出符合合同说明的产品（《销售公约》第35(1)条），且该机器和模具不适合普通用途和买方的特殊用途（《销售公约》第35(2)(a)和(b)条）。买方为卖方提供模具规格的事实无法解除卖方按照买方要求交付机器和模具的义务，关于生产出的产品质量的免责声明也不能被合理地解释为具有这样的作用（《销售公约》第8(2)条）。

此外，因卖方未能在合理的时限内通过修改模具来修理该机器，根据《北欧交付标准条款》和《销售公约》第46(3)条的规定，卖方已违背了其维修义务。因此，根据《北欧交付标准条款》和《销售公约》的规定，卖方严重违背了其义务，买方有权废止合同（《销售公约》第25和49(1)(a)条）。因卖方无端拒绝接受买方废止合同的行为，买方有权按照《销售公约》的一般性原则撤销该行为（《销售公约》第7(2)和16(2)(b)条）。买方于是有权维修机器并获得维修费的赔偿（《销售公约》第74 条）。

判例讨论 92-2

◉ 关联条款：第92条

◉ 案件参考：Clout Case No. 612

◉ 案件分类：United States, U.S. [Federal] Court of Appeals, Third Circuit, 「No. 02 2169」, 2003.06.20

法院审议的问题是，是否予以强迫仲裁，因为根据销售合同当事各方同意对其纠纷进行仲裁。

原告是一家营业地点在美国的美国公司，它与营业地点在芬兰的一家芬兰公司(被告)购买玻璃生产系统事宜进行了信函来往。尽管当事双方没有执行任何合同文件，而只是进行了一系列信函来往，被告却安装了该系统，于是，当事双方签订了根据"销售协议"验证系统性能的接受测试协议，而且原告支付了全部款项。随后，当事双方在指称的系统缺陷的责任上产生纠纷。原告对被告提起诉讼，被告动议依照一来往信函附录中的条款将纠纷提交仲裁。地区法院同意强迫仲裁的动议，因此，原告提起上诉。上诉法院驳回上诉，认定构成合同的一系列信函通过提及而纳入了具有约束力的仲裁条款。

上诉法院适用美国国内法解决其审议的问题。法院指出，芬兰已宣布，它将不受公约第二部分(《销售公约》管辖合同订立的第92条)的约束，而且当事双方没有提及公约的可能适用性，因此，上诉法院拒绝考虑是否适用公约因而也没有适用公约。

判例讨论 92-3

◉ 关联条款：第1条(1)(a)，第92条(1)，第100条(2)

◉ 案件参考：Clout Case No. 143

◉ 案件分类：Hungary, Metropolitan Court, 时间不详

原告(一家瑞典公司)起诉被告(一家匈牙利公司)，要求支付所交货物的价款。被告对有效合同的存在提出了质疑。

法官注意到，双方的营业地位于《销售公约》的不同缔约国，而且在原告和被告缔结合同以前这些国家已经批准了该公约，因此它认定《销售公约》是适用的(《销售公约》第1(1)(a)条和第100(2)条)。法院还注意到，瑞典在接受公约时对第二部分(合同的订立)持有保留(《销售公约》第92(1)条)，因此它应用了匈牙利国际私法的条款，并认定那个瑞典的法律适用于合同的订立。

根据瑞典1915年第25号法，合同必须以书面方式缔结。法院认定，合同实际上是以书面方式缔结的，法院在所有其他方面适用售货公约，认为被告的抗辩没有根据而驳回，并下令被告支付价款。

093. 联邦条款

Art. 93

(1) If a Contracting State has two or more territorial units in which, according to its constitution, different systems of law are applicable in relation to the matters dealt with in this Convention, it may, at the time of signature, ratification, acceptance, approval or accession, declare that this Convention is to extend to all its territorial units or only to one or more of them, and may amend its declaration by submitting another declaration at any time.

(2) These declarations are to be notified to the depositary and are to state expressly the territorial units to which the Convention extends.

(3) If, by virtue of a declaration under this Art., this Convention extends to one or more but not all of the territorial units of a Contracting State, and if the place of business of a party is located in that State, this place of business, for the purposes of this Convention, is considered not to be in a Contracting State, unless it is in a territorial unit to which the Convention extends.

(4) If a Contracting State makes no declaration under paragraph (1) of this Art., the Convention is to extend to all territorial units of that State.

제93조

(1) 체약국이 그 헌법에 따라 본 협약에서 다루어지는 사항과 관련하여 상이한 법제가 적용되는 둘 이상의 영역단위를 가지고 있는 경우 체약국은 서명 · 비준 · 수락 · 승인 또는 가입시에 본 협약은 모든 영역단위 또는 단지 하나 또는 그 이상의 영역난위에만 적용된다고 선언할 수 있으며, 또한 언제든지 다른 선언을 제출함으로써 그 선언을 변경할 수 있다.

(2) 전 항의 선언은 수탁기관에 통고되어야 하며 또한 본 협약이 적용되는 영역단위를 명시적으로 명기하여야 한다.

(3) 본 조에 따른 선언에 의하여 본 협약이 체약국의 하나 또는 그 이상의 영역단위에 적용되지만 모든 영역단위에는 적용되지 아니하고 또한 계약 당사자 어느 일방의 영업소가 그 체약국에 있는 때에는 그 영업소가 본 협약이 적용되는 영역단위에 있지 아니하는 한, 그 영업소는 본 협약의 적용에 있어 체약국에 있지 아니한 것으로 본다.

(4) 체약국이 본 조 (1)항에 따른 선언을 하지 아니하는 경우에는 본 협약은 그 체약국의 모든 영역단위에 적용된다.

第93条

(1) 如果缔约国具有两个或两个以上的领土单位，而依照该国宪法规定、各领土单位对本公约所规定的事项适用不同的法律制度，则该国得在签字、批准、接受、核准或加入时声明本公约适用于该国全部领土单位或仅适用于其中的一个或数个领土单位，并且可以随时提出另一声明来修改其所做的声明。

(2) 此种声明应通知保管人，并且明确地说明适用本公约的领土单位。

(3) 如果根据按本条做出的声明，本公约适用于缔约国的一个或数个但不是全部领土单位，而且一方当事人的营业地位于该缔约国内，则为本公约的目的，该营业地除非位于本公约适用的领土单位内，否则视为不在缔约国内。
(4) 如果缔约国没有按照本条第(1) 款做出声明，则本公约适用于该国所有领土单位。

判例讨论 93-1

◉ 关联条款 : 第93条
◉ 案件参考 : Clout Case No. 1030
◉ 案件分类 : France, Court of Cassation, First Civil Division, 「No. 04-17726」, 2008.04.02

一家法国公司从一家总部设在香港的公司那里买了一些电话产品。这些产品有缺陷，按照双方当事人达成的协议被退回给了制造商。卖方未能进行商定的修理，买方因此对它提起了诉讼，要求赔偿其损失。

普罗旺斯地区埃克斯上诉法院只判定买方获得部分它所要求的损害赔偿和利息，其裁定的依据是在香港适用的法律。买方提起了上诉，理由是上诉法院没有适用《销售公约》。

终审法院根据《销售公约》第93条驳回了该论点，关于《公约》中处理的事项，该条允许任何缔约国将《公约》适用于其一个或多个适用不同法律体系的领土单位，办法是向联合国秘书长提出申明，明确指出所涉及的领土单位。终审法院在所提交的文件中找到了支持，这是法国外交和欧洲事务部长的一个照会，他询问中国当局有关将《销售公约》适用于香港的问题。照会表明，《销售公约》没有在中华人民共和国1997年6月20日向联合国秘书长所做的声明中占据重要位置，在声明中，中华人民共和国阐明了当时其所缔结的哪些公约应适用于香港领土。由于在联合王国返还香港之前，《销售公约》不适用于香港，并且由于中国对《销售公约》的保管人做出了《销售公约》第93条所要求的那种声明，终审法院认为上诉法院拒绝适用《销售公约》是有法律根据的。

094. 适用区域规则或国内法

Art. 94
(1) Two or more Contracting States which have the same or closely related legal rules on matters governed by this Convention may at any time declare that the Convention is not to apply to contracts of sale or to their formation where the parties have their places of business in those States. Such declarations may be made ointly or by reciprocal unilateral declarations.
(2) A Contracting State which has the same or closely related legal rules on matters governed by this Convention as one or more non-Contracting States may at any time declare that the Convention is not to apply to contracts of sale or to their formation where the parties have their places

of business in those States.

(3) If a State which is the object of a declaration under the preceding paragraph subsequently becomes a Contracting State, the declaration made will, as from the date on which the Convention enters into force in respect of the new Contracting State, have the effect of a declaration made under paragraph (1), provided that the new Contracting State joins in such declaration or makes a reciprocal unilateral declaration.

제94조

(1) 본 협약에 의하여 규율되는 사항에 관하여 동일한 또는 밀접하게 관련된 법규를 가지고 있는 둘 또는 그 이상의 체약국들은 언제든지 계약 당사자 쌍방이 이들 체약국에 영업소를 가지고 있는 경우에는 매매계약 또는 그 성립에 본 협약이 적용되지 아니한다고 선언할 수 있다. 이러한 선언은 체약국이 공동으로 또는 상호적인 일방선언에 의하여 행하여질 수 있다.

(2) 본 협약에 의하여 규율되는 사항에 관하여 하나 또는 그 이상의 비체약국과 동일한 또는 밀접하게 관련된 법규를 가지고 있는 체약국은 언제든지 계약 당사자 쌍방이 이들 국가에 영업소를 가지고 있는 경우에는 매매계약 또는 그 성립에 이 협약을 적용되지 아니한다고 선언할 수 있다.

(3) 전 항에 따른 선언의 대상이 된 국가가 차후에 체약국이 되는 경우에는 이미 행하여진 그 선언은 신체약국에 관하여 본 협약이 발효한 날로부터, (1)항에 따른 선언으로서의 효력을 가진다. 다만 신체약국이 그러한 선언에 참가하거나 또는 상호적인 일방선언을 행하는 경우에 한한다.

第94条

(1) 对属于本公约范围的事项具有相同或非常近似的法律规则的两个或两个以上的缔约国，可随时声明本公约不适用于营业地在这些缔约国内的当事人之间的销售合同，也不适用于这些合同的订立。此种声明可联合做出，也可以相互单方面声明的方式做出。

(2) 对属于本公约范围的事项具有与一个或一个以上非缔约国相同或非常近似的法律规则的缔约国，可随时声明本公约不适用于营业地在这些非缔约国内的当事人之间的销售合同，也不适用于这些合同的订立。

(3) 作为根据上一款所做声明对象的国家如果后来成为缔约国，这项声明从本公约对该新缔约国生效之日起，具有根据第(1) 款所做声明的效力，但以该新缔约国加入这项声明，或做出相互单方面声明为限。

095. 对第1条(1)款(b)项的保留

Art. 95

Any State may declare at the time of the deposit of its instrument of ratification, acceptance, approval or accession that it will not be bound by

subparagraph (1) (b) of Art. 1 of this Convention.
제95조 어느 국가든지 비준서나 수락서 · 승인서 또는 가입서의 기탁 시에 본 협약 제1조 (1)항 (b)에 구속되지 아니하겠다고 선언할 수 있다.
第95条 任何国家在交存其批准书、接受书、核准书或加入书时，可声明它不受本公约第1 条第(1)款(b) 项的约束。

096. 书面保留

Art. 96 A Contracting State whose legislation requires contracts of sale to be concluded in or evidenced by writing may at any time make a declaration in accordance with Art. 12 that any provision of Art. 11, Art. 29, or Part II of this Convention, that allows a contract of sale or its modification or termination by agreement or any offer, acceptance, or other indication of intention to be made in any form other than in writing, does not apply where any party has his place of business in that State.
제96조 국내법상 매매계약이 서면으로 체결 또는 입증되도록 요구하고 있는 체약국은 언제든지 제12조의 규정에 따라 매매계약이나 합의에 의한 매매계약의 변경 또는 종료 또는 청약, 승낙 또는 기타의 의사표시가 서면 이외의 어떠한 방식으로 행하여질 수 있도록 허용하는 본 협약 제11조, 제29조 또는 제2편의 어떠한 규정이 계약 당사자가 그 체약국에 영업소를 가지고 있는 경우에는 적용되지 아니한다고 선언할 수 있다.
第96条 本国法律规定销售合同必须以书面订立或书面证明的缔约国，可以随时按照第12条的规定，声明本公约第11条、第29条或第二部分准许销售合同或其更改或根据协议终止，或者任何发价、接受或其它意旨表示得以书面以外任何形式做出的任何规定不适用，如果任何一方当事人的营业地是该缔约国内。

判例讨论 96-1

◉ 关联条款 : 第7条, 第12条, 第18条, 第80条, 第96条
◉ 案件参考 : Clout Case No. 715
◉ 案件分类 : China, CIETAC, 1997.12.15

本案涉及要约的接受（《销售公约》第18条）、预订对合同正式要求的影响（《销售公约》第96条），以及由于一方自身的行为导致其丧失依赖对方的不履约行为获得补偿的权利（《销售公约》第80条）。

1995年11月，中国买方与韩国卖方签订了一份购买热轧卷材的合同。合同规定采用信用证付款，装运日期不迟于1995年12月10日。买方开出信用证后，卖方要求将装运日期推迟到12月23日。12月初，买方同意修改信用证，但只将装运日期推迟到12月20日。卖方声称其于12月20日将货物装上了“JEON FIN”号轮船（实际上为“JEON JIN”号），但买方直到12月25日才收到卖方发出的发货通知，上面载明船号为“JEON FIN”，但该船始终未抵达目的港。买方担心有诈，拒绝修改信用证。

1月13日，“JEON JIN”号轮船将货物运抵目的港，双方代表到场协商货物的验收问题。买方要求降低货物价款，卖方予以拒绝。双方协商无果，卖方通知JEON JIN 号驶离目的港。

由于买方已与其国内客户签订了合同货物的转售合同，因此买方对其利润损失及其向客户支付违约罚金造成的损失提出赔偿请求。

买方声称，卖方修改信用证和将装运日期改至12月23日的请求与合同不符，应被视为一项新的要约。由于买方仅同意将装运日期推迟到12月20日，这应被视为对该要约的拒绝，是一项反要约。因此，由于未达成新的协议，卖方应当按照原合同规定的12月10日装运货物，否则卖方将违反合同。

卖方辩称，买方已同意修改信用证并将装运日期推迟到12月20日，因此，买方未修改信用证和接受货物，构成了根本性违约行为，结果导致卖方遭受利润损失和对承运人进行赔偿的损失。另外，卖方已通知买方正确的船号为“JEON JIN”，因此，买方应无条件接受货物，而不应纠缠于船号的打印错误。

双方同意对合同适用《1990年国际贸易术语解释通则》，对信用证适用《跟单信用证统一惯例》(UCP500)。审理期间，双方同意参照其他国际仲裁惯例。因此，仲裁庭认为适用于本争议的法规中应包含“中国和韩国均为缔约国”的《销售公约》以及其他双方一致同意的国际惯例。

仲裁庭注意到，买方同意修改信用证，因此，即使双方未能就装船日期达成一致，买方也应修改信用证。买方未修改信用证构成了违约行为。

至于卖方所称其于12月20日之前装载货物意味其接受了买方要求的说法，仲裁庭认定，根据《销售公约》第18(3)条，装载货物可能事实上意味着接受对方要求。但这种接受必须符合两个条件：(1)必须向买方发出书面形式的接受通知书，因为在签署《销售公约》时，中国提出了保留意见，保留其“对书面的要求”（《销售公约》第96条）；(2)该接受通知书应在合理时间内发出。仲裁庭认定，装船行为和装船五天后发出的发货通知均不能构成有效的接受行为。

仲裁庭还注意到，包括原产地证明书在内的单证上显示的船号为“JEONFIN”；并且，为了从银行议付货款，卖方明知船号出错，却未改正提单和其他可转让单证，构成了违约行为。另外，发货通知迟于装载日五天发出，不但构成违约，而且导致买方怀疑延迟装运，并担心货物原产地有假。

至于交货的验收，仲裁庭认为，船只到达后，货运代理商通知买方提供JEON JIN 提单原件或携带银行提货担保书前往提货。在此情况下，买方如果考虑到其与另一客户签订的转售合同，应要求卖方通知货运代理商，使其同意买方凭JEON FIN 提单原件提货。然而，买方并未这样做，而是通知信用证开立银行不能修改信用证，并要求卖方降低价格。仲裁庭裁定，买方的这些行为造成合同未能履行，买方应对此负责。

另一方面，仲裁庭认定，卖方由于确认了到港船只JEON JIN 即为其租赁来运载合同货物的船只，便应提供相关证据，采取积极措施，通知船只卸货，并消除买方疑虑，以便顺利履行合同。然而，卖方并未这样做，应承担相应的责任。

根据《销售公约》第80条，仲裁庭认定双方均违反了合同，且均遭受了损失。然而，如果双方合作更紧密，这些损失是可以避免的。因此，双方须承担各自损失。买方的请求和卖方的反请求均被驳回。

097. 声明的确认, 形式, 通知, 生效及撤回

Art. 97

(1) Declarations made under this Convention at the time of signature are subject to confirmation upon ratification, acceptance or approval.

(2) Declarations and confirmations of declarations are to be in writing and be formally notified to the depositary.

(3) A declaration takes effect simultaneously with the entry into force of this Convention in respect of the State concerned. However, a declaration of which the depositary receives formal notification after such entry into force takes effect on the first day of the month following the expiration of six months after the date of its receipt by the depositary. Reciprocal unilateral declarations under Art. 94 take effect on the first day of the month following the expiration of six months after the receipt of the latest declaration by the depositary.

(4) Any State which makes a declaration under this Convention may withdraw it at any time by a formal notification in writing addressed to the depositary. Such withdrawal is to take effect on the first day of the month following the expiration of six months after the date of the receipt of the notification by the depositary.

(5) A withdrawal of a declaration made under Art. 94 renders inoperative, as from the date on which the withdrawal takes effect, any reciprocal declaration made by another State under that Art..

제97조

(1) 본 협약에 따라 서명 시에 행하여진 선언은 비준 · 수락 또는 승인과 동시에 확인되어야 한다.

(2) 선언 및 선언의 확인은 이를 서면으로 행하여야 하며, 또한 정식으로 수탁기관에 통고되어야 한다.

(3) 선언은 해당국가에 관하여 본 협약이 효력을 발생함과 동시에 그 효력을 발생한다. 그러나 본 협약이 해당국가에 관하여 효력을 발생한 이후에 수탁기관이 어떤 선언에 관한 정식통고를 수령하는 경우 그 선언은 수탁기관이 이를 수령한 날로부터 6개월이 경과한 달의 바로 다음 달의 초일에 그 효력을 발생한다. 제94조에 따른 상호적인 일방선언은 수탁기관이 최후의 선언을 수령한 날로부터 6개월을 경과한 달의 바로 다음 달의 초일에 그 효력을 발생한다.

(4) 본 협약에 따라 어떤 선언을 행한 국가는 언제든지 수탁기관을 수신인으로 하는 서면에 의한 정식통고에 의하여 그 선언을 철회할 수 있다. 이러한 철회는 수탁기관이 통고를 수령한 날로부터 6개월을 경과한 달의 바로 다음 달의 초일에 그 효력을 발생한다.

(5) 제94조에 따라 행하여진 선언의 철회는 그 철회가 효력을 발생하는 날로부터 동 조에

따라 다른 국가의 행한 상호 선언의 효력을 상실케 한다.
第97条 (1) 根据本公约规定在签字时做出的声明，须在批准、接受或核准时加以确认。 (2) 声明和声明的确认，　应以书面提出，　并应正式通知保管人。 (3) 声明在本公约对有关国家开始生效时同时生效。但是，保管人于此种生效后收到正式通知的声明，应于保管人收到声明之日起六个月后的第一个月第一天生效。根据第94条规定做出的相互单方面声明，应于保管人收到最后一份声明之日起六个月后的第一个月第一天生效。 (4) 根据本公约规定做出声明的任何国家可以随时用书面正式通知保管人撤回该项声明。此种撤回于保管人收到通知之日起六个月后的第一个月第一天生效。 (5) 撤回根据第94　条做出的声明，自撤回生效之日起，就会使另一个国家根据该条所做的任何相互声明失效。

098. 不允许其他保留

Art. 98 No reservations are permitted except those expressly authorized in this Convention.
제98조 본 협약에서 명시적으로 인정된 경우를 제외하고는 어떠한 유보도 허용되지 아니한다.
第98条 除本公约明文许可的保留外，不得作任何保留

099. 公约的生效

Art. 99 (1) This Convention enters into force, subject to the provisions of paragraph (6) of this Art. on the first day of the month following the expiration of twelve months after the date of deposit of the tenth instrument of ratification, acceptance, approval or accession, including an instrument which contains a declaration made under Art. 92. (2) When a State ratifies, accepts, approves or accedes to this Convention after the deposit of the tenth instrument of ratification, acceptance, approval or accession, this Convention, with the exception of the Part excluded, enters into force in respect of that State, subject to the provisions of paragraph (6) of this Art., on the first day of the month

following the expiration of twelve months after the date of the deposit of its instrument of ratification, acceptance, approval or accession.

(3) A State which ratifies, accepts, approves or accedes to this Convention and is a party to either or both the Convention relating to a Uniform Law on the Formation of Contracts for the International Sale of Goods done at The Hague on July 1964 (1964 Hague Formation Convention) and the Convention relating to a Uniform Law on the International Sale of Goods done at The Hague on 1 uly 1964 (1964 Hague Sales Convention) shall at the same time denounce, as the case may be, either or both the 1964 Hague Sales Convention and the 1964 Hague Formation Convention by notifying the Government of the Netherlands to that effect.

(4) A State party to the 1964 Hague Sales Convention which ratifies, accepts, approves or accedes to the present Convention and declares or has declared under Art. 92 that it will not be bound by Part II of this Convention shall at the time of ratification, acceptance, approval or accession denounce the 1964 Hague Sales Convention by notifying the Government of the Netherlands to that effect.

(5) A State party to the 1964 Hague Formation Convention which ratifies, accepts, approves or accedes to the present Convention and declares or has declared under Art. 92 that it will not be bound by Part III of this Convention shall at the time of ratification, acceptance, approval or accession denounce the 1964 Hague Formation Convention by notifying the Government of the Netherlands to that effect.

(6) For the purpose of this Art., ratifications, acceptances, approvals and accessions in respect of this Convention by States parties to the 1964 Hague Formation Convention or to the 1964 Hague Sales Convention shall not be effective until such denunciations as may be required on the part of those States in respect of the latter two Conventions have themselves become effective. The depositary of this Convention shall consult with the Government of the Netherlands, as the depositary of the 1964 Conventions, so as to ensure necessary co-ordination in this respect.

제99조

(1) 본 협약은 본조 제6항 소정의 제한 아래서 제92조하에서 행해진 선언을 담은 문서를 포함하여 제10번째의 비준서 · 수락서 · 승인서 또는 가입서가 기탁된 날로부터 12개월이 경과한 달의 바로 다음 달의 초일에 그 효력을 발생한다.

(2) 어느 국가가 제10번째의 비준서 · 수락서 · 승인서 또는 가입서가 기탁된 이후에 본 협약을 비준 · 수락 · 승인 또는 가입하는 경우 본 협약은 그 적용이 배제되는 편을 제외

하고는 본조 제6항 소정의 제한 아래서 그 국가의 비준서 · 수락서 · 승인서 또는 가입서가 기탁된 날로부터 12개월이 경과한 달의 바로 다음 달의 초일에 그 국가에 관하여 그 효력을 발생한다.

(3) 본 협약을 비준 · 수락 · 승인 또는 가입하는 국가가 1964년 7월 1일에 헤이그에서 제정된 국제물품매매계약의성립에관한통일법에 관련한 협약[1964년 헤이그 성립협약]과 1964년 7월 1일에 헤이그에서 제정된 국제물품매매에관한통일법에 관련한 협약[1964년 헤이그 매매협약] 중의 어느 하나 또는 양자 모두의 당사국인 경우 그 국가는 비준 · 수락 · 승인 또는 가입과 동시에 네덜란드 정부에 폐기의 취지를 통고함으로써 경우에 따라 1964년 헤이그 매매협약과 1964년 헤이그 성립협약 중의 어느 하나 또는 양자 모두를 폐기하여야 한다.

(4) 1964년 헤이그 매매협약의 당사국으로서 본 협약을 비준 · 수락 · 승인 또는 가입하는 국가가 제92조에 따라 본 협약의 제2편에 구속되지 아니하겠다고 선언하거나 또는 이미 선언한 경우 그 국가는 본 협약의 비준 · 수락 · 승인 또는 가입 시에 네덜란드 정부에 그 폐기의 취지를 통고함으로써 1964년 헤이그 매매협약을 폐기하여야 한다.

(5) 1964년 헤이그 성립협약의 당사국으로서 본 협약을 비준 · 수락 · 승인 또는 가입하는 국가가 제92조에 따라 본 협약의 제3편에 구속되지 아니하겠다고 선언하거나 또는 이미 선언한 경우 그 국가는 본 협약의 비준 · 수락 · 승인 또는 가입 시에 네덜란드 정부에 그 폐기의 취지를 통고함으로써 1964년 헤이그 성립협약을 폐기하여야 한다.

(6) 본 조의 적용에 있어 1964년 헤이그 성립협약 또는 1964년 헤이그 매매협약의 당사국에 의한 본 협약의 비준 · 수락 · 승인 또는 가입은 이 두 협약과 관련하여 그 당사국 측에 요구되는 바의 그러한 폐기가 스스로 효력을 발생하기 까지는 그 효력을 발생하지 아니한다. 본 협약의 수탁기관은 이러한 점에서 필요한 협력을 확보하기 위하여 1964년 협약들의 수탁기관인 네덜란드 정부와 협의하여야 한다.

第99条

(1) 在本条第(6) 款规定的条件下，本公约在第十件批准书、接受书、核准书或加入书、包括载有根据第92条规定做出的声明的文书交存之日起十二个月后的第一个月第一天生效。

(2) 在本条第(6) 款规定的条件下，对于在第十件批准书、接受书、核准书或加入书交存后才批准、接受、核准或加入本公约的国家，本公约在该国交存其批准书、接受书、核准书或加入书之日起十二个月后的第一个月第一天对该国生效，但不适用的部分除外。

(3) 批准、接受、核准或加入本公约的国家，如果是1964 年7 月1 日在海牙签订的《关于国际货物销售合同的订立统一法公约》（《1964 年海牙订立合同公约》）和1964年7月1日在海牙签订的《关于国际货物销售统一法的公约》（《1964 年海牙货物销售公约》）中一项或两项公约的缔约国，应按情况同时通知荷兰政府声明退出《1964年海牙货物销售公约》或《1964 年海牙订立合同公约》或退出该两公约。

(4) 凡为《1964 年海牙货物销售公约》缔约国并批准、接受、核准或加入本公约和根据第92条规定声明或业已声明不受本公约第二部分约束的国家，应于批准、接受、核准或加入时通知荷兰政府声明退出《1964 年海牙货物销售公约》。

(5) 凡为《1964 年海牙订立合同公约》缔约国并批准、接受、核准或加入本公约和根据第92条规定声明或业已声明不受本公约第三部分约束的国家，应于批准、接受、核准或加入时通知荷兰政府声明退出《1964 年海牙订立合同公约》。

(6) 为本条的目的, 《1964 年海牙订立合同公约》或《1964 年海牙货物销售公约》的缔约国的批准、接受、核准或加入本公约, 应在这些国家按照规定退出该两公约生效后方始生效。本公约保管人应与1964 年两公约的保管人荷兰政府进行协商, 以确保在这方面进行必要的协调。

判例讨论 99-1

◉ 关联条款 : 第99条, 第100条

◉ 案件参考 : Clout Case No. 8

◉ 案件分类 : Italy, Corte Suprema Di Cassazione, 「No. 5739」, 1988.03.03

一意大利出口商与一德国进口商签订了一份销售水果的货物合同。法院注意到意大利虽然已批准《销售公约》, 但根据第99条(6)只有当意大利放弃《关于国际货物销售统一发的1964年海牙公约》后, 其批准才能生效, 即从1988年1月1日起生效。因此, 法院认为,《销售公约》不适用于本案, 因为合同时在该日期之前缔结的。

100. 公约适用于合同的时间

Art. 100

(1) This Convention applies to the formation of a contract only when the proposal for concluding the contract is made on or after the date when the Convention enters into force in respect of the Contracting States referred to in subparagraph (1) (a) or the Contracting State referred to in subparagraph (1) (b) of Art. 1.

(2) This Convention applies only to contracts concluded on or after the date when the Convention enters into force in respect of the Contracting States referred to in subparagraph (1) (a) or the Contracting State referred to in subparagraph (1) (b) of Art. 1.

제100조

(1) 계약 체결을 위한 제의가 본 협약이 제1조 (1)항 (a) 소정의 체약국이나 또는 동 조 (1)항 (b) 소정의 체약국에 관하여 효력을 발생한 날 또는 그 이후에 행하여진 경우에만 본 협약은 계약의 성립에 적용된다.

(2) 본 협약이 제1조 (1)항 (a) 소정의 체약국이나 또는 동 조 (1)항 (b) 소정의 체약국에 관하여 효력을 발생한 날 또는 그 이후에 체결되는 계약에 대해서만 본 협약이 적용된다.

第100条

(1) 本公约适用于合同的订立, 只要订立该合同的建议是在本公约对第1条第(1)款(a)项所指缔约国或第1条第(1) 款(b)项所指缔约国生效之日或其后作出的。

(2) 本公约只适用于在它对第1条第(1)款(a)项所指缔约国或第1条第(1)款(b)项所指缔约国生效之日或其后订立的合同。

判例讨论 100-1

- 关联条款 : 第1条, 第100条
- 案件参考 : Clout Case No. 198
- 案件分类 : Switzerland, Tribunal cantonal du Valais, 1994.10.21

被告，瑞士的两个计算机软件卖方，扣押了原告，法国买方的瑞士银行账户，要求具体履行软件销售合同，但原告已宣布该合同无效。

法院根据瑞士法律判决被告胜诉。法院在就管辖权问题作出决定时判定，《销售公约》在瑞士不适用，销售公约是于1991年3月1日在瑞士生效的，而销售软件的合同时在1990年9月21日订立的。根据《销售公约》第100条，《销售公约》仅适用于《销售公约》对缔约国生效之日时或以后订立的合同。此外，根据《销售公约》第1(1)(b)条《销售公约》也不适用，因为有关瑞士法律选择规则指定卖方所在地的瑞士法律为适用法律。

判例讨论 100-2

- 关联条款 : 第99条, 第100条
- 案件参考 : Clout Case No. 188
- 案件分类 : Spain, Tribunal Supremo, 1997.03.03

1990年以前，西班牙的一家公司，卖方，与美国的一家公司，买方，先后订立了几个销售柠檬的离岸价格合同。

由于买方没有履行其义务支付商定的购货价款，卖方对买方和负责运输货物的海运承运人提出了未付款联合索偿要求。

法院指出，西班牙是当事方之间出现争执之后才加入《销售公约》的。因此并根据对《销售公约》第99条(2)和100条(2)的解释，法院判定《销售公约》不适用于该争执。因为产生争执的货物销售合同是在《销售公约》对西班牙生效之前订立的。

判例讨论 100-3

- 关联条款 : 第1条, 第4条, 第100条
- 案件参考 : Clout Case No. 399
- 案件分类 : France, Court of Appeal of Amiens,「No. 99/02272」, 2001.01.30

1996年夏季一家设在法国的名为Vergers de Seru公司的蔬果批发商从设在比利时的一家生产商购买了几吨苹果和梨。为此签订了一系列合同。买方以已交货水果不符合订单要求为由仅支付部分货款，卖方于1998年4月向圣康坦商事法院提出诉讼要求买方支付余款。上诉法院收到卖方提出的主要上诉

和买方提出的反诉后，在一项临时判决中就应适用的法律作了裁决。卖方援用比利时法律的适用性，买方则要求适用法国法律。法院在其判决中指出，所签订的各项合同中并未载有表明应适用的法律的任何条款。上诉法官于是援用《销售公约》。上诉法官指出，《销售公约》"具有为在不同国家拥有各自机构的当事人之间的货物销售建立统一规则的目的"，该公约"管辖买卖双方之间国际货物销售合同所产生的权利和义务"，而且该公约已为法国和比利时所批准。然而，上诉法官并未提及《销售公约》在比利时的生效日期（1997年11月1日）或考虑到《销售公约》第100条，而这一点对本案具有决定意义，因为那些合同都是在《销售公约》在比利时生效之前签订的。法官然后注意到，来往文件并未显示各方当事人有意排除《维也纳公约》的适用性，因此，法院请各方当事人提交新的文件并提供所有与《维也纳公约》对本争议及其法律后果的适用性有关的事实证据和法律依据。

因此，上诉法院将作出与该案件的实质内容有关的第二次裁定。

判例讨论 100-4

- ◉ 关联条款：第75条(1)，第79条(1)，第100条(2)
- ◉ 案件参考：Clout Case No. 102
- ◉ 案件分类：France, ICC,「No. 6281」, 1989

当事双方系埃及和南斯拉夫国籍，订立了按离岸价格出售一定数量钢材的合同。买方依照合同宣布，它打算行使按该合同规定的价格和条件再买进一批钢材的权利。由于市价上升，卖方拒绝按合同价格再供应额外钢材，纠纷随之而起，结果，买方被迫按更高的价格从另一来源购货。

仲裁庭认为，依照《销售公约》第100(2)条，该公约在此不适用，这是因为，尽管在签发仲裁裁决时有关国家已是公约缔约国，但合同却是在公约对有关国家(包括仲裁地法国)生效之前订立的。仲裁庭援用有关国家的国际私法以及法国作为当事国的1995年6月15日《海牙公约》关于国际货物销售使用法律的第3.1条规定，认为南斯拉夫法律作为卖方主要营业地的法律和履行合同所在地的法律，应当是适用法律。

仲裁庭将南斯拉夫的法律同《国际货物销售统一法》(ULIS)第74.1条以及《销售公约》第79(1)条做了比较，认为卖方拒绝按合同价格供应另一批货物时违反合同。仲裁庭认为，只有当合同载有价格调整条款或合同无法执行时，才可接触卖方按合同价格供货的义务，而后一种情形在此并不适用，因为市价的上升事实上既不是突如其来或涨幅很大的，也不是不可预见的。

为了确定应付给买方的赔偿额，仲裁庭比较了南斯拉夫法律和《销售公约》第75条以及《国际货物销售统一法》第85条，认为买方有权要求补偿合同价格与改向另一来源购货而实际支付的价格之间的差额。

101. 对公约的退出

Art. 101 (1) A Contracting State may denounce this Convention, or Part II or Part III of the Convention, by a formal notification in writing addressed to the depositary. (2) The denunciation takes effect on the first day of the month following the expiration of twelve months after the notification is received by the depositary. Where a longer period for the denunciation to take effect is specified in the notification, the denunciation takes effect upon the expiration of such longer period after the notification is received by the depositary.
제101조 (1) 체약국은 수탁기관을 수신인으로 하는 서면에 의한 정식통고에 의하여 본 협약 또는 본 협약 제2편 또는 제3편을 폐기할 수 있다. (2) 폐기는 수탁기관이 그 통고를 수령한 날로부터 12개월이 경과한 달의 바로 다음 달의 초일에 그 효력을 발생한다. 그 통고에서 폐기가 효력을 발생하는 보다 장기의 기간이 명시되어 있는 경우에 폐기는 수탁기관이 그 통고를 수령한 날로부터 이러한 보다 장기의 기간이 경과한 때에 그 효력을 발생한다.
第101条 (1) 缔约国可以用书面正式通知保管人声明退出本公约，或本公约第二部分或第三部分。 (2) 退出于保管人收到通知十二个月后的第一个月第一天起生效。凡通知内订明一段退出生效的更长时间，则退出于保管人收到通知后该段更长时间期满时起生效。

【作者简历】

沈钟石

庆熙大学校工科大学机械工学毕业

成均馆大学校大学院贸易学硕士(经营学硕士)

成均馆大学校大学院经营学博士(经营学博士)

韩国外国语大学大学院法学博士(法学博士)

先后任南首尔大学校，首尔数字大学校，韩国外国语大学校讲师.

现为大邱大学校经商大学贸易学教授

徐铁钰

哈尔滨商业大学会计系毕业

启明大学校大学院贸易系硕士(经营学硕士)

启明大学校大学院贸易系博士(经营学博士)

现为大邱大学校经商大学贸易学系专任讲师

联合国国际货物销售合同公约

-释义及适用-

2011年 9月 02日 初版 1刷 印刷
2011年 9月 09日 初版 1刷 發行

编著者 / 沈钟石外

發行人 / 高宇鏞
發行處 / 宇鏞出版社
登錄日 / 1997年 11月 25日
出版登錄 / 第 313-1997-139號
住所 / 서울特別市 麻浦區 望遠1洞 338-53
電話番號 / 02)324-6577
FAX / 02)324-6177

定價 / 20,000원

ISBN / 978-89-6249-059-6